紅は濡れて色増す

土佐 風流踊と歌謡の歴史

消滅する呪的心性

井出幸男［著］

三弥井書店

山肌を紅に染めるツツジの群落

土佐藩家老・五藤氏の花見の遊場として整備された（高知県安芸市内原野）

紅は　濡れて色増す　お方は殿と　寝て増す

風流踊り哥

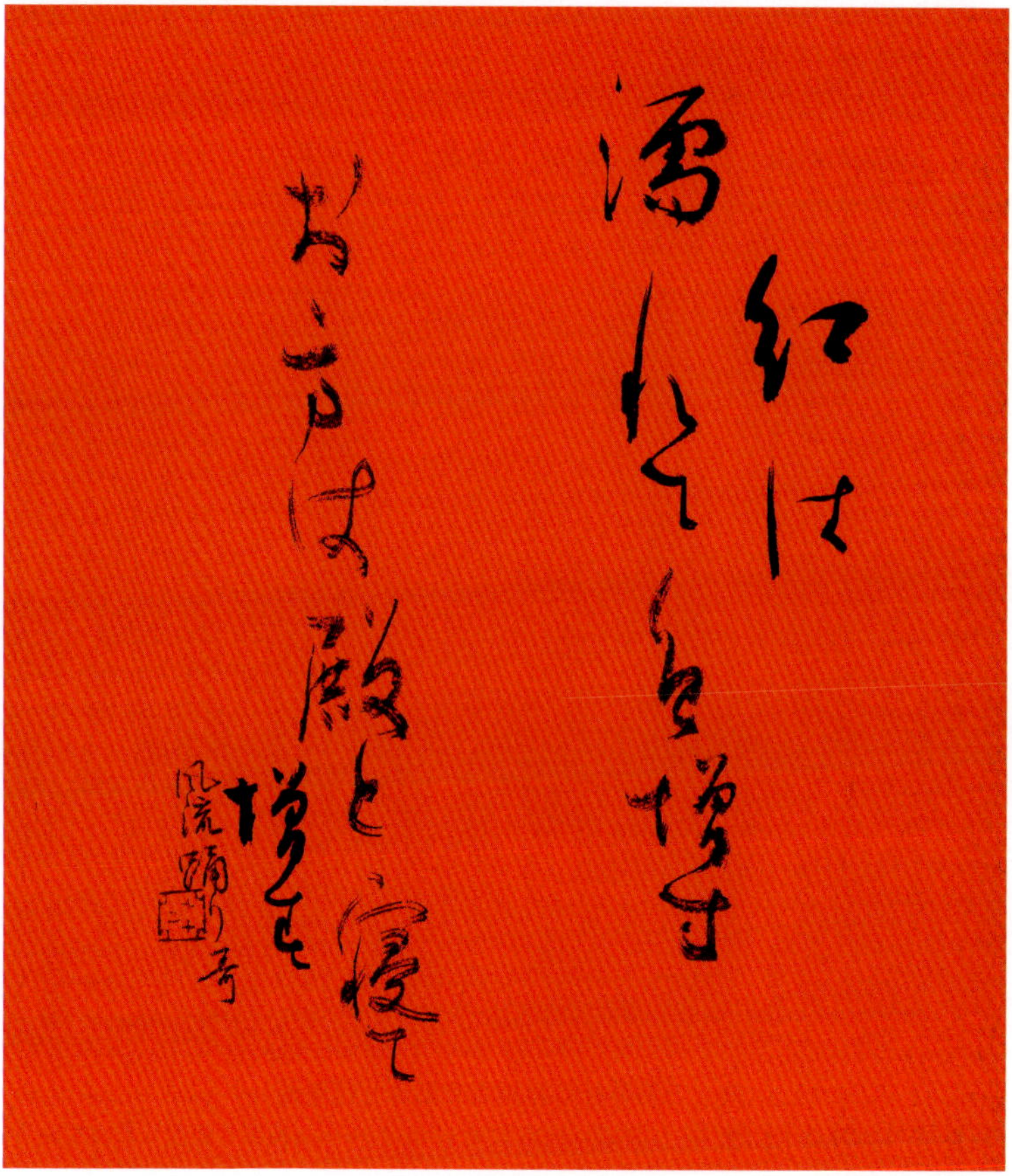
紅は
濡れて色増す
お方は殿と
寝て増す
風流踊り哥

藤原彰子　書　（『歌謡を書く―古代歌謡から江戸小歌まで―』により
令和３年度日本歌謡学会志田延義賞受賞）

津野町葉山・三島神社で踊る「花取踊」（津野町葉山白石地区担当）
鳥毛のカシラを被った大太刀と、紅《くれない》の鉢巻をした小太刀とが対になって踊る。

同・三島神社のお旅所で踊る「花取踊」
三島神社の祭神は大山祇神《おおやまづみ》（山の神）。お旅所にはオハケ（神霊の依代＝写真中央）を高く立て、その前で踊を奉納する。

紅は濡れて色増す　土佐　風流踊と歌謡の歴史　目次

序のことばに代えて
―表題と口絵「紅は濡れて色増す」の意味―

紅《くれない》は　濡《ぬ》れて色増《いろま》す　お方《かた》は殿《との》と　寝《ね》て増《ま》す

（花の紅の色は　雨に打たれて濡れそぼち　一層その美しさを増す　奥方も殿御と寝て結び合い　濡れそぼち愛を深め
増々のご繁栄―自然の恵みは　人の喜び）

私訳を付してここに掲げた歌は、中世・室町期に遡る「小歌」と呼ばれる歌であり、土佐の風流踊歌の一節である。表現は「濡れて→増す」ものを自然と人事とで対照した形となっている。人事の場合、「寝て」「濡れて」にはエロチックな連想も働く。しかし、この雨露に濡れた花（具体的には躑躅《つつじ》）の美しさを人間の性愛に結びつけた表現は、恋や性愛の喜びをそのままうたうことに主眼を置いたものではない。

本来の歌の場は、「山の神」という山と里を支配する神霊と交感する祭りである。その歌詞は、神事・祭事芸能である風流踊の一種「花取踊」に際してうたわれ、人と自然、さらには神仏の異界との交流に関わる喜び、その一体感に拠る幸福を褒め讃え、さらなる繁栄を祈念したものである。すなわち、ことばによる表現は自然の美と人間の性愛の極地をうたうが、根底にある真意は神仏への豊穣の祈りということになる。

かつて民俗において、「花」は単にその美しさを鑑賞するためだけのものではなかった。その本質は、呪的意味・機能にある。稔り・生産と直結するものとして、「性」もまた、近代以降の「個」の人間理解に基づく性愛観とは、一線を画さなければならない。発想の基底にあるものは「神霊」「祖霊」に対する深い敬意である。ここに「共同性」

に拠る民俗歌謡理解の要諦がある。

この歌を民俗歌謡としてそのような観点から理解する感覚を多くの現代人は失ってしまった。昔と今のその感覚の差異に思い至ることにこそ、こうした歌を味読する意味・価値がある。

「花取踊」は現在、多く高知県を中心に行われている。またその類は、名称を変えて若干の変容を見ながらも、四国では愛媛・徳島、海を越えては岡山・長崎・鹿児島と、西日本の各県にかろうじて遺存している。その歌詞の最も大きな特質は、文字に依り記録されたものではなく、多くの人々が長い時間にわたり口から耳へ、「生活」の中で実際にうたい継いできた「伝承歌謡」という点にある。その陰には、文字に移されることもなく消えていった多くの歌があったということも銘記しておかなければならない。翻って、残された歌のことばには、それだけの強い生命力が籠っているということである。

伝承の時間は、少なく見積もっても室町期から現在まで五百年以上にわたる。その所以は、「花取踊」は基本的に「念仏踊」であるということである。現在見る踊歌は、中世に隆盛を迎えた「念仏踊」の念仏（南無阿弥陀仏）の詠唱に「室町小歌」が融合して成立している。その中でも表題歌の詞型、五・七、七・四は「室町小歌」の最も古い典型的なものであり、特徴的な四音終止は、念仏と相まって最古層の風流踊歌を示す貴重な資料となっている。

肝心の「花取り」の「紅の花」については、もう少し説明を補足しておきたい。その花は「花取踊」において「あの山の三鈷《さんこ》み山の　躑躅《つつじ》の枝は二枝」「一枝は釈迦のみやげ　また一枝は身のため」とうたわれるように、「春山入り」と称された男女の出会いと豊穣を祈る民俗行事において、神仏への供養として採られた「ツツジ」である。この花こそが古来、民俗の中で最も大切にされてきた「花」の代表である。そこから「紅梅は濡れて色よい　お方は濡れて肌よい」など、表題歌の世界をさらに拡充していくのが、「生活」の息づかいを伝える土佐の民俗歌謡「花取踊歌」

の想像力のおもしろさとなる。

これらは本来「出し」と「受け」（付け）に別れ、男女の掛け合い形式で唱和されていた。そのあわいに繊細で豊かな世界が生まれる。「掛け合い」は「歌垣」に発し、古代以来、歌唱の基本的な形態であった。しかしそれが現代では一様に「個」の斉唱に替わってしまった。

その歌詞は、いずれも室町小歌の代表的文献資料『閑吟集』などには収録されていない。民衆の伝承歌、民俗歌謡によってのみわずかに伝えられた貴重な歌の世界である。民衆の文化に学ばなければならない所以がここにある。

しかしながら、その「花取踊」は、地域の人口減少により今や存亡の危機にある。担い手となる青年や子供たちがいないのである。「生活」が無くしてはそれを支えてきた「歌」も「踊」も必要がなくなる。表題歌の世界が目の前で消えて行く。これならず土佐の民俗歌謡・芸能は、いずれ遠からずして衰滅は必至というのが私の認識だ。ここに至って私にできることは、その歴史を記録として遺すことしかない。本書を企図した思いはそこにある。

かつて有吉佐和子（一九三一〜一九八四）は、表題歌の最も南の伝承地、鹿児島県の僻遠の離島、三島村黒島大里を舞台とした小説『私は忘れない』を書き、本歌を「孤独流離の境涯」を支えた大切な歌として描いた。（第五章四・五、参照）

わりゃ　紅《くれない》よオ　濡《ぬ》れて色増《いろま》すやア　嫁御《よめご》は殿《との》と　寝《ね》て増《ま》す　（黒島大里・長刀踊《なぎなたおどり》）

「私は忘れない」という有吉佐和子の精神を受け継ぎたい。

序章　民俗の「歌と踊」をめぐる視線
―土佐に伝わる資料を拠り所として―

一　衰滅する「学問と民俗」の宝庫

柳田国男と土佐民俗

かつて柳田国男（一八七五〜一九六二）は、自邸に教えを乞いにやってきた土佐の一研究者に向かってこう言ったという。

「土佐は学問の宝庫だよ」（広田孝一「若尾本・寺川郷談の発見と寺川郷談の原形について」『土佐民俗』第二巻第三号、昭和37年12月）。

柳田の死の二年前、昭和三十五年〈一九六〇〉五月のことというが、民俗学を拓いた碩学のこの言葉への思いは、柳田を「師父」と仰ぐ桂井和雄（一九〇七〜一九八九）の「土佐民俗研究会」から「土佐民俗学会」が発足するに及び、「民俗学の宝庫」へと深まって行った。しかしその一方、当初から〝宝庫消滅〞への危機意識を強く抱いていたことが垣間見える。『土佐民俗学会誌　土佐民俗』第一号（昭和36年2月）のあとがき「土佐民俗学会の動き」には、二年前（昭和三十四年〈一九五九〉）の会発足の動機について次のように記している。

民俗学の宝庫といわれながらも、一日一日と消滅して行っている土佐の民俗資料に対する愛惜もあった。今から見ると、おおよそ半世紀以上も前の認識となるが、以後、その「消滅」の度合いはさらに速度を増していることは間違いない。止めることのできない〝時代の大波〟である。

ここに至るまでの土佐の民俗、特に「歌と踊」について（その姿を具体的にうかがうことができる資料は限られているが）、人々の〝こころ〟を映し出す貴重な言葉を手がかりに、それらはどのように見られてきたのか、衰滅に至る変化の過程を現在の時点で捉え直しておきたい。それぞれの時代的状況における様々な問題が浮かび出てくることであろう。

土佐の〝ふつうの人々の生活と心〟を学ぶための会と研究誌『土佐民俗学会誌　土佐民俗』は、既に平成二十八年〈二〇一六〉三月、一〇〇号をもって解散、終刊してしまっている。昭和三十六年〈一九六一〉二月の創刊から数えて五十五年、その前身の「土佐民俗研究会」の結成（昭和十一年〈一九三六〉）からは八十年目のこととなる。そうした今、土佐の「歌と踊」について、さらに時代をさかのぼって捉え直しておくことは、四十年来、土佐（高知）で日本歌謡史を通じて研究生活を送ってきた私の責務でもあると思う。

（なお研究史の歩みとその意義については、土佐民俗の研究（「土佐民俗研究会」「土佐民俗学会」）において大きな役割を果たした桂井和雄〈一九〇七～一九八九〉に焦点を合わせ、終章「失ったものは何か」で詳述する）

二　夏目漱石「坊ちゃん」の眼差し

『坊ちゃん』に見る民俗の「近代」

まず入り口として、夏目漱石（一八六七〜一九一六）『坊ちゃん』（明治三十九年〈一九〇六〉「ホトトギス」発表）から、土佐の「踊と歌」を捉えた記述を取り上げ、検証を始めたい。

そこには「土佐っぽの馬鹿踊」「評判の高知の何とか踊」「高知のぴかぴか踊」として、現在では文化財保護法の下「無形民俗文化財」とも称される「花取踊」（太刀踊）とおぼしき土佐独特の踊について、筆を尽くし具体的に記述されている。蔑称とも感じられる名を付しながらも、「おれ（坊ちゃん）と山嵐」とが「滅多に見られない踊」として「感心のあまり余念なく見物」したからであり、それに関わる内容は、その舞台設定も含めて詳細をきわめる。少々長くはなるが、検証のため必要な箇所を次に抜き出し、その意味を考えてみたい。（引用の本文は岩波文庫版による。必要な段落ごとに番号を付す。漢字は、一部、現在通用の文字に改める）

（1）祝勝会で学校は御休みだ。練兵場で式があるというので、狸は生徒を引率して参列しなくてはならない。おれも職員の一人として一所にくっついて行くんだ。町へ出ると日の丸だらけでまぼしい位である。（中略）

（2）祝勝の式は頗る簡単なものであった。旅団長が祝詞を読む、知事が祝詞を読む。参列者が万歳を唱える。それで御しまいだ。余興は午后にあるという話だから、一先ず下宿へ帰って、此間中から、気に掛かっていた、清への返事をかきかけた。（中略）

（3）君、生徒が祝勝会の余興を見に行かないかって誘いに来たんだ。今日は高知から、何とか踊りをしに、わざわざここまで多人数乗り込んで来ているのだから、是非見物しろ、滅多に見られない踊りだというんだ。君も一所に行って見給えと山嵐は大に乗り気で、おれに同行を勧める。おれは踊りなら東京で沢山見ている。毎年八幡様の御祭りには屋台が町内へ回ってくるんだから汐酌みでも何でもちゃんと心得ている。土佐っぽの馬鹿踊なんか、見たくもないと思ったけれども、折角山嵐が勧めるもんだから、つい行く気になって門へ出た。（中略）

（4）会場へ這入ると、回向院の相撲か本門寺の御会式のように幾流となく長い旗を所々に植え付けた上に世界万国の国旗を悉く借りて来た位、縄から縄、綱から綱へ渡しかけて、大きな空が、いつになく賑やかに見える。東の隅に一夜作りの舞台を設けて、ここでいわゆる高知の何とか踊りをやるんだそうだ。（中略）

（5）式の時はさほどでもなかったが、今度は大変な人出だ。田舎にもこんなに人間が住んでいるかと驚ろいた位うじゃうじゃしている。利口な顔はあまり見当らないが、数からいうと慥に馬鹿にできない。そのうち評判の高知の何とか踊が始まった。踊というから藤間か何ぞのやる踊りかと早合点していたが、これは大間違であった。

（6）いかめしい後鉢巻をして、立っ付け袴を穿いた男が十人ばかりずつ、舞台の上に三列に並んで、その三十人が悉く抜き身を携げているには魂消た。前列と後列の間は僅か一尺五寸位だろう。左右の間隔はそれより短いとも長くはない。たった一人列を離れて舞台の端に立ってるのがあるばかりだ。この仲間外れの男は袴だけはつけているが、後鉢巻は倹約して、抜き身の代りに、胸へ太鼓を懸けている。太鼓は太神楽の太鼓と同じ物だ。この男がやがて、いやあ、はああと呑気な声を出して、妙な謡をうたいながら、太鼓をぼこぼん、ぼこぼんと叩く。歌の調子は前代未聞の不思議なものだ。三河万歳と補陀落やの合併したものと思えば大した間違にはならない。

（7）歌は頗る悠長なもので、夏分の水飴のように、だらしがないが、句切りをとるためにぼこぼんを入れるから、のべつのようでも拍子は取れる。この拍子に応じて三十人の抜き身がぴかぴかと光るのだが、これはまた頗る迅速な御手際で、拝見していても冷や冷やする。隣も後ろも一尺五寸以内に生きた人間がいて、その人間がまた切れる抜き身を自分と同じように振り舞わすのだから、よほど調子が揃わなければ、同志撃を始めて怪我をする事になる。それも動かないで刀だけ前後とか上下とかに振るのなら、まだ危険もないが、三十人が一度に足踏みをして横を向く時がある。ぐるりと廻る事がある。膝を曲げる事がある。隣のものが一秒でも早過ぎるか、遅過ぎれば、自分の鼻は落ちるかも知れない。隣の頭はそがれるかも知れない。抜き身の動くのは自由自在だが、その動く範囲は一尺五寸角の柱のうちにかぎられた上に、前後左右のものと同方向に同速度にひらめかなければならない。こいつは驚いた、なかなか以て汐酌や関の戸の及ぶ所でない。聞いてみると、これは甚だ熟練の入るもので容易な事では、こういう風に調子が合わないそうだ。ことに六ずかしいのは、かの万歳節のぼこぼん先生だそうだ。三十人の足の運びも、手の働きも、腰の曲げ方も、悉くこのぼこぼん君の拍子一つで極まるのだそうだ。傍で見ていると、この大将が一番呑気そうに、いやあ、はああと気楽にうたってるが、その実は甚だ責任が重くって非常に骨が折れるとは不思議なものだ。

おれと山嵐が感心のあまりこの踊を余念なく見物していると……

以後は、物語終盤の大事件「中学校と師範学校」入り乱れての喧嘩へと展開していく。(1)から(5)までが主に「花取踊」(太刀踊)公演の舞台設定と芸能の環境に関わるものであり、(6)(7)がその態様を描写したものとなる。

舞台設定から見ておきたい。まず「祝勝会」「祝勝の式」「余興」(1・2)というのが問題となる。岩波文庫版の「祝勝会」の「注」(平岡敏夫)には、次のような考証が付されている。

戦勝を祝う会。日露戦争当時のロシア軍の総司令官クロパトキンの名前が師範生との喧嘩で出てくるので、日露戦争勝利の祝賀会である。（中略）漱石が松山在住中に直接見聞した日清戦争祝勝のことではないが、いくぶんの反映はあるだろう。明治二十八年七月二十八日の「住田日記」には「凱旋軍歓迎式あり甚盛況　廿九日卅日引続き招魂祭あり盛況極まれり」とある。

考証の通り、物語の設定としては明治三十八年〈一九八五〉の「日露戦争勝利の祝賀会」であるが、漱石はその十年前の明治二十八年〈一八九五〉四月、松山の愛媛県尋常中学校（旧制松山中学）に赴任しているので、同年七月、松山で行われた日清戦争勝利の「凱旋軍歓迎式」及び「招魂祭」における実体験が下敷きになっていることは間違いない。とりわけ「花取踊」（太刀踊）公演に関わる箇所については、その態様等の記述が（6）（7）と具体的であるだけに、平岡敏夫のいう「いくぶんの反映」の域を超えていることはまず確認しておきたい。なお平岡は後の「解説」では、明治三十八年十月十六日のポーツマス条約批准のころ「上野公園で海軍大歓迎会が余興場を設営して行われている」ことを示し、「この祝勝会の設定には、東京で漱石が見聞した日露戦争の祝勝会の上に、松山在任中にあった日清戦争凱旋軍歓迎式等を重ねていると思われる。」と考察している。

漱石「坊ちゃん」の視線から見えるもの

記述の在り様について、注にも「住田日記」が引用されているが、同資料を取り上げ詳しく比較してみよう。「住田日記」というのは、『坊ちゃん』における「狸」のモデル、すなわち住田昇校長の「松山日記」である。引用は新垣宏一「住田昇の松山日記について―漱石時代の松山資料として」（四国女子大学「四国女子大学短期大学部研究紀要28」）による。該当記事は明治二十八年〈一八九五〉七月の項である。

七月廿二日（中略）先是日々凱旋軍歓迎ノ為　地蔵坂ニ出向ふ　破帽弊衣実ニ惨憺苦辛の痕をとゞめ一見落涙禁じ難し

（同）廿八日　凱旋軍歓迎式あり甚盛況　廿九日卅日引続き招魂祭あり盛況極まれり

『坊ちゃん』でいう「祝勝会」「祝勝の式」「余興」は、ここでは二十二日から三十日まで数日にわたる「凱旋軍歓迎ノ為」の行事であり、直接には二十八日の「歓迎式」とそれに続く「招魂祭」が当たる。

土佐の「花取踊」（太刀踊）の側から見てまず注目すべきは、それが日清・日露いずれにしても、戦勝記念の〝国家的演舞〟として、地元の社の神事・神祭（土佐では「じんじ・じんさい」と言う）を離れてわざわざ起用されていることである。「招魂祭」とあり、国事に殉じた人々の霊を慰める「招魂社」とかかわる行事であったことも注意しておきたい。（なお、東京における招魂社は、日清日露以前の明治十二年、靖国神社と改称されている。）

また、住田昇と「坊ちゃん」と、一連の行事に向き合う態度の著しい相違についても目を向けておく必要がある。凱旋軍歓迎に出向いた住田は、ぼろぼろに破れた「破帽弊衣」のその姿に「惨憺苦辛の痕」を認め、落涙を禁じえない。が、「坊ちゃん」からは同情・共感の意識は感じられない。式及び招魂祭自体について、住田は「甚盛況」「盛況極まれり」と記すが、「坊ちゃん」は「頗る簡単なもの」「旅団長が祝詞を読む、知事が祝詞を読む。参列者が万歳を唱える。それで御しまいだ。」（2）と、すこぶる冷淡に片付ける。さらに本来、招魂・鎮魂の祭りの為のものであった踊は、『坊ちゃん』では「余興」（2・3）となり、現代の〝観光踊〟の先駆けといった趣である。「坊ちゃん」はその見物についても、当初は全く乗り気を示さない。

当時の社会の空気、反応としては、「町へ出ると日の丸だらけでまぼしい位である。」（1）という『坊ちゃん』自身の描写や、「大変な人出」（5）等から推測しても、住田の「盛況」の側に一般性・妥当性があると見るのが自然であろう。そうして見ると、ここにあえて表明されているものは、煎じ詰めれば漱石自身の、江戸から明治へと移行する「近代」化の矛盾に対する違和感、何とも言えない居心地の悪さなのではないかと思われる。この際、土佐民俗史の側から見て大切なのは、その違和感・居心地の悪さは、実は「近代」における「民俗」、なかんずく「踊と歌」自体の置かれた位置に通じるもの、と受け止める理解である――と私は思う。

「坊ちゃん」の違和感、いらだちは直接「花取踊」（太刀踊）に対しても向けられる。「土佐っぽの馬鹿踊」（3）という蔑称は、佐幕派である「会津っぽ」の「山嵐」や、明治維新で「瓦解のときに零落」した下女、「此間中から、気に掛かっていた」という「清」（2）への強い共感もあってのものであろう。深読みに過ぎるかもしれないが、土佐藩は実際、慶応四年（一八六八）八月の戊辰戦争の激戦、会津若松城攻めにもその中核として参軍していたのである。

また、「馬鹿踊」の対照基準として挙げられているのは、「江戸っ子・坊ちゃん」が東京で馴染みの踊、「汐汲み」（3）や「藤間」（5）「関の戸」（7）など、江戸歌舞伎・浄瑠璃由来の日本舞踊の類である。これらは江戸（幕藩体制）と維新後の東京を基準とした認識であり、倒幕に加担し、まして辺境の土佐などは評価に値しないという思いの表明とも見られる。漱石研究の側から見ると、これもまた「差別する〈坊ちゃん〉」（石原千秋『漱石と日本の近代（上）』新潮社）の一環ということになろう。

ただここにおいても、民俗芸能の踊・歌謡研究の立場から見ると、漱石「坊ちゃん」が初めそのように軽く判断した背景については、さらに理解を深めておくことが重要と思われる。列島における「東と西」の著しい相違である。私自身も東の側、長野県の出身であるが、初めて「土佐民俗」の踊を取材した時にはびっくりした思い出がある。それまでに全く見たこともない踊であり、聞いたこともない歌であったからである。「東」にとって「西」は全くの異文化と言ってもよいであろう。

後半の「太刀踊」の緊迫した態様に接した後の「坊ちゃん」の変化は、「感心のあまりこの踊を余念なく見物」(7)となり、当初の「見たくもないと思った」(3)とは全く対照的な対応を示す。ここに至る異例とも思える記述の詳しさは、正に上述のような事情を端的に説明している。

なお「西」における民俗文化にあっても、(詳細は後の章に譲るが)、土佐の独自性はさらに強調しておく必要がある。柳田国男の言う「学問の宝庫」(前項既出)たる所以である。

「魂消た」踊、「前代未聞の」歌の意味

それでは、漱石の踊り描写の態様(6・7)を具体的に見ていこう。全体の体形は三列・三十人。踊り子の衣装は「後鉢巻、立っ付け袴」、手には「抜き身を携げている」。その間隔は、前後左右とも「一尺五寸位」のわずかなもの。踊り子とは別に「胸へ太鼓を掛け」た音頭取りが一人、列を離れて端に立っている。この太鼓が伴奏楽器ということになるが、「太神楽の太鼓と同じ物」とあるので、両側の皮面を紐で胴にしめつけた「締太鼓」としてよいであろう。

「坊ちゃん」がまず「魂消た」のは「抜き身」(日本刀)である。この真剣による集団演舞は、「自分の鼻は落ちるかも知れない。隣の頭はそがれるかも知れない」と「拝見していても冷や冷やする」危険極まりないものであった。「抜き身の動くのは自由自在」で、わずかな間隔をものともせず、「頗る迅速な御手際で」「振り舞わ」す。「三十人が一度に足踏みをして横を向く時がある。ぐるりと廻る事がある。膝を曲げる事がある」「拍子に応じて三十人の抜き身がぴかぴか光」る—といった具合である。この真剣の光る強い印象から、引用した箇所のしばらく後の所では、呼

び名を「高知のぴかぴか踊」と替えている。

「坊ちゃん」はよほどびっくりしたのであろう。わざわざ訊ねてみたと思われ、「聞いてみると、これは甚だ熟練の入るもので容易な事では、こういう風に調子が合わないそうだ。……」と、関係者に取材の上で、その念の入った熟練ぶりを賞賛する。また、太鼓拍子により調子を合わせる音頭取の重要性に言及、「ぼこぼん先生」「ぼこぼん君」と、皮肉ながらも敬意と親しみを込めた名前を呈している。こうした刀剣による演技に対する驚きの表現は、維新後、明治九年〈一八七六〉以来の「廃刀令」により、日本刀が大方の日常、庶民の間からは消えてしまっていたという時代背景を意識したものかもしれない。

以上、「花取踊」（太刀踊）の持つ踊の態様の記述は、現在遺存のものから見る限り、「三列」という体形を除き、基本的には妥当な表現であり、演技の描写はその特徴である緊迫感を的確に捉えたものということができる。

一方、踊の中で興趣を添えているはずの歌については、漱石「坊ちゃん」の評価は極めて低い。「歌は頗る悠長なもので、夏分の水飴のように、だらしがない」と悪口を重ねる。「いやあ、はああと呑気な声を出して」歌う「妙な謡」であり、「歌の調子は前代未聞の不思議なものだ。三河万歳と補陀落やの合併したものと思えば大した間違いにはならない」と勝手な推測を下す。（前述の平岡敏夫の注記では、「補陀落や」については、歌詞を例示した上で「御詠歌」と解説している）。これらから分かることは、要するに歌については、全く共感を催すようなものではなく、歌詞・曲節ともに、「江戸っ子・坊ちゃん」の立場では理解不能なものであったということである。

民俗歌謡を日本歌謡史の一環として研究してきた私の立場から見ると、小説の記述とはいえ右の評価や推測は、いささか精確さを欠き、残念と言わざるを得ない。しかし、考えてみるとそれは当然のことでもある。漱石「坊ちゃん」の頭の中にある「三河万歳」や「御詠歌」など、当時一般的な近世（江戸期）の歌謡の世界からは推し量ることのできないのが、「花取踊」（太刀踊）の歌の特徴だからである。大げさな物言いになるかもしれないが、ここに、一地方の民衆の伝承世界にあった踊歌の「近代」における位置と、その価値が垣間見えると思う。

「花取踊」（太刀踊）の淵源は、古代以来の〝花取り習俗〟にまで遡る。歌詞は近世のもう一つ前の時代、中世に遡る「念仏」や歌謡「室町小歌」の類を取り込んだものであることが確認できる。当該「太刀踊」の曲節全体は、中に近世以降の浄瑠璃本等の影響を受けた「口説歌」などを含み、実際、どこまで中世歌謡の特質を持ち伝えているかの判断は難しいが、私は、これら時代の荒波をくぐり抜けてきた「踊・踊歌」こそ、〝宝庫たる土佐民俗〟を代表するものと考えている。「花取踊」（太刀踊）は日本芸能史全体から見ても、少なくとも五百年以上の歴史を伝える「風流踊」を代表する踊、踊歌となる可能性を有する。

（なお「花取踊（太刀踊）」「風流踊」の詳しい考証は「第三章　花取踊とは何か―その生成と展開、本質を探る―」以下に譲る）

「花取踊」（太刀踊）に見る「近代」

「花取踊」は、これまで括弧を付して「太刀踊」とも併称してきたように、変容の過程で採り物（手に持つ道具）を本来の柄の長い長刀式の太刀から日本刀に持ち替えてゆく。新たな呼称「太刀踊」の誕生である。

中世からさらに近代へ、「花取踊」から日本刀の真剣、脇差を採り物とする「太刀踊」への変化は、余儀無い時代への適応の結果でもあったと考えられる。例えば、佐川町黒岩四ツ白の「太刀踊」については、その間の事情の一端を物語るものとして、次の様な伝承が見える。

もと流し踊りと称していたが明治四十年東宮殿下の御台覧の栄を賜るに当り、谷干城将軍より武士踊りと称して

はと御言葉ありて黒岩武士踊りと称する。（『高知県民俗芸能調査報告』第二十集）

伝承記事の明治四十年〈一九〇七〉というのは日露戦争勝利の二年後、谷干城（一八三七〜一九一一）の亡くなる四年前のこととなる。「谷干城将軍」による「武士踊」という命名は、おそらく「近世（江戸期）」を通じて〝武士の魂〟とされてきた真剣（日本刀）による所作に強く感応したものであろう。ここ「御台覧の栄」に見られる刀剣の持つ精神性への評価は、「太刀踊」の戦勝祝賀・鎮魂の演舞としての起用や、それに対する漱石「坊ちゃん」の視線とあわせて、「近代（明治期）」における「太刀踊」の位置、ひいては民俗舞踊の置かれた時代環境を客観的に物語るものとなる。

谷干城は元武家、土佐藩上士《じょうし》の家柄で、幕末・維新から明治期の新政府で活躍した人物である。国内最後の内戦ともなった西南戦争では、政府軍司令官として熊本城を守り抜いた功績から陸軍中将に昇進（明治十一年）し、その後第一次伊藤内閣では初代農商務大臣（明治十八年）を勤めている。

引用文中の「東宮殿下」は、明治四十五年・大正元年〈一九一二〉七月に即位し大正天皇（一八七九〜一九二六）となる明宮嘉仁親王のこと。生来健康には恵まれなかったが、健康を回復して後、沖縄県を除く日本全土を行啓、高知県を訪れた同じ明治四十年〈一九〇七〉には大韓帝国をも訪問している。その後、大正三年〈一九一四〉には第一次世界大戦に参戦し戦勝国の一員となり、病の悪化から大正十年〈一九二一〉には裕仁親王（後の昭和天皇）を摂政に任命するに至る。

こうして見ると、漱石「坊ちゃん」の見た凱旋祝賀の「土佐っぽの馬鹿踊」（「太刀踊」）は、軍国主義の高揚から壊滅へと向かうこの先の「日本」の運命を象徴していたかのように見えてくる。漱石があえて蔑称を付した意味も、結局はここに見出せるのではないか。これは、「花取踊」の変容から明治以降に隆盛を迎える「太刀踊」の展開と向き合った私自身の答えともなる。

近代から現代、地方・地域の運命は、さらにこの「太刀踊」の一連の展開に重ねて見ることができる。悲しいかな、民俗芸能は常に時代を支配する思潮の波に翻弄され、変化を余儀なくされてきた。

高度経済成長の一時期、〝観光土佐〟の御先棒をかつがされ、束の間の脚光を浴びた「太刀踊」。それも農業基本法の制定（昭和三十六年）以後は、各地の急激な人口減少や小子高齢化の波に揉まれ、今や息も絶え絶えの衰滅期にあえいでいる。

平成二十九年〈二〇一七〉、〝大政奉還・明治維新百五十年〟を記念して始まった県の観光企画「志国高知　幕末維新博」、その中では既に「太刀踊」は全く見向きもされず、その席は、昭和二十九年〈一九五四〉生れの新興「よさこい踊」に譲っている。ここにおいて〝幕末維新〟の歴史認識は一体どこへ行ったのかと問いたくもなる。

出演した「太刀踊」の出自と残る疑念

私の思いはさておき、それでは、そもそも松山市で起用された「太刀踊」は、土佐の中でも一体どこの「太刀踊」であったのか、その素性についても若干踏み込んでおこう。

これについては、大野勇（一八八〇〜一九七三）が、「故郷近郷」の歴史・文化を記した『故山帖』（昭和二十四年九月刊）「文化篇・花鳥踊」の項に、「花鳥見物記」と題して、前述の『坊ちゃん』の記事をそのまま引用の上、貴重な証言をしている。

右は土佐郡鏡村大利の太刀踊が松山市に出演した際、夏目先生が之を観覧されたのである。

大野勇は、高知県高岡郡別府村川渡（現仁淀川町）の出身で、十五年の教員生活の後、京都市助役（昭和七年）を経

旧鏡村（現高知市鏡）大利の「太刀踊」　夏目漱石「坊ちゃん」の太刀踊と目される。

昭和３年、日本青年館出演の際の記念舞台写真

莚の上で２人が対になり４列で踊っているのが確認できる。左隅の頬被りの人物が音頭。漱石「坊ちゃん」が描写する太鼓は、写真では確認できない。

現行の高知市鏡大利の太刀踊（令和２年、中村淳子撮影）

現行の音頭は、拍子木を用いる。かつて太鼓を用いていたという記憶はないという。動作は、写真で見る限り近似している。

て、昭和十六年七月から同二十一年七月まで、五年間にわたり高知市長を勤めた人物である。明治十三年一月の生まれであるので、松山市における日清戦争祝勝会の明治二十八年七月には十五歳余りになっていたことになる。引用の文章は断定的であり何の留保も付けていないので、何らかの自身の体験に基づいての証言と受け取るべきであろう。しかしながら「土佐郡鏡村大利の太刀踊」（現高知市鏡大利）とすると、合致しない点がいくつか出て来て問題が残る。

まず「坊ちゃん」の記述で強調されている太鼓による拍子であるが、「大利の太刀踊」の音頭取は、太鼓ではなく拍子木を用いている。これは現在の保存会長・杉本道彦（昭和七年七月生れ）によると、かつて太鼓を用いていた記憶はなく、会には古い太鼓の保存もないという。なお「太刀踊」全般では太鼓を用いるものと拍子木を用いるものとがあり、拍子木は地芝居（歌舞伎・浄瑠璃）流行の影響による変化と考えられるので、本来の太鼓（締め太鼓）よりは新しいものとなる。

ついで、衣装の「立っ付け袴」であるが、「大利の太刀踊」に限らず、現在遺存する「太刀踊」と称するものは、全般に通常の袴を用い、「立っ付け」を用いているところは皆無である。「立っ付け袴」とは「裾を紐で膝の下にくくりつけ、下部が脚絆仕立てになっているはかまの一種」（小学館『日本国語大辞典』、用例として『坊ちゃん』の記事も掲出）であり、これは本来、前身の「花取踊」の用いていたものである。とすると、「太鼓」と共に、漱石は変容する以前の「花取踊」の形態が遺存した古い「太刀踊」の姿容を見聞し、記述していたことになる。

なお、体形の「三列」については、「太刀踊」（「花取踊」も含めて）はいずれも二人が対になり向き合って踊る「二列」が基本形であるので、これをどう考えるかは難しい。「三列」は漱石の、舞台映えを意図した〝文飾〟の可能性が高いのではないかとも思う。

以上を要するに、体形も含めて、『坊ちゃん』の記述が正確であったとすると、漱石が見た「太刀踊」と完全に合致する踊りは、現在の土佐からは消えてしまっているということになる。殊に、「真剣」はもうごく一部でしか使われていない。残されたのは模造刀を用い、保護すべき「無形民俗文化財」と化した「太刀踊」（「花取踊」）である。かろうじて古い演者には、「真剣」の記憶は残されているが、漱石「坊ちゃん」の感激した〝迫力〟は、もはや味わうべくもない。

三　『巷謡編』に見る鹿持雅澄の眼差し

「近世」に始まる民俗歌謡の評価と収集

これまで「近代」における土佐民俗、なかんずく「花取踊」（太刀踊）に代表される「歌と踊」について、その置かれた位置を『坊ちゃん』（明治三十九・一九〇六年成）を資料として、夏目漱石（一八六七〜一九一六）の視線を中心に眺めてきた。次いで時代を少し遡り、鹿持雅澄（一七九一〜一八五八）の『巷謡編』「総論」を検証資料として取りあげて見たい。序文に天保六年（一八三五）の年記があるので、漱石とはおよそ七十年の隔たりということになる。（この間にあるのが「明治維新」による一大変革ということになるが、土佐民俗の「歌と踊」におけるその意味合いについては、後の六で取り上げることとする）

鹿持雅澄は土佐を代表する国学者である。『万葉集』の総合的注釈研究『万葉集古義』を以って、近代万葉学の先駆けとして世に知られた人物であるが、歌謡研究の分野においても注目すべき業績をいくつか挙げている。『巷謡編』がその代表であり、巻頭に置かれた「総論」は、それに続く本文と併せて、近世の人々の民俗歌謡に対する意識をうかがうものとして、貴重な資料となる。雅澄はこれまでの研究史の中で、初めて大系的に土佐の民俗歌謡の収集と理解に勉め、その意義を最も高く認めた人物となろう。

『巷謡編』の本文自体は、土佐の民俗歌謡の歌詞を三十二項目にわたり収集、記録したものである。そのうち最も量の多いのが神事・祭礼で行われる「踊歌」（「花取踊」「こおどり」「伊勢踊」等、「風流踊」の歌）で、項目数で十一項目と三分の一を、歌詞の分量では全体の約六割を占める。次いで同じく祭礼で歌われる「神歌」が九項目、以下「田植歌」（四項目）「田遊の歌」（三項目）「神楽歌」（二項目）、「田の草取歌」「山歌」「茶摘歌」（各一項目）と続く。これらを見ると、祭礼における「踊歌」と「神歌」の類が、雅澄が収集した民俗歌謡の大きな柱であり、さらには「仕事歌」の類がそれに続くものであったことが分かる。その記録は、そのまま当時の土佐民俗の歌謡の実態を反映したものと見ることができる。ただ残念なことは、巻頭に収められた【安芸郡土左をどり歌一名山踊】をはじめ、雅澄採集の多くの項目が既に消滅してしまっているということである。それらは口承が常態の民俗歌謡にあって、最も古い記録として、今では大切な一つの規範ともなっている。

時代を支配した〝三味線淫楽論〟

『巷謡編』全体の翻刻と詳細な注釈、成立とその意義・本質に及ぶ解説は、既に「新日本古典文学大系62巻所収『巷謡編』」（岩波書店、一九九七年十二月、第一刷発行）で、参考資料も挙げて行っている。ここには「総論」のうち、雅澄の収集に至る動機と、それを導き出した当時の支配層の意識がよくうかがえる箇所のみを紹介し、検証することとする。（漢字には適宜、原文によって読み仮名を注記する）

ココニワガ土佐ノ国ニテ、ソコノ社ココノ祭ナド云モノニ、ヤヤ古クヨリウタヒツタヘタル歌、其ノ他遠キ境ナル樵夫（キコリ）田農（タツクリ）ナドノ徒ガ、昔ヨリウタヒツタヘタル歌ノ類モアリ。モトヨリカカル歌ハ、諸国ニテモメズラシカラヌハサラナリ。サテソノ詞ミヤビタリトニハアラネドモ、今ノ世ニアマネクウタフ歌ニクラベ見ルトキハ、サスガニ聞ニクカラヌハ、カノ三線ノエセ音ノ出来ヌサキニテ、彼ノ音ニアハスベクカマヘテツクレルモノニアラザレバナリ。又ウタフヲ聞ニモ、タハレタル音ノマジラヌハ、是又カノ淫声ノ出来ヌサキニウタヘルガママナレバナリ。サレバ婦女ニ淫弄ヲススムルウレヒモナク、父子兄弟ノ中ニテモ聞キニクカラズ、官位アル人ノ前ニテモイヤシカラズ、少シハ品上リタルカタナレドモ、婦人・少子ハキカンモノトモセザルハ、カノ淫楽ノ声ニシミツキタルガ故なり。

サテソコノ神事ココノ祭式ナドトテウタヒナラフニモ、サル今メカシカラズ古代メキタルコトハ、ワカキ者ナドハ中々ニハヂラフコトニナレルハ、冠ト沓ト処ヲカヘタル業（ワザ）ナリトモ云ベシ。サレバ今ヨリアマタノ年月経ナバ、後ツヒニハコレヲウタヒ伝フル者ダニナクナリテ、歌章（ウタヅサ）モヤウヤウニスタレユキナント思ヘバ、イト口チヲシクアタラシサニ、セメテハ其ノ詞ヲダニモ不朽ニツタヘマホシクオモヒテ、今其ノ歌曲ヲ聞ニマカセテ書アツメオクニナン。

まずここで強調されているのは、〝民俗歌謡衰滅〟への危機意識である。「国学者」として「古学（いにしへまなび）」を本領とし、「古へのみやび」を理想とした雅澄は、古来の神事・祭式の歌、きこりや農夫たちの仕事歌の類を挙げ、そこに三味線歌謡の「エセ音（出来の悪いひどい音楽）」以前の歌の調べを、さらには「古代」につながる響を見出してその価値を称揚。せめてはその歌詞だけでも伝えたい、書き残しておきたいと宣言している。

ここに至る論拠として用いているのが、当代の三味線歌謡を「淫声」「淫楽」と呼び否定する、いわゆる〝三味線淫楽論〟である。儒学者を中心として近世全体を支配した楽論であるが、熊沢蕃山（一六一九〜九一）の『三輪物語』などをその初期のものとして、太宰春台（一六八〇〜一七四七）の『独語』『経済録』等が目につくところである。雅澄の文章は、その言葉遣いに至るまで、太宰春台の影響が著しい。例えば『独語』には次のようにある。

> 今の三線は甚しき淫声なり。（中略）この声纔に発すれば、俄に人の淫心を引起して、放僻邪侈に至らしむ。その害云ふばかりなし。（中略）浄瑠璃と云ふ物（中略）是に至りて昔物語を捨てて、ただ今の世の賤者の淫奔せしことを語る。（中略）士大夫の聞くべきことにあらざるは云ふに及ばず。親子兄弟なみ居たる所にては、面をそむけ耳をおほふべきことなり。されば、此浄瑠璃盛に行はれてよりこの方、江戸の男女淫奔すること数しらず。

浄瑠璃に代表される三味線の音曲を、淫らなもの、風俗を乱すものとして全否定している。前項で見た漱石「坊ちゃん」馴染みの江戸歌舞伎・浄瑠璃の芝居による舞踊や歌は、ここでは全く席を与えられてはいない。しかしながら、もちろんこうした音楽論は当時の支配層、引用文中に言う「士大夫」の思想であり、逆に実態としては、一般庶民の間における三味線歌謡の勢い、普遍的な流行を物語るものとなる。軽格（下士《かし》）ではあったが藩政に関わり、学問を以って人々を導こうとした雅澄の認識は、その流行・魅力こそが古来の「踊歌」や「神歌」「仕事歌」の類を駆逐し、衰滅をもたらす元凶と捉えているのである。

実際、三味線歌謡の七（3・4）、七（4・3）、七（3・4）、五調＝近世小唄調は、それまでの中世以前の歌の語調を一掃、一変させる。それは日本歌謡史上の画期的な出来事であった。現代の目からみれば、その流行は新たな芸術性を開くものとして評価すべき点もあるが、ただプラス面だけには収まらなかった。一方で詩形の画一化を進め、詩的情趣においては、時には深みを欠くものとなって行ったことも否めない。雅澄の言う神事・祭式の歌における「今メカシカラズ古代メキタルコト」の崩壊への認識も、重要なこととして確認しておくべきであろう。

〝民俗歌謡衰滅〟への危機意識は、この時点でも既に萌していたのである。このことは、立場による見方の当否は別にして、「民俗」は時代の推移とともに常に変化し続け、生起した状態のまま在り続けるのは難しいという、本然としての実態をも改めて確認させることになる。それだけに遺されたものは、様々な歴史を語るものとして、「存在すること」それ自体が尊い。

（なお、歌舞伎・浄瑠璃流行の影響を受けた土佐の「地芝居」は、後述するように「狂言」「踊万歳」とも称し、民俗とも深い関わりを持つようになる）

四　法令に見る為政者の眼差し

民心を映す風俗の推移・変化とともに、「歌と踊」に大きな影響を及ぼしたのは、時の政権を維持しようとする為政者の意志であった。それは、民心を統制し世を治めようとする法令に端的に示されている。江戸前期から鹿持雅澄の時代、江戸末期に至るまでの土佐藩の資料を、管見ではあるが検証してみよう。

「踊」は禁制対象の筆頭

まず、山内容堂（一八二七〜七二）の発議により幕末から明治初年にかけて編纂されたという『藩史内篇』から。ここに引用する「政体沿革」は、慶長から享保に至る江戸前期の藩政史資料で、編年史の中心をなすもの。（高知大学付属図書館所蔵の写本による。必要な箇所に適宜番号を付し、句読点等をほどこす）

1、寛永二年〈一六二五〉十二月二十一日付け「法度之條目」（「政体沿革」六所収）

一　男女おとり・かふき・あやつり・てくろふのたくひ、國中へ入儀停止。（一字不明）已下かすましき事。

一　七月、小おとり、高知中、停止之事。

2、正保二年〈一六四五〉二月廿三日付け「野中傳右衛門へ仰出サル御旨」（「政体沿革」九所収）

一　踊並相撲、先年より高知五里四方、法度之申付候處ニ、近年猥ニ在之よし、聞届候。自今以後、高知五里四方、おとり・すまふ堅令停止候。若相背者於有之は、急度曲言ニ可申付候。踊・相撲之外、有来候神事祭礼等ハ、尤可令執行者也。

3、寛文三年〈一六六三〉八月十九日付け「仰出サル御掟」（「政体沿革」十二所収）

一　博奕・かるた・諸勝負・三味線・尺八・作り小哥・若衆狂、其外不行儀堅停止之。附、踊・相撲、於在々祭礼ニは免之。然共夜ニ入候而ハ令停止之。侍共見物令禁制事。

4、寛文十三年〈一六七三〉八月廿二日付け「御国中在々掟」（「政体沿革」十七所収）

一　従先年有来雖、為祭礼踊・相撲、いよいよ停止之事。

「男女おどり」「小おどり」を筆頭に、「かぶき（歌舞伎）」「あやつり（人形浄瑠璃）」「相撲」「三味線」「小哥」そのほか、庶民の様々な風俗が禁制の対象となっている。それは途中「祭礼ニは免之」(3)等の緩和策はあっても、「4」に見られる通り繰り返し出され、停止を強制されている。ということは、一方でそれらが為政者（二代藩主忠義・三代忠豊）の期待するような効果は必ずしも挙げ得なかったということでもあろう。しかしながら、対象や内容から窺えるその規制の厳しさには目を留めておきたい。

「2」の資料に出てくる「野中傳右衛門」は、江戸初期の土佐藩家老であった野中良継兼山（一六一五〜六三）のことである（傳右衛門は通称）。めざましい改革の一方、その強力な政策により領民や藩内部の不満を買い、寛文三年〈一六六三〉には内部からの弾劾により失脚、そのまま同年、四十九歳で死去している。さらに兼山の家族は、男系の絶えるまで四十年にわたり宿毛に配流、竹矢来の獄舎に幽閉されるという過酷な処断に会っている（大原富枝『婉という女』）。一族の墓所は、高知市の南、皿ヶ峰（高見山）中腹にあり、兼山の四女・野中婉は、母の墓に「孤哀女婉泣植焉」（こあいじょえん、ないてこれをたつ）と刻んでいる。規制に及ぶ権力体制ともども、為政者の意思は今からは想像を越える時代であった。

ここにおいて、上述の禁令がそれまでの民俗の「歌と踊」に与えた影響は、決して少なくは無かったと見ておくべきであろう。「小踊」（1）は、先述の「花取踊」（太刀踊）と並ぶ土佐の「風流踊」の代表的存在であった。

なお、野中兼山は「南学」（朱子学）を学び、その振興につとめた儒学者でもある。その政策は、前項・三で見た三味線音楽・歌謡を「淫楽」として否定する思想と通底するものと認められる。

「踊」の担い手は本来「男子」

次いで江戸後期の資料、幡多郡山奈村（現宿毛市）の庄屋・兼松家の集録した、土佐藩の法令・触達集『憲章簿』（高知県立図書館刊）から。（適宜番号を付し、句読点を加える）

5、文政七年〈一八二四〉八月廿日付け「卅六　豊年躍等停止、力業不苦事　覚」（官掟之部、巻之三、上所収）

（前文略）是迄之景気ニ寄、聊地下人共も愁眉を開、懸競之模様も相見候処、万一年並宜ニ乗し心得違を以、女子ニ至迄、躍等相催候様之儀有之候而ハ、御切替之御趣意ニ不相叶、風儀を損申事ニ候。右等無之様、厚可被相心得候。農民之儀ハ力業第一之儀ニ付、右等之儀ハ格段、躍之儀ハ諸人之心を迷し、放埓之いたし方ニ付、屹度御差留被仰付候条、尚又心得違之者無之様、可被相心得候。

右之通被仰付候条、各被得其旨支配中へ入念可被示聞候。已上

6、文政八年〈一八二五〉七月廿四日付け「四十四　踊停止之事　覚」（官掟之部、巻之三、上所収）

一　踊停止之儀、兼而御触被仰付置候処、此節心得違之者共有之趣、粗相聞候条、向後右等之儀無之様、地下人供へ屹度可被示聞候。已上

「6」の資料は、以前の「踊停止」の「覚（触れ書き）」の内容を再度確認のうえ強調したものであるが、注目すべきは前の「5」の文言に見える為政者の思想であり、当時の「踊」に対する一般的な認識である。

まず話題の中心は、世の「景気」によって豊作を祝い喜ぶ「豊年躍」のこととなる。ここにおいて「女子ニ至迄」も踊に加わることとは、改革の趣旨に反し「風儀を損申事」というのである。これは今とは全く違い、「踊」の担い手は本来「男子」を前提とするという考えである。「豊年躍」は豊作を神仏に感謝する〝神（仏）事〟であり、不浄な身の女性の参加を規制するのは当然という見方である。この〝差別〟は当時の為政者の常識と言って良い。これまで取り上げてきた「花取踊」（太刀踊）を始めとした祭礼における民俗の「踊」は、本来すべて男性のみの踊であったことは改めて認識しておかなければならない。女子の小中学生などが参加するのは、少子化で地域に担い手となる子供たちがいなくなった近年の現象である。

さらに「豊年躍」禁止の元にある考え方が示されている。「農民之儀ハ力業第一之儀ニ付」というのがそれである。簡単に言えば、農民の本来の仕事は働くこと第一というのである。農民は格段にその「力業」に励むべきで、「踊」は心を迷わす「放埒のいたし方」として差し止める、心得違いの無いように、支配中に念を入れて示すように―と重ねて命じている。これらも当時の為政者にとっては至極当然のことであったのであろうが、現代の目から見て、民俗の「踊」の置かれていた厳しい環境として確認しておきたい。

「悪病流行」、危機を支えた「祈禱」と「踊」

これらの触達（触れ書き）についても、当時の世情に応じて、寛厳の調整は適宜行われていたようで、同じ『憲章簿』の「雑集之部」には次のような資料が見出だせる。

7、安政五年〈一八五八〉九月十七日付け「百九十六　人気為引立、御祈禱中日、町郷浦恒例躍舞、持出勝手次第、結願角力興行之事　覚」（雑集之部、所収）

先達而已来之御時節を以、諸社之祭礼相流、殊ニ此頃世上悪病流行せしむる之趣、旁以景気ニも相懸、依之人気引立之ため、御時節明キ否、於中村二夜三日、御祈禱仰付候ニ付、右中日、市中初郷浦恒例之躍或ハ舞等、同所へ持出候儀勝手次第、且結願角力興行被仰付候条、一統賑々敷致参拝候様、支配中可被示聞候。

触れ書きの文中に「御祈禱」「諸社之祭礼」とあるが、当時、祈禱と祭礼は庶民の「心」を支える大切なものであった。この資料からは「悪病流行」のような危機的事態において、祈禱やそれに伴う芸能がおどろくほど力を持っていたことが窺える。「躍或ハ舞」は「景気」や「人気引立」のため、祈禱と一体の必須の行事であり、結願のために興行される相撲もまた同様であったのである。そうした際、為政者が普段の禁止の一方で「持出勝手次第」と規制を緩めるのは、当然のことであったのであろう。ここにいう「悪病流行」とは、安政五年〈一八五八〉に全国的に猛威をふるったコレラのことを指す。

こうした信心・信仰にかかわる事象を、前代の迷信と簡単に片付けることはできない。留意すべきは、私たちの先祖の心は確実にここにあり、そこにこそ人間の心意の奥底につながるものがあるという認識である。「踊と歌」の歌詞と関わり、そこから学ぶべきことは何か—ということが大切な課題となる。

この資料の末尾には、「庄屋共」の側から提出した「覚」として、次のような具体的な「踊」の名称が見える。（担

い手の地区名はカッコで示す）
伊勢躍（右山）　太刀・鎌手躍（入田）　刀躍（式地）　天満躍（不破）　コキリコ躍（山路）　烏帽子躍（具同）　太刀躍（入野郷）　万歳躍（中村町）

カッコ内の地名により、現在の四万十市・黒潮町など土佐西部地域のものと認められる。「伊勢躍」「コキリコ躍」「太刀躍（鎌手躍）」など今でもその残存が知られる一方、「天満躍・烏帽子躍・万歳躍」などは、現在では消えてしまった踊の名前であり、その内容を知ることはできない。それらの消長に為政者の意思による翻弄が作用しなかったと言い切れるかどうか、それが問題である。

なおここで、資料「7」の項目中の「町郷浦」という用語と関連して、当時の支配体制について説明を補っておきたい。「町・郷・浦」は土佐藩の支配組織の名称である。『憲章簿』の「解説」（広谷喜十郎）によると、土佐藩の地方支配の体制は「三支配といい、町分、郷分、浦分とにわけて町奉行、郡奉行、浦奉行がそれぞれを支配していた。そして、地下支配には、村方三役とよばれる庄屋、老、組頭が配置され、その下部に五人組が組織されていた。」という。これまで見てきた規制ないし干渉は、このような組織を通して土佐全域で、地域（町・郷・浦）により多少の差はあっても、一貫して藩政末期まで続けられてきたものと理解される。

「小踊」（こおどり）と「踊万歳」（地芝居）の禁止

前に見た『憲章簿』は土佐の西部地域の資料であったが、法令管見の最後に土佐東部の資料として、安芸郡奉行から出された「安喜郡府定目」（『高知県史』民俗資料編、所収）から、主に「踊」に関わる条目を掲出する。末尾に安政四年〈一八五七〉十二月の年記があり、藩政末期の逼迫した情勢下での状況が窺えるであろう。（適宜、番号を付し句

読点等を加える）

8、一　正・五・九月諸祈禱、其外年中之祈禱、虫送り等、神供之冷酒を弘候外、酒肴を設致飲食候義は、一切是を可差止候。勿論小踊之義ハ盆祭之外不相成候。（以下略）

9、一　諸社夏祭其外祭礼等ニ、小踊を催候義決而不相成候。

10、一　踊万歳之義ハ、古来被差明置候所柄も有之候得共、太刀打詞遣ひ等致、哥舞妓狂言ニ紛わ敷業前は、河原者之所作ニ付御制禁ニ候条、向後猶又御作法之趣堅相守へく候。（以下略）

「8」の末尾と「9」はいずれも「小踊」（こおどり）に言及したものであるが、合わせて「小踊」は盆祭のみに限り、諸社の夏祭・祭礼には禁止、と読み取ることができる。盆は先祖祀りの機会として特別に許されたのであろう。（「盆祭・盆踊」の心得については別の条項で詳しく述べているので、後で取り上げる）

「小踊」は以前の資料でも見たが、江戸初期以来、西日本を中心に広く流行した「風流踊」である。（土佐の「こおどり（小踊・神踊・鼓踊・子踊・古踊）」の歴史は改めて第六章で取り上げる）。なお「8」の資料には、祈禱をはじめとした祭りにおける酒の飲み方の注意（「神供之冷酒」に限って許す）が見える。そうした生活上の細かな指示は、崩壊に至る藩政の苦しい事情の一端をうかがわせるものであろう。

「10」の禁制に見える「踊万歳」とは、流行の歌舞伎・浄瑠璃を真似た「地芝居」のことを指す。「河原者之所作」とあるが、前項で見た鹿持雅澄や儒学者の〝三味線淫楽論〟と共通の思想となる。「踊万歳」の禁制については、これに次ぐ条項でさらに具体的にその考え方を述べている。

11、一　踊万歳は、神事之故実ニ非といゑ共、致来し候浦柄へハ、古風之三番叟様之業前は向後迚も依願可遂詮議。其外神慮を慰め申ニは、神職家々ニ相伝る神楽舞曲有之ものニて近来之踊万歳と唱候興行ハ、氏子供之我為ニする処ニして祭礼式にてハ無之候。畢竟花美を好候人情より、所ニ寄踊万歳差止候而は神慮ニ不相叶、或ハ妖怪不思儀之事共有之候抔、誕之流言（ヨコシマノイツワリ）を以衆を惑ハせ、人気を折き候族も間々有之趣、神慮を不憚致方不埒之至ニ候。是倫に人情の好所より起り候義ニて、皇国之神道ニ決而無之事ニ候条、向後右等之怪談を以人気折き候者有之時ハ、五人組合組頭・物組頭・庄屋・老共より屹穿鑿、即時ニ差押へ可届出候。万一右等之者ニ令荷担妖妄之説を弘め候時ハ、本人同罪候。

「古風之三番叟」はともかく、「近来之踊万歳」（地芝居）は神慮を慰める神楽のような祭礼式ではなく、その興行は氏子の好みによる不埒な行為である―と「皇国之神道」まで持ち出して諭し、厳しく取り締まっている。ただここに見る民衆による「流言・妖妄之説」とあるそのことばの裏には、当時の「地芝居」流行の勢いや、規制に対する庶民なりの抵抗があったことも推測させる。

「指出」に見る「小踊」の実態とその衰滅

こうした禁令の実際は、調査に基づく各村からの回答により、その実態を踏まえた上でなされたものと考えられる。次にその回答資料（「指出」）の一つとして、「馬路村風土取縮指出扣」（『高知県史』民俗資料編、所収）を示す。安芸郡馬路村の「庄屋・老（としより）」の連名で「御作配所」宛に提出されたもので、末尾の年記は「安政四巳年」とあるだけで月日は記されていない。が、その内容から見て、前に見た「安喜郡府定目」の禁制（8・9）とほぼ同時期の「指出」と思われ、厳しい規制に至る前の「小踊」の実態を知ることができる貴重な記録となる。（適宜、句読点等を加える）

12、一　踊万歳、小踊、月日・衣服・男女老若、業前等之事　附り右入費取扱之儀（中略）

但右等之儀無御座候。尤六月七日、祇園牛頭天王宮ニおゐて、氏子中・男女老若相集、山踊ヲ踊。業前、音頭太鼓をたたき中に立、哥ヲ謡出。踊人は男女老若、扇子を持、手拍子足拍子ヲ揃、鐘・太皷ニ合セ、脇廻リ踊申候。踊の手色々有之、時々哥を替手ヲ替踊申候。尤装束は平服ニ而御座候。笠・手拭・頭巾等かむり、持合之新キ着用仕、興行仕候。惣而きぬるいは聊無御座候。

「踊万歳、小踊」の問い合わせに対し、一応、それらは無いと答えた上で、「山踊」ならあるとして、音頭以下、装束に至るまで具体的な態様を記載している。その記述を見ると、名称は替わってはいるが、その実際は「小踊」であったことが分かる。「山踊」は、前項で鹿持雅澄『巷謡編』について論述した際、現在では消滅した踊としてふれた【安芸郡土左をどり歌一名山踊】（「安田・田野・奈半利ノ村々アタリニテ往昔ヨリ踊ル」とする）の別名でもあった。

資料では前の文に続き「右ヲドリノモンク」として、

ワカトノ。ヤカタ踊。心実。イシカワ。カゴ。マキガシマ。カワナカ。ヲボロ。シガフネ。ヤマカゲ。リン。ネンブツ踊。コサブ。カナワカ。ツキトモ。ツキノマチ。トラマツ。アキナイヲドリ。トノゴヤ。カライジリ。ヤマブシ。キキヤヨフヤマカゲ。ヤクシノマヱ。クキノオマツ。ハカタ。ナスビ。

と、二十六に及ぶ具体的な題目名を記し、「尤此内七八ツ計踊申候。右祭日祭方ノ入費ノ外、踊雑費無御座候。」と回答、費用の倹約を含め一応恭順の意を示している。

残念なことに、これらの「山踊」は現在、「指出」（回答）提出の馬路村には無く、『巷謡編』の【安芸郡土左をどり歌】を合わせて、広く安芸郡全体を見ても「小踊」の類はその多くが消滅してしまっている。ここに至って、規制の影響が無かったとは決して言えないであろう。

「盆踊」の変容と新作の流行

前に上げた「安喜郡府定目」（安政四年・一八五七）の資料に戻り、「盆踊」についての当時の事情について、まず為政者の側から見た実態を捉えておきたい。

13、一　盆踊と唱、新死之家又は水辺・寺堂等ニて、哥を諷ひ舞踏（マイヲドル）致候義は、古来之御国風ニ候得は、今更可差止訳ニても無之候得共、元来盆踊は人之死を哀ミ候余情ニて、遊慰之為ニ設たるものニ非ず。老男・老女共踊躍して亡灵供養之誠を表し、新死家を弔ひ候所作ニ候得は、忌々敷事柄ニ候処、近年流弊之風俗より、孰も戯事之様ニ心得違、今様之新作を工夫し、若年之男女を撰ミ、一様之着用抔を仕立、終夜致歌舞、新盆之家ニては酒肴之饗応を受ケ、或ハ組々出銅を以酒肴を設、不作法之義も有之趣、不埒之至ニ候。適々古風を守候郷浦ハ、爾来之通ニて可然候得共、右ニ言如く不埒之仕筋ハ一切差止、亡灵供養之心持を不放、五十歳以上之男女古風之踊方可致候。勿論酒肴之設并新作遊戯之致方は、決而不相成筈ニ候。

「元来盆踊は人之死を哀ミ候余情ニて、遊慰之為ニ設たるものニ非ず」、盆踊とは、年寄りの男女が供養の為になす踊であり、若者の遊び戯れのものではない。―これが本「定目」の全体に見る為政者の基本的な考え方である。しかし世情はこれではおさまらなかった。「今様之新作を工夫し」、若い男女に衣装をそろえ、夜も遅くまで踊に耽っていたことが分かる。「不埒之仕筋ハ一切差止」といくら言ってみても、制禁の一方で、「五十歳以上」とする年配の老人達の「古風之踊方」はしだいに衰滅していったのであろう。

「戯作」が伝える「盆踊」変容の実態

ここに至った事情を、風刺を込めた「戯作」はさらに生々しく記述している。天明七年〈一七八七〉以前の成立で、尾池春水（一七五〇〜一八一三）の著作と目される『浦島物語』（廣田孝一校訂・土佐群書集成第十巻）には次のようにある。尾池春水の実人生は、土佐藩において「御馬廻組頭、御仕置役格」の重職を勤め、歌人としての業績もある人物である。

七月、燈籠賑やか也。男は女にむらがり、娘は見られて悦ぶ。後家のはでなるは、必ス曲ものならん。寺参りに事よせ、花枝にたくして男を見たがり、お寺の牛房汁に濱栗の吸物を振舞う。牛房も近年は甚タなまぐさし。定メ而、本尊ハ鼻をつまみ給ふ成るべし。（中略）

又、七月の燈籠びんに躍りのしまん事を願ふも、大かた、門徒衆の境内なり。近年、九良すおとろへてこっぱ流行り、こっぱの躍はこんにゃくに似たり。九良助の躍ハ豆腐に似て和ラか也。はやしの尻声男らしく、男は女と変じ女は男に似せ、世話やき集りて輪の弘がらん事を好み、音頭上手なれば躍りハしめやか也。晒シに黒羽を尊び一文字笠を傾く。面ンをかぶるは大かた多口の先生也。当世の頭巾年々に盛りなり。風呂敷かふるは多年の好キ也。尻声遠近に聞へ、足音東西に響く。音頭さゝらに登りて中には莚を敷ク。吸付ケ煙草盛ンにしてすいがら羽織を焼く。互に楽しみ互に床しかれ共、是、誰といふ事を知らす。（中略）十六日は川原に留り、八朔は濱をよしとす。

まず前段に、男女関係・性愛の実相について、当時の僧侶の腐敗にまで及び、「牛房汁・濱栗の吸物」など巧みな隠喩を用いて示す。七月の七夕などの祭や「盆踊」の季節は、解放的な一般男女の出会いの機会でもあった。そうした気分は、「踊と歌」をも濃密に覆っていたものと推測できる。法令の「建前」に対し、これらは同じ武士階級の「本音」によって捉えたものであり、世情の実態はこちらに更によく現れていると見てよいであろう。

後段からは、前の資料「8・9」に見た「盆祭・祭礼の小踊」は、時代の好みにより次第に衰え、「九良す・こっぱの躍」（「今様之新作」）などに取って代わられて行ったことがうかがえる。また「盆踊」の盛況は、七月の盆から八月の八朔に及び、さらに場所も寺の境内から河原、浜にまで広がっていたことが分かる。なお、八朔は陰暦八月朔日（ついたち）のことで、農家にはこの日、新穀を収めて祝う儀礼があった。「盆踊」が「豊年踊」と地続き、一体のものであったこともうかがえる。

ここにおいて、「踊」の態様の変遷として大切なことは、「くろすの躍・こっぱの躍」が、「豆腐・こんにゃく」に象徴されるように、やわらかな身振り手振りの面白さで見せる「手踊」であったことである。土佐のみならず我が国の「踊」は、この「手踊」の出現により一変した。

さまざまな採り物（手に持つ物）を特徴とする中世以来の「風流踊」（「花取踊（太刀踊）」「小踊」もその一つ）の伝統は、こうした近世の「手踊」の魅力・流行により、以後、さらに衰滅の歴史をたどって行くこととなる。趣向を凝らした冠り物も当世風の「笠・頭巾・風呂敷」等に変わり、音頭のうたう「歌」も、七・七、七・五調の、見方によっては深みを欠く近世歌謡に統一されることになっていったのである。「風流」の本質でもある〝流行〟の厳しい推移の現実がここに垣間見える。

藩政末期の「七夕祭・盆踊」の状況をうかがうことのできる「戯作」をもう一つ追加しておく。天保七年〈一八三六〉の成立（一説に享和・文化年中）とされる『土佐国風俗記』（廣田孝一校訂・土佐群書集成第十巻）「踊躍」の項である。著者は「烏有老人」とあり、武士階級に属す知識人と推測されているが、判明していない。

七月七日、七夕祭。仁井田種崎にておどり有。同月十三日、十四日、十五日、十六日、盆。仁井田町種崎町にて老若男女踊。十二三の女子編笠、或ハ縮緬頭巾、衣類帯思ひ〳〵もの好き、一組み〳〵にておとり、高知より若侍思ひ〳〵の装束にあみ笠にて我おとらし。又、家中の若黨小者何組〳〵とて、是もおとらず踊る。何某ハ上手、何某ハ足ノふみ様あしく、手の振り様、躰のくるめ様あしく、何某ハよく身をこなし、しなへるといふ。兎角、音頭聲高自慢にて、高極流がよしと云、平吉流ハ古臭しと云。八月朔日にも濱がよしと踊好きハならしの評判。

前の資料（『浦島物語』）よりは五十年ほど後のものとなるが、「踊」の盛況は変わらず、「若侍」や「家中の若黨小者」の積極的な参加や評判の様子からは、さらにその勢いが増しているようにも思える。ただし、前資料の「こっぱ・くろす」が現在の「盆踊」にその名称を残すのに対し、ここに見える「歌と踊」がどのようなものであったのかは、今に伝わるものは何もない。「高極流」や「平吉流」がその実際を伝えるものとしても、流行の波間に消えてしまったのであろう。（「踊」の場とされる「仁井田・種崎」は現在の高知市郊外、桂浜へ向かう海岸部の地名である）

五　日記に見る僧・井上静照の眼差し

次いで法令や「戯作」理解の補いとして、幕末期の庶民の日常生活を記録した希少な資料『真覚寺日記』から、「歌と踊」に関わる記事の一端を掲出する。そこには驚嘆すべき非日常が捉えられている。

通称『真覚寺日記』一〜十（吉村淑甫書写・土佐群書集成）は、藩政末期、高岡郡宇佐村（現土佐市宇佐町）、眞覚寺の住職であった井上静照が、安政元年〈一八五四〉から慶応四年・明治元年〈一八六八〉まで、十五年に渡り書き継いだ日記である。元々の名称は『地震日記』九巻、『晴雨日記』五巻からなる。安政元年十一月五日の土佐沖大地震の記録に始まるが、それに付随した広範な世情の記録は、解説の吉村により「真宗仏教者の立場からして、非常に心情に迫る記述をなし」「庶民生活とその思想を、僧としてよりも井上静照という一人間の目でとらえている。」と高く評価されている。

「真覚寺日記」が記録した「繪嶋踊り」

まず、安政二年〈一八五五〉十月十三日の記事から。（適宜、句読点等を補う）

当年八月頃より、諸方に繪嶋踊り大ニ流行して、神祭又ハ日待等之節、夜ニ入レハ其村の廣キ場所に屯し踊ル。尤男女共入交り、笠を被り小袖を着し、思ひ〳〵の装束にて出ル。町家・百姓共、大家ハ新ニ踊り着物を拵へ、我劣らしと娘を仕立踊らしむ。素伊野より始り、八田・弘岡・高岡・新川辺尤甚し。先月末方、弘岡上ノ踊りの時ハ、諸方へ案内し、組踊を呼寄川原にて踊ル。松保佐を数カ所ニ焚き、白昼の如くなし、扨踊も済歸足之砌ハ、蝋燭数百本を配り提灯とほし歸らしむ。踊ル家の両親なとハ、狂言の様成心持ニなり、金銀も惜します、我娘なとをつれあるきうかれ暮す。此間ニ至り、伊野村ハ踊りを禁せられ候よし。凢村々にて踊ル人数三百五百人ほと、手をふり足とりし、賑敷事いふへからす。見物の人数ハ推量して知るへし。是や世界の一変といふへし。

男女入り交じる「繪嶋踊り」の大流行を「世界の一変」する出来事―として詳細に記録している。地域は「安芸」に対し「伊野」周辺と異なるが、内容的には、前に見た「安喜郡府定目」（安政四年・一八五七）の資料「13」が示す数百人が「手をふり足とりし」踊る様は、多くの見物人にとって正に目を見張るものであったのであろう。「世界の一変」とする井上静照の言葉も、そこはかとない懸念・不安を感じさせ、幕末期の世相において、官による禁止の対象となったのもうなずける。「踊」の流行という事象が、一つの時代の終わりをも予感させたのであろう。

ただし、土佐における「江島踊」の流行については、『土佐海続編鈔』（『高知県史』民俗資料編、所収）が、既に宝永四年〈一七〇七〉と延享二年〈一七四五〉の二度の消息を伝えている。それについては、小著『土佐の盆踊りと盆踊り歌』（高知新聞社）の「総論」で検証したところであるが、それとこれとは百年以上の隔たりがある。様々な推測は可能だが、二つの「えじま」流行のつながりは必ずしも明らかではない。

珍事、「大佛躍り」「ノヱクリ」の風俗

これに次いで、慶応三年〈一八六七〉八月十九日には、更に奇妙な踊り「大佛躍り」「ノヱクリ」の流行を伝えている。「當年七月上旬より下町川原にて涼ミと称して遊ひにゆくもの夥敷。」として、市中の鏡川の河原における〝涼み風俗〞の隆盛の中で行われたものである。「此トキ、川原ニ於テ四方ヲ板ニテカコヒ、真中ニ蚊帳ヲ釣リ、女ヲ中ニ入レ姪ヲ賣ルアリ。」とも注記された乱淫な風俗の一環であるが、必要箇所を抜き出してみよう。

踊リ子ニ手を附ケて、大佛躍りといふを企テ、其組々踊るも有り。ノヱクリと称して、帯のうしろの結ひ目を押へ、又其跡を押へ、拾人も弐十人も蛇の様ニノヱクリゆくも有。盛なる夜ニハ、播磨屋橋より南の川原へ迄、件のノヱクリの人数引續キ、仰山成事也。是ハ往来の邪魔なりとて差留らる。川原ニてハ毎夜ノヱクリ廻る也。永く引張合ふて窮屈なるゆへ、脇へのきたいと思ふても、うしろの者、帯をしかと取り放さねハ、壹人のく事もならす、イヤなからノヱクルも有。どふいふ上気（ノホセ）やらしれぬといふ。（中略）天気さへよけれハ、毎夜々々の大賑ひ。踊り草臥、のミだれて、鶏鳴頃漸く我家を思ひ出し、おのかさま〳〵ノヱクリて「ヨイヤ〳〵ヨイヤサ」と、はやして戻る翌日ハ、頭も上らすグット寝て、日の暮から又出懸る其面白サ、いふへからす。昼寝て夜走るものハ、鼠と同しくして実ノ人ニあらす。夜ルおきて昼ニ替るものハ、陰（イン）を盗むの罪人也。昼寝て職業を怠るものハ、陽（ヤウ）を盗む罪人也。共に天理ニ背くゆへ、発達すること有へからす、と古人も

いひ置り。慎すんハ有へからす。併、斯程の事なれ共、役所よりの制度もなし。御日柄なとの差別もなし。踊り次第・舞次第、銭ハ遣ひ次第也。

「中略」とした箇所では、例えに「殷の紂王の酒池肉林」の故事を引き、「昔ハ珍しき噺の様ニ聞しかど、今の川原の有様を見てハ左ほど驚魄（ビックリ）する人もなし」と、常軌を逸した状態を述べ、更には後段の様に、「天理ニ背く」「罪人」の所業と批判している。しかしながら、「役所よりの制度（法令）」も出されなかったという。

「ノヱクリ」については、長蛇の列をなし「ノヱクル」（くねくねとゆがんで動く）踊りとして、帯の後ろをつかむ特異な態様と、「ヨイヤ〱、ヨイヤサ」という囃し言葉を具体的に記録しているが、「踊リ子ニ手を附ケ」たという「大佛躍り」については、その「手」の説明はない。ただし、引用した文に続いては、その起源について次の様に説明している。

此根元を尋るに、七月の初頃、上方筋の男四、五人、商賣用ニ御国へ来る。市中ハ暑サ堪難しとて、酒肴携へ川原へ出る。宿の夫婦・娘迄、我もゆかんと薄縁（うすべり）を持チ、月に乗して酒をのミ、京の踊りを見給へとて、頭と手足動かして、踊りて見せたか始也。夫レを見たる若者共、我等も彼レに劣らんやと、嫉ミ半分ニ始メたか、終ニ川原の踊りト成り、斯く多人数ニ及ふとそ。依て繪嶋もさしも田舎風、面白からすと言觸し、ホンマ物ニハならね共、京ノ踊りの真似として、大佛踊りと言とかや。

商売で高知へ来た「上方筋」の男達が、「京の踊り」として、涼みの川原で踊って見せたのが始まりという。「頭と手足動かして」とあるので、その振りの面白さで見せる「手踊」であったことは確かである。振りの様子は不明ながら、その都ぶりに「若者共」は魅了され、前述の「繪嶋」に取って代わる「川原の踊り」になって行ったという。

こうした流行は、場所も移動する中で、自然と沈静化の動きもあったようで、続いては次の様に記す。

いつとなく下モノ川原ハ静ニ成り、此頃ハ上町ノ川原賑敷。昼ハ町々踊りを習ハし、夜ハ川原へ出て踊る。尺八吹ツ、行も有。俗衣を着て、赤の襷（タスキ）にて、三味線をかけ、手拭にて顔を包ミ、菅笠を被りゆくも有。悉皆皆、京大阪の門乞食（カドホイト）に異ならす。（中略）ノレ過るゆへ、町の庄屋気を付て、涼ミも踊りも勝手次第、料理店斗ハ引くかよし、若役所より留メられたら、最早再度とハ出来ぬ也、又来年を楽しミて、扣へる方か宜しきそとさとしけるより、尤とうなずき、追々上町神事ニも懸るゆへ、自然と川原も静ニなる。御國ニいまた聞かさる珍事也。

「尺八・三味線・手拭・菅笠」など、踊りに関わる風俗の描写は貴重であるが、「京大阪の門乞食」同様の姿とし、「御國ニいまだ聞かざる珍事也。」と結んでいる。ただ記述はこれで収まらず、さらに次の様に続けている。

四ツ頃、右寺（千蓮寺）を出て梅田橋へ曲ル処、川原行の踊子弐三人、三味線を引もの壹人、大鼓壹人、反古籠（ホフクカゴ）の裏を赤紙にて張り、中へ蠟燭を附ケ、長竿ノ頭（サキ）へ挑ケ、照しゆく。夫を取巻キ見ルもの多し。少し異形の者を見れハ、四方より蜂のことく集りて、面白がるが御國の風、是か矢張田舎也。九ツ頃より八ツ頃迄ニ、ヨイヤ〳〵、ヨイヤサと歌ふて町をあるくハ、皆川戻りの先生也。升形にて馳走の酔ニ乗して熟睡。

ここに見る「三味線・大鼓」も踊りの伴奏楽器と思われるが、現在、土佐の盆の「踊」の中で、三味線を伴うものは皆無となっている。それにしても、ここに至る一日の大量の描写はまさに驚異的である。これまで見て来た「川原の踊り」、「大佛躍り」「ノヱクリ」の流行が、いかに井上静照の心を捕らえたかが分かるであろう。「御國ニいまだ聞かざる珍事也。」の言辞、これもまた、静照が抱いた〝時代の終末観〟を色濃くにじませたものと思われる。

なお、こうした「川原の踊り」の民俗は、現在では『日記』に出てくる鏡川に限らず全く見られない。「大佛躍り」

「ノヱクリ」の伝承も消えてしまった。本来は、水辺＝河原における先祖供養への思いともつながっていたものであろうが、流行踊のはかなさである。

こうした中で、「ノヱクリ」の伝承の片鱗を、わずかに『幡多郡誌』（大正十四年刊）の記事に見出したので、ついでに紹介したい。「第十七章　風俗」の中に「のえくり踊の歌」として記録された二つの歌である。

○圓くなれまんまるくなれ、十五夜お月さんほどまんまるくなれ、ハリヤセ〳〵。

○踊りやすんでしもた握り飯どうじやいな、おつつけ唐人町からいもでも焼いてくる、ハリヤセ〳〵。（奥内村）

二首目に見える「唐人町」は、現在でも鏡川・潮江橋近辺に残る町名である。伝承地・幡多郡「奥内村」（現大月町）は、高知市からは遥か西に離れた、それも土佐・最西部の地域である。歌詞だけなく、この二つの地名からも、はからずもかつての時代の熱気、熱狂ぶりが伝わってくる。

僧侶の不行状と「よさこい節」の大流行

『真覚寺日記』はこのほか、「坊さんかんざしの歌」（よさこい節）大流行の一件や、これに続く僧侶の退廃についても、安政二年〈一八五五〉七月二日の記事、

此間、五台山脇寺の僧、或家の娘をつれ出奔致し、讃州へ越へ、金毘羅の牸ニ泊り居る所へ、当国役人参り、右両人并人足共、都合三人召捕来り、直ニ入牢、日々吟味場へ出候由、誠ニ諸宗一統の恥辱、末世の有様、是非もなき事也。右ニ付寺社方より、諸宗僧分へ厳誡の廻文来ル。

を皮切りに、日を追って克明に記録している。右の記事はそれら一連の発端を示すもの。先述の〝三味線淫楽論〟「男女淫奔」の最たる見本でもあり、降っては昭和二十九年〈一九五四〉新作の「よさこい踊」の歌詞の源ともなる。

なお、「五台山脇寺の僧」（南坊の僧侶・純信）と「或家の娘」（山麓の長江に住む鋳掛屋新平の娘・お馬）との情事・駆け落ちの顛末は、「五臺山お馬一件を浄瑠璃ニ作れる」という「怪談浮名簪」という「造り本」の存在まで記載している（安政三年八月廿一日）が、詳細ついては後の章（第十一章）に譲る。ここには「坊さんかんざしの歌」が映す時代の様相として、仏教の退潮、僧侶の腐敗ぶりに関わる記事に限り抜き出しておく。右の資料に言う「末世の有様」という印象的な言葉の世界が、更に具体的に見えてくる。

安政二年〈一八五五〉九月八日の条

此節、諸宗一統ニ僧分の身持悪ク、不行状之輩数多有之ニ付、役所より鑒察之上、或ハ寺替或ハ退寺追院ニあふ者おふし。又其身ニ咎を受へき覚ある者ハ、役所より聲のかゝらぬ内ニ出奔するも有り。真言宗ニ尤多し。是ハ先ノ頃五臺山脇寺之僧、女をつれ出奔し讃岐にて被召捕候より、如斯坊主狩始り候よし。

文久二年〈一八六二〉四月廿日の条

佛法ハ世道ニ益なしとして、近年坊主狩を始メ、一失有僧をハ悉ク退寺退院す。故ニ、其身ニ過失有事をしれる者ハ、聲のかゝらぬ内ニとて逐電する者多し。

いずれも、為政者による僧たちの「不行状」を追求する「坊主狩」の実態を伝えている。信仰としての仏教は、「よさこい節」流行の元となった「五臺山脇寺之僧」の一件をきっかけに、完全にその地位を失って行ったのであろう。こうした厳しい追及は、次のような「浅ましき」事態を招来している。

慶応元年〈一八六五〉七月廿二日の条

先達而雪蹊寺も住職召放され、寿命院も還俗し、吉祥寺も同断、能津の善住寺ハ首を括り、用石の妙福寺も還俗す。皆女ゆへの事と聞ゆ。浅ましき事也。

「女ゆへの事」、「召放され、還俗し、首を括り」と、それぞれに辿る僧たちの末路は、真宗仏教者・井上静照の目に映った人間の、「末世の有様」の赤裸々な姿であった。

六　明治維新（神仏分離・廃仏毀釈）の激動

幕藩体制が抱えた矛盾や行き詰まりは、さまざまな内圧・外圧の中で明治維新へと至る。民俗の「歌と踊」にとって、その最大の影響は「神仏判然令」にともなう廃仏毀釈、仏教色排除の激動であった。殊に「踊」は、「念仏」信仰を一つの基盤として形成・展開してきたからであり、影響は「歌」のことばにまで及んだ。これまで見てきた近世の世情（『巷謡編』、藩政期の法令、戯作、日記など）と、漱石『坊ちゃん』との間に生じた時代の大きな変化の様相と結果を、管見ながら具体例を挙げて見て行きたい。

「神仏判然令」と苛烈な廃仏毀釈

明治元年〈一八六八〉三月以降、明治新政府は「神仏判然令」（神仏分離令）を発し、土佐藩（明治二年六月から高知藩）はこれを受けて明治元年十二月、「神仏両部ノ道」廃止を指令、以下さまざまな施作を実行する。祇園社を八坂神社・須賀神社とするなどの神社名の改変や、神体の変更、神仏混合の行事の禁止などである。これにともなって廃仏毀釈の運動が全国的にも展開するが、『高知県史　近世編』（第七章・第二節「藩政後期の文化」）は、「土佐に苛烈であった廃仏毀釈」と分析し、それを支持する地盤として、前節の『浦島物語』『真覚寺日記』にも見た、僧侶の「腐敗」による「退潮」を示し、対する神社信仰の儒教を越えた「信頼」の実態を挙げている。これについて、『高知

縣史要』（大正13年・高知県編）「第四編事物志、第二節宗教」は、

本縣は他縣に比し、法令厳刻に勵行せられしかば、寺院の廃滅に歸したるもの甚だ多く、維新前の寺院六百十五の内、四百三十九は廃寺となりたり……

と伝え、廣江清『高知近代宗教史』（土佐史談会）は、宗派別の推計表を示し「廃寺数を確かめる方法はない」が、「かりに寺数六百、廃寺数を少なく見積もって四百としても、その割合は約六十七パーセントとなり、大変な数字である」とし、安丸良夫『神々の明治維新』（岩波新書）も、土佐藩を「強力な廃仏毀釈がおこなわれた」「代表的な事例」の一つとして挙げている。

前節・五の末尾に見た「佛法ハ世道ニ益なし」（『真覚寺日記』文久二年〈一八六二〉四月廿日の条）という世情認識の厳しい帰結でもある。

新聞が伝える「柴折薬師」祭礼への影響

この影響を被った代表的事例が、長岡郡大豊町寺内（旧豊永郷）の豊楽寺（真言宗智山派、通称「柴折薬師」）ではないかと思う。よもや僧侶の不行跡、「真言宗ニ尤多し」（『真覚寺日記』安政二年九月八日〈一八五五〉の条）と重なる事情ではないと思うが、同薬師堂の祭りは、かつて一夜限りの男女交歓の行われた「通夜堂」として、近隣には知れ渡った伝説的存在であった。明治四年〈一八七一〉廃寺となり、同十四年再興願を提出、同十六年ようやく許可され復興した（豊楽寺文書）。が、この間十二年の空白は、民俗の祭り行事において大きな打撃を与えたものと推測できる。

祭りの「歌と踊」への影響をうかがうことができる資料としては、昭和九年〈一九三四〉、高知新聞所載の記事

「豊永の名勝絵巻　薬師縁起」〔一〕〔二〕〔三〕がある。私が平成二十一年〈二〇〇九〉九月の祭礼調査の折り、先代の住職・吉岡義成（昭和三年〈一九二八〉六月～平成二年〈一九九〇〉八月）が作成した切抜き帳の中から偶然見出したものである。その日付と内容の細部に渡る考証は次章・第一章で行うが、ここには先ず、当時の人々の目に映った祭りの具体的な見聞録として、該当箇所を原資料の体裁のまま全文一括して掲出する。（読点は原文のままとするが、句点は打たれていないので読みやすさを考慮して付加する）

なお〔一〕は、縁起や仏像・建物等の沿革について述べたものであり、祭り行事とは直接関わらないので割愛する。ただしその中では、明治四十四年までの事柄を扱ってはいるが、なぜか廃寺における荒廃については触れる所はない。「名勝絵巻」とするタイトルへのこだわりとも推測される。

「豊永の名勝絵巻　薬師縁起」〔二〕

薬師祭　薬師のお祭りは舊暦の正月八日、二月十五日、四月八日、七月六日の四回で舊七月六日が年中の大會式で近郷及び阿伊讃からは五日宵より詰掛けてお通夜し七日朝まで續くのである。諸国の善男善女は待ちに待ったお薬師祭へと雲集して国々の風俗踊りなどを奉納し時ならぬ山中の不夜城を現出し一大歓楽場と化するのである。豊永郷及び祖谷山の山谷に往古よりあった太鼓踊も實はこの薬師祭からはじまったものと傳へらるる。

太鼓踊　口經二尺余の大千鳥太鼓の千鳥緒を締め立て〳〵大かゞり火を圍んで數十挺の大太鼓が圓陣を作り列後を老若男女が九十九の白髪をはららかし、あづさの腰弓も今日は押張つて扇をかざして打ち返し〳〵踊り練り廻つてゆく。百雪が一時に落つる如き騒音の中にも、咀（私注、唄）の口調がなだらかに一鞭一鞭調子が調子が整調し悠長に夜氣深く澄んでゆく。音の澄んで高いもの程よい太鼓といはるゝ。皮は牡牛の皮で若牛の薄い皮程音がよいといはれる。踊皮が破れると直ぐ替皮を張り替へて踊る。一枚數十金を費から「どせ損どせ損」と鳴り家倉もた丶き込むといはれる。踊りの曲にはお伊勢踊、柳踊、鶯踊、玉章踊、山伏踊、陣立踊、祝踊その他種々ある。何れ小笠原氏の豊永へ入つた鎌倉時代頃から傳はつたものであらう。

踊歌、太皷打つ衆はしめて、打て、しめりや音もよい音もよい

又よーすかよー（はやし）

お伊勢踊、お伊勢〳〵と急げどよー、急ぐ小山はまだ一里よー

鶯踊、伊勢のお山は廣けれど、鶯一夜の宿がつて、太鼓千鳥に巣をかける日さよくれたらかうそかくまよーかうそかくまよー

山伏踊、おん山伏が山伏が數珠に錫杖はもちたれど、茶屋のおなごに目がくれて、山入りする日を、ちよろとわすれた、それが山伏

祝踊、これの家主お家主、内にやござるかござらぬか祝のをどりが参り候、まつはめでた松はめでたよー

天正五年本堂落慶の際元親公へ慶長九年霜月一豊公お國廻りの節本堂で上覧に供したのはこの踊りであると傳へられる。最近では摂政宮殿下阿波池田御巡啓の節祖谷山より神代踊りと銘打つて御上覧に達したのは同巧異曲のこの踊りである。天下一品の明朗な雄大な躍りではある。

男女答問　今から六七十年前まで此處に男女問答といふ土俗があつた、古く神代の大國主命の高志の八上姫との歌問答下つて萬葉時代の歌垣の遺風でもあるが何分娯楽交遊の機會乏しき山のお薬師祭は年中行事の一番楽しい日であれば若衆男女は一張羅の晴衣裳を着飾つて五日宵より雲集し昔は外陣、廻り縁や通夜堂まで一杯の鮨詰めとなる。か丶る間に男女言問ひの遺風が保存され次第に雄辯的に洗練されて來て後には地方の才辯ある男女を若

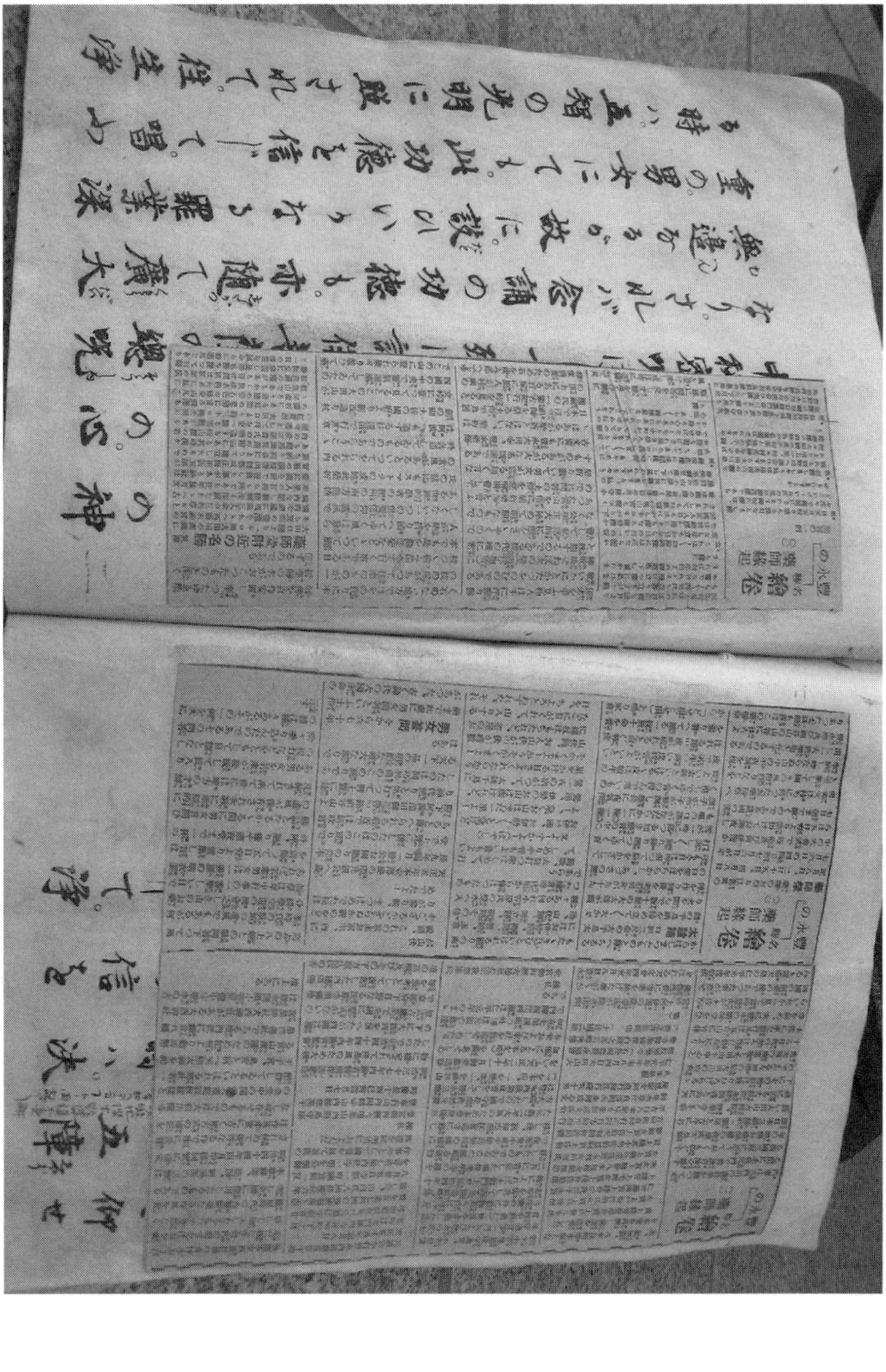

「豊永の名勝絵巻　薬師縁起」

豊楽寺、先代住職・吉岡義成の切り抜き帳に張り込まれたもの。（昭和9年〈1934〉の高知新聞の記事）

衆が後援して紋入りの提灯などをともして目標となし堂々と乗り込んだのである。その問答の體は種々あるがその一例を次に示す。

「豊永の名勝絵巻　薬師縁起」［三］

問答の一例

男　日天月天咲き栄える提灯をともし蝶や花やで御遊ばされます御咲花様は、どこいずくいなばの里の御花様であらせられまするか。

女　何隠しましやう私は此大田山の麓を流れる吉野川へ流合ひまする大田川是より川上一里、何々村氏神を申せば何々大明神の氏子何某とは私の子、御殿御様の御姓名お名乗り遊ばされますやう。

男　私は高知御城下碁盤の表土佐守鹿次郎様の御領分越裏門寺川より流れ來る吉野川大川小川突合い突流し川下川北地何村氏神を申せば何大明神の敷地に出生何某とは私事御花様を遠目よりちら〳〵拝見仕り近寄り立ちすがり鳥や翼でなけれども飛び立つ様に思ひますれば何卒色よい御返事下し置かれまする様に。

女　これは〳〵御殿御様には花なら蕾か草なら芽立ちか日なら日の出か一の谷では敦盛様か繪にある様なる維盛様か諸国萬人人目もはばからずおすがり下されましても私風情の奥山育ち聲聞く聲は鹿の聲、音聞く音は谷の音、猪守小屋同前の山小屋に相暮しまする、私の身何卒御見捨て下し置かれまするやう。

男　御咲花様には桔梗に刈萱、あやめに水仙、さいてまるこの花にぎ〳〵してお待ち遊ばされ咲き栄えられまする。昔で申せばそとをり小町か、てるての姫かと身も心もあるにあられませぬ私の心底、あら〳〵御推量なし下されまする様。

斯様に問答を交し才辯を争ひ柳に風と受け流し或は時に逆襲して其優劣を争ふ。見物人は手に汗握り勝敗いかにとかたづをのむのである。勝敗決せねば次の柴（遊び場所）にと延期するのである。現代の様に密會して私語的に戀をさゝやくのではなく公明正大極めて明朗なものであつた。當山を俗に柴折薬師と言ふので此問答の土俗を悪解附會して柴折り敷いて男女が語る如く言なすものがあるが大なる誤謬である。古文書にも豊永大田寺、豊永薬師とはあるが柴折とはない、柴折は日本では道祖師を祭る土俗で鳥居龍蔵氏の「蒙古紀行」峠を見ると（私注、そ）の頂上にある石塚に旅人が往来の都度供養のため石を積み添へてゆく。石のない地方ではその代りに木の枝の塚があつて往來のものが一枝づゝ積み添へて行く事である。日本でも是を勧進柴などゝいつて旅人が柴を折り添へてゆく風は珍しくない。一つの供養信仰の遺風である。世界的學者の紀州の南方熊楠氏の話にもスマトラの或地此柴折の遺風があるといつてをられる。内外共通してゐるものであらう。こゝは阿波へも通ずる往還道で行基草創の砌土佐の國府より新改通り杖立峠に登つて見るとこの大田山が四国の中央で霊氣遍満してゐたのでこの山に登られ柴折り敷ひて薬師佛を直作安置し奉つたゆゑ柴折薬師の名がおこつたものと深く信ずるのである。

長文の引用とはなったが、ここで見てもらいたいのは、昭和初期における新聞記事の全体の体裁である。内容は詳細・多岐に渡り、「踊と歌」それぞれ当時の関心の有り様がよくうかがえる重要な資料となる。

検討すべき個々の問題は後の章に譲り、ここでは当面の維新の影響に絞って考える。

祭り行事の柱は「太皷踊」と「男女問答」の二つが有る。第一に注目すべきは、後段の「男女問答」冒頭における「今から六七十年前まで此處に男女問答といふ土俗があつた」という文言である。昭和九年〈一九三四〉という記事の時点から逆算して「六七十年前」は、一八六四年から一八七四年の間、ちょうど慶応四年・明治元年〈一八六八〉の明治維新前後が当たる。

前にも触れたが、この記事を書いた記者はなぜか廃寺の事実・影響については、あえて言及する所が無い。右のさりげない書き出しの一行がそれをうかがわせる唯一の部分である。通称「柴折薬師」の看板にも関わり、それを慮ってのことでもあろう。しかし私は、十二年にも及ぶ廃寺・廃仏毀釈の影響が、「柴折薬師」の代表行事「男女問答」（歌掛け伝承）の廃絶に関与したことは、この一行から見て間違いのない事実であると確信している。

その証明に資する資料をもう一つ追加しておく。同じ高知新聞、昭和九年〈一九三四〉の「弘法大師御遠忌記念真言宗寺院巡り　卅二」と題する記事で、これは高知新聞社のマイクロフィルム資料の中から見出した。「豊樂寺（西豊永）上」の中で、「柴折問答の古事」（「男女問答」のこと）について、「勿論維新頃までの風習にて其の以後はハタと絶へたと云ふ」と書き記している。〝ハタと絶へた〟は維新時における外部の強い力をうかがわせ、重要な傍証となろう。ともかくも、先の記事に見た「萬葉時代の歌垣の遺風」、男女の歌掛け伝承にかかわる貴重な民俗は、明治維新の激動期において永遠に失われてしまったのである。（この件に関してはもう一度、次章・第一章で取り上げ詳しく検証する）

もう一つの祭り行事「太鼓踊」についても重大な疑念がある。記事は見る通り「天下一品の明朗な雄大な躍り」として、その態様を生き生きと描写している。しかし、これは果たして中絶することもなく続き、当時も現実に機能していたのであろうか。

この件に関しても他に参考とすべき記事がある。昭和五年十二月十九日と、同二十六日付けの高知新聞の記事である。これまで見てきた資料より四年程前のものとなるが、『土佐史談』第参拾四号（昭和六年三月十日）所載の「新聞所見」より引用する。見出しには「杉の名物太鼓踊復活」とある。（表記は原文のまま）

景氣の直る前兆か、昨今ところ〴〵で陽氣で賑かな催しものが行はれ出した、これもその一つ、長岡郡大杉村杉では日本一の大杉を持つ八阪神社境内で十九日（舊漏十月三十日）の晩に、久しく打ち絶えてをつた同地方固有の太皷踊りを催し神迎へをする趣であるが、出演太皷數は十五張、何れも胴長三尺、直徑三尺の大きさで、胴は檜張りで縮緬で巻きその表に金銀の唐草模様を刻した金具を打ち込み、極めて美術的に出來てゐる、そして太皷の一端には肩かけ、たすきを結びつけ、太皷打ちは、それを肩にかけ、小脇に太皷をはさみ、左右両手に三尺余の大小の鞭を持ち、十五張の大太皷打ちが、入り亂れて歌に合せて、太皷を打ち、玉草をどり、柳のをどりその他數十種の踊りをするといふ、田舎には稀らしき催しである。（昭和五、一二、一九高知新聞）

杉の名物太皷踊は、去る本月十九日の晩に、大杉村八阪神社の境内地で催した、集まった太皷持ちは……（以下に西豊永村三名・東豊永村一名・大杉村六名の氏名と年齢とを記載。具体的な氏名・年齢の記述は省略）……と、外に踊子として數名、太皷に連れ添ふて來た、踊場は境内地の廣庭の中央で、一間四方大の榾の焚火をなし、それを中心に太皷持ちは圓陣を作り、踊子は太皷持ちの間、あいだに割込み、太皷持は赤手拭のあげ鉢巻や、七分さんの頬冠りに、赤襷を流れ結びに、思ひ思の扮装をなし、三尺大の善美を盡した大太皷を左小脇にかいこみ、年長者を先達に、打ち出す一鞭にドンドンドンと、なり響きだす太皷の音に、踊子は踊の種類に應じて、

（柳踊）しだれにつれて、つれて心がなほしだれ

（玉草）お伊勢、お伊勢と急げども、急ぐお山にたゞ一夜

（鶯）鶯が田や、山岸やに、すを掛けて日さやくれたら　ホーウサカクヨマ

などの歌詞を歌つて、太皷の音も踏み出す足並に、そろへて拍子よくぐるり〲と、焚き火の周圍を廻り一夜を叩き明した。（昭和五、一二、二六高知新聞）

「太鼓踊」の内容描写については、「豊永の名勝絵巻　薬師縁起」［一二］よりこちらの記事の方がより詳しいので参

考資料として全文引用した。踊りの担い手となった「西豊永村・東豊永村・大杉村」は、いずれも「柴折薬師」（豊楽寺）の存在する同じ旧豊永郷（現長岡郡大豊町）の地名である。

注目すべきは見出しにある「太鼓踊復活」と、冒頭部の「久しく打ち絶えてをつた同地方固有の太鼓踊り」の一文、それに中程の担い手の村名である。「柴折薬師」（豊楽寺）の地籍、旧豊永郷寺内村は、明治二十二年〈一八八九〉の町村制施行により「西豊永村」となっている。してみると、奉納先は「大杉村八阪神社」の「神迎へ」と異なるが、「太鼓踊」の担い手は重なるということになる。

〝久しく絶えていた太鼓踊り〟の意味する所は重い。ここからは推測となるが、「久しく」とは明治維新の廃寺以来であり、「柴折薬師」（豊楽寺）への奉納もこの時点、昭和五年の神社奉納、復活の頃までは長く中絶状態にあった可能性が出て来る。前述した昭和九年の新聞記事（「豊永の名勝絵巻　薬師縁起」）も、この時点で一旦「復活」していたものを記録したものかもしれない。とすれば、神仏分離・廃仏毀釈の影響はここ「太鼓踊」にも及んでいたことになる。

なお、これまで新聞記事に見てきた「太鼓踊」は、三尺にも及ぶ大太鼓を特徴とした「風流踊」の一種であるが、「踊歌」による区分としては「こおどり」（「鼓踊」とも当てる）に属する。右に「一旦「復活」」としたのは、豊楽寺が位置する吉野川上流域のものは現在、全て伝承が途絶えてしまっているからである。その意味で、ここに掲出した新聞記事は、今では消えてしまった「踊と歌」、諸道具・扮装等の態様を書き留めたものとして、極めて貴重なものとなる。

高知県内では現在、この種の「踊」の遺存は、わずかに仁淀川水系の上流部、仁淀川町のごく一部（旧池川町椿山など）にかすかに残るのみとなる。それらについては、改めて後の章（第六章）で扱う。

「花取踊」の歌詞変更と「太刀踊」の流行

これまで諸資料で見てきた「こおどり」（小踊・太鼓踊）もその始まりは「念仏踊」に求めることができるが、「廃仏」の影響を最も直接的に受けたのは「花取踊」であったと考えられる。なぜかと言えば、「こおどり」が「念仏踊」をその演目の一部としているのに対して、「花取踊」という踊は、踊自体が「念仏踊」であり、どの演目も必ず冒頭に「念仏」を歌うことが決まっていたからである。「念仏」の詠唱がなければ「花取踊」は始まらない。前に引いた鹿持雅澄（一七九一～一八五八）の『巷謡編』【高岡郡半山郷姫野村三島大明神花鳥歌】の項には、

ソノウタフ歌、マズ地歌ト云テ念仏三反バカリ歌ヒテ、次ニ歌ヲウタフコトイヅレモ同ジサマナリ。

とある。この「地歌」の伝承は、明治維新の時も当然続いていたと考えられる。「神仏両部ノ道」廃止の指令を、実際に踊る担い手の人々はどう受け止めたのか。

通常、「南無阿弥陀仏」によって「ヨーナムオミド、ヨーナムオミド」と繰り返し歌う念仏は、神事・神祭では歌えないことになる。しかし生活の柱として「花取踊」は踊りたい、踊らなければならない。そこで許される範囲で適当に歌の文句を入れ替える。こうした思考回路は、庶民なりの知恵であったのかもしれない。その具体例が今も残っている。いくつか事例を挙げてみる。

現在、津野町船戸（旧東津野村船戸）の河内五社神社では、念仏の部分をこう歌う。かつて地区によっては、「インヤーナリマサレ（生り増され）　ヨーナリマサレ」と歌う所もあったという。

インヤーカミサカエ（神栄え）　ヨーカミサカエ　ヨーカミサカエ　ヨー　カミサカエ

また、須崎市の各地（須崎市大谷須賀神社・同上分賀茂神社など）では、

世はようなります　世はようなります

と歌い、「ヨーナリマサル（成り増さる）　ヨーナリマサル」と歌う所もあった。

さらに、黒潮町伊与喜（旧佐賀町伊与喜）では、

カミヤク（神役）ドウヤ　カミヤクドー

と歌い、旧佐賀町大和田では、「ヨナオリ（世治り）ドウヤー　ヨナオリドー」とも歌っていた。

総じて、「仏」に代わって「神」を讃え、世の守り、祝福を願う趣旨である。中には、「花取踊」の中心的な踊り歌であるツツジの花取り歌「ひと枝は釈迦のみやげに」と歌うべきところまでも、「ひと枝は神にささげん」と変えてしまった事例（津野町船戸）もある。神祭から「仏」は排除された。「釈迦」とは決して歌えなかったのであろう。ただし、こうした改変を後の人は決して快くは見ていない。本章の冒頭、『坊ちゃん』の「太刀踊」の考証でも引用した大野勇（一八八〇～一九七三）の『故山帖』（昭和二十四年九月刊）は次のように痛烈に批判している。

足揃といつて、ナムアミダブツを唱える唄があり、それから本音頭に移つたのであるが、それが例の明治初年頃からの廃仏毀釋によつて、ナムアミダブツは、ヨオナリマサル、アアナリマサルと、何のことだが判らぬ文句に改めねばならなかつたとか、當時の偏狭さ馬鹿さ加減、驚く外無いが、事實を如何ともすることは出來ぬ。

これは旧仁淀村（現仁淀川町）の大植・泉・竹谷地区に伝わる「長者の花鳥踊」に言及した記事の一部であるが、その実際の歌詞としては「お住のエ、ヨオナリマサル。住吉のエ、アアナリマサル。」と記録している。民俗として守るべき「節《せつ》」を曲げたこと、曲げざるを得なかったことに対する憤りなのであろう。ただ一方で、全県下を見渡せば、「念仏」を残した「花取踊」を伝承している所も今なお多く見られる。改めて「念仏」が支えた民俗の生活に思いが至る。

しかしながら、更にここで考えるべきは、「花取踊」から「太刀踊」への移行、流行現象である。「太刀踊」の採り

物「日本刀」の精神性評価については、夏目漱石『坊ちゃん』の箇所でも扱ったが、「踊歌」の面から見ると、「太刀踊」においては「念仏」を歌わない演目が増加するのが、本来の中世以来の「花取踊」からの大きな変容である。中には全く「念仏」を歌わない「太刀踊」も出てくる。

「太刀踊」の名称自体は江戸末期の文献にも見えるので、明治維新後に始まるものでないことは確かであるが、その形態が好まれ、この名称が広く用いられるようになったのは、神仏分離・廃仏毀釈の影響が大きかったと考えることができる。そうであればこそ、日清日露の戦勝記念、「招魂祭・招魂社」の踊としても「太刀踊」が選ばれて起用されたのであろう。

漱石が『坊ちゃん』の中で、この「踊」を取り上げ詳しく記述した意味は、「近代」という時代性を反映するものとして大きい。「皇国神道」の歩んだ道である。民俗芸能の「踊と歌」もまた、その一環として踊歌の歌詞を変え、これに加担せざるをえなかったのである。

七　明治生まれの古老の眼差し—聞き書きのことばに学ぶ

序章の締め括りとしては、明治生まれのお年寄りの、祭りにおける「踊と歌」に関わる聞き書きを取り上げ、その表現の中に込められた思い、心を学んでみたい。資料とするのは、桂井和雄『土佐山民俗誌』(昭和30年、高知市民図書館)、同『仏トンボ去来』(昭和52年、高知新聞社)、および坂本正夫『近代土佐庶民生活誌』(平成16年、高知新聞企業)である。人生の晩年の記憶の底に残ったものの示唆する所を、少しでも汲み取ることができればと思う。

思い出に深く残る盆の踊と祭の楽しみ

○安芸郡吉良川町（現室戸市吉良川町）、近森菊代（明治元年〈一八六八〉生まれ）

お盆には、十三日から十六日まで門へ高ぼていうて、高い竹の先へ松明をつけて焚いたもんでございます。死んだ人の魂が帰ってくるのを迎えるためで、初盆の家ではきれいな燈籠をつるします。

昔の盆踊りはにぎやかなものでございまして、十四、五のころでしつろうか、この家の西隣に昔の番屋跡の広場があって、そこへ地下の若いものらが集まって踊ったり、浜の広場で踊ったりしたものでございます。

この時には、初盆の家から「入れ踊り」いうて、広場へ供養のための花や尾のついた燈籠を出してつりましたが、それが十も二十もあって、真ん中につき臼をすえて、男の口説きがおって、娘がいんげん笠を被り、黒着物へ紙で紋をつけたり、振りそで姿になったりして、二重も三重もの輪になってにぎやかに踊ったものでございます。若い衆らは、徳利の酒を口移しで元気をつけて、一晩中踊りあかして、それは楽しいのものでございました。

初盆の家では、それで供養ができたいうて、子どもらに手ぬぐいや鉛筆を持ってきて配ったりしたものでございます。

桂井和雄『仏トンボ去来』「吉良川老媼夜譚」から引用した。話者の近森菊代媼は「娘のころ、板垣退助の家で女中をしていたという経歴」で、見聞の広い、かくしゃくたるお婆さんであったという。

「初盆の家」の「入れ踊り」については、鹿持雅澄（一七九一―一八五八）の『巷謡編』【安芸郡土左をどり歌一名山踊】の項にも「盆祭ノ手向ニモヲドル。ソレヲ「入レをどり」ト云」という説明がある。盆の手向けの意味を汲めば、本来「慰霊踊り」であった可能性がある。この「入れ踊り」の呼称や「高ぼて」と呼ぶ松明などの習俗は、私も同じ室戸市の佐喜浜町入木でその伝承を確認している（小著『土佐の盆踊りと盆踊り歌』）。おびただしい燈籠や提灯の美しい習俗は、今でも県下各地にみられる。「真ん中につき臼」を据えるという盆踊の形態は未だ目にしていない。その後一般的になる組み櫓の形態に取って代わられたのであろう。その意味で貴重な記録である。

なお桂井は、自著『南海民俗風情』（昭和29年）「盆行事と土佐風情」の中で、土佐の夏「特に印象深く眼に映る行事」として「家々で高く低く焚き上げる松明の火」を挙げ、タカボテ・タカトボシ・ホーカイなど、かつての各地の習俗について詳しく書き留めている。

〇土佐郡土佐山村菖蒲（現高知市土佐山菖蒲）、岩崎弥太郎76歳

昔の愉しみは、何というても踊りが一番愉しかった。

その頃（もう六十年近い昔のことになるが）、土佐山郷では桑尾の竜王、高川の観音、梶谷の山の上のお宮や菖蒲で、ずいぶん賑やかにやったもので、特に当日までのナラシ（稽古）は、娘を連れだって面白いものであった。菖蒲の踊は旧の八月十五日、名月の晩にやったが、菖蒲の大松明というて高い竿の先に抱えるほどの大松明をあかして、「やってくれ」「やした」「越後」などというのを盛んにやったものじゃった。

明治三十年頃、菖蒲の東谷で地下のものが人形づかいをやり、鏡村あたりまで行ったりして愉しんだりしたものであったが、明治末年になってやまった。

これも桂井の資料『土佐山民俗誌』「婚姻習俗」から引用した。一九五五年の刊行であるので、話者（76歳）は一八八〇年前後、明治初年の生まれとなる。

祭りにおける「踊」、特に「当日までのナラシ（稽古）」が、男女交際の大切な機会であったことがよくうかがえる。また「大松明」は、以前に見た『真覚寺日記』の河原の様子を思い起こさせる。「やってくれ」「やした」「越後」

は「踊」の演目名とおもわれるが、現在、その伝承はない。

以下の資料は坂本正夫『近代土佐庶民生活誌』からの引用による。

○香美郡物部村（現香美市物部町）、Y女（明治二年〈一八六九〉生まれ）

その時分の楽しみいうたら、盆と八朔（はっさく）の踊りよ。霜月（十一月）の氏神さまのお祭りのときにも、よう踊りましたねえ。唄うたり踊ったりせん者は、若い者の組へ入れざったけねえ。私ア踊りが好きで、たいての踊りは覚えたが、〈太閤記〉いうのがむつかしゅうて踊りにくかった。マワリチドリじゃア、ハッサン、クロスじゃアいう踊りがかずとおり（多種類）あって、よう踊ったもんよ。

子守りの苦労の末、度重なる結婚を経て馬喰の女房になり納まったという女性で、「その時分」というのは、嫁入り前の娘時代の思い出である。「盆と八朔、氏神さまのお祭り」が踊る機会で、踊ること歌うことが「若い者の組」へ入る資格でもあったという。「マワリチドリ・ハッサン・クロス」の名称は今に残るが、難しい踊だったという「太閤記」はその伝承が途絶えている。

○吾川郡名野川村（現仁淀川町名野川）、高橋留（明治四年〈一八七一〉生まれ）

この時分は、楽しみ事というても別になかったけんど、芝居だけはよう見たもんよ。峠の越や森山辺には座を貸す者がなかったので来なかったけんど、川の向こうの森（仁淀村）へは越知や伊予から芝居がきて、よう見に行きました。それから影人形ちゅうもんが伊予からよう来よったが、これは森山辺でもようやったもんよ。猿ツカイもよう来よったのう。あがな物は、近頃はひとっつも来んようになって、楽しみがのうなりました。

七月二十三日の森の踊りの時には、近辺の者で行かん者はおらざったが、私は行きとうてたまらざったが、オヤガタ（兄）が「森の若いしはたちが悪いけ、行ってはいかん。」ちゅうて、どうしたって行かしてくれざったが、しょう（真実）ごうなかったのう。

（中略）

正月十八日の別枝の練り（秋葉祭り）には、松山や久万辺から菓子、ソバを持ってきて売りよった。みんなが別枝の練りに行ったらうまいソバが食えるちゅうて、楽しみにしよったもんよ。菓子は豆板、ねじ棒など、どんなもんでもありよりましたよ。この練りの時には伊予からも、越知や尾川（佐川町）、長者（仁淀村）辺からもどっさり人が集まってきて、まっことにぎやかなものじゃったぞね。

「この時分」というのは、やはり娘時代のことである。「七月二十三日の森の踊り」とは、「裏盆」の「盆踊」の類であろう。話者は代々「太夫」（神官）の家に生まれ、「若いし（若い衆）」の行為を心配する厳しい兄（オヤガタ）も神官であった。「正月十八日の別枝の練り」は秋葉神社の御神幸、土佐でいうオナバレのことである。三日間をかける大がかりな美々しい行列で、「歌」をともなう様々な芸能があり、中には「太刀踊」も加わる。現在、県指定無形文化財にもなっている。

これまで見てきた四人の古老に共通することは、繰り返し語られる「楽しさ」であり「楽しみ」である。日々の生活の中で、わずかに心を満たす掛け替えのない時間であったのであろう。老いてなお残るその思い出の意味は重い。ここにこそ、様々な「歌と踊」を今に伝える根源の心があると思う。度重なる規制や制約にもめげなかった心である。

○長岡郡西豊永村（現大豊町）東庵谷、白石由久（明治三十三年〈一九〇〇〉生まれ）

わたしらあが子供のときにゃあ柴折薬師さん（大豊町寺内の豊楽寺）のお祭りが、たいちゃあにぎやかじゃったねえ。あそこのお祭りは二月、四月、七月の三回じゃあが、大祭は旧の七月五日の晩から六日にかけての夏祭りじゃあねえ。このときにゃあ東豊永、西豊永はもちろんじゃあが、北川（大豊町）、角茂谷（同）らあからも、本山、田井（土佐町）の方からも沢山の人が集まりましたねえ。
　夏袷いうて、夏着の着物を仕立って着いてねえ。この辺の者は皆が、朝早うからお弁当を持って行て、お薬師さんで遊うで晩遅うに帰って来よっとうね。見世物も来ちゅうし、お菓子とかなんとかいろいろな店が出ちょってねえ。買いたい物がなんぼでもあったけんど、お銭がのうて買えんもんじゃけ難儀（ごう）なかったのを今でも覚えちょるねえ。（中略）
　わたしらあのお祖父さんに聞いた話じゃあが、とっと大昔はお薬師さんのお祭りの晩にゃあ弁くらべいうて、まあいうたら今の結婚式のはじまりみたようなことがあったと。お薬師さんの周りの藪の中で男と女が向き合うて座って、弁くらべをやってねえ。女が言い負けたら嫁さんになるか、それともなにやろせにゃあいかんのじゃったいいますねえ。そんで、柴折薬師さんちゅうていうんじゃあ、ちゅうて聞きましたがねえ。
最後の事例としては、前項で取り上げた「柴折薬師」の祭りに関わる思い出話を取り出してみた。「夏袷」を仕立てて行った祭りの記憶など、「豊永の名勝絵巻　薬師縁起」の記事に見た「一大歓楽場」の様が、実感をもって伝わってくる。こうした「子供のとき」の祭りの強い印象もさりながら、終わりの段落にある「お祖父さんに聞いた話」の伝える所も大切な情報となる。「男女問答」をここでは「弁くらべ」と呼び、「とっと大昔」の出来事としている。内容については「結婚式のはじまり」「嫁さんになるか、なにやろせにゃあいかん」など、この時点（明治三十三年生まれの女性の子供時代）で既に〝伝説化〟している様子がうかがえる。それも含めこの件についての詳しい考証は次章・第一章で行う。

「ふつうの人」の歴史に学びたい

ところで最近、たまたま目にした朝日新聞（平成二十八年〈二〇一六〉十一月十二日付け）に、「佐賀県　小学校五年生　女子　10歳」の質問と、それに答える同紙編集委員の企画記事があった。質問は、

なぜ、学校の歴史の本にのっているのは、えらい人ばかりなのですか？　ふつうの人の話も知りたいのに。

というものである。それに対する答えは、「日本」という国がどのようにしてできたのか勉強するのが小中学校の社会科で、小学校の教科書の歴史が代々の天皇や貴族、武士、政治家など「えらい人」ばかりになっているのは、こうした「えらい人」の活躍が書かれた昔の本が元になっているから―と説明し、その上で、

昔は字を読み書きできるのは身分の高い人やお坊さんだったので、農民や商人といった人たちのことを書いた本というのは、ほとんどありません。でも、それぞれの時代の「ふつうの人」たちのことが分かる本もあります。

として、「万葉集」と「今昔物語」とを具体例に挙げ、

小中学生向けに現代の言葉に訳された本も出ていますので、ぜひ読んで、昔の「ふつうの人」たちがどんなことを思い、どんな暮らしをいていたのか、考えてみてはどうでしょうか。

と答えている。果たしてこれは、十歳の少女の疑問と願い「ふつうの人の話も知りたい」に十分答えたものになっているのであろうか。

考えるに、こうした回答が前提としているのは、文字による記録を前提とした「歴史学」と「国文学」という学問になろう。しかしながら、私から見て不審なのは、なぜこの回答者の念頭に「民俗学」という学問が思い浮かばなかったのかということである。もしその知見があれば、もっと別の回答内容もあり得たのに、という思いである。

たとえば、かつて我が国の「民俗学」を創始した柳田国男（一八七五〜一九六二）は、学校教育にも多大の意を用

い、特に戦後には小中学校の社会科教科書と、小中高等学校の国語科教科書を編集している（詳しくは杉本仁『柳田国男と学校教育』参照）。その実践は残念ながら十数年で挫折したが、「国語」教材の中には土佐の「おあん物語」も収録されていた。戦国期から江戸初期を生きた女性「ふつうの人」の回想録である。（これについては、詳しくは小稿「「おあん物語」の可能性」『柳田国男の学問は変革の思想たりうるか』所収、及び終章・二「「おあん物語」の消息と追考」の参照を乞う）。

さらに、本書のテーマで言えば、民俗歌謡というものがある。これまで度々取り上げてきたものを挙げれば「花取踊」（太刀踊）、「こおどり」の「踊歌」である。その「歌」は、文字を持たない「ふつうの人」が、自らの様々な生活の願いを託し、室町時代から現代に至るまで、それぞれの時代を通しかろうじて歌い継いできたものである。『巷謡編』にはそれらの多くが採集されている。また、衰えたとは言え、祭りはそれらに直接ふれる良い機会である。そのほか目を凝らせば、学ぶべき手掛かりは取り取りにある、と思う。

さりながら、前述の企画記事に照らし合せてもう一度省みれば、世の中の〝常識〟はどちらにあるのかということになる。俎上の相手は全国紙の編集委員であり、しかも伝えるべき対象は一地方（佐賀県）の小学生の少女である。佐賀県には当地なりの民俗的教材があるとしても、客観的に見たら、私の意図するところは、片寄った知見ということになってしまうのかもしれない。加えて、私の目の前には、現今の「民俗学」の不振という大きな課題も横たわっている。

本章の書き出しに「土佐は学問の宝庫だよ」という柳田国男の言葉を掲げた。しかしそれ以来、半世紀に余る時間が流れ、今や「土佐民俗学会」は消滅し、「民俗学」自体もその目途を見失った停滞状態にある。それは学問自体が抱える問題であると同時に、背景には社会の変化、時代の変容という大きな問題もある。しかしともかくも、私自身には、その「学問の宝庫」で四十年来の歩みを重ねて来た責任があるというのも事実である。

振り返ってみると、そもそも土佐にたどり着く以前の私の研究は「室町小歌」、「国文学」の文献『閑吟集』など中世の歌謡集を原資料としたものであった。文字資料を相手にした「文献学」に基づく厳密さを求められる研究である。それでもその根本には、やはり「ふつうの人」の歴史・心を知りたいという思いがあった。それを土佐ではフィールドに移し、文字に拠らない土佐の民俗研究に打ち込んだということになる。その姿勢は私なりには一貫している。とすれば、「民俗学」の動向は措いて、今は筋を通して旧稿を改めてまとめ直し、自らの生き方を締め括るしかない。わずかでも目に留めて活かしてくれる人がいることを信じて。私にできることは、ただ、それを読むに値する精確な記録とすることだけである。

「文献だけでは歌は読めない」――これは年来の持論でもある。土佐における、様々な祭りの「歌と踊」の伝承の軌跡を通して、「ふつうの人」の本当の歴史・生活に学び、人間について考えてみたいと切に思う。

第一章　柴折薬師の「男女問答」
―土佐の歌掛け伝承の先駆けを顧みる―

一　はじめに

個別事象の論考としては、古代の「歌垣」につながる歌掛け伝承から始めたい。「歌」を掛け合うという芸態は、時代的にもその起源は古く、形態的にも「踊」などの芸能をはじめ、さらなる広がり・繋がりが予想できるからである。

記紀・万葉集・風土記など奈良時代の文献に見える「歌垣」は、男女の恋愛行事、互いに歌を掛け合って好きな相手を見つけるという性的解放の機会であった。恋人や結婚相手を得る機会であると同時に、元々は農耕の予祝ならびに感謝の儀礼の一環であった―という考説もある。

土佐では、その伝承として第一に挙がるのが長岡郡大豊町寺内の大田山大願院豊楽寺、通称「柴折薬師」の「男女問答」である。根幹をなす資料は、既に序章で検証の対象として示している。その実態を顧みたい。

「男女問答」に求めた古代の幻影

近代以降の人々にとって、歌垣伝承の機会と接することは、古代への憧憬にも似て大きな喜びを感じるものであった。おそらくはそこに人間の「原風景」や「原質」、あるいは「本質」にも通じるものを見出し、求めたからであろう。

柴折薬師の「男女問答」を始めとした土佐における歌垣研究を振り返っても、そうした意識は強くうかがうことができる。しかしながら、一方ではそれが十分な検証を欠いた一つの思い込みを生み、実態を把握するにあたってマイナスに作用したことも否めない。

例えば、佐々木高明（『照葉樹林文化とは何か』中公新書）は、日本の民俗における歌垣伝承の代表的存在として、柴折薬師の旧暦七月六日の例祭を取り上げ、「歌を掛け合わせて愛を交歓する歌垣的な営み」が、「比較的最近まで行われていたようである」と述べている。また、遠藤耕太郎（『古代の歌　アジアの歌文化と日本古代文学』瑞木書房）は、渡邊昭五の著作『歌垣の民俗学的研究』（白帝社）を示し、「昭和三〇年代には、日本列島にも現在の中国少数民族の人々が行っているような歌掛けがまだかすかに残っていたことが渡邊昭五によって報告されている。この調査報告は、現在、中国の少数民族地域で行なわれている歌掛けが、昭和三〇年代の日本にも存在したことを示す貴重な資料と思われる」とした。

確かに、遠藤の中国少数民族・ペー族との比較研究は、日本文学・民俗学の新しい展望を開くものとして高く評価すべきものと思う。しかしその一方で、前提となる渡邊の著書や、そこから受止められた「柴折薬師」の事例の時代認識は、序章で既にふれたこと、また本論でこれから述べる結論を先取りして言えば、実態の把握に問題を残したものと言わざるを得ない。すなわち、問題の事象は、実は明治維新の頃には既に廃滅していたのであり、佐々木の言うように「比較的最近まで行われていた」という表現も当たらないし、またその生態も、単純に「歌を掛け合わせて愛を交歓する歌垣的な営み」とまとめることは難しいというのが実際であった。

なお、香月洋一郎の著作（『山に棲む　民俗誌序章』未来社）は、彼がこの「むら」に入った一九八〇年代前半当時、既に内容の聞き取りは不可能であり、明治十五年〈一八八二〉生まれの古老であっても実際の体験者ではなかった事情を明らかにしている。

前述の遠藤によれば、「柴折薬師の歌掛けとペー族の歌掛けは、その歌の様式が非常に似ている」ものであり、「柴折薬師の歌掛け資料」も、「生態論的な歌垣研究にとって、中国少数民族地域の歌掛け、沖縄地域の歌掛けとならんで重要な位置を占めることになると思われる」―大切な民俗伝承となる。それではその生態とは実際はどのようなものであったのであろうか。以下、十分な比較研究へ至るためにも、具体的に研究史を振り返りながら紹介・考察を進めてみたい。資料的意義については、残された土佐の地元の周辺の資料も突き合せて再検討し、できる限りその実態に迫ってみたい。さらに、豊楽寺（柴折薬師）以外の伝承も見出し、土佐における歌掛け伝承に対する理解を少しでも先に進めることができたらと考えている。

二　研究史を振り返って

寺石正路と折口信夫

柴折薬師の祭りへの注目と「思い込み」は、郷土史家寺石正路（一八六八〜一九四九）の『土佐風俗と傳説』（大正十四年四月、郷土研究社）の記事から始まる（「神佛祭事　昔の歌垣風の風俗」の項）。

本邦上古男女時ありて相集會し、國風を唱和する風俗あり。此を歌垣又は加賀比とも稱せり。攝津風土記に歌垣山あるを思へば、田舍にては山上に行はれしこともあり。又紀記を見れば、都の市や宮廷にも行はれしこともあり。後世の盆躍も此の心の多少殘れるものとも見ゆ。土佐の國にては此と似たる風俗今に殘れることあるは面白し。

そは毎年舊暦七月六日長岡郡西豊永村山中に薬師の祭あり。（中略）此薬師は柴折薬師といはれたるが、毎年の此大祭には近傍数里より数千の男女参詣し、其の賑かさ言語に絶す。

然して夜分に至れば、若き男女互に問答をなす。其の問答は何事にてもよろし、多く男より問ひ女答ふ。若女にして其の答をなす能はざるときは、男子の意に従ふべしとなす。昔の歌垣は恐くは互に和歌を贈答せしならんが、此の薬師祭の男女互の問答に似たる風俗とも見られ得、（中略）いとも解放的の歌垣會、正しく其の餘波を今日此所に留むるも面白し。

「昔の歌垣風の風俗」として紹介し、それがそのまま「今に残れることあるは面白し」「今日此所に留むるも面白し」と、大正十四年〈一九二五〉当時の眼前のこととして報告している。しかし、大正期の存在があり得ないことは、序章に見る検証や前述の香月の記事からも見えてくることである。寺石の記述の内容は、具体的事象の紹介や論証抜きに古代と直接結びつけるもので、現地調査の形跡も窺えない。また肝心の「問答」についても「何事にてもよろし」と片付けて一切論及はしていない。

次いで、折口信夫（一八八七～一九五三）の論考「俳諧の発生―農村におけるかけあひ歌」（昭和九年五月『俳句研究』第一巻第三號）がこれを取り上げる。

土佐と阿波との國境、豫州石鎚山よりは遥かの東、兩方へ流れた屋根が、上で行き會つた邊に、藥師堂の立つた山がある。峰の如来への参道が、兩國の通路となつた一つの例で、卽こゝを柴折藥師と稱へてゐた。

此御堂で思はせられることは、單に古風な習俗を印象した樣な名だけではなかつた。年に一度、日を定めて兩側の麓村から、男女の群聚が登つて來て、一夜を堂に籠り明すと言ふ事である。常は見知りもしない筈の他國人同士の間に、一夜の添ひ寝が行はれること、昔から言ひ傳へた歌垣、嬥歌會（カヾヒ）を思はせるものがあると言ふ。此だけなら尚、諸國にも類例は豊富にある。が、ここのは、歌垣が曾てさうであつた様に、單に互ひに、ひと夜妻を選ぶだけではなかつた。この前提でもあり、寧其方に重要性のあつた所のものを存してゐるのが、珍しいのであった。昔から定まった文言があつて、其を両方に立ち別れた男女が、掛け合せると言ふ儀禮を、行うてゐるのだ。私のこの話は、単にこの藥師堂の行儀を述べるつもりではなかった。此から導いて、出來れば、「俳諧の発生」を考えて見たかったのである。而も亦、奈良の盛時に行はれて、正史に止めてゐる河内由氣宮、都の朱雀門外で行はれたと言ふ歌垣・蹈歌など、いかめしいもの、外に、古代の農村にも、やはり此習俗の而も、もつと古風を存したものが行はれて居、其が遂に後世、日本文学の指導精神を形づくる様になつた種子として、胚胎せられるに到つたことの説明が出来れば、本懐至極だと思ふのである。

實のところ、柴折藥師の祭りの夜の唱へ言などは、尠くとも、初めからの形では、幾度かの變遷を經た結果、固定しきったものであった。われ〳〵の考へる俳諧の本質の成立以前、遙かに遠く過ぎ去つた。

柴折薬師の地理的環境の特質に始まり、寺石が黙殺した「問答」に及んでいる。「昔から定まった文言」による掛け合いに注目し、日本文学の展開を視野に、こうした農村の習俗から連歌・俳諧の発生へと導く新鮮な視点を導入しているのである。しかしこれも柴折薬師の「古風な習俗」の実態については、文中の言辞（「と言ふ」）から分かるように、伝聞資料によったものと思われ、「唱へ言」の「文言」については、「幾度かの變遷を經た結果、固定しきったもの」とする指摘があるだけで、具体的な記述には至っていない。実態についても「他国人同士の間に一夜の添ひ寝が行はれる」「ひと夜妻を選ぶ」儀礼と、検証ぬきでそのまま書き留めており、そのための掛け合いが当時（昭和九年の時点）も行われていると受け取れる記述に終わっている。

渡邊昭五の調査と西村自登の記録

寺石や折口の逸した「定まった文言」を、「口上」として初めて広く明らかにしたのは、渡邊昭五の前掲書『歌垣の民俗学的研究』（昭和42年、白帝社）であった。昭和三十六年〈一九六一〉から三カ年にわたる現地調査によるものという。話者としては「桑名正仁（昭和三十四年、八十八歳没）、桑名志津馬（昭和三十二年、八十八歳没）、中西はな（昭和三十八年、九十七歳没）」の三名を挙げている。

しかし、前二名は調査時点で既に亡くなっている人物であり、実際の採集記録者として大きな役割を果したのは西村自登（明治二十年〈一八八七〉～昭和四十二年〈一九六七〉八十一歳没）であった。同氏は実際の体験者ではなかったが、家は代々神職と農業を兼ね、地元では有名な郷土史家・文化人であった。

中西はなの口上は、渡邊の直接の聞き取りかどうかは記載がないので不明であるが、これも西村の紹介で会ったと述べ、その内容についても、

伝承者が何分にも老齢のため、この掛合言葉のそれぞれの内容も、また特に女房詞の系譜につながる大和言葉なども、遂に永遠の歴史の彼方に埋没してしまった……

としているので、「口上」そのものは西村自登の書き留めであった可能性が高い。

三名ともその没年の年齢から明治維新前後の生まれとなるが、渡邊はこの内最年長の中西はなを「唯一の掛合の体

験者であり、詞章の伝承者」としている。ただし渡邊の著書には、その「体験」についての聞き取りは前述の通り全くない。

中西はなは、最も早く見積もっても慶応二年〈一八六六〉の生まれとなり、「口上」の維新の廃滅（序章・六）当時はごく幼少で、たとえ祭り見聞の事実はあったとしても、「掛合の体験者」とはとても言えないことになる。すなわち、渡邊の調査時点、昭和三十年代の後半において、柴折薬師の「歌垣」伝承「男女問答」は、体験のかすかな聞き取りすら既に不可能になっていたというのが実際であったのである。（はっきり言って、渡邊の大豊町における口上調査、それによる報告を、渡邊自身のフィルド・ワークと呼んで良いかは躊躇せざるを得ないと思う）

次に、その「口上」を『大豊町史』（古代近世編・昭和49年、「第八章（二七）薬師の掛合い口上」）より、概ね原資料の表記のまま転記する。（同町史は西村自登の「遺稿」を基にしたというが、説明の文には渡邊の著書と共通の表現も見られるので、『歌垣の民俗学的研究』も参考にしていると見てよいであろう。ただし口上本文の細部には、表記も含め若干の相違も見られる）

［桑名正仁の伝えた口上］

男　〽今宵この御所に花のもろ柴とうたちまする。日天月天咲き栄える提灯ともし、蝶や花やで御遊びされます御咲花様は、立てば芍薬、座れば牡丹、御立姿、おんぐしに見とれ入り五色の御袂にとりすがり、心のたけを御挨拶申し上げとうございますが、いかにとり図らいましょうや。

（御咲く花様は、何処はいづくいなばの里の御花様であらせられますか）

女　〽これはしたり、どこ何処、因幡の里の御殿御様かとは存じませぬが御所御姓名を御聞き申しあげとうございまする。

男　〽私ごとはこれ土佐の奥、伊予の境、越裏門寺川より流れ落ち流れ来まする吉野川に流れ合います。御花様へ文、角茂谷、聞くものとては谷の音、猪・猿・狸を友と致しまする〇〇〇と申しまする。
女　〽これはこれは御殿御様は花なら蕾みか、草なら芽立ち、日なら日の出か、一の谷では敦盛様か、絵にあるような維盛様か、諸国万人、人目はばからずおすがり下されましても、私風情の奥山育ち、聞くものとては鹿の声、猪の子守り小屋同然の山小屋にあい暮しまする私の身、何卒御見捨おき下されますように。
男　〽御花様には秋咲く桔梗か、野山におくのはいとおしすぎます。八重九重の菊の雲井で咲きほころびましょう高い御姿、昔で申せば素通り小町か、照天の姫御か、御花の御唇より色よい御返事が頂けまするように。
女　〽今宵は夜もだんだんふけわたりまする。夜明けがらすは、かあかあと母のねぐらを鳴きそめますれば、次の柴を御約束しまして、その日をお待ちいたしませう。
男　〽山の木の数、茅の木の数、七里小川の砂の数、天の川原の星の数、思いつもる数々の千の一つもいえませぬ。男心のはかなさをお察し下しおかれますように。

［桑名志津馬の伝えた口上］
男　〽今宵は七月七日、七夕様の御宵とて、牽牛織女の二つ星、天の川原に立ち向い、年に一度の逢瀬を楽しみ、恋をさゝやき給ふとかよ。
今宵はからずもこの柴で、花の御方様を見参らせ、花の御顔、朱のみくちからほころびそめしかたことの、一葉なりともうかがいますれば、神の結びか、仏のご縁か、八重の柴垣、垣ごしに、思いのたけを三輪山に、しずのおだまきくり返し色よき御返事願い上げまする。

御山育ちのあの杣さんは厚い仲をも引き分けまする。所詮この身は埋もれ木の花咲く春はないものを、思いあきらめいたなれど、今宵はじめてみそめたる、君がなさけの春風に、ほころびそめて咲きそめし、初恋山の初ぶみを、お手ひき願いいりまする。

女　〽これはこれは御方様は、どこいづこいなばの里の御方さまかは存じませねど声きくものは鹿の声、ねざめに聞くは谷の音、読み書き手習い手にもせず、持つものとては鍬と鎌、女の手ぶりと身につける。機織りたちぬい針仕事、いっさいかっさい知りませぬ、深山育ちのならずもの、女の道にくらければ今日もお山に参詣し、救い給えや薬師尊、南無地蔵尊、大道も迷わず花の彼の岸につかせ給えと伏しおがみ、念ずる程に八雲立つ出雲八重垣妻ごみに、この柴垣に誘われて、諸人万人いる中で恥かしつらしまたうれし、夜明けがらすもかあかあと鳴けば今宵も更けました。今宵はここに草枕、かわす言葉もありませねば次に立つ柴おん待ち申しあげまする。

［中西はなの伝えた口上］

女　〽はんごんこうで参りませうか。

ひらことばで参りませうか。

百人一首で参りませうか。

やまとことばで参りませうか。

高き御君さまの衣裳をたとえておきますれば、上に縮緬のつかみ染め、模様は大津のたべしまさをぎ、帯を申せば豊前小倉の小笠原、大小を申せばこがね作りの大小を坂田ふうにさし落し、ざうしはかみの江戸しぼり、煙草はやまだのしんでんもよう、かおりよし、お声は高野の白雲へ、かようつれなきひじりのお声でけいはい私ようにおすがりおおせつけられました。私におきましては何より本望、恐悦のいたりよと存じおきますがのうし、

『大豊町史』が「口上」として記載しているものは右の三項であるが、渡邊の著書『歌垣の民俗学的研究』は、二番目に示した［桑名志津馬の伝えた口上］の後に、

この場合は前の例（注、［桑名正仁の伝えた口上］）と違って、女の意は十分汲みとれるが、名乗るくだりがない。恐らく、真ん中の部分がぬけてしまったものであろう。このくだりを前の例と重複するようだが、書き留めておこう。

と記した上で、話者及び記録の出所については明示せず、次の様な「口上」を追加記載している。（句読点も含めてそのまま転記する）

〔話者不明の口上〕

男　〽日天月天咲き栄えまするこの柴で、御咲花様はどこいづくいなばの里の御花様であらせられまするか、

女　〽何を隠しましょう。私はこの太田山麓を流れまする吉野川へ、吉野川に流れ合いまする太田川。これより川上へ一里、〇〇村、氏神を申せば〇〇大明神の氏子〇〇とは私のこと。御殿御様の御姓名、お名乗りあそばされまするや。

男　〽私は高知城下碁盤の表、土佐守鹿次郎様の御領分、越裏門寺川より流れ来る吉野川、大川小川突合い突流し川下北地、〇〇村、氏神を申せば大明神の地に出生、〇〇とは私のこと。

御咲花様を遠目よりちらちら拝見つかまつり、近寄り立ちすがり、鳥や翼でなけれども、飛び立つように思い

ますれば、何卒色よい御返事下しおかれまするように

女　〽これは〳〵御殿御様には、花なら蕾か草なら芽たちか、日なら日の出か、一ノ谷の維盛様か、諸国万人、人目もはからずおすがり下されましても、私ふぜいの奥山育ち声聞く声は鹿の声音聞くものは谷の音、猪守小屋同然の山小屋に暮しまする私の身、なにとぞお見捨て下しおかれまするよう

男　〽御咲花様には桔梗に刈萱、あやめに水仙、咲いてまするこの花、にぎにぎしてお待ち遊ばされ、咲き栄えられまする。昔で申せばそとおり小町か、てるての姫か、身も心もあるにあらせられませぬ私の心底、あらあら御推量なし下されまするよう、

以上が、これまでの研究史の中で扱われてきた「男女問答」のあらましと、「口上」の言葉の全てである。遠藤の前掲書（『古代の歌』）は、これらの「口上」を分析し、「歌への誘い」「住所や名前を聞く・住所や名前を答える」「相手を賛美しつつ誘う」「謙遜しつつ誘う」「謙遜しつつ相手の申し出を断る」「別れの口上」「駆け引き」と分類。中国西南少数民族・ペー族の歌掛けとも共通する一定の様式が見られることを、具体的な対比の上で指摘している。

なお、その生態については、『町史』には「口上をしかけた方が相手の帯をつかみ、問答に負けたらその帯をほどいたとも伝えられる」という記述もある。しかしこれは渡邊が「中内盛興氏談」として自著に引用しているものと重なるので、実際の体験者の記憶による発言ではなく、伝聞・伝説の域を出ないことは明らかで、そのほか渡邊の著書における伝聞的記述と併せて、必ずしも無条件に信を置くことはできないものとなる。こうした生態については、この後に提示する諸資料と突き合わせ、そこで詳しく検討することとする。

三　忘れられた新聞記事

ここに「忘れられた新聞記事」としたのは、序章・六の「新聞が伝える「柴折薬師」祭礼への影響」の節で示した二つの記録のことである。共に昭和九年〈一九三四〉の高知新聞所載のもので、「豊永の名勝絵巻　薬師縁起」〔一〕〔二〕〔三〕と「弘法大師御縁忌記念　真言宗寺院巡り　卅二、豊楽寺（西豊永）上」と題する二つの記事である。本事例の確度・精度の高い活字記録としては現在、これが最も古いものとなる。顧みられることのなかったこれらの資料を、序章とは別の観点から読み解き、そこから見えてくる祭りや掛け合いの実態について、さらに明らかにしたい。

「豊永の名勝絵巻　薬師縁起」（資料その①）

歴史紀行ともいうべき囲み記事である。その内容から歴史にも民俗にもかなりの知識のある筆者が想定される。〔一〕で沿革を述べたあと、〔二〕〔三〕において「薬師祭」「太鼓踊」「男女問答」の三項を立てて、祭りの様子、芸能の演目と問答の実態について詳しく伝えている。ここには、前述の『大豊町史』、渡邊『歌垣の民俗学的研究』所収の「口上」資料との比較検証のため、必要な部分に限って再録する。（再録に当たっては、読み易さを考慮し、句読点を補い新字体に改める。誤記については括弧内に注記する）

男女問答　今から六、七十年前まで、此処に男女問答といふ土俗があった。古く神代の大国主命の高志の八上姫との歌問答、下って万葉集時代の歌垣の遺風でもあるが、何分娯楽交遊の機会乏しき山のお薬師祭は年中行事の一番楽しい日であれば、若衆男女は一張羅の晴衣裳を着飾って五日宵より雲集し、昔は外陣、廻り縁や通夜堂まで一杯の鮨詰となる。かかる間に男女言問ひの遺風が保存され、次第に雄弁的に洗練されて来て、後には地方の才弁ある男女を若衆が後援して、紋入りの提灯などをともして目標となし、堂々乗り込んだのである。その問答の体は種々あるがその一例を次に示す。(以上「豊永の名勝絵巻　薬師縁起」〔二〕)

問答の一例

男　日天月天咲き栄える提灯をともし、蝶や花やで御遊ばされます御咲花様は、どこやいづくいなばの里の御花様であらせられまするか。

女　何隠しましやう私は、此大田山の麓を流れる吉野川へ流合ひまする大田川、是より川上一里何々村、氏神を申せば何々大明神の氏子何某とは私の子(事)、御殿御様の御姓名お名乗遊ばされますやう。

男　私は高知御城下碁盤の表、土佐守鹿次郎様の御領分、越裏門寺川より流れ来る吉野川、大川小川突合い突流し、川下川北地何村、氏神を申せば何大明神の敷地に出生、何某とは私の事、御花様を遠目よりちら〳〵拝見仕り、近寄り立ちすがり、鳥や翼でなけれども、飛び立つ様に思ひますれば、何卒色よい御返事下し置かれまする様に。

女　これは〳〵御殿御様には、花なら蕾か草なら芽立ちか、日なら日の出か、一の谷では敦盛様か、絵にある様なる維盛様か、諸国万人人目もはばからずおすがり下されましても、私風情の奥山育ち、声聞く声は鹿の声、音聞く音は谷の音、猪守小屋同前の山小屋に相暮らしまする私の身、何卒御見捨て下し置かれまするやう。

男　御咲花様には、桔梗に刈萱あやめに水仙、さいてまるこの花、にぎ〳〵してお待ち遊ばされ、咲き栄えられまする、昔で申せばそとをり小町か、てるての姫かと、身も心もあるにあられませぬ私の心底、あら〳〵御推量なしくだされまする様。

斯様に問答を交し才弁を争い、柳に風と受け流し、或は時に逆襲して其優劣を争う。見物人は手に汗握り勝敗はいかにとかたづをのむのである。勝敗決せねば次の柴（遊び場所）にと延期するのである。現代の様に密会して私語的に恋をさゝやくのでなく、公明正大極めて明朗なものであった。当山を俗に柴折薬師と言ふので、此問答の土俗を悪解附会して、柴折り敷いて男女が語る如く言いなすものがあるが、大なる誤謬である。……（以上「豊永の名勝絵巻　薬師縁起」〔三〕）

基本的に、昭和九年を起点として「今から六、七十年前まで」、即ち明治維新の頃までの生態を述べたものであることは、序章・六で確認の通りである。

まずここで問題としたいのは、「一例」として示された「問答」の詞章。一見して前に見た渡邊の著書にある〔話者不明の口上〕と重なることが分かる。子細に対照すれば、十二、三カ所の小さな相違は確認できるが、全体としての重なりから、「話者不明」とした「口上」の元にこうした記事があったことは動かない。渡邊が登載した資料の大本に、地元の研究者西村自登がいたことは既に指摘しているが、こうした新聞記事を見れば、渡邊の〔話者不明の口上〕もまた、西村が提供した資料が元となっている可能性が高い。

さらに内容は、部分的には最初に示した〔桑名正仁の伝えた口上〕との重なりも見られる。一定の見本・標本としても、これは伝承自体が固定化し、「問答・口上」の詞章が既に〝枯渇〟し希少となっていた事情をも推測させる。近代・明治以降の人々にとって、「男女問答」の実際の記憶は急速に失われて行ったと考えられる。

「真言宗寺院巡り　豊楽寺」（資料その②）

資料の二つ目は「弘法大師御縁忌記念　真言宗寺院巡り　卅二、豊楽寺（西豊永）上」と題する記事である。記者は「甲記者」とあるのみで実名は分からない。「真言宗智山派、大田山大願院豊楽寺」についての、文字通り「寺院巡り」で、「本尊の薬師様」（当時国宝、現在は国指定重要文化財）の写真入りの紀行文となっている。「土地の名望家山中利信氏」と「住職吉岡義成師」の出迎えを受けて同道し、山道を駕篭で登りながら「柴折問答の古事に関して聞くを得た」として、次の様に記述している。（以下、必要箇所のみ引用。漢字は新字体に改め、一部句点を補う）

世俗に伝へ聞く問答といふのは、古来当寺祭礼の当日に集った、男女が、柴を折り敷いて腰を掛け、互に問答して、負けた者は勝った者の意に従はなければならぬ習慣であったと、何れかと云はばエロ気濃厚な土地の風習とのみ思って居たのであるが、実際は必ずしも然うでもなかったらしい。勿論維新頃までの風習にて其の以後はハタと絶へたと云ふから、今日其の実際的経験を知る古老も最早殆ど無いやうだが、土地の者の間に確実に伝ふる所によれば、その問答者といふのは大概或るパーチー若しくはグループの代表者が選ばれて出場し、初めは男の方から出題し、女の側から答弁するを通例とすれど、一旦舌戦開始となれば女からも相当難題が出たらしい。しかして答弁に窮すると、ズルイのは逃げ行くのがあるので、後には互に其の帯を摑み合って問答したといふ。その問答の内容がどんな種類の事項であったかは聞くを得なかったが、何分代表者同士の問答とて、背後には夫々味方や監視者が取巻き居り、勝負の結果必ずしも其の場で直ちに約束履行と云った風紀問題に関する行為は流石になかったやうである。いづれにしても斯う云う旧慣が廃れたのは惜しい極みであり、土佐の処女団青年団あたりは、奮励一番之れを復活しては如何にや。

二つの新聞記事から見えるもの

資料①に、新たにここに掲出した資料②を合わせて、「柴折薬師の歌垣」の実態を考える。

「弘法大師御遠忌記念　真言宗　寺院巡り　卅二　豊楽寺（西豊永）上」

弘法大師御遠忌記念
真言宗 寺院巡り
甲記者
豊楽寺（上）

獨伊兩宰相會見は
愈よ十四日に行ふ

第六回童話巡回
講師 岩目地慶次氏
十三日 午後一時 和食小學校

高知新聞、昭和９年所載（高知新聞マイクロフィルム資料より）

国宝　豊楽寺薬師堂

豊楽寺は神亀元年〈729〉行基の創建と伝えられ、本堂の薬師堂は、平安時代末期、仁平元年〈1151〉頃の建立と推測されている。四国最古の木造建築物。桁行・梁間とも五間の単層入母屋造り。こけら葺の流線形の屋根が美しい。

まず両方の資料から強く浮かびあがってくるのは、祭りにおける「男女問答」の位置が、太鼓踊の奉納と同様、祭りの行事としてあくまでも公的な存在であったということである。資料②はその問答者を「或るパーチー若しくはグループの代表者」とし、それぞれの共同体や集団の中で選ばれた者としている。それは資料①によれば「地方の才弁ある男女」であり、登場の様子は、「一張羅の晴衣裳を着飾って」集まる「若衆男女」が見守る中、「若衆が後援して、紋入りの提灯などをともして」「堂々乗り込んだ」という晴れやかな形態であった。「初めは男の方から出題し、女の側から答弁するを通例」とし、その問答の掛け合い「舌戦」を「夫々味方や監視者が取巻き」（以上資料②）、多くの見物人は「手に汗握り勝敗はいかにとかたづをの」んで（資料①）見守ったのである。それは資料①がまとめるように、全体として「私語的に恋をさゝやくのでなく、公明正大極めて明朗なもの」ということになる。また資料②は、「エロ気濃厚な土地の風習」という思い込みを否定し「風紀問題に関する行為は流石になかったやうである。」としている。

明治生まれの女性が、祖父から聞いた思い出として「弁くらべ」と呼んでいたことは序章・七で示したが、記事は全体に、近世末期の実態「弁くらべ」の名称の由来を示す資料ともなっている。芸能としては、互いが「難題」（資料②）を出し合い、それにふさわしい「答弁」を知識を駆使して即座に答えるという、弁舌の真剣勝負・公開競技の体である。問・答の巧拙に関心の中心があり、勝敗はその技巧の上手下手により自ずと決したのであろう。あくまでも神仏の場における奉納芸である。

かつて祭りは男女出会いの大切な機会であった。旧物部村の「柴折普賢」の伝承（この日ばかりは男女の交際が許された）や、旧葉山村の「茶畑江島」（踊りの夜、裏山の茶畑が若い男女のあいびきの場となった）などの事例等については、既に自著（『土佐の盆踊りと盆踊り歌』）で報告している。柴折薬師の祭りにおける「男女問答」は、「弁くらべ」

としての芸能の一方、存在としては、周辺の私的な恋愛行為の中心にあって、男女交際の公的な一つの規範・模範としての役割を果たしていたというのがその実態であり、その意味であったと考えられる。ここに民俗における〝叡智〟があると思う。

中国少数民族ペー族における歌垣の公私二様の在り方については、遠藤の前掲書（『古代の歌』）の中でも、諸氏の論考を紹介し、具体的に歌詞の表現を通して分析しているが、共通のものを見出して良いであろう。私的恋愛に対して、「公的な理想的恋愛」の空間を構築し、規範となるという意味である。

なお、「男女問答」の周辺において、その基盤をなすかつての土佐の恋愛行為・習俗の態様については、次の節で紹介したい。

また、前節では『大豊町史』および渡邊の著書で、問答の形態として「帯をつかみ、負けたらその帯をほどく」とされている伝承を示したが、「帯をつかみあう」は、資料②の説明によれば後から生じたもので、いいかげんな逃走を防止して、掛け合いをしっかり行うためのこととなる。解釈の真偽は措くとして、互いに帯をつかみあうという形態の伝承があった点には留意しておきたい。

なおまた、ここには引用（再掲）は省略したが、序章に挙げた「豊永の名勝絵巻　薬師縁起」［三］は「柴折」の意味についても考証していた。それらは土佐の郷土史誌が伝える「柴折様」（柴神様・柴折さん・枝折さま・石神様・足軽さま等）や、山の神信仰の事例と照らし合わせてみると、薬師の「男女問答」の場の特性についても、神仏を祭るいわゆる「境界領域」におけるものとして有益な情報が得られる。詳しい考証は次章（第二章）に譲る。

四　土佐の恋愛習俗「やまとことば」

ここまで、精確な資料が示す柴折薬師の「男女問答」は、江戸時代末期、明治維新頃までの神仏の場における公的な祭礼行事であり、個人的な恋愛行為とは明確に一線を画す、「雄弁的に洗練され」た（資料①）存在であったことを見てきた。ここでさらに、そうした存在を支えその基盤ともなったと考えられる土佐の恋愛習俗について明らかにしておきたい。

坂本正夫の調査報告

前述の中西はなの伝えた口上の名称に「やまとことば」とある。「はんごんこう・ひらことば・百人一首」と、そのほかにも一定の内容を示唆する文言も見られるが、唯一実体あるものとして、土佐の民俗伝承の中でその内容を確認できるのがこの「やまとことば」である。

まず、坂本正夫の『土佐の習俗　婚姻と子育て』（平成10年、高知市文化振興事業団）「第一章、男女交際」には次の様にある。

高岡郡越知町大平・小日浦・大屋敷などでは、明治、大正期までヨバイのときに若い衆と娘の間で、次のようなヤマトコトバ（大和ことば）という問答を交わすことがあったと伝えられている。男が言い寄ってくると、娘は「おまさんはイデ（溝）の水じゃあから嫌でございます」という。それに対して男は間髪を容れず「いやイデ掛け水ではございません。八反田中の懸樋水でございます」と答えていた。その意味はイデ水は大雨が降るとサッと増水するが、日照りが続くと水枯れになる。それに対して八反田（面積の広い田）の懸樋水は絶えることなくいつまでも流れ続ける、というのである。つまり一時の感情でいうのではなく、いつまでも貴女を愛し続けます、というのである。

ヨバイなどの男女交際の機会に際し、恋の思いを、物象を示すことばの「本意」に託して伝えようとするもので、「なぞことば」「一種の恋の暗号ことば」とも考えられるものである。その特徴は、機知を働かせ直接的な表現は避けるというところにあろう。前代の男女は、周囲を意識する中で、繊細な恋の心情を婉曲にしかも確実に伝え合い、互いの理解を深めて行く方法として、なぞ解きを交えたことば遊び「やまとことば」を活用していたのである。

ここで、土佐のヨバイの理解についても説明を補っておく。『池川町史』（昭和48年）「第八章　冠婚葬祭」によれば、「行動範囲は（中略）一日の仕事を終え、夕食を済ませてから出掛け、朝食までには帰着出来る範囲で」、「唯あてもなく行くのではなく、遠い村へは豊年踊りや、草角力などの集りに行って話をつけてくることもあり、その部落に縁づいている者の紹介によることもある。近隣の娘の所は顔見知りで行くことも多かった」というものである。また坂本・前掲書は、「いきなり男が女の寝所へ侵入するというようなことは少なく、同じ村内でもよく知り合った上での関係であるのが普通で」、「受け入れるか否かは娘の判断にまかされている場合が多く、好きでもない男に身体をまかせるようなことは多くはなかった」とし、前代の恋愛習俗としては決して不道徳なものではなく、逆に、ヨバイに行かぬ若者は「甲斐性なし」、「ヨバイに来る男もおらん娘」は「嫁に行けない娘」と親にも心配された伝承が多い、と説明している。さらに『池川町史』は、二人きりで話す機会を得るのは、訪問を重ね、夜なべ作業などを手伝い、家人にも気に入られた上でのことで、「未婚の男女の場合は肉体関係のようなことはほとんどなかった。親たちは常にまちがいのないように細心の注意を払っていたのである」とも伝えている。

ヨバイは、前代の社会にあっては暗黙公認の、配偶者を定めるための大切な男女交際の機会であり、通常は、女性側の判断が重要であったこと、現代人の考えるような不道徳なものではなく、家人監視の極めて健全なものであったことなどが分かる。ただし坂本は、「日露戦争（一九〇四～五）以降大正時代にかけて小学校教員や警察官、青年団関係者、神官などの指導でヨバイは悪いものだという考え方が次第に広まり、親たちの考え方も次第に変化し」、消滅に向かったことを明らかにしている（前掲書）。それでもなお「山村や漁村では大正末期から昭和ひとけた期まで、一部の地域では太平洋戦争後の昭和二十年代まで残存していた」（同）という。変化の背景には、当時の内務官僚主導の「地方改良運動」、官制の青年会・青年団による旧来の若者組の変質・変容があったと考えることができる。

こうした前代社会を形作っていた根強い庶民の生活習俗の中で、「やまとことば」の社会的な位置・機能が、本当にどこにあったかを考えることが重要となろう。延いてはそれが柴折薬師の「男女問答」の役割・意味を明らかにすることにもなる。

桂井和雄の調査報告

先の坂本の報告、高岡郡越知町の事例では、この「やまとことば」の使用を「明治、大正期まで」のこととしているが、土佐の研究史の中で最初にこれに言及した桂井和雄（一九〇七～八九）は、「明治初年頃までの」「形跡」として考察している。彼は昭和十年頃から土佐郡土佐山村等で「古老の追憶」を採集し、『土佐民俗記』（昭和23年）、『土佐山民俗誌』（昭和30年）の二書にまとめているが、時期は明治初年頃まで、地域は香美・長岡・土佐・幡多郡等、北寄りの山村の習俗で、内容としては「たがいに愛情の如何を問い合わしたらしい形跡」（『土佐山民俗誌』）と、慎重な言い回しにとどめている。廃滅のため詳細を知ることができない、としながらもまとめたその言葉は次の様なものである。

まず男が女のもとに通った時、男は「わたしは何々神社の氏子でございます」の挨拶に始って相手の女を褒め上げる言葉をあれこれと申し述べる。女の方ではその返しとして、「春の焼野のふるつく（梟）の雌をさかさまに三年曳こずったようなわたしでございます」とか、「小田原畚（もっこ）十千荷も繰りかけられましても、すずめ貝の一つの御返答もできませぬ」などの言葉風で極度に卑下した応答を重ね、男はなおも褒め上げて応答に困るようにする。言い負けたら相手のいうことを聞かねばならない破目になったようである。（『土佐山民俗誌』「婚姻習俗　大和言葉」昭和30年、高知市民図書館）

柴折薬師の「男女問答」と共通のものであったことは明らかであるが、「いうことをきく」とは必ずしも恋の行為に限ったことではなく、「平生でも女と言い合って勝ったら御馳走してもらったりしたことがあったということで、菖蒲の徳太郎という者もそれを知っていて部落の女らが嫌うたものであった」という話を紹介している。またその態様は、古老の記憶から「煙草を行商に来た男」が知っていたものとして、「唄ではなくまた話すのとも違って一種の節をつけてかたりあうものであった」と書き留めている。こうした現象の根底には、「ことば」自体が持つ根源的な力への信奉があったものと推測される。

松本実の調査報告

数少ない「やまとことば」の伝承に、もう一つ松本実（明治四十二年〈一九〇九〉生まれ）の書き留めた香美郡物部村（現香美市物部町）の事例がある（『物べ村志』昭和38年、『村のあれこれ』昭和46年）。「たしかに記憶している人は、私のたずねた範囲では今のところまだありません」というのが松本の言であるが、記録されたその断片は次の様なものであった。

別役の宗石兼義さんは「別役のおさんという人が男から話しかけられた時『ぢぢが坂ばばが坂という坂は、九十九まがりもございまして、ようこそおこし下さいました。しま芋の灰焼きなんかを食べよりましたら、口びるなんかにひゞあかぎれがきれまして、何の返答もええしません』といってきっぱりことわった。話はできませんというのが女のにげ手であった。

また、久保の佐々木作次翁は、「踊りの時大勢の人が輪になっている中で、なるべく全体の人に聞こえるような大きな声で話し合った。五王堂にあったおりゅうさんはなかなか話し上手で、決してまけたことはなかったと聞いている」と語ってくれました。そして翁がおぼろげに聞きおぼえているかけあいの言葉を次のように話してくれました。

男から「土州七郡鏡がごおり、物部川川上に出生仕ります私共が、五反花のけしの花が四方八方咲き栄えてある御発明さまに、しおれじおれの私どもが、おとりすがりはなかなかに御不都合とは相心得ておりますけれど、男大胆者とおわきまえの義に仰せつけられまする。おかやりがけには御見送り申しましょう」というと、女がこれをうけて「まことにまことに、ようこそおたずね下さいました。ユバラ、ハイバラ刈りのけまして、御所の車でお迎えに参りまするまでは、おひかえ仰せつけられまする」とうまいことはねかえしたといいます。(『村のあれこれ』「三八、盆踊り」昭和46年、物部村教育委員会)

引用記事の直前に、「やまとことば」の態様について、「盆踊りの時に多く行われ」と書き留めているが、「踊りの時大勢の人が輪になっている中で、なるべく全体の人に聞こえるような大きな声で話し合った」とするのがその生態であろう。「踊」との兼ね合いなど、今ひとつ実態・状況をつかみかねるが、これは柴折薬師の問答と同様、公的な場における一つの「芸能」としての在り方を示したものと理解することができる。記録された文句は、これまでの報告と同様切れ切れではあるが、柴折薬師の「口上」を補うものとなる。

ハナコトバとトチクリ問答

「やまとことば」は他に「ハナコトバ（花言葉）」とも呼ばれたようである。『安芸市史　民俗編』「人生儀礼　二、婚姻」（昭和54年）には、「和田では古く男女が相対して掛け合うハナコトバ（花言葉）というものがあったと伝承されているが、その詞章など詳細は不明である。」との記載がある。また、土佐郡本川村（現いの町本川）では「トチクリ問答」と呼んだようで、高木啓夫は『高知県百科事典』（昭和51年、高知新聞社）の「やまとことば　大和言葉」の項で次の様に解説している。

土佐郡本川村では夜ばいの時に男が女の家を訪れると掛合いが行われ、これをトチクリ問答といった。男が「あなたを花にたとえましょうなら」と女をほめ「わしが身をたとえましょうなら」と自分は謙遜して表現し、部屋の外から声をかける。すると女は男が部屋に入ることを承知するなら「私はお前さんにやせ馬に米一俵」と応じ、不承知なら「ひびの実やがやの実や、とちだんごなぞ食べて唇にひびがきれて急には返事ができませぬ」と答えるものであった。

内容的には、前掲の渡邊が『歌垣の民俗学的研究』の中で「西村自登氏談」として引用している「とちくり問答」と重なる。渡邊は、これを西村が語る寺川部落の伝承とし、「村の若い衆が奥の部屋に寝て居る娘に、その軒下に佇んで問答をかける風習」と紹介している。娘の返事「やせ馬に米一俵」は、「この言葉によって、若い衆は改めて娘の部屋に入ることができた」のであり、「ひびの実や……」と云われたら「どんな若衆でもすごすご帰った」と説明している。これによれば村の若衆は、自身の挨拶に対する返答の本意を瞬時に理解し行動に移すことができたわけである。こうしたヨバイの風習が柴折薬師の「口上」と重なり、それを支える基盤と見ることができる事は既に述べた通りである。

以上はいずれも後代の極めて断片的かつ不確かな情報であり、今となってはその全貌を知ることは難しい。しかしそれらからは、お互いの自己紹介（男から問いかけ女が答える）に始まり、相手の賛美と自己卑下を繰り返し織り交ぜ、機知による言葉の花を咲かせ、その精神的な高揚の中で相互の理解・交流をはかるという、民俗における「男女交際の知恵」のようなものが見えてくる。「やまとことば」はそうした地域の歴史の中で磨き上げられてきた山村における「一種の雅語（みやびことば）」と考えることができる。因に、『高知県方言辞典』（昭和60年）は「とちくりあう」を「密通する」の意と説明しているが、「やまとことば」は私的な恋愛感情を巧みに社会的（公的）なものに昇華する重要なアイテム（道具）であったと言うことができると思う。柴折薬師の祭りのような公的な晴れの場は、こうした（ヨバイのような）日常の恋愛習俗に支えられると同時に、さらには個人的な行為の模範としてあり、一種の指南役の役割を果たしていたと見ることができる。

五　残された課題

前項まで、柴折薬師の祭り行事「男女問答」について、新資料の解析や周辺の恋愛習俗も合せてその実態を考えてきた。従来の認識を変更し、一定の理解を進めることはできたと思う。概ねそこから見えてくるものは、古代からは距離を置いた近世的に変容を遂げた姿となろう。しかしながら、未だ十分にその全体像を確認する所までは至っていない。また、当初予定していた土佐の歌掛け伝承の全体については、意を尽くした説明はできなかった。書き残したこと、さらに視野に入れておくべき課題などを次に列挙しておく。

まず、「やまとことば」のさらに周辺には、土佐では「さとり草」「判じ物」などと呼ばれた、言葉によらない愛情表現の方法があったこと。これは物そのものに思いを託し代弁させるというもので、例えば、ヨモギの葉二枚、ネズモチの葉二枚、松の葉二つ、紺の布切れ一つ、それに菜の葉と小石を入れて贈り、「夜もねずに、待つに来ん。なさけない、こいしい」の意を伝えるといった類いである。そのはるか源流には、記紀歌謡・万葉集の「寄物陳思」の技法を想定することも可能であろう。

こうした「判じ物」も含め「やまとことば」の研究には、鈴木棠三の『新版・ことばあそび辞典』（昭和56年、東京堂出版）がある。そこでは既に紀州・大和など山村の習俗からお伽草子・仮名草子・辞書『やまとことば』の事例までまとめている。特に「紀州などのやまとことばは、近世流行した俗謡の歌詞や口合からできたものが多い」とする指摘は重要で、土佐においても同じ事情を考えることができる。柴折薬師の「男女問答」の成り立ちについても、近世から近代の諸資料を示し、具体的にその成立環境を推測することも可能になると思う。

さらに、歌掛け伝承と繋がると考えられる行事として、婚姻儀礼における道塞ぎの民俗も挙げておかなければならない。土佐においては、明治時代の末から大正時代、一部地域では昭和前期まであったとされるもので、「花嫁行列の通路に若い衆たちが焚き火をして待ち、大きな石や材木などを置いたりして通行を邪魔して見物し酒などを強要する」といった習俗である。歌を掛け合ったとする明確な報告はないものの、それを窺わせる近世に遡る資料もあり、本来は中国少数民族の歌掛け文化と同根のものであったに違いないと考えられる。

さらに、民俗以外の文献に拠れば、『巷謡編』【高岡郡仁井田郷窪川村山歌】や【高岡郡半山郷姫野村三島大明神祭花鳥歌】など、中世的な歌掛け世界を見通すことが可能と思われる資料もある。これらは現在も伝承される「風流踊、花取踊」とも関わるもので、「甲斐都留郡川口社上山三月三日宴風俗歌」（水戸彰考館小山田文庫蔵）や「鎌倉麦挿唄」（竹柏園蔵）などとの関連を探ることで、山遊びなど中世以前における歌掛け文化の態様も見えてくるのではないかと考えている。次章（第二章）での課題としたい。

第二章　土佐における歌掛け伝承
―見渡しと課題、「山歌」と「花取踊」―

一　はじめに

土佐における歌掛け伝承のうち、最も人口に膾炙したものは「柴折薬師」（大豊町寺内、大田山大願院豊楽寺）の「男女問答」である。これについては前章まで、従来の認識を訂正する形でその歴史的実態を検証し紹介した。すなわち、時代的には明治維新の後には既に廃滅していた近世的事象であり、記録に残るその実際も「いとも解放的の歌垣会」（寺石正路『土佐風俗と伝説』）や「常は見知りもしない筈の他国人同士の間に、一夜の添い寝が行はれ」「互ひに、ひと夜妻を選ぶ」（折口信夫「俳諧の発生―農村に於けるかけあひ歌―」『俳句研究』第一巻第三号）など、大正・昭和初期の研究史の諸々の発言に見られるものとは相違し、祭礼における公的行事・公開の芸能として、ヨバイなど周辺の私的な恋愛習俗の中で一定の規範、模範的役割を果たしていたもの―と位置付けた。

「歌垣」および歌掛け研究は、照葉樹林文化論の展開を受け、近年、中国少数民族地域を中心としたフィールドワークによる比較研究が盛んに行われている。私も、それらの調査には二、三同行したこともある。しかしながら、それらの報告は私に能う仕事ではない。私にできることは、我が国土佐の伝承の足下を見直し、できる限り精確な状況を明らかにし、歴史の中の空白を、その一齣だけでも埋めることである。

本章では、前章の終わりに今後の課題として挙げておいた事項や、都合により十分な説明ができなかった事柄について補足し、土佐の歌掛け伝承全般についてのまとめとしておきたい。

その中でも殊に、本章の末尾に提出する文献資料は、中世或いはそれ以前の事情を伝える希少かつ重要な事例になると考えている。すなわち、「歌垣」及び歌掛け伝承に連なる「山歌」の存在と、それと同一基盤に成る「踊歌」、「花取踊」の記録である。土佐の事象を起点として、さらに新たな研究の視点が提示できればと願っている。

二　忘れられた新聞記事とその周辺

通称「柴折薬師」の「男女問答」の実態を見直すに当たり、大きな手懸りとなったのは、二つの新聞記事、「豊永の名勝絵巻　薬師縁起」〔二〕〔三〕と「弘法大師御縁忌記念　真言宗寺院巡り　卅二、豊楽寺（西豊永）上」（共に昭和九年、高知新聞）であった。前章（第一章）での検証は、直接「問答」の考証に関わることに限定したが、ここでは先ず、割愛した周辺の事柄を補足して考察しておきたい。より広い視野で歌掛け伝承の展開を見渡す視点が必要と考えるからである。

高揚した「踊」、源流に見える「歌垣」「踏歌」

旧暦七月五日の宵から通夜し、七日の朝まで続く「薬師祭」。「男女問答」と並ぶもう一つの奉納行事は、「太鼓踊」であった。その叙述は「問答」と共に、近郷・諸国の善男善女により「時ならぬ山中の不夜城を現出し、一大歓楽場と化する」と形容される往事の祭の様子をよく伝えるものとなっている。記事は「豊永郷及び祖谷山の山谷に往古よりあった太鼓踊も実はこの薬師祭からはじまったものと伝へらるる」との前置きのあと、以下次のような具体的記述に続く（再録に当たり、漢字は新字体に改め一部句読点を補う）。

太鼓踊　口径二尺余の大千鳥太鼓の千鳥緒を締めたて〳〵、大かゞり火を囲んで数十挺の大太鼓が円陣を作り、列後を老若男女が九十九の白髪をはらかし、あづさの腰弓も今日は押張って、扇をかざして打返し〳〵踊り練り廻つてゆく。百雪が一時に落つる如き騒音の中にも、唄の口調がなだらかに、一鞭一鞭調子が調子が整調し、悠長に夜気深く澄んでゆく。音の澄んで高いもの程よい太鼓といはるゝ。皮は犢牛（こうし）の皮で若牛の薄い皮程音がよいといはれる。踊中皮が破れると直ぐ替皮を張り替へて踊る。一枚数十金を費から「どせ損どせ損」と鳴り、家倉もたゝき込むといはれる。踊りの曲にはお伊勢踊、柳踊、鶯踊、玉章踊、山伏踊、陣立踊、祝踊、その他種々ある。何れ小笠原氏の豊永へ入つた鎌倉時代頃から伝はつたものであらう。

（以下、「踊歌・お伊勢踊・鶯踊・山伏踊・祝踊」の歌詞を記載）

天正五年本堂落慶の際元親公へ、慶長九年霜月一豊公お国廻りの節、本堂で上覧に供したのはこの踊りであると伝へられる。最近では摂政宮殿下、阿波池田御巡啓の節、祖谷山より神代踊りと銘打つて御上覧に達したのは、同巧異曲のこの踊りである。天下一品の明朗な雄大な躍りではある。（以上「豊永の名勝絵巻　薬師縁起」〔二〕）

祭りは旧暦七月の七夕、盆の入りの時節であるので、これを以て盆の踊と言っても差し支えないであろう。これらの踊は現在、高知県では「こおどり」、徳島県では「神（かみ）踊」との一般呼称で伝承され、また使用される大型の締め太鼓（記事では「大千鳥太鼓」と形容）の特徴から、「太鼓踊」とも呼ばれている「風流踊」の一種である。

その態様は、「大かゞり火を囲んで数十挺の大太鼓が円陣を作り」、その列の後を「老若男女が……扇をかざして打返し〳〵踊り練り廻つてゆく」―という「雄大な」ものであった。こうした形態と全く重なる踊りは、県下を見渡しても、もはやどこにもない。（部分的にその面影がうかがえるものとして、仁淀川町の一部の地域にかすかに残存形を確認できるだけである）

かつてこのような男女打交じる踊りの機会が、親密な交際に至る重要な契機となっていたことは、これまでのいくつかの資料でも見てきた通りである。

その時代性については、記事は「鎌倉時代頃から」「天正五年」「慶長九年霜月」と、推測と伝承を重ね、さらに「最近では」として「摂政宮殿下」（後の昭和天皇）による祖谷山「神代踊り」上覧（大正十一年十一月二十九日）の事例を挙げている。

こうした「太鼓踊」の大本の起源について、確かなことは不明と言わざるをえない。が、その淵源の一つに中世の「念仏踊」の存在が想定できることは間違いない。しかし私は、「踊」という芸能自体のもう一つの源流として、「歌垣」並びに「踏歌」（上代に行われた集団歌舞）の伝統・系脈というものを考えたいと思っている。

例えば徳島・祖谷山の「神代踊り」については、「この踊りの起源は菅原道真が讃岐守在任中（西暦八八六〜八九〇）にその端を発したもの」（『西祖谷山村史』）とする伝承がある。もちろん、形態的に見て現行の「太鼓踊」にそのまま結びつけることには無理があるが、「念仏踊」以前を想定し、中世以前に遡って「踊」の発生・成立の環境を考え、その経緯を究明することは、「歌垣」「踏歌」の行方を探る意味でも重要な課題となってくる。

このことについては本章の最後に、中世以前の事情を伝えている可能性が高いと思われるもう一つの土佐の歌掛け伝承「山歌」と「花取踊」の事例を具体的に紹介し、再度考えてみたい。

「柴折」に見る境界性と「男女問答」の本質

新資料「豊永の名勝絵巻　薬師縁起」からもう一つ引用、補足しておきたい記事は、歌掛けの場の環境・性格に関わる「柴折」についての考証である。前章（第一章）で紹介した資料「男女問答」の項は、次の記事へと続く。

柴折は日本では道祖師を祭る土俗で、鳥居龍蔵氏の「蒙古紀行」峠を見ると、（そ）の頂上にある石塚に旅人が往来の都度供養のため石を積み添へてゆく。石のない地方ではその代りに木の枝の塚があって、往来のものが一枝づゝ積み添えて行く事である。日本でも是を勧進柴など、いつて旅人が折り添へてゆく風は珍らしくない。一つの供養信仰の遺風である。世界的学者の紀州の南方熊楠氏の話にもスマトラの或地此柴折の遺風があるといつてをられる。内外共通してゐるものであらう。こゝは阿波へも通ずる往還道で、行基草創の砌、土佐国府より新改通り杖立峠に登つて見ると、この大田山が四国の中央で霊気遍満していたのでこの山に登られ、柴折り敷いて薬師仏を直接安置し奉ったゆえ、柴折薬師の名がおこつたものと深く信ずるのである。（以上「豊永の名勝絵巻　薬師縁起」〔三〕）

「柴折」についての右の地理的・民俗的理解は、土佐の郷土史誌が伝える「柴折様」の事例に照らしても、基本的には正しいものと言える。すなわち、その名称は他に「柴神様」「柴折さん」「枝折（しおり）さま」「石神様」「足軽さま」等々さまざまあるが、例えば『土佐町史』（昭和59年）は、「柴神信仰は山越え径の道祖神である。峠や畝近くにあって俗に柴折さんと呼ぶ。通る時に柴を折って供え通ると道中安全であるとの信仰がある」と説明している。

さらに、桂井和雄の『高知県百科辞典』（昭和51年）「しばがみ　柴神」の項によれば、「道の神」としての近現代における土佐の実態が具体的に見えてくる。桂井が示す「柴折（しばおり）さま」「枝折（しおり）さま」の県下各地の民俗事例は次の様なものである。

山間部の旧道や峠・谷ぞいの道などで見かけるが、たまに通行するものたちの安全を守る路傍神である。しかし、現在ではその信仰の零落したものが多い。村人たちがその前を通るたびに木の枝を手折ってたむける習慣があるために、枯れ枝の堆積でそれと知ることができる。長岡郡本山町吉野の坂本から汗見に出る明石の地にある柴神は、路傍の大岩のほとりに2体の石地蔵を祭ったものであった。土佐郡鏡村今井の河内神にある柴折さまは、谷川のほとりにあって石神ともいい、たまにこの谷の小橋を渡って行くものが木の枝を供えていく風があった。ここではこの柴を山の神が茶をわかすたきぎであると伝え、さらに土佐郡土佐山村久万川字石神にある柴神をたきぎの神といい、氏神が出雲に訪れるとき、たきぎを持っていく神と伝えている。これらの伝承は、この神に木の枝をたむけるために生まれたものであろう。今では新道の開通でなくなっているが、宿毛市の離島沖ノ島の母島では、激しく波浪の打ち寄せる断崖の小みちに柴神のあるのを見たことがある。高岡郡中土佐町上ノ加江では、この神を足軽さまとよんでいた。遠路を歩くものに、ご利益のあったための命名であろう。土佐郡の鏡村や土佐山村では、この神を耳の病気にきくと伝えて祈願するものがあり、解願には自然石の穴あき石を針金に通して、柴神のほとりの木につるす習わしがある。この穴あき石をつんぼ石とよんでいる。高知県には道祖神とよばれる小祠や石造物は全くないが、同じ道の神の岐（ふなと）の神（船戸神社）の存在とともに柴神や石神は、滅びゆく民間信仰として注意すべきものである。

民俗における信仰は、時々の生活の必要に応じ多岐に渡る。「柴折」は基本的に、交通に難儀した前代、危険な山道における「路傍神」であり、その根底には「山の神」と木の枝、「柴」に対する古い信仰・観念があったと理解してよいであろう。交通は至って便利となり、山の生活とも遠く離れた現代では、多く既に失われてしまった感性である。

麓の大田口から望む大田山豊楽寺（柴折薬師）の遠望
山容は「歌垣」山の面影と、「柴折」の伝承等を今に伝える。境内は陵線の少し下、山の中腹にある。

柴折薬師への参道からの眺望
眼下に吉野川と大豊町の集落が見える。その昔、近郷の村々から着飾って〝雲集〟したという人々の様子がしのばれる。

供え物となる木の枝「柴」は、「山の神」の神聖な所有物「斎柴（いみしば）」であり、其処に聖なる空間を作り出す。今に残る代表的な例を挙げれば、神を祭る榊や笹竹、仏を祭る樒などが当たる。人々はそれらを供えることにより、「山の神」「道の神」の呪術的な力、さまざまな魔除けの効果を期待したと考えることができる。「山の神はむつかしい神で、山の木の柴一枚も惜しむほどだという。そのために柴を供えると満足するという。」（南国市桑ノ川）という伝承（桂井和雄『土佐の海風』「土佐俗信集・山仕事」）も見出せる。

先の「男女問答」の「口上」の中に見えていた場としての「花のもろ柴」「次に立つ柴」も、同じくこの神聖な「柴」（斎柴）によってもたらされた聖なる空間ということになろう。

「柴折薬師」が阿波へ通じる往還道にあり、祭りには多方面から山越えの道を通って雲集したことは、既述の諸資料の中にも見えていた。「柴折普賢」と称された香美市物部町笹の普賢堂も、「長岡郡の豊永や阿波の国へ越える往還で、人や馬の通行の多い大通り」（松本実『村のあれこれ』）にあったという。さらに既に前章で見ているが、昭和二年八月に「薬師堂」を訪れたかと思われる折口信夫（「年譜」に拠る）は、その地勢を次の様な印象的な文章で伝えていた。

土佐と阿波との国境、豫州石鎚山よりは遥かの東、両方へ流れた尾根が、上で行き会った辺りに、薬師堂の立った山がある。峰の如来への参道が、両国の通路となった一つの例で、即ここを柴折薬師と称へてゐる。（前掲「俳諧の発生―農村に於けるかけあひ歌―」昭和9年5月『俳句研究』）

以上の諸例からも分かる通り、大田山豊楽寺「柴折薬師」も、かつて峠の神・行路の神としての共通の信仰を担っていたことは間違いない。

なお『土佐山村史』（昭和61年）「山の邪神と妖物」によれば、「柴折様」はクワン様とよばれる邪神とも一体化していたようで、「クワン」の項には次のようにある。

クワン　山の中で急に冷汗が出て、激しい空腹を覚えしめる亡魂の類。クワンは「食わん」の名詞化したもののようであるが、飢餓でのたれ死して帰るところのない亡魂が、人を見て食いつくものであるといっている。これにつかれた時には、何か食べるものを一口だけ口に入れるか、路ばたの柴折様（山村の旧道にある叢祠の一つ）に柴を供えるとよいなどといわれている。

さらに、食いつかれた恐怖については、「都積の柴折様はくわん様」の項に、次のような思い出話が紹介されている。

都積部落を通る通筋に、小さい祠のようなものがあって、そこを通る人々は、付近の葉のある木の小枝をお供えして通っていた。それは「柴折様」と呼ばれていて、「くわん様」をお祭りしたものだということだった。（中略）

その日はどういうものか同級生とも一緒でなく、学校の下（の小）さな釣橋を渡って、山道をトボトボ登り、丁度くわん様の祠の前まで来た時であった。急に足がすくんで動けなくなった。どんなに頑張ってみても、一歩も足が進めない。顔中一杯の油汗が出て、手拭いで拭いても拭いても止まらない。そのうち目の前が真暗になって、道のふちに倒れ込んでしまった。その間二時間位だったと思う。稲のとり入れ時で山道を通る人もいない。「トオチャン、トオチャン」と大声で呼んでみたが勿論声にはならない。私は死んだように倒れたままだった。

……これは私の実際に体験したことであり、今でもあの恐ろしさは忘れない。

すなわち其処は、取り憑かれると急に足がすくんで動けなくなり、昏倒してしまうような恐怖の場・不思議の場でもあったのである。

民俗の心意において、「柴折薬師」の「男女問答」は、そうした畏怖と敬意とを併せ持つ神様、仏様を大切に祭るべき聖なる空間、いわゆる神仏との「境界領域」においてなされていたのである。その心持ちは「歌垣」とも通底する場の特性として再確認しておきたい。その「歌の場」の消息は取りも直さず、男女の越え難い「境界」をとりもつ「男女問答」という表現の特質とも通じ、その繊細な在り方と生成の基盤、延いては「性」に対する本質的意識をも伝えるものとなる。

新聞記事（新資料）の出所と日付

さてここで、資料として挙げた二つの新聞記事の出所とより精しい日付等についても、煩瑣にわたるが補足・確認しておきたい。当該資料との出会いは、豊楽寺・当代吉岡義順住職から先代の吉岡義成住職作成のスクラップ帳を拝見し、その中に「豊永の名勝絵巻　薬師縁起」［一］［二］［三］の連載記事を見出したことに始まる。この段階では前ページの切抜きに、「昭和九年六月二十三日」の日付が見えるのみで、当該資料には新聞名も日付もなく不明の状態であった。そこで手懸りを求め、地元の高知新聞社の資料室へ出向いた。マイクロフィルムの中に当該資料は保存されていなかったが、ここで郷土史家・前田和男の著書『豊楽寺と仏堂』（私家版）の中に同じ記事が引用されていることを知った（前田は「切抜き」とするのみで出所を明示していないので、同一の吉岡義成の資料を目にしているかは不明）。同氏は当該記事の裏にたまたま連載小説があることに着目し、マイクロ資料の中に残る小説の回数から、［二］［三］は「昭和九年八月十一、十二日付け」と推定している（私の見た資料は用紙に貼り付けられており、裏までは確認できないので、前田が目にしたのは同じ資料の別の切抜きであった可能性も高い）。

資料「弘法大師御縁忌記念　真言宗寺院巡り　卅二、豊楽寺（西豊永）上」は、マイクロフィルムを検索閲覧する過程で、これも偶然に見出したものである。これも前後の並びから「昭和九年六月」までは判明するが、資料自体は上部が切れて日付がない。これについては、同一紙面に出てくる他の記事の出来事が十三日のものであり、十四日のことは予定としているので、「昭和九年六月十四日付け」として間違いないと思う（なお前田の前掲著書はこの記事についても引用紹介しているが、日付までは確定していない）。

総じて、いずれも昭和九年〈一九三四〉の紙面であることは確定的で、それは「太鼓踊」の記事の中で、祖谷山の「神代踊り」を時の摂政宮（後の昭和天皇）の上覧に供した年月日、大正十一年〈一九二二〉十一月二十九日を、「最近では」と記述している記者の意識とも大きくは矛盾しない。

三　「やまとことば」の周縁、「さとり草」と「判じ物」

「男女問答」の具体的な実体として、土佐の恋愛習俗の中で、唯一検証可能な事象が「やまとことば」と呼ばれていた表現であった。恋に関わる「なぞことば」「暗号ことば」と言えるもので、前章では総じて、民俗における男女交際の知恵が生み出した、山村における「一種の雅語（みやびことば）」と位置付けた。明治期以降は、ヨバイの慣習と共に衰微の一途を辿ったようで、もはや断片的な資料しか残されておらず、十分にその実体を把握できないのが残念であった。が、その「やまとことば」のさらに周縁には、「さとり草」「判じ物」などと呼ばれた今一段と古風な愛情伝達の方法があったのである。

「さとり草」と「判じ物」

これは物そのものに思いを託し代弁させるというもので、次のような伝承がある。

まず、松本実『村のあれこれ』（昭和42年）「さとり草」に見える香美郡物部村（現香美市物部町）の事例から。

文字を知らなかった時代の青年男女は、自分の思いを相手に伝える方法として、思いをこめた物を人にたのんで贈りました。受け取った方はこれを判じて相手の心を知りましたが、これを「さとり草」とよんでいます。例えば、箒に鍵を三つそろえておくり、「ホーケタ男に見限った」の意味を伝えたのはその一例です。箒といっても普通に使うような大きなものではなく、竹の小枝をたばねたかたちばかりのもの、鍵も木の枝の小さい鍵でした。

又、ヨモギの葉二枚、ネズモチの葉二枚、松の葉二つ、紺の布切れ一つ、それに菜の葉と小石を入れておくり、「夜もねずに、待つに来ん。なさけない、こいしい」の意を伝えているのも面白い例だと思います。ネズモチはイヌツゲのことです。

「ホーケタ」は、「（相手にしてくれなくて）あてがはずれる」（『高知県方言辞典』）の意を「ホーケ（箒）」に掛けたもの。

また、『安芸市史　民俗編』（昭和54年）「婚姻　判じ物伝承」の項には次の様にある。

たとえば八ノ谷や入河内では娘が山仕事などの時、恋しい男の弁当箱にそっと小石九個と大石一個を入れ、「恋いし（小石）ここのつ想い（重い）は一つ」ということを表現していたという。古井では求婚を拒絶された男が三つの小さな輪の中へ大豆と笹を入れて渡し、「吾（輪）が豆のむささ（汚しさ）、臭ささ」と表現して相手を批難していたという。しかしこれを小川名では求婚された娘が、自分を謙遜して断る時のものだと云う者もある。

あとの事例は、輪が三つで「わがみ」と読むのが正解と考えられる。「わ」は一人称（わたし）、二人称（おまえ）と意味は両用あるので、用い方は批難、謙遜共に可能性としては認めることができる。いずれにしても隠喩が含む意図はきわどい内容となり、実態を伝えるものとしたら、現代とは異なる、庶民の性意識の在り様をうかがわせる伝承となる。その意識は、以前に序章で見た江戸期の戯作『浦島物語』などの隠語表現とも重なるものとなろう。そうして見ると、庶民の機知は決して浅く見積もってはならないと思う。

さらに、『窪川町史』（昭和45年）の「婚姻、男女交際」の項では、大正時代以前のこととして、「松葉を送ったら「枯れても死んでも二人連れ」」という例を挙げ、「心の底を思うように文字に綴ることができないので、木の葉や板切れなどを紙に包み心の合った人にたのんで届けた。相手はそれをみてその人の心に持つ情愛を判断させたものである。」と説明している。用例の松葉は、いつも二本一緒という認識がその前提となる。

なお、「さとり草」「判じ物」の伝承は、仕事歌の表現の中にもその片鱗を伺うことができる。すなわち『巷謡編』（【高岡郡仁井田郷窪川村山歌】の項）には、「下椄に、石をつゝんで、石より堅い、約束」「梅七つ、枇杷の房折り、こりょ廿一に、ことづけふ」とある。また『窪川町史』（昭和45年）には「田植歌」として、「玉草を、八重に包んで流すぞ、下の瀬で取れ／大野見の、こぶが瀬にこそ、やよ玉草が、浮きよる／瀬で取り、開いて見れば、石より堅い、約束」とある。さらに、坂本正夫『土佐の習俗　婚姻と子育て』（平成10年）も「幡多郡の大方町や三原村の田植え歌の一節」として、「恋しけりゃあこそ、小石は投げる／憎うて小石は、投げりゃあせぬ」という歌詞を挙げている。いずれも「判じ物」「さとり草」の一形態を歌い込んだものであり、歌掛けの伝流の中に浮かぶ庶民文学の一端をここに認めてもよいであろう。

四　「やまとことば」研究と土佐における成立状況

鈴木棠三『新版・ことばあそび辞典』

ところで、こうした「やまとことば」や「判じ物」の伝承は土佐に限ったことではなかった。既に鈴木棠三（一九一一～九二）のまとめた『新版・ことばあそび辞典』（昭和56年、東京堂出版）には、「紀州・大和の山村などで近年まで行われていた恋のなぞことばの集成である」―として「やまとことばⅠ」が、「室町時代以後、恋のなぞことばとして古典に見えるもの、また、歌語の辞書『やまとことば』などから、特になぞことばの性格をもつものを掲出する」―として「やまとことばⅡ」が、多数整理・収録されている。また、それらの解説として、「判じ物」「草文」「たまむすび」など諸国の伝承事例から、室町期のお伽草子（『浄瑠璃十二段草子』『横笛草子』『さいき』『小男草子』）、江戸初期の仮名草子（『薄雪物語』）、さらには江戸時代を通じての辞書『やまとことば』（「艶詞」の性格が強いと考察）等を取り上げ、その展開についても詳細に論述している。

例えば、それまでの研究史を整理した「やまとことば」解説の冒頭には次のようにある。

南紀州の山村や大和天の川地方に、やまとことばと呼ばれる一種の恋の暗号ことばが存在したことは、雑誌『集古』誌上に、南方熊楠氏が報告され、後に雑賀貞次郎氏の『南紀土俗資料』にも転載された。また、同じ紀州でも、ずっと北部の有田郡にも、同様な伝承があって、これも大和言葉と呼んで居たことは、笠松彬雄氏の『紀州有田民俗誌』に、その採集が掲げられているので知ることができる。いずれも大正末年には、衰微して、わずかにその一部が丹念な採集者の手で記録されたものであった。

こうした解説の中でも特に、文献資料と伝承事例との比較において、「まったく同趣のものということができる」

としながらも、

両者を比較して違う点は、お伽草子のなぞことばは和歌にちなんで、その崩れたものと言い得るのに対して、紀州などのやまとことばは、近世流行した俗謡の歌詞や口合からできたものが多いという違いである。とまとめているのは、その由来・成立に関わる重要な指摘であると思われる。土佐の伝承もこれらと無縁であるわけはない。その成り立ちについて鈴木の考察を受けて、管見ながら若干の検討を付け加えておきたい。

土佐における「やまとことば」（「男女問答」）の成り立ち

まず俗謡については、当地の民俗芸能「チョンガリ」との関わりが指摘できる。初め「ちょんがれ」と称し宝永頃（一七〇四〜一〇）大阪で行われ、江戸に移って「ちょぼくれ」とも呼ばれた説経節祭文に由来する大道芸・門付芸であるが、本川村・土佐町など近辺の山村では、早口による滑稽な宴席芸として伝承されていた。その一節に「わたしゃ高知のチックト東の、太郎（たろす）の弟で次郎（じろす）でござるが、今度越裏門、寺川、長沢、猪（しし）・猿・狸のお棲まい所にさ迷いきたれば」（『土佐町史』「チョンガリ節」）などとあり、柴折薬師「男女問答」の自己紹介の詞章との類似が考えられる。

また、「男女問答」（桑名正仁の伝承）で思いの数が尽きないことを「山の木の数……天の川原の星の数」と述べる一節は、鈴木の辞典でも「山で木の数草の数千里が浜の砂の数三千余りの星の数」を挙げ、「あなたのような人は世間にざらにある」と、用法としては別の使い方を示しているが、詞章・意味とも一致する土佐の民俗歌謡（「風流踊歌」）の事例を挙げれば、『巷謡編』（【安芸郡土左をどり歌】「念仏」の項）には、「天の河原の星の数、読んでも書いても心つきせぬ」とある。「風流踊」（こおどり・太鼓踊）は、「柴折薬師」の祭りでも大切な奉納芸とされていたものである。

また、「御山育ちのあの杣さんは厚い仲をも引き分けまする」（桑名志津馬の伝承）も、一般的な「木挽歌」の歌詞の表現と重なる。例えば『高知県の民謡』（平成元年、高知県教育委員会）から二三その類例を挙げれば、「木挽さんはいやよ〳〵　仲の良い木を挽き分ける」（大豊町）、「木挽さんだはいぢわるこわる　仲の良い木を挽き分ける」（大正町）、「木挽や罪なもの二合半飯くろて　仲の良い木をよう挽き分ける」（東津野村）、「木挽きゃ憎いやつ一升飯食ろうて　仲の良い木も挽き分ける」（十和村）など、県下の山村においては広く同様の分布が確認できる。

さらに、口承資料ばかりではなく、文献資料も利用されていたであろうことは、桂井和雄の『土佐民俗記』（昭和23年）の記事からも伺うことができる。「大和ことば」の事例として「柴折薬師」にふれたあと、

坂本龍馬の姪で生涯を孤児の育英に捧げた高知市で有名な岡上菊枝婆さんは、かつてこの大和ことば淡雪物語とかいう一連の和歌風のもので書冊になっているのを見たことがあると教えてくれたことがある。

と書き留めている。「淡雪物語」は、鈴木棠三も解説で引用している仮名草子『薄雪物語』であった可能性が高い。寛永九年〈一六三二〉刊とされ、全編がお伽草子や舞の本・謡曲・歌書などの故事を引用した艶書の往来で成り立っている物語である。恋文の手本として扱われた（日本古典全書『仮名草子集　上』解説）というが、このような地域の識字層の知識が口承問答としての「やまとことば」を豊富にし、磨き上げていったことは当然想定される。

なお、口承資料の運び手・担い手については、松本実は、「ちょんがり節」のほか「さいもん」「早口ことば」などの詞章を書き留めたついでに、

○明改の伊勢丸さまの大祭は大へんなにぎわいで、参詣者で境内が埋まり、見世物、菓子屋、にうり屋などの店も並びましたが、しもから上手な歌い手も来て、歌いながら歌の本を売っていたので、毎年欠かさずお参りに

云っては、新しい歌を覚えて帰ったといいます。
○昔は早口といって面白い文句をたて板に水を流すように早口に唱えて人々をよろこばせ、お礼に銭や物をもらって生活する人が時々やってきた。
○この語り物は、大正四年頃南の地方から足の悪い「さいもん師」が教えに来たので、良吾さんら数人のうたずきが集まって習ったもので「食わして、泊らしてやったら教え賃はとらざった」そうです。聴き手に「次はどうなるだろう」と大きな期待をもたせておいて転々と各地を廻って生活していたこの「さいもん師」は、遂に再びこの地へは訪れなかったようです。（以上の三項、松本実『にろうむかしばなし』昭和49年、「山崎翁夫妻にきく」）
○明治の末年近くまで多くの人々を楽しませたものに祭文がある。（中略）正月の休みなどには歌い手がきて民家を借り、三十人から五十人もの人が集って聴いた。歌い手はふとん二・三枚敷いた一段高い所に座り、三味線に合せて歌い、聴衆はお礼に花をあげた。当地にも祭文を専門にやる人がいくらかいたが、多くは南の地方からやって来た。（この項、松本実編『香北町史』昭和43年、「さいもん」）

と記録している。これらの記事により、前代の山村における俗謡享受の事情、すなわち、季節を定めてやってくる漂泊の芸能者から多くのことを学んでいた様子がうかがえる。こうしたものが養分となり、「やまとことば」（「男女問答」）を育てていったと推測することは十分可能であろう。

実際、祭文の詞章との類似は、前章で示した「中西はなの伝えた口上」の中にも見ることができる。例えば「高き御君さまの衣裳をたとえておきますれば……」と始まる物尽くしによる描写は、祭文に由来する「盆踊」の「口説歌」、一例を示せば、津野町芳生野郷に残る「お住、亀三郎」の一節、

いざや今宵は忍ばんと　しのぶ装束はなやかに　下に着るのが白無垢の　合いに着るのが緋の模様　上に着るの

が緋縮緬　帯は紋茶の三重廻し　三重に廻したその末は　かるた結びに結びとめ　羽織は当世長羽織　父の譲りの信国を　羽織の下に落とし差し　落とし差しとは忍び差し　足袋は雲斎梯子ざし　雪駄鼻緒は吉野紙……

（小著『土佐の盆踊りと盆踊り歌』）

に見られる類型表現と一致する。また逆に、「盆踊口説歌」の中には「やまとことば」を取り込んでいる詞章も見えるのである。例えば、四万十町松葉川日野地に残る「小栗判官」には、「細谷川の丸木橋」などを用いた次の様な表現がある。

そこで姫様申するに　書いた文なら読ませんか　細谷川の丸木橋　この読みかえをなんと読む　丸木橋よの事なれば　はよう文返せとこれを読む　天に星夜と書いてある　この読みかえはなんと読む　天に星夜の事なれば小栗が照手とこれを読む　それで姫様腹を立て……　（小著『土佐の盆踊りと盆踊り歌』）

文中に出てくる照手姫は、衣通小町（衣通姫）と並んで、美人の形容として「男女問答」（「桑名正仁の伝承」）にも登場する美女の代表でもあった。

以上の検証事例により、土佐の近世における「やまとことば」や「男女問答」の成り立ちについて、口承および文献の両面による一定の生成状況の理解は可能であろう。

五　婚姻儀礼における道塞ぎ

歌垣的伝承と繋がると考えられる行事としては、さらに婚姻儀礼における道塞ぎの民俗の存在も指摘しておかなければならない。嫁入り・婿入りなどの際、わざわざ道に木や竹・石などで「境界」を作り、道を塞ぐ行為である。既に柳田国男・大間知篤三編『婚姻習俗語彙』（二一一、婿いぢめ）の「ミチツクリ」「ナハハリ」など一連の項に、各地の事例報告があり、「村の若者が娘を惜しむ意を表するもの」（ミチツクリ）などと解説されている。

しかしこれについては、永池健二が「ウタとトナエゴト—境界の言語表現」（『日本歌謡体系（上巻）　歌謡とは何か』、『逸脱の唱声　歌謡の精神史』所収）において示した通せんぼの諸事例（通りゃんせの遊び、道祖神の通せんぼなど）や、中国少数民族の「攔路歌」（道塞ぎの歌）、「攔門歌」（門を遮る歌）等の習俗との共通性を重視すべきであろう。中国の客迎えや婚姻儀礼における「対歌」の事例については、曹咏梅による論考「中国少数民族の通せんぼの習俗と対歌」（『国学院雑誌』通巻一二三一号）も参考になる。日本の婚姻儀礼における道塞ぎの習俗には、永池が重視する「境界を挟んだ歌の応酬」や「タマ」に働きかけるウタ—などの明確な報告事例はないが、本来は、中国少数民族の歌掛け文化などとも同根のものであったに違いないと考えている。

『寺川郷談』等に見る道塞ぎの民俗

土佐における事例を示せば、藩の「山廻り役」春木次郎八繁則による『寺川郷談』（寛延四年〈一七五一〉、一年間の本川郷寺川における駐在記録）に、江戸中期の様子を伺わせる記事が見られる。（適宜、句読点・濁点等を補う）

扨事済みむこ帰る時ハ、又右の若者共、大難所の廻り道もならぬ所へ、竹のふしをぬき小石・砂を入れ、二重三重に竹垣をして結ふさぎ置、此処へむこきかゝりけれハ、聟脇指をぬき、垣を切破り通ル也。此時彼はやして山上に数ゝ遠見し、「見事切れて〳〵光るハ〳〵、はづミがよいぞ」と云も有り、「包丁でハなひか錆が見えるぞ、めろべがきたら研いでもらへ」と云も有り。切レばほめ、切ざれバ悪口してどっと笑けり。此垣を脇から外の者切破る事ならず。あら道明ケとて聟がひとり切破る也。竹のふしをぬき石砂を入置けれバ脇指をいためける。弥しきたハむれ也。津野山郷ニも垣をしてか様の事ありと。

聟入り儀礼の帰りの道中の事であるが、厳重な竹垣で道を塞ぎ、それを無理に聟に取り除かせ、若者どもは山上から遠見し、ほめ言葉や悪口で囃し立てたとある。歌の応酬ではないものの、垣の作られた山の「大難所」は「境界領域」に相違なく、歌掛け的行事の変形したものと認めても良いであろう。

時代は下っても、県下の山村各地の郷土史誌は多くの道塞ぎの習俗を記録している。もちろん「柴折薬師」の大豊町にも、嫁を迎えて婚家へ向かう道中、「村の所々に若い衆が垣を造って、簡単には通れないようにし」「仲人は鎌を持っていて垣を取り除いて行った」(『大豊町史』近現代編、「結婚」)とする事例がある。前掲坂本正夫の『土佐の習俗　婚姻と子育て』(「第三章、婚姻儀礼　二、関つくりと水あびせ」)は、これらの諸事例をまとめて次の様に紹介している。

明治時代の末から大正時代、一部地域では昭和前期まで花嫁行列の通路に若い衆たちが焚き火をして待ち、大きな石や材木などを置いたりして通行を邪魔して見物し酒などを強要することが各地に見られたが、これをセキ(関・堰)、セキツクリ、カキ(垣)、カキツクリ、ゼニマキ(銭撒き)、サケツリ(酒釣り)などと呼んでいた。そのため花嫁行列にはオタルモチ(お樽持ち)、オタルニナイ(お樽担い)などと呼ばれる人足が何人も同行する所もあった。(中略)

物部川上流の香美郡物部村や香北町、あるいは高岡郡檮原町などでは、通行を邪魔する者たちにお金を与えるゼニマキが行われていた。たとえば物部村小浜・根木屋では道中に火を焚いて待ち、行列が通過するのを妨害するが、仲人や婿親が銭をばら撒き見物人がそれを拾っているあいだに通過していた。太平洋戦争前までの同村五王堂では、仲人が「嫁をみよ、嫁を見よ」といいながら道端の見物人にゼニマキをしていたが、魔物がいる四辻では必ずゼニマキをしなければならないといわれていた。

郷土史誌には、各地とも「嫁を見よー、嫁を見よー」「嫁ぞー、嫁ぞー」「ムコー見よー」などと、大声で見物をうながす囃し声が印象的に記されている。しかし、それ以外の歌謡あるいは問答的要素は見られない。坂本は、サケツリ・ゼニマキと称し、酒や銭の振舞が盛大に行われたことを紹介しているが、垣による妨害に対する通行料、すなわち応答に当たるものが酒や銭であり、境界を越えるための方便が、歌や言葉による応酬から物（酒・銭）の振舞に代わったと考えることができる。とすれば、歌の衰退の背後にある価値観の変容は大きい。

このほか「魔物がいる四辻」での銭撒きや「橋を落として通行を邪魔」（幡多郡十和村）、「多部落へ嫁に行く場合にだけカキツクリをしていた」（幡多郡西土佐村）などという伝承もあり、かつて存在した強い「境界」に対する意識も注目される。

六　文献（『巷謡編』）に遺る歌掛け伝承、「山歌」と「花取踊」

前項まで、柴折薬師の「男女問答」を契機として、土佐の歌垣的機会について、民俗における事例・資料を基に検証を重ね、その実態究明に努めてきた。結果として、それらの近世から近代における展開とその諸相については、概ね明らかになってきたものと思う。ここで本章の結びにあたり、前に予告しておいた中世以前の事情を伝えている可能性が高い土佐の歌掛け伝承「山歌」と、それと同一基盤に成る「踊歌」「花取踊」について、文献資料の中から見出し、周辺の諸資料に拠り検証して行きたい。

土佐の「山歌」に遺る歌掛け

かつて臼田甚五郎（一九一五〜二〇〇六）は、「歌垣の行方—民謡研究の一問題として—」（『国学院雑誌』昭和33年1月、著作集・第三巻所収）の中で、水戸彰考館小山田文庫蔵「甲斐都留郡川口社上山三月三日宴風俗歌」を取り上げ、「衣を木にかけてその下にて宴し遊ぶ」山遊びの歌謡（十首）について、「唱和形式の古風な歌謡を伝来したことは珍重するに足る」と高く評価した。これはその後、永池健二も「木に衣を掛ける—続・一つ松考序説」（『民俗文化』第7号、『逸脱の唱声　歌謡の精神史』所収）の中で巻頭の三首を示し、「この三首を見ただけでも、河口湖の三月三日の山遊びが、古代の歌垣にも通じるような、至って古風な若い男女の恋の遊びの場であったことがわかる」と位置づけたものである。

巻頭の三首を例示すれば、次のような歌詞である。（臼田の翻刻より転記する）

　鳥ならは　巣をもかけやうもの　いぬゐの隅の　榎木に
　ヨイ〳〵榎木には　蔦がからまる　我には若衆が　からまる
　こそ迄は　ちこと呼れて　ことしは姉御の　草かり
　ヨイ〳〵かる草は　篭にたまらす　泪をほろりと　落した
　伊勢麻笥　信濃韓蒸　績すとたまれ　からむし
　ヨイ〳〵七ツ麻は　女郎の肌つき　八ツ麻は殿子の　上下

これらの歌謡の中に見られる中心的な音数律は、二・三句目に若干の異同はあるが、概ね「5・7、7・4」という独特な詞型に集約される（掛け声は除く）。これと全く同一の律調になり、しかも同様に掛け合い形式も推測できるものが、土佐にも「山歌」として記録されていた。

因みに「山歌」という名称については、柳田国男が『民謡覚書』「山歌のことなど」の中で、東北地方の「山唄」「十五七節」を取り上げ、「これも一つのかがい歌であったかと思う」と述べているものである。

山唄はすなわち山に草採り茸採りに行く者の歌と、今では簡単に解せられているようだが、私の想像では、これも一つのかがい歌であったかと思う。蔬菜を今日のごとく畠で栽培しなかった時代には、春は雪の融ける日を待ちかねて、山へ青物を採りに行くのが習いであったが、この仕事ばかりには、きまってどこの村でも若い男女をやることにしていた。（中略）従うてそれがたとえ定まった習慣でなかったにしても、事実においては若い者が互いの心を見、未婚者の身を固める好機会となっていたことはまず疑いない。

かつて「山唄」（山歌）は、早春、未婚の男女による山行きの際の歌であり、「身を固める好機会」「一つのかがい歌」であったと推量している。（柳田が示した山歌「十五七節」の詞章の例示は割愛する）

それでは、ここで検証すべき土佐の「山歌」とはどのようなものか。鹿持雅澄（一七九一～一八五八）が『巷謡編』に【高岡郡仁井田郷窪川村山歌】として収録した二十一首である。（「岩波、新日本古典文学大系　62巻」より転記する。行論の都合により、一部校訂本文とする）

恋しくは　尋ねござれよ　信田が杜の　葛の葉　(1)
恋しくて　尋ね来たもの　逢はしてたまれ　葛の葉　(2)
木も茅も　よせも卯柘も　たゞ中頃は　お愛しい　(3)
おとゝしの　盆の夜さに　いとこに袖を　引れた　(4)
夫や御前　いとこでもまた　袖引たびに　お愛しい　(5)
この苗を　まいた夜さは　善悪二人　寝たげな　(6)

さて御前　寝たりやこそやれ　無理やりいふて　わかれた（7）
窪川の　さけのお前に　流るゝ水は　よい酒（8）
よい酒に　菊をちらして　おもふの酌で　飲まいで（9）
実《げ》にこゝは　晴れの海辺よ　さがれや絹の　下妻（褄）（10）
下妻（褄）に　石をつゝんで　石より堅い　約束（11）
約束は　固かつたれど　迂論なやとで　違ふた（12）
あの山は　親のたて山　見上げてみれば　なつかしや（13）
梅七つ　枇杷の房折り　こりよ廿一に　ことづけふ（14）
追ひつけや　あとの小遍路　仁井田の五社に　待ちよろふ（15）
もし自然　それが違ふたりや　足摺山で　待ちよろふ（16）
今一目　見うとしたれば　早山端を　行き越す（17）
ありや見よ　川の瀬を見よ　早瀬にもくは　とまらぬ（18）
友達は　うつげ卯の花　咲たるのちは　ちり〴〵（19）
日も暮れる　歌も満てる　扨添ひ退くや　友達（20）
引け引木　まはれ小茶臼　ばんばとおろせ　小茶臼（21）

句切れが概ね「5・7、7・4」となっていることは見ての通りである。

歌詞について雅澄は、「或人ノ書付タルヲ写シヌ」「山民常ニウタフ歌ナリ」と注記するのみで、その他一切の説明はない。個々の歌詞は、土佐では田植歌や田の草取り歌としても歌われていたものであるので、一応は、さまざまな山仕事の際の歌、「山民」の日常の歌として理解はできる。しかし、前述の「社上山風俗歌」の事例と照らし合わせてみると、恋の山遊びの歌として、本来の首尾一貫した連作構成が浮かび上がってくる。

その概要を、対応する歌詞を抜き出して示せば、次のようになる。

冒頭（1）（2）は、恋の誘い歌「恋しくは　尋ねござれよ……」と、それに対する応答歌「恋しくて　尋ね来たもの……」で始まり、継いで（4）「……いとこに袖を引かれた」、（5）「……いとこでもまた、袖引くたびにお愛しい」と、言葉も対応した恋の応酬歌が続く。さらに（6）（7）は「寝た」「寝たり」でつながり、（8）（9）は「良い酒」で連鎖が継続する。

中心に位置する（10）は、「実《げ》にこゝは　晴れの海辺よ　さがれや絹の　下妻（褄）」と、衣を掛けて行う海辺での歌垣的行事、「磯遊びを」思わせる歌詞となっている。「判じ物」でも示した「下妻（褄）に　石をつゝんで　石より堅い　約束」（11）は、「下褄」の連鎖でこれと対になる。さらに（12）は、（11）と「約束」で対となり、この（10）（11）（12）の三連は、それぞれの末句を引き取る形での掛け合いとなる。二句、間をおいて、（15）（16）は「待ちよろふ」で、（17）（18）は「見う」「見よ」で重なる。なお間の、（13）の「あの山は　親のたて山　見上げてみればなつかしや」も、歌の場を暗示するものであり、（14）の「梅七つ　枇杷の房折り　こりよ廿一に　ことづけふ」は、前に見た「さとり草」「判じ物」の行為をそのまま歌った歌詞になっている。

そして最後は、（19）「友達は　……咲きたるのちは　ちり〴〵」、（20）「日も暮れる　歌も満てる　扨添い退くや友達」と、「歌による恋の遊び」の終了を告げる歌となる（「満てる」は土佐方言で「尽きる」の意）。「添い退く」とあるのは、恋の首尾・成果を暗示して印象的である。（21）「引け引木　……」は解散・退場を促す挨拶の歌で、全体の締め括りの歌となる。なお（21）を「退場」の歌としたのは、これが土佐の「花取踊」の中で、「入りは」（入場）に対する「引きは」、場を引く退場の挨拶の役歌として歌われているからである。（「花取踊」との繋がりについては項を改めて説明する）

山遊び（磯遊び）の儀礼歌としての可能性

歌自体の解釈・理解については、「岩波、新日本古典文学大系　62巻」所収『巷謡編』の私の注釈の参照を願うとして、ここでは先ず、歌の場の性格ともかかわる「磯遊び」（山遊び）についての資料を補足し、考察を深めて行きたい。柳田国男編『歳時習俗語彙』（「三十七　雛遊び」の項）は、近代における各地の関連語彙を収集し、次のように説明している。（直接、土佐の報告は見えないが、関連する参考資料として要点を抜き出して見る）

イソアソビ　三月三日の日を海ばたに出て暮す風習は、日本の南北に行渡つて居る。沖縄の國頭地方などは、三月三日は家に居て仕事をしてはならぬと謂ひ、必ず濱へ出て遊び且つ海の産物をたべなければならぬ。（中略）薩摩の甑島から對馬にかけて、九州外側の沿海では、一帯に是を磯遊びと謂ひ、三月三日の主要なる行事として、大がかりな飲食を用意する。

サングワツカウ　長崎附近の村落では、三月三日の磯遊び山遊びを、又三月講とも謂つて居る。以前は此夜も少年少女が數人づゝ集まつて、飲食する風習があつたといふから、講といふ名はそれから出たものであらう。

コイヤバ　伊豫北宇和地方の三月三日の行事。村の附近の山の頂上、又は中腹の眺望よき處に集まつて食事をして遊ぶ。是に携はるは主として兒童で、其場には「三月三日千度戦萬度勝也」など、書いた旗を立てる。

ヤマイソアソビ　肥前上五島の山磯遊びといふのが三月三日の行事である。重箱に色々の食物を詰めて、山や磯に出て酒宴をするのである。（中略）春さき野山に出て楽しむことは、多くの土地では日まで定まって居て、単なる一つの流行でなかったことは明らかだが、たゞ其日が必ずしも三月節供の日ではないのである。たとへば安藝の三津町では三月二十一日が山あがり、（中略）陸中釜石地方の山遊びは四月八日、こゝでは南伊豫のコイヤバと似た陣場遊びがある。（中略）鹿角地方では四月一日を、花見とも又東山を拝むと謂つて、老少男女打連れて附近の山に登って一日遊び暮すことになつて居る。野がけ・野遊び・ノンキ等、土地毎に名もかはり日も亦自由になつても、必ず春の一日を外に過すといふ、約束だけは古くからのものと認められる。

近代に遺存した春の海辺・山野での飲食行事の一端である。これらにより、春の三月三日以降、四月八日頃まで、かつて各地で、当然・必要の行為として海山で遊ぶことが行われていたことが見えてくる。その元に本事例のような男女による歌の掛け合い行事を想定することは、時代の隔たりはあっても、決して無理なことではないであろう。また、「ヤマイソアソビ・山磯遊び」という語も、山遊び・磯遊びが一体・一連のものであったことを教えてくれるものとして挙げてみた。

検証すべき本題の当該資料は【仁井田郷窪川村山歌】とある通り、内陸の「郷分」のものであって、海辺の「浦分」のものではない。しかし海岸とは直線距離で数km、十kmとは離れていない地域である。それにしても「山歌」として「晴れの海辺」（10）が歌われていた事情はなお判然としない。が、逆にこの歌の資料が、山遊び・磯遊びの共通一体の実態を考える手掛かりになって来るのかもしれない。かつて「山上」と「磯辺」は、垂直・水平的に他界に最も近接する境界領域として、共に機能していたのである。

柳田国男は前掲各地の資料も念頭に、「山歌のことなど」（『民謡覚書』所収）の中では、「花見」も視野に入れ次のように言っている。

中部以西の田舎では、春の山行きは躑躅や藤の花の盛りの頃を見かけて、日はきまらぬものも多いが処によると三月三日、もしくはその何日かの後に、花見とも花散らしともいって、必ず酒食を携えて山へ遊びに行く風がある。九州一帯の海岸の村々でも、これを磯遊びまたは磯行きともいって、三月節供の日などに、海端へ出て遊び暮すことになっている。（中略）もちろん現在の多くの山行き・磯遊びは、すでに配偶者のある者も、老人も子供も皆携わっているが、自分などの幼い頃の記憶では、歌と酒とがいつでも中心であって、何かは知らずひどく心のときめく日であったように感じている。また寒国では花が遅いから、日は必ずしも三月三日と限っておらぬが、気を付けて見ると花見の二度ある処が多いようである。この二度の花見というのが、事によると一つは子供や年長者のただ遊びに出るためのもので一種の記念日、他の一つが年頃の男女の、縁を定めるための式の日ではなかったかとも思われる。とにかくに非常に悠遠な昔の世からの、習わしであったように私などは見ているのである。

ここでは、「山行き」と「磯行き」を一連のものとして扱い、自身の幼い日の記憶も交え、「歌と酒」とが中心の「ひどく心のときめく日」であったことを述べている。また、春のこの日に二種の「花見」があり、その一つは「年頃の男女の、縁を定めるための式の日ではなかったか」―と考察している。そうして見ると、男女による掛け合い歌は、そうした式のための「儀礼歌」と考える可能性が出てくる。

そこで肝心なのは本題・当該の資料の時代性である。前出の臼田「歌垣の行方」は、前掲の「社上山風俗歌」と、併せて竹柏園蔵「鎌倉麦挿唄」の歌詞を詳細に検証。「5・876・876・4」という複式の形式を見出し、これらを「大体中世には遡り得よう」「中世を旅して、郷邑に定着したもののやうである」と結論付けている。

「鎌倉麦挿唄」の詞章を一例だけ挙げる。

鎌倉に　おながないとて　猿がよもぎを　つくとさ

猿三疋　手杵が三本　とれも純子（緞子カ）の　前垂

「鎌倉麥挿唄」は、藤田徳太郎『日本民謡論』（昭和15年）が初めて紹介した資料であるが、藤田もこれの古い箇所については「室町期の小歌に類似した形態・表現を持つ」「此の古雅な民謡は、室町期、或は註者のいふ如くそれ以前にまで溯られるものであるかもしれない」（原本には一部、鎌倉期の事象とする註記あり）と位置付けている。

私は、それらの歌詞の律調の基本は、本資料（【高岡郡仁井田郷窪川村山歌】）を重ね合わせて見る時、「5・7、7・4」という詩形に集約して考えるべき、と見ている。その中でも特に注目するのは、末句（結句）を四音表記となる語で結ぶことである。室町期の流行歌謡、「小歌」を集めた『閑吟集』『宗安小歌集』「隆達節歌謡」には、「5・7、7・4」或いはそれに近い形は、ごくわずかではあるが見出すことができる。また、四音で結ぶという特徴的な詩形は、いくつか指摘することができる。典型的な例を『閑吟集』（永正十五年〈一五一八〉成）から示す。

あぢきなと　迷ふものかな　しどろもどろの　細道　（298番歌）

（注、「あぢきな」は「愚かしくも・情けなくも」、「細道」は「恋の通い路」の意）

そうして見ると、中世・室町期、或いはそれ以前の地方歌謡（民俗歌謡）の有力な一詩形として、この五音で始まり四音で結ぶ「5・7、7・4」の律調を中心とした四句形式があった可能性は高いと思う。またそれは、新しい都市歌謡、自由な「室町小歌」流行の先駆けとして位置付けることも可能ではないかと考えている。もしかしたらそれは、近世、三味線歌謡の流行により、民間の歌謡の姿を一変させた「7・7、7・5」調（近世小唄調）の四句形式以前を示す、民謡の重要な形式となり得るかもしれない。これまで検討してきた資料は、いずれも片々たるものではあるが、その考えを進める有力な手掛かりとなる。

私は以前、「岩波、新日本古典文学大系62」『巷謡編』で【高岡郡仁井田郷窪川村山歌】の校注を担当した時には、その先に古代の「歌垣」を想定するまでの確信は持てずにいた。しかしここまで考察を進めてきて、その形式・内容とも、これが中世における山遊び・磯遊びの儀礼歌、すなわち歌垣的行事を伝えた伝承歌「山歌」であることは間違いないものと考えている。（これを記録した鹿持雅澄は「山民常ニウタフ歌ナリ」としているので、近世末期においては、その伝承が途絶えてしまっていた可能性が高いが）

「山歌」と「花取踊」の共通性

これら「山歌」と同一の成立基盤を持つと考えられる踊として「花取踊」の存在がある。「花取踊」は、各地に展開する土佐を代表する「風流踊」であるが、これまで検証してきた【高岡郡仁井田郷窪川村山歌】とは多くの歌詞を共有している。その成立と展開・流伝などについての詳しい考証は、この後の章（第三章、第四章）で述べるとして、ここには前掲の「山歌」の資料と同じ『巷謡編』の中から「踊歌」の一例を示し、共通性を明らかにし、歌詞の時代性を確定しておきたい。

【高岡郡半山郷姫野村三島大明神祭花鳥歌】（適宜漢字を当てる）

こゝ開けよ（よう）山のとりけぞ　開けずは（ほん）登り　はね越えて　(1)
はね越えて　見ればよも着ず　こち寄れ（ほん）絹の　褄着せう　(2)
着そめぬ　絹の褄より　着そめた地白が　百ましよ　(3)

冒頭部の「入りは」（登場の踊）の歌である。誤伝と見られる変容が著しいため、私解による校訂本文とした。カッコに入れたのは掛け声とみなした部分である。また、傍線部は誤脱と見て補った。こうした操作が正しいことは、第四章で示す長崎県（大村市及び有川町）の伝承資料からも見えてくる。

全体に恋の忍びの情景、男からの好意の問いかけに女が答え、はねつけるという内容であることは間違いないであろう。掛け合い歌の伝承を伝えているものと認めることができる。詩形は、私見により復元した箇所もあるが、概ね前述の基本の形式「5・7、7・4」に納まっていると見なしてよいであろう。

次いで、演目名は省き、「踊歌」を記載の順序に従って列挙して行く。（歌は各演目に一首宛てになっている。最後は退場の「引きは」の踊歌である）

花取りは　七日精進よ　七夜の注連を　八夜引く　(4)
とのさまの　召したる甲に　咲いたる花は　何花や　(5)
おれどもが　初の花取り　悪くと良いと　おしよあれ　(6)
恋しくは　渡れ番匠　暗くばとぼせ　鉋屑　(7)
打太刀の　袖がやぶれて　御方になにと　言はうぞ　(8)
ありよ見よや　川の瀬を見よ　早瀬にもくが　とまるか　(9)
あの山に　思ひ花さく　恋する殿に　見せまい　(10)
松風は　おろす夜もそろ　おろさで明かす　夜もそろ　(11)
こい〳〵と　招きよせて　野原に抱いて　お寝るか　(12)
真実に　おもへ兄弟　種こそ変はれ　弟兄よ　(13)
十五夜の　月は窓から　忍びの殿は　裏から　(14)
十三で　鉄漿をまゐれや　十五になれば　よびそろ　(15)

花さいて　なれや山椒　お寺の門の　にほい木　(16)

(よう)ひけ挽き木　まはれ小茶臼　ばんばとおろせ　こばの茶　(17)

本資料を記録した鹿持雅澄は、末尾に「右ハ文化十二年乙亥九月十九日、祭式ヲ見物ニ行テ、親ク踊子ニ詞ヲ問聞テ書付来レルナリ。」と述べ、採集時点・事情を明らかにしている。「花取踊」の記録としては、近世後期に下るこの資料が最も古いものとなる。

歌詞は全体に、【仁井田郷窪川村山歌】と同一の律調、「5・7、7・4」という四句形式になっていることが確認できる。また特徴的な四音結びも通して認められる。歌詞自体も(9)(17)は重なっている。(他の地区に伝承される「花取踊歌」には、さらなる「山歌」との重なりを見出すことができる)

これらにより、前の「入りは」歌の特徴も合わせて、「花取踊」の「踊歌」本来の時代性は、まずは中世初期、またそれ以前の事情を伝えるものとして間違いないであろう。

ここに、古代の「歌垣」を受け継ぐ歌掛け伝承の歌が、中世に遡る「風流踊」の「踊歌」として取り込まれ、生きている姿を確認することができる。特に歌詞の内容から見ると、(15)の「十三で　……」はその時代を見る上で興味深い。女子十三歳の鉄漿つけ祝いと、十五歳の婿招きの儀礼を歌っている。葉山村杉ノ川(現津野町)の伝承歌では「十三で　鉄漿をまいれや　十五になりて　殿をよぶ」と歌っており、その意味は一層明瞭となる。近世以降のヨメイリに先行する、至って古風な儀礼・習俗をここに認めても良いであろう。(なお次章・第三章では、各踊歌の内容に踏み込んで、「花取踊」成立の基盤について考察を深めたい)

「歌垣」「踏歌」の伝流に見る「踊」の淵源

さらに、ここで考えておきたいことは、「踊」そのものの淵源である。通常、こうした「風流踊」成立の源流にあるものは、念仏の詠唱による「念仏踊」と考えられてきた。「花取踊」においても、序章でもふれた通り、その基底にある「念仏踊」の存在は外すことはできない。しかし、ここでさらに考えを繋ぎ、「歌垣」から「踏歌」（中国伝来の、足を踏み拍子をとって歌い踊る集団歌舞）へと続く伝流に思いを致したい。

「歌垣」は早く天平六年〈七三四〉二月、宝亀元年〈七七〇〉三月と、渡来系氏族の関与による「踏歌」の影響を受け、宮廷風流化していったことは記録（『続日本紀』）から窺える。またその後の「男踏歌」「女踏歌」、社寺儀礼「踏歌」への展開については、臼田甚五郎の論考（「日本に於ける踏歌の展開」『國學院雑誌』昭和15年4月、著作集・第二巻所収）等からも一定の理解はできる。しかし全く不明のまま置かれているのが、地方の民間における変容の次第である。ここに中世からさらに遡る「踊」の源流・母胎の一つを見定めることができるのではないか、「花取踊」はその有力な手掛かりになるのではないか—というのが私の想定である。

しかしながら、民俗における「歌垣」への道はまだまだ遠い。柳田国男も言う通り「とにかくに非常に悠遠な昔の世」（前掲『民謡覚書』）である。今後とも急ぐことなく、着実に間を詰めていく努力が求められる。次章（第三章）に考察を繋げたい。

第三章　「花取踊」とは何か

―その生成と展開、本質を探る―

一　はじめに

「花取踊」については、本書冒頭からこれまでも折にふれて取り上げてきた。土佐の民俗の歴史において、現代に遺る最も重要な「歌と踊」であり、土佐のみならず全国的にも「風流踊」の筆頭と認めているからである。序文として扱った踊歌の一節をはじめとして、序章に見た夏目漱石『坊ちゃん』の「土佐っぽの馬鹿踊」（太刀踊）はその分身、変容を遂げた末のものであった。また、明治維新の廃仏運動の影響を一身に引き受けたのもこの「花取踊」であった。

とりわけ、前章（第二章）の結びの五においては、はるか古代の「歌垣」と繋がる歌掛け伝承、「山歌」との重なりをその歌詞に見出した。またその時代性については、詩形の律調および内容から、中世あるいはそれ以前に通じる重要な資料となることを確認した。

「花取踊」は、古代の習俗「歌垣」、それを受け継ぐ「山遊び・磯遊び」、男女の歌掛けの民俗とも深く繋がり、最も古態を伝える「風流踊」となることが見えてきたのである。

ここからは、歌詞の内容面による時代性とそれぞれの事象の持つ意味を考え、その始原など、さらに深く生成の事情に迫って行きたい。また展開の様相をも明らかにし、それらも合わせて「花取踊」の歴史的実態と特質とを解明することができればと願っている。

「花取踊」は、量的にも土佐を代表する「風流踊」である。かつてはそれが存在しない村は無かったとまで言える存在である、その一方、同類の芸能は四国では土佐と地縁のある地域に集中して伝存している。そうした現在の実態・態様から見る限り、管見では、かつて土佐を一つの中心として展開し、かつその歴史は「風流踊」の中でも最も古く、これを逸しては「風流踊」の歴史は記し得ない存在と考えることができる。本章では、その類い稀な存在の意義をさらに具体的に示すことができればと思う。

二　「花取踊」の基本的な態様

「花取踊」の基本歌と芸態の概要

「花取踊」の検討・検証をするに当たり、先ずそれを構成する基本的な歌と態様の概要を、文献及び現行の伝承の両面から提示しておく。文献としては、最も古い記録となる鹿持雅澄『巷謡編』【高岡郡半山郷姫野村三島大明神祭花鳥歌】（前章の結びに掲出したもの）を、そのまま資料として用いる。口承歌としての同類の伝承は、土佐西部の山間を中心として県下各地に広く及んでいる。

各演目は「念仏（南無阿弥陀仏）」の詠唱を以って始まる。鹿持雅澄（一七九一～一八五八）は「ソノウタフ歌、マヅ地歌ト云テ念仏ヲ三反バカリ歌ヒテ、次ニ歌ヲウタフコトイヅレモ同ジサマナリ」と記している。その基底に、宗教的な「踊念仏」を受け継ぐ「念仏踊」の存在をうかがわせる。この伝承は現在でも概ねその通り行われ「ヨー、ナムオミド、オンヨー、ナムオミド」などと、各演目の踊歌の前後に繰り返し念仏を歌う。これに伴い「地足」と呼び左右の足を踏み替え、交差するなど、ゆるやかなテンポの中で全体の体形を整える。いわば序および締めの踊の役割を果たしている部分である。

演目は、『巷謡編』の例を示せば、「入りは・えつり・とんぼう・脇払ひ・一つ切り・二つ切り・切り分き・後ろ突き・振り・招き・太刀振り・柄出し・一つ膝・車太刀・引きは」などと、多数の所作の組み合わせからなっている。これらの所作は、長刀および長刀式の大太刀、小太刀、鎌などを採り物とし、いずれも演者は対になって踊る。

踊歌として必須なものは、その名称と関わる「花取り」の仕事を歌っている歌詞である。前掲（第二章・六の末尾）の資料には次のようにあった。

花取りは　七日精進よ　七夜の注連を　八夜引く　(4)
おれどもが　初の花取り　悪くと良いと　おしよあれ　(6)

厳重な精進を要し、その首尾も問われる特別な作業であったことが分かる。

それでは、具体的に何の「花」取りを対象としたものか。各地伝承歌では例外なく、花の名称は「つつじ」と歌っている。

あの山の　さんくみ山の　つつじの枝が　ふた枝
ひと枝は　釈迦の土産　またひと枝が　身のため　（室戸市椎名「太刀踊」）

なお、右の資料名に見る「太刀踊」の名称は、「花取踊」の採り物が刀（脇差）に変化したものであるが、歌詞においてはその多くを「花取踊」と共有している。

前掲『巷謡編』の資料では「あの山に　思ひ花さく」(10)とあり、花の名称までは歌っていない。が、山の花とする表現は同じである。

踊歌においてもう一つ重要な役割を果たしているのが、性愛に関わる歌である。前述の資料では、

十五夜の　月は窓から　忍びの殿は　裏から　(14)

とあった類いである。この種で共通性の高い歌詞を伝承歌から一例挙げておく。

十五夜の　月は窓から　忍びの殿は　背戸から

紅梅は　濡れて色よい　御方（おかた）は濡れて　肌よい

紅は　濡れて色増す　御方は殿御を　寝て待つ　（以上、日高村沖名「花採太刀踊」）

最後の歌詞の「紅（くれない）」は、花採りの花＝ツツジの「色」を歌ったものと認められる。また結句の「寝て待つ」は、前半の「色増す」と対応して「寝て増す」とあるのが本来の形である。（この歌詞の詳しい本意については、本書冒頭の「序のことばに代えて」及び第五章・四に掲出した資料の参照を乞う）

次いで装束であるが、主役である大太刀役は、頭には山鳥の長い尾羽などを用いた「カシラ」（冠り物）を着ける。『巷謡編』に見る「花鳥歌」という名称は、特徴的なこの鳥毛の冠り物を受けたものと認められる。衣装は、紅色（赤色）を中心とした化粧襦袢に裁着け袴など。背中には「タクリ」と呼ぶ五色の布飾りを負い、足首まで長く垂らす。総じて異形かつ非常に華美な仕立てであり、正に「風流」と呼ぶに相応しい。

手に持つ採り物は、前述の通り、役に応じて長刀、長刀式の大太刀、小太刀、鎌、紙四手（シデ）を付けた竹棒などを用いる。特徴は通常「太刀」と呼んでいる用具の形態にある。小太刀も含めて、刀身より柄（手で握る部分）の方が長い「薙刀・長刀」の仕様になっている。室町時代に登場し戦国時代に大いに用いられたという「長巻」に近い

「花取踊」の態様

音頭（２人）は、鳥毛の「カシラ」を被り、締め太鼓を打つ。

津野町葉山（三島神社）の踊子

大太刀（左）と小太刀は対（ペア）になって踊るのが特徴。背には「タクリ」を長く垂らす。

採り物のいろいろ

薙刀と刀（佐川町斗賀野）

大太刀・鎌・小太刀（津野町葉山）

大太刀・小太刀・鎌
（黒潮町入野浜の宮）

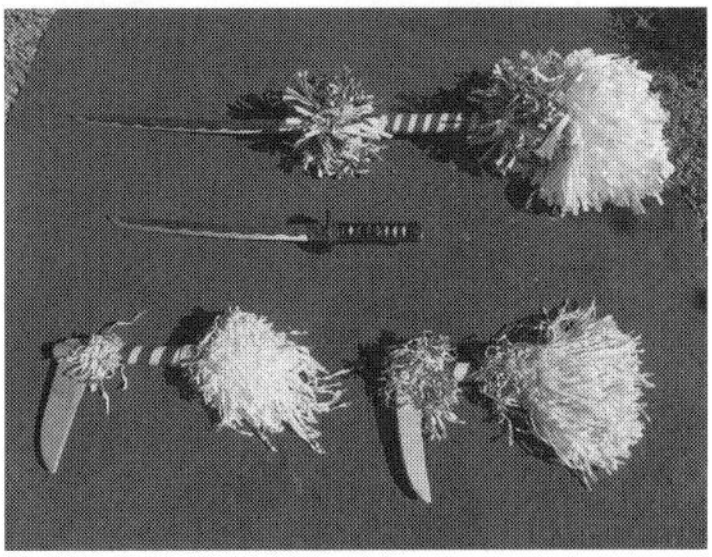

大太刀・小太刀・鎌
（津野町船戸）

「花取踊」の体形

基本的に円形（①②）と列（③④）とがある。大太刀（薙刀・長刀様）と小太刀（刀）が相対して踊る様はいずれも同様。（写真は、前頁とも令和元年・同2年撮影）

①津野町葉山（春日神社）

②津野町船戸（河内五社神社）

③佐川町斗賀野（白倉神社）

④黒潮町入野浜の宮（賀茂神社）

形も多い。これらの諸道具にもそれぞれ色紙のシデ（総飾り）を着けて飾り立てている。ただし、「花取踊」から変化した「太刀踊」においては、通常の日本刀仕様の「脇差」のみに変わり、華美な装飾等は用いない。合わせて服装も鉢巻・袴姿になる。

踊りの体形には列をなすもの、円形をなすものと両様あるが、肝心なことは、二人が常に向き合い対になって踊る形が基本となる点にある。採り物も大太刀と小太刀、太刀と鎌、太刀と竹棒（シデ）など、対照的になっている。（以上の形態は概ね、第六章で検証する中踊・側踊を基本とする「なもで踊・こおどり」に先行するものと見てよいであろう）

踊りは「入りは」（登場の踊り）に始まり、「引きは」（退場の踊り）に終わる。「入りは」「引きは」の歌詞は前章（第二章）の末尾に掲出したが、校訂した形で例示すると次のようになる。なお、踊歌として歌掛け伝承（男女の掛け合い）の形態を最も明確に反映、保存しているのはこの「入りは」歌の部分である。

「入りは」歌

ここ開けよ　山のとりけぞ　開けずは登り　はね越えて　（1）

はね越えて　見ればよも着ず　こち寄れ絹の　褄着せう　（2）

着そめぬ　絹の褄より　着そめた地白が　百ましよ　（3）

（一首目の「山のとりけぞ」は訛伝のため意味不通であるが、「とりけぞ」は、伝承歌では「おりきど（折木戸）」としている事例もある）

「引きは」歌

引け挽き木　回れ小茶臼　ばんばとおろせ　こばの茶　（17）

「入りは」「引きは」はそれぞれ入・退場の挨拶の演目である。歌詞の通り「ここ開けよ……」で踊場の注連縄を切って入場し、踊を展開。「引け挽き木……」ですべての演目を終了し、踊を引き退場するという形式になる。その間、各演目で踊子は互いに位置を入れ替わりながら、また採り物も替えて多彩な演技を繰り広げる。

踊歌に伴い拍子を合わせる伴奏楽器は、鉦と太鼓（締め太鼓の片バチ形式が多い）である。

全体に、装束・演技ともその意匠には目を見張るものがあり、「風流踊」と呼ばれる所以である。鹿持雅澄の前掲の資料『巷謡編』は、その目覚ましい芸態を、次の様に讃えている。

ワカキヲノコ十四五人バカリ集リ、トリドリ剣ヲヌキ、鎌ヲ持、拍子ヲ合セ歌ヲウタヒテソノワザスル、イト目サムルココチス。

こうした目も覚める「風流」の趣向について、柳田国男『日本の祭り』は、中古以来の祭礼の特色とし、「風流はすなわち思い付きということで、新しい意匠を競い、年々目先をかえて行くのが本意であった。」と説明している。

それでは、こうした「風流」の形態に至り、『巷謡編』や伝承に見る態様に定着・固定化するまでには、果たしてどのような経緯があったのであろうか。さらに「花取踊」の踊歌を手掛かりにその「始原」について考察を進めたい。

三　「花取踊」の始原

「花取り」行事の意味

まず、必須の歌（4）（6）に見た「花取り」行事は、前章（第二章）に掲出した資料で言えば「山行き」（山遊び）に相当すると考えることができる。伝承歌にも次のようにあった。

花取りは　七日精進　地下をけがすな　村の若い衆　（旧佐賀町荷稲）
おれどもは　初の花取り　悪しくと善くと　おしょうなれ　（旧東津野村船戸）

柳田国男は「春の山行きは躑躅や藤の花の盛りの頃」（「山歌のことなど」『民謡覚書』）と記していたが、土佐における「花取踊」で歌われる花取りの「花」は、（「太刀踊」も含めて）正に例外なく「躑躅（つつじ）」であった。伝承歌から二三、例を追加して示しておく。

あの山の　さんこみ山の　つつじが枝は　ふたえだ
ひとえだは　釈迦のおみやげ　またひとえだは　身のため　（旧佐賀町荷稲）
奥山の　かんこみ山の　つつじの枝が　二枝
一枝は　神にささげん　また一枝は　身のため　（旧東津野村船戸）

一首目に「さんこ」、三首目に「かんこ」とあるのは、前掲の「さんく」（室戸市椎名「太刀踊」）も含めて「三鈷（さんこ）」が正しい意と考えられる。「三鈷」は、密教の法具「金剛杵」の一つ（両端が三叉になったもの）であり、煩悩を砕く菩提心の象徴とされる。「さんこ（三鈷）御《み》山」とはすなわち、頂きが三つに分かれて見える聖なる霊山の峰を象徴的に歌ったものであろう。

この「三鈷」と二首目の「釈迦」、更に全体における「念仏」の詠唱を合わせれば、これらの歌の背景に仏教的心意がうかがえることは確かであり、それが一定の時代を指し示していることは間違いない。（四首目に見える「神」が明治維新時の改変であることは、既に序章・六の後半で述べた）

しかし、これまで前章（第二章）から検証してきた「山歌」との重なりを考えれば、これが元々の態様であったとは思えない。ここで立ち戻って考えたいことは、本来のツツジの花取り行事、春の「山行き」（山遊び）のことである。大切なことは、仏教もその根として受け継いだ本来の日本人の世界観とは何かということになる。土佐の人々は、なぜ山でツツジの花を摘み取り、精進して踊ったのか、歌にうたわれた事象の根源にある理由を明らかにしたい。

古代に通じる春の「花取り」山登り

まず、前章で「磯遊び」（山遊び）について考察した際にも用いた柳田国男編『歳時習俗語彙』から手掛かりとなる具体例を要約して挙げる。「三十七　雛遊び」に続き「三九　卯月八日」の項である。近代における民俗伝承ではあるが、ことばの中には、はるか古代の心を窺うことができるものもある。

ハナノヨツカ　備中の各郡では三月四日を花の四日といひ、通例この日を山行きの遊び日として居る。

ウヅキヤウカ　卯月八日である。或は訛つてオヅキ八日ともいふが、此語のある土地だけには、まだ僅かばかり古い慣習が残って居る。この日を山神の祭日とする例は處々に存し、或は高い山に登り神を拜する風も廣く行はれて居る。

ヤマイサミ　阿波の劍山の麓の村々では、四月八日を山いさみと謂ふ。この日は高い處に登つて海の方を見る習はしがある。春の山行きが單なる行楽で無かつたことは、四月の農作時に入ると愈々明かになる。

フジノハナタテ　越後刈羽郡などの村々には、毎年四月七日に物忌し、八日の朝は晴の衣裳を着て付近の山に行き、藤の花房を取つて來て佛壇に供へる風があり、（中略）是を藤の花立てと謂ふ。同じ風習は又上州の高崎地方にもあつた。爰では七日の夕方から家の軒に藤の葉を挿すこと、端午の菖蒲のやうであつた。うつぎの枝を簷にさすことは水戸にもあり、関西の方には素より多かつた。或は躑躅の花や山吹なども挿す處もある。

ハナヲリハジメ　丹波の氷上郡の一部では、新佛のある家で四月八日の日に、盆と同様に他家に縁付いた子女が墓参りに來ることを、花折始めと謂つて居る。この日山に登つて花を摘み亡霊に供養する花摘みといふ慣習が、中世の文献にも多く見えて居るから、是も亦花の盛りに、それを持つて墓に手向けたのであらう。

タカバナ　卯月八日を又單にハナともいふことは、播州などでは一般の風である。前の晩に白と艾と二色の團子をこしらへて釋尊に供へ、翌八日にはうつぎ・べにつゝじ・石楠・樒などを束にして、長い竹のさきにつけて庭先に立て、是を高花と呼びお釋迦様に上げるのだといふ。

テンタウバナ　四月八日の高花を天道花或はテント花といふ名は、京阪から中国四國にも及んで居る。（中略）花は躑躅が最も多いが、播州越知谷などは必ず石楠花を加へ、それも山にあつても家では取りに行かず、錢を出して賤民の持って來るのを買ふ。（中略）この花はしまって置いて、（中略）色々の呪法に利用せられて居る。

これらの習俗語彙を編集・解説した柳田国男は、「民間歴小考」（『新たなる太陽』所収）の中で、特別に「四月の十五日」という「望（もち）の日」を取り上げ、次のように述べている。

今ではほとんとこれという痕跡も残っておらぬが、私は四月の十五日などが、ことに注目すべき日のように思っている。（中略）水田の農事が、まさに企てられんとするすぐ前の四月の満月が、たとえ新年と言わぬまでも、重い一つの境目であったことがなかったとも言われぬのである。

そして、その考えの根拠としたのが、前掲の習俗語彙の数々である。「水田の農事」の企てにとって「新年」にも擬せられる重い日となる「四月の満月」。それを支える「卯月八日」の意味については次のように説明している。

この想像の今一つの根拠は、卯月八日という日の今でも農村において、かなり大切に取り扱われていることである。それを釈迦如来の誕生だからと説明することは、ちょうど冬至の節を耶蘇降誕祭に取り入れたのと、付節を合わしたような習合であった。仏者の多智多弁をもって臨むならば、何でもかでも灌仏会を中心に、解釈してしまうのは容易なはずであるが、それでも虫封じの「卯月八日は吉日よ」を始めとして、仏と縁のなさそうな行事は、まだいろいろと残っている。第一にはこの日を大祭の日とする神社の多いこと、それが半分以上は山を背後にした神社であること、及びこの日を山登りの日としている霊山が多く、山に登っては花を摘んで来る習慣のあったこと、これと天道花と称して竿のさきに花をあげ、もしくは木曽などのごとく戸口の柱に、蓮華躑躅の枝を挿す風と、何か関係があるらしきこと等を考え合せると、この日をハナと呼ぶのも必ずしも童子仏の花御堂から出た語とも言われない。

農村における霊山の信仰、「山に登っては花を摘んで来る習慣」の大切さを取り上げ、仏教の「釈迦如来の誕生・灌仏会」とする説明を、付会・習合と一蹴している。さらに続けて、八日から十五日に至る「七日」の意味については、穢れを清める「物忌」との観点から次のように説明する。

大きな節目の前にはその準備として、元は月四分の一だけの斎忌の期間があって、もっぱら家の周囲の穢れを清め、祭の供物の支度にかかったので、暮の御松迎えも七月の盆花採りも、今では期日が遅くなったが、本来は卯月八日の山登りと同じ目的のものであったのかも知れない。諸国の古い社の祭典に、前七日の物忌ということが多いのも、満月を中においてみて始めてその理由が考えられる。八日はすなわち月の円さのちょうど半分になった時で、夏の始めの四月八日も、元はやはりこれを見て、やがて望の日の準備に著手したのが、のちには独立して山登りや花摘みや天道花の行事となったものかと思うのである。

「花取りは、七日精進……」というのが、「花取踊」必須の基本歌であった。以上に掲出した柳田の資料と説明は、その「花取り」に対しても「七日精進」に対しても、習俗語彙に遺る痕跡も合わせて読み取れば、十分に行き届いたものと認めて良いのではないだろうか。満月を基準とし「ちょうど半分」の円さの日が「山登りや花摘み」行事の日であったとする考察は、目にも鮮やかで印象的である。またこれが「水田の農事」と関わる、人間生存のための重い日であったという指摘もきわめて大切である。

ツツジが祀る山の神、田の神

それでは「花」（ツツジ）を以って祀る神は、具体的にどのような神であり、どのような信仰を担っていたのであろうか。既に「山神」の名は習俗語彙の資料の中にも見えていたが、こうした「柳田学」を受け継いだ一人である和歌森太郎（一九一五～一九七七）は、『日本民俗論』（昭和22年、千代田書房）「春山入り」の中で、さらに修験道に関わる独自の資料も追加し、「佛教的臭味のある部分は、この民俗にとって本質的部分とは思えぬ。中途からの一變態であろう。」と述べた上で、次のようにまとめている。

この時季の山の神送りの祭りは、兼ねて又田の神を山から迎える祭りでもある。里人にとって、山の神送りが重大な意義を持つのは、實にこの、彼らの生産活動に直接關係する神の祭りを伴うからであろう。山の神祭りに使った山の花を、むしろ里におろして田の神を迎えるしろともなし、これを有難く各家のまつりに供える所以であった。（中略）

右のようにして、四月八日を中心とする春山入り、花祭りは、里人が山の神を送って田の神を迎え、以後の田始めの契機とすべき重要な折目としての行事であったと解する。（中略）

まことに、古ぶりの山登りは、本来錬成をも遊山をも目的としたものではなしに、土地の生産活動上やむにやまれぬ慾求に根ざした神祭であった。

和歌森は修験道の「春峰」「峰入り」との関わりから「春山」「春山入り」と呼んでいるが、その基本的な捉え方は柳田と同じである。目的として「錬成」以前の姿をここに認めた上で、「山の神」と「田の神」の交代の儀礼、「土地の生産活動上やむにやまれぬ慾求に根ざした神祭であった」と結論付けている。ここにおいて、「山の神」を祀った山の花「ツツジ」は、その「しろ（代）」として「田の神」となって迎えられたということになる。踊歌の「つつじの枝」は、本来、山と田と両方をつなぐ神の大切な依り代としてあったのである。

こうした考察や理解と同時に、もう一つ和歌森が加えて示した資料で重要なものは、「ミタケマイリ」という行事である。

大隅の肝属郡内之浦町では四月三日にミタケマイリという行事がある。この日若き男女が、未婚の間は毎年でも、國見岳、黒園岳、甫與子岳（母養子岳）などに登る。そしてつつじの花を採って歸つて來る風である。「國見、黒園笹尾の嶽よ、三度参れば妻たもる」の歌もあり、このミタケマイリは彼らに結婚の機會を與えるとされる。

この内容を見ると、「春山入り」の習俗は、ツツジの花取りを伴う「結婚の機會」（「歌垣」的機会）であり、私が想定する「花取踊」の始原とそのまま重なってくる。

このように見てくると、結局、踊歌にうかがえる春の花取り・山登りは、人間にとって普遍的な「生産」と「結婚」の活動にまで行き着く。「農」による物質の幸福と「性」による精神の慰安は、二つながら古代の「歌垣」が担っていたものである。ここに至り、「花取踊」の始原は「歌垣」と深く通底する—と見定めて間違いないであろう。「花取踊」に見る中世の「風流」としての趣向、生命の輝きは、本来、古代の男女の歌掛け行事「歌垣」に由来していたのである。

ただ、上述の見解の拠り所、「四月八日」を中心とした行事の資料は、厳密には土佐以外の事例である。管見では、土佐には柳田が有力とした「卯月八日」の明確な資料は見出せない。土佐の季節感からしたら前章（第二章）で見た「磯遊び（山遊び）」の資料もあわせて、実際は一月程度早く見積もった方が良いのかもしれない。因みに坂本正夫は、『図説日本民俗誌　高知』（昭和63年、岩崎美術社）の「年中行事」の解説の中で次のように言っている。

三月節供　三月三日を桃の節供・雛の節供などと呼び、雛人形を飾り紅白緑の菱餅・桃の花・白酒などを供えることが一般化しているが、かつてはつつじ・桜・山吹・にんにくなどを供える所も多かった。（中略）桃の節句前後の一日、仕事を休み磯遊び・山遊びをするふうは海岸部・平野部全域にみられた。このような磯遊び・山遊びは春の農作業開始にあたって、我が身についている災厄を祓い落す物忌みの行事だといわれている。

三月の節供の習慣として、古くはツツジ等を供えていたこと。また、この折りの「磯遊び・山遊び」の行事について「春の農作業開始にあたって、我が身についている災厄を祓い落す物忌みの行事だといわれている。」とする聞き取りは重要である。柳田が言う「卯月八日」の民俗と重なるものを伝えているとして良いであろう。従って時季は多少早まるとしても、前述の考えの基本は動かない。

四　踊歌に見る古風な民俗伝承

「花取踊」が担う「花の民俗」、ツツジの花取りは、はるか古代までも見通すことができるものであった。それではそもそも人間にとって「花」とは何であったのか、引き続きそれを考えなければならない所であるが、一先ずそれは後の章（第五章）に譲るとして、ここからは他の踊歌にうかがえる古風な伝承についても考えを巡らしてみたい。「成人の民俗」（一人前の民俗）と「兄弟分の民俗」である。それぞれがつながり合って前代社会の人間関係の基底を支えていたと考えられるものである。

成人の民俗（一人前の民俗）

『巷謡編』【高岡郡半山郷姫野村三島大明神祭花鳥歌】の踊歌には次のようにある。

十三で　鉄漿《かね》をまゐれや　十五になれば　よびそろ　(15)

前章（第二章）ではこの歌を取り上げ、近世以降のヨメイリに先行する、至って古風な儀礼・習俗を伝えたものと紹介した。まずこの歌について、「成人の民俗」をうかがうことができる資料としてもう少し補足しておきたい。

前半にうたわれている「鉄漿」は歯を黒く染めるための液であり、「十三ガネ・十三祝い」ともいい「初経を機に腰巻をさせ鉄漿をつけてやり、結婚有資格者だと、世間に披露した」（石上堅『日本民俗語大辞典』「かねおや・鉄漿親」）という、女子十三の成女式の儀礼をうたったものとなる。

この「鉄漿親」について、土佐の伝承を見ると、坂本正夫「一人前の民俗」（『土佐史談』200号、平成8年）は、「フデ親・コシマキ親・契約親」等の名称で、類似の事例を聞き書きとして多数収集している。一例を抜き出して見ると次のようにある。

〔資料5〕長岡郡大豊町尾生（明治三十四年生まれ・女談）

男子十五歳、女子十三歳になると健康な夫婦にフデノオヤサマを依頼するが、その筆親が男には褌、女には赤腰巻を買い与える。それ以後は正月、節句、神祭などに互いに往来して実の親子同様の付き合いをする。

「筆親」とはあるが、こうした報告事例には鉄漿つけの実施は見えず、いずれも既に儀礼としては行っていないよ

うである。ただ、同氏は『日本の民俗　高知』（昭和47年、第一法規）では、

土佐郡本川村では十三歳で筆親をとる。「ようきた、お筆をいただかしてやろう」とお歯黒筆・白粉・べにがら・腰巻の四品を筆親から与えられた。娘は筆親に実の親同様のつとめを終生果たすのだが、嫁に行くときはこの筆親がお歯黒をつけてくれた。

と記しており、実際の鉄漿つけは「嫁に行くとき」と遅くなってはいるが、皆無ではなかったようである。柳田国男著『族制語彙』「カネツケオヤ」には、

女子の齒黒めは、本來成年式の主要なる部分であつたらうが、どういふものか其時期が追々とおくれ、十九の歳にするもの、又は嫁入りに臨んで行ふものがあり、或は生れ兒に白齒を見せるなと謂つて、妊娠してから漸く鐵漿を附ける處さへあつた。

とあり、嫁入り時の例も挙げ、鉄漿つけ儀礼がしだいに遅くなって行った傾向を指摘している。このように伝承の変化を辿ってみると、前掲（15）の歌詞の存在は、中世以前に遡る土佐の習俗を伝えたものとして貴重な資料となる。

坂本は、前掲の報告の中で、行われた時期については「明治以降このような義理の親をとる風習は次第に消滅したが、吉野川流域の長岡郡大豊町、本山町、土佐郡土佐町、大川村などでは昭和前期までみられた慣習であった。」とまとめている。

私が注目するのは、ここに見る、成人に当たりわざわざ「義理の親をとる」という人間関係である。報告の中には「親子同様の相互扶助」「筆親は実の親よりも大事にせねばならない」といわれていた―という表現も見え、単なる儀礼を超えた濃密なつながりがうかがえる。こうした「筆親（鉄漿親）」に関わる成人の儀礼を「花取踊」でうたった意味をどこに認めたらよいであろうか。同様に古風な人間関係をうたった歌を、前掲の『巷謡編』の資料からもう一

首取り上げてみたい。「兄弟分（兄弟契り）の民俗」の歌である。

兄弟分（兄弟契り）の民俗

『巷謡編』【高岡郡半山郷姫野村三島大明神祭花鳥歌】には次のようにある。

　真実に　おもへ兄弟《きやうだい》　種こそ変はれ　弟兄《おとゞひ》よ　(13)

「種」は血統のことであり、血のつながらない義理の兄弟（姉妹）、その結びつきの大切さをうたった歌と理解することができる。「きやうだい」「おとゞひ」には、仮に「兄弟」「弟兄」の漢字を当てたが、古語の用例「おととい」（日葡辞書・ヲトトイ「二人の兄弟または姉妹」）などを見ると男女の別なく用いており、「姉妹」「妹姉」と解すべきものでもある。

この歌の習俗理解については参考として、「花取踊」とも関わる類似の男女の山登り（山遊び）を記録した二種の文献を挙げることができる。それぞれ文化四年〈一八〇七〉と文政八年〈一八二五〉に成り、資料としては『巷謡編』（天保六年〈一八三五〉序）とほぼ同時期のものである。

『文化四年書上　会津風俗帳』（福島県、南会津田島組その他の習俗。中山太郎『文化四年書上　会津風俗帳』〈『旅と傳説』第十一年十一月號〉より摘記）

　　二月

十五日　ねはんの日とて男女共に遊ぶ、此日春木山登り、晝食などにはそばしゐな様のものにて焼餅を拵へ山へ登り、年中焚料の薪木を伐り、其日仕舞に致す

三月

三日　上巳の節句にて濁酒を作り、草餅を搗き、互ひに祝してあそぶ、田島にてはひいなどを飾る、此月の中一日言合ひ老若男女兄弟契りとて思ひ寄たる友達男女を分け交りのむつまじから（む）ことを心にして茶事様の風情にてうちかたらひ遊ぶ

四月

八日　田島郷田島村薬師縁日近郷参詣の男女共に遊ぶ、此日佛會とて一夜遊ぶ

『日光山志』（文政八年、植田孟縉編述、栃木県日光の習俗。藤井萬喜太「日光綺談」〈『旅と傳説』第十年五月號〉より摘記）

兄弟契　東は松原町より西町に至る迄、町家其餘の者も三月上巳の頃よりして、若菜摘みを初めとして、或は花見とも名附、たがひに親しきものを誘引し、山林原野の花を尋ねて、花の莚などつらね、酒食を携へ、三絃を鳴らし鼓躁してうたひ舞、遊興することを土風のならはしとし、是を名附て兄弟ちぎりと唱ふ、四月八日を終とす

春の山登りと男女の遊び、それに酒食を伴う「花の莚」等々。記述の細かな態様はそれぞれに異なるが、総じて両書は、ほぼ同種・同様の行事の内容を記録したものと認められる。『文化四年書上　会津風俗帳』は月を分けて記述しているが、ここに見る男女の遊びは一連のものと見なしてよいであろう。『日光山志』においてはこれを、「三月上巳の頃よりして……四月八日を終とす」と記している。そして何よりの一致は「兄弟契り」という呼び名である。この名称にこれら諸行事の目的が集約されている。

私にとって残念なことは、これが土佐の資料でないことである。もしこれらの資料において、その遊び「兄弟契り」の歌を記録したとすれば、前掲（13）の歌を措いてはほかにないと思わせる。それほどに「交りのむつまじから

（む）ことを心に」（『文化四年書上　会津風俗帳』）した歌は、「真実に、おもへ兄弟……」（13）の心と一致する。現在、これ以上の資料的裏付けは欠くが、まず『巷謡編』「花取踊」の歌の背景にも同様の「兄弟契り」の習俗があったと想定して間違いないであろう。

肝心なことは、「兄弟契り」とはどのような民俗でありそこにはどのような意義があったのかということである。これについては既に竹田旦に『兄弟分の民俗』（平成元年、人文書院）という研究がある。竹田は、「まことの兄弟姉妹でない者が、たがいに約束し合って実の兄と弟、姉と妹、稀に兄と妹、姉と弟に準ずる関係を取り結ぶ習俗」と定義し、北は津軽から南は南西諸島まで、多くの事例を収集し詳細に分析。その上で従来の「タテ社会論」に対する「ヨコ社会論」、仲間意識の重要性を提示している。（ただここに土佐の習俗の報告は見えない）

因みに、竹田は和歌森太郎の教え子に当たり、柳田国男から見たら孫弟子に当たる。彼がこうした学問に入ったきっかけも初対面の際の柳田の一言「女のよばい」（親友たちの寝宿における男女交際の習俗）に感銘を受けたからであり、「その意味するところをぜひとも解明しようと志した」と記している（同書「日本人の伝統的性観念」、同書「あとがき」）。かつての若者たちの習俗の本当の実態・意味を知りたいと考えた—ということであったと思う。竹田が『兄弟分の民俗』で提示した友達同士の結合、助け合いの持つ意味は重い。

ところで、私が考える「兄弟分（兄弟契り）の民俗」の意義は、それが前掲の「成人の民俗」の機会と同時にあったという所に見出すことができる。前代の人は、一人前になり一人立ちするに当たり、わざわざ義理の親を求め、さらに義理の兄弟（姉妹）の約束を交わしていたのである。ここにうかがえるのは、「人と人のつながりの大切さ」のこの上もない自覚である。それを以って厳しい人間の生を支える根本と見定めていたのであろう。

かつて「花取踊」は大切な生の根本を担い、その保証、確認の儀礼として歌い踊られていた—これがここで私が辿りついた「歌と踊」の本義ということになる。

なお補足すれば、南方熊楠（一八六七～一九四一）の「兄弟契り―支那に行はれた近親婚」（『旅と傳説』第十年十二月號）は、文明・永正と室町期に遡る二つの記録を挙げて考察している。（引用の本文は『南方熊楠全集4』による）

『続史籍集覧』所収、『甲斐国妙法寺記』上に、「文明十一年己亥、世中十分吉《きち》、兄弟契約限りなし」と出づ。小山田与清は、之に男色と頭註した。また、永正八年辛未、この年正月、地下（農民）、侍（武士）共に喜ぶこと限りなし、浮世に口痺流行、人民死すること限りなし、然《しか》るあいだ、彼の口痺の鳥を造り送る、一日病んで頓死する、諸人契約をして酒を飲むこと限りなし、とある。その前の永正七年まで、「乱は申すに及ばず、云々、この春中、国中都留郡《つるごおり》御和睦、落ち付く、、云々」、この郡の大麦小麦吉、とあって、甲州の内乱も治まり、麦作も吉《よ》かったので、八年の正月は、上下喜び祝いおったところ、口痺流行しだし、一日病んで頓死する者多きより、むかし欧州で黒死病が善悪を別《わか》たず人を殺し廻った時同然、甲州の民も焼け糞になり、必死に飲み散らしたので、諸人契約をして酒を飲むとは、三十一年前の文明十一年にした通り、盛んに兄弟契約をしたとみえる。

ここに見える「契約」は、いずれも「兄弟契り」のことである。「男色」とする国学者・小山田与清（一七八三～一八四七）の説（頭註）については、南方は続く考察（引用省略）の中で「不當」として退けている。しかしその深層は、本義・本質ではないにしろ男女共にいわゆる「同性愛」、性的な関係と繋がっていた可能性も、簡単には否定できないことであったと思う。若衆宿・娘宿の問題も含めて、性愛の問題は広く深い。

さらに、この資料で私が注目するのは、記録の古い時代性と同時に、これが世情の吉凶、病（口痺）の流行などと深く関わっていたことである。前代の生の困難さを具体的に示すと同時に、それと連動していた「兄弟契り」の重要性を認識させる。

こうした中にあって、『巷謡編』「花取踊」の歌詞「真実に　おもへ兄弟《きょうだい》　種こそ変はれ　弟兄《おとゞひ》よ」（13）の持つ意義は、中世に遡るものとして、正に片々たる資料ではあるが、改めてその価値を見直すべきであろう。

蛇足を一つ。有馬敲『時代を生きる替歌・考』（平成15年、人文書院）によれば、『幼稚園唱歌集』（明治20年）には次の様な歌がある。

四つとや　世に頼もしきは　兄弟《あにおとと》　兄弟
たがいに　むつびて　世をわたれ　世をわたれ

同様に、前代の人生観の一端を示しているものと思う。「幼稚園唱歌」とあるのも注目される。

五　「花取踊」の形成と修験道

これまで見てきた通り、「花取踊」の始原に、古風な「歌垣」にも通う春の「山入り」の習俗を想定することは決して思い過ごしではない。そして、そこに「踊」の要素を想定するとしたら「踏歌」の流れを汲む「足を踏み拍子をとる踊」などが一つのモデルになると思う。ただ、ここから本章のはじめに見た「花取踊」の形態、「念仏」の詠唱を前歌とする「風流踊」に立ち至る過程については、確実な裏付け資料を欠き、さらに推測の域を出ることは難しい。それでもいくつか状況証拠を挙げてみたい。「踏歌」あるいはその周辺の流れと「念仏」の「踊」はいかにして結びつき習合して行ったのか。

「花取踊」の形成と山岳信仰、修験道

ここで、その間をつなぐものとして浮かび上がってくるのが「山の宗教」としての「修験道」の存在である。四国山地にも石鎚山を中心とした山並みが連なり、古くから「修験道」（山岳仏教）の拠点として知れ渡っている。また山岳信仰の聖地、吉野・金峯山の信仰も横倉山（越知町）をはじめ各地に普及している。

和歌森太郎『日本民俗論』「春山入り」（昭和22年、千代田書房）は、その定義として次のように述べている。

修験道とは、山嶽に登拜修行し、それにより並ならぬ呪力を獲得する道であり、且その力を得たものへの歸衣信仰である。それは我國固有信仰の一形態が、佛徒により組織化され磨きあげ練りあげられた結果の宗教であった。なおいえば、山岳信仰を中心とする固有民俗の佛教的修飾であり、又その「道」化せるものであつたと見られる。（中略）その素地基本となった民俗でいえば、それは山に登ることによって一人前の人間と見られるほどの精神力體力を養うこと、そしてそうした人間を世間も一人前の人物と是認することである。

和歌森は修験道を「我國固有信仰の一形態が、佛徒により組織化され磨きあげ練りあげられた結果の宗教」と定義し、「固有民俗の佛教的修飾」と位置付けている。素地基本にあるのは「山」に対する信仰であり、山登りを「一人前の人間」になるための方法ととらえる考え方である。実はこれは、これまで見てきたように、「花取踊」の始原にもあったはずのものである。前に掲出した基本歌をここに例示すれば、

おれどもが、初《うひ》の花取り、悪くと良いと、おしよあれ　(6)

とある（「おしよあれ」はその首尾について許しを乞う意か）。ここに見る「初の花取り」は「一人前の人間」になるための初めての山登りであり「花取り」であったと考えることができる。一般の民俗でいえば、男十五歳・女十三歳の山登りであり、前に見た「成人の民俗」「兄弟分の民俗」、さらには「結婚の民俗」とも関わるものである。

こうしてその「素地」となる環境の共通性を見ると、「花取踊」の「佛教的修飾」に修験道が、具体的にはその担い手となる山伏、一般には広く聖《ひじり》ともよばれた人々が関与していった蓋然性は相当に高いと見てよいのではないだろうか。

土佐の資料に見る山の念仏聖、山伏の活動

その可能性を補う事例を、修験山伏の関わる土佐の資料からいくつか挙げておきたい。まず、前提となる山伏の盛んな活動の痕跡については、『長宗我部地検帳』（天正から慶長に及ぶ土佐一国の検地帳）のホノギ（小字名）からうかがうことができる。「ヒジリ（聖）」「ヒジリ神」「ヤマブシ（山伏）」などとあり、それに連なるおびただしい記述が見える。そして、その姿は「大念仏」「念仏踊」と称する念仏芸能の中に具体的に確認することができる。

例えば、幡多郡十和村古城（現四万十町）の施餓鬼供養の「大念仏」（旧七月六日、現新暦八月六日）。「山伏」「庭誉め」の役があり、修験山伏の家柄の人が兼ね、頭巾《ときん》をつけた山伏姿で東・南・西・北と、芸能の場「お庭のかかり」を誉めて回る口上を述べる。さらに「御刀念仏（おんたちねんぶつ）」「ゴホウ（護法・五方）踊り」と呼ばれる鉦・太鼓による念仏楽を伴った「念仏踊」がある。念仏楽の基本は念仏（ナムオミド）の詠唱・変奏である。そこでは採り物としてハツリ（大斧）・太刀（昔は柄の長い長刀式の太刀、近年は柄の位置に紙四手をつけた竹の棒）が用いられた。斧は『七十一番職人歌合』（室町期成）の絵に見る通り、山伏の大切な山入り道具であり、また長刀も山伏の武器と認識することができる。「ゴホウ（護法）」という名称（この場合、護法は法力による鎮魂の謂と考えられる）と相まって、全体に修験道の強い関与が想定できる芸能である。

こうした中でも特に長刀式の太刀（昔は真剣であったと伝えている）は、「花取踊」の採り物と直結してくる。なお、

修験山伏の伝承を伝える「御刀念仏《おんたち》」（旧十和村古城）

（上）

（中）

（下）

山伏姿の踊子（上）が登場、長刀を模した竹製の太刀（上）やハツリ（大斧）（中）などを持って、念仏楽の太鼓・鉦の伴奏（中）（下）で、観音堂の庭を踊り回る。

（現在は廃絶。写真は平成2年、同5年撮影）

梼原町越知面の「二十日念仏」

（写真は、上下とも平成2年撮影）

「トビ太鼓」による念仏踊

左右に分かれた団扇の念仏詠唱と、鉦・太鼓による念仏楽を伴い、胸の締め太鼓を両バチで打って、繰り返し跳躍して踊る。

「トビ太鼓」役の衣装

頭の鳥毛、色物の上着・裁着け袴、背中のタクリは、「花取踊」と重なり、念仏踊（写真上）と共に、「花取踊」の先行例を示していると考えられる。

隣接する地吉地区の「大念仏」も同類の芸能である。（「念仏踊」の現行は地吉地区のみで、古城地区は山伏の「庭誉め」と念仏楽とを残し、あとは変容している）

「花取踊」との重なりを見出すことができる「大念仏・念仏踊」に、もう一つ高岡郡檮原町越知面の「二十日念仏」（旧七月二十日、現新暦八月二十日）も挙げておかなければならない。鉦と太鼓の囃子の中、長方形の大きな団扇を持った歌い手が、「出し」「受け」交互に「ユリ・ヌキ」等の念仏の節を詠唱し、「トビ太鼓」と呼ばれる踊り手がそれに合わせて飛び跳ね「念仏踊」を踊る。注目すべきはその踊り手の装束で、頭には鳥毛の冠り物、身には紅・赤を主とした色模様の襦袢と裁着け袴、背中には「タクリ」と呼ぶ五色の布飾りを垂らす。これらは以前に「花取踊」の華美な「風流」の仕立てとして紹介した装束と全く重なっている。

こうした「大念仏」に見る山伏の姿と、念仏の詠唱による「念仏踊」、さらには長刀式の太刀や踊り手の装束の重なり等々。これらは総じて「花取踊」の仏教的修飾に修験道が関与した痕跡、証《あかし》と見てよいのではあるまいか。（例に挙げた「大念仏・念仏踊」の具体的な現況については『高知県の民俗芸能―高知県民俗芸能緊急調査報告書』令和四年三月・高知県教育委員会、参照）

なお補足すれば、修験山伏はその形成に関わったと推測されるだけでなく、伝播・伝承においても大きな役割を果たしていたと考えることができる。なぜかといえば、前代の人々は和歌森のいう修験道の「呪力」に強く期待し深く帰依していたからである。「風流踊」の担い手として山伏の姿が具体的にうかがえる事例としては、近世以降に下るものではあるが、吾川郡伊野町大内（現いの町）の「花取太刀踊」、吾川郡吾川村峯岩戸（現仁淀川町）の「太鼓踊」などを挙げることができる（現在はいずれも中絶）。これならず山伏は様々な芸能に顔を見せていた。修験山伏は害虫・害獣による不作や流行病の際、また個別の祈願や願ほどき（成就の御礼）の折、供儀・供養に当たり、「踊」を踊ることによってその験力・効力を発揚し、人々の困窮を救っていたのである。（なお「踊歌」等の資料は、後の第七章に写本及び伝承によりその詞章を紹介し記録している）

以上の考察を集約すれば、「花取踊」の始原、原形は古代の「歌垣」に通じる山登り・花取り儀礼にあり、それに伴う踊は、中世に至る過程で主に「修験道」の力により、次第に「念仏」の踊に形成されて行った—ということになるであろう。

この踊は、ツツジの花を山に求める土佐の人々の様々な「願い・思い」を担い、さらに、今日まで時代の変容と共に展開し、うたい踊り続けられてきたのである。

六　土佐における「花取踊」の展開

「花取踊」の展開においては、中世から近世、さらに近・現代まで、長い変容の歴史的過程が見込まれる。「風流踊」において、これだけ長い時間と多様な変化が見られる芸能は他に類を見ない。

「花取踊」の変容と「太刀踊」の登場

そうした中で最も大きな変化は「太刀踊」と呼ばれる芸能の派生である。その違いは歌詞、採り物・扮装などいくつかの要素に見ることができる。各踊歌の前歌として念仏の詠唱があるのが「花取踊」の決まりであったが、まずその要素が消えて行く。また踊歌自体においても、多くの中世歌謡はそのまま継承される一方、「伊勢音頭」や「忠臣蔵」などといった新たな近世歌謡が追加され取り込まれて行く。採り物においては、長刀或いは長刀仕様の長柄の大太刀から通常の打刀（いわゆる日本刀仕様）に変わる。扮装においては、以前に異形の「風流」と紹介した鳥毛の冠り物は鉢巻に、色物の着物・裁付け袴は通常の和服・袴姿に、背中の布飾り「タクリ」も消えて通常のタスキに変わって行く。総じて簡明に外形をいえば、和装の袴姿で刀（脇差）を持って踊る「刀踊り」にまで行き着いたのが「太刀踊」である。（但しここにおいても、列の踊りであり、向き合った二人が対になって踊るという基本の芸態は変わらない）

それでは、いつ頃からの変容なのか。大まかに近世から近代以降にかけてと言うことはできるが、諸要素が錯綜し、それ以上明確にその時点を示すことは難しい。「念仏」への影響を重視すれば、明治維新における仏教色の排除（神仏分離・廃仏毀釈）が大きな契機になったと見ることができる。また日本刀の使用・尊重については、廃刀令（明治九年）の影響や、近代以降特に高まる日本刀に対する精神性の評価、「武士の魂」とする思いがある。軍国主義へとつながるものであるが、それらについては序章の二および六でも指摘した所である。

「太刀踊」の名称自体は、『巷謡編』（天保六年序）【安芸郡吉良川村御田祭歌】の役名に、「太刀踊六人　襦袢ニ赤白ノ袖裏カケタルヲ着、棒ヲ手毎ニ持出遣フ」と見えるので、江戸末期まで遡ることは可能である。ただ、芸態の変化が固定して広く通用するようになるのは明治期以降、昭和にまで下るというのが諸資料に見る所である。

というのも、現在「太刀踊」の名称を用い、実際「刀踊り」に移行している室戸市佐喜浜町の江戸末期の資料では、まだ長刀を使用していることが確認できるからである。すなわち、『佐喜浜郷浦御改正廉書指出』の「盆祭之式村風・施餓鬼」の項には次の様にある。大庄屋らの差出した安政四年〈一八五七〉当時の農漁村の調査記録である。

村々施餓鬼踊リ有リ。業前ノ義ハ、左右之頭、鐘太鼓、人数若者十人又ハ十弐人右左ニ分リ、音頭歌ヲ出し皆々謡、一方ハ長刀、一方ハ小太刀ニ而歌之間ニは擲合、右同断三番踊リ済申候。（『高知県史　民俗資料編』）

若者が右左に相対し、鐘太鼓と歌の中「一方ハ長刀、一方ハ小太刀」を持って踊っている。この「長刀（なぎなた）」を採り物とする特徴から、「太刀踊」ではなく「花取踊」の記録と推測することができる。

さらに名称については、天保七年〈一八三六〉春二月に行われた藤並神社の臨時祭の記録「藤並宮御旅所新設行事記録」（高知城歴史博物館所蔵）では、いわゆる現今の「太刀踊」の形態の踊について、呼称は「花取踊」と記録していることが確認できる（『高知県の民俗芸能―高知県民俗芸能緊急調査報告書』令和四年三月、口絵「西諸木村花取踊の図」および「口絵解説」参照）。また、「高知県民俗芸能調査報告」（『高知県文化財調査報告書　第二十集』昭和51年、所収）の土佐郡土佐村栗木（現土佐町）の「栗木太刀踊」の項には、その名称を「大正頃は花取踊り」と記述している。同じく、同書「蓮池太刀踊」（土佐市蓮池西宮八満宮）の名称の項には、

もとは花取踊り。昭和初期よりいつとはなしに太刀踊と称するようになった。

との報告がある。この地域の現行の踊りは、前に見た歌詞、採り物・扮装などの諸要素とも変容を遂げた「刀踊り」になっている。それにしても名称として「太刀踊」を用いるようになったのは「昭和初期」からというのである。「太刀踊」の名称自体の固定・通用はかなり遅れ、近代から現代に至ると見たらよいであろう。

高知県内に見る地域的特徴

「花取踊」と「太刀踊」、現在それぞれが行われている地域にも特徴がある。これも長い歴史的過程を反映したものと見ることができる。

前述の鳥毛の冠や「タクリ」など「花取踊」の「風流」の意匠は、葉山村・東津野村（現津野町）のほか、それに隣接する須崎市、梼原町、仁淀村（現仁淀川町）、大野見村（現中土佐町）、窪川町（現四万十町）などに見られるもの

神社の拝殿で踊る「太刀踊」（室戸市一帯）

室戸市三津（杉尾神社）の「太刀踊」（平成12年撮影）
拝殿を舞台として踊り、見物客は庭にすわって楽しむ。

伴奏の音頭は、拍子木で板を打って拍子をとり、踊歌をうたう。

その踊歌は最も変化した形を示している。「流行歌」という演目があり、その年の新しい歌謡曲で踊る。ちなみに、平成12年は、香西かおりの「雨酒場」であった。演目ごとに幕を引く地区もあり、地芝居などの影響が強くうかがえる。

である。これらの古風な形態は、中世以来、津野氏の所領であり「津野山郷」と称された西部山間地を核とした地域の特質となる。同じ「花取踊」でも、諸要素の変化・変容は、周辺の平野部・海岸部の地域へ移るほど著しくなる。

これに対し「太刀踊」は、東部の室戸市、物部村（現香美市）から、中央部の高知市、土佐市、佐川町、日高村などに集中して見られる。ただし、その内容は多様である。

室戸市（佐喜浜町尾崎・椎名・三津・高岡・室津）の事例は、神社の拝殿を舞台とし、伴奏には拍子木で板をたたき、演目ごとに幕を引くという近世・近代流行の歌舞伎・浄瑠璃風の演出を取り込んでいる。「狂言」「踊万歳」とも称された「地芝居」流行の影響が考えられる。（これらの芝居は序章・四でも見た通り、浦地区で特に盛んに行われていた）

また、鏡村大利（現高知市）の事例は、冒頭に「太刀調べ」と称し真剣の試し切りをし、懐紙を空中に舞わせる。さらに土佐市蓮池、佐川町四ツ白、日高村沖名などの事例では、相手の持った「ザイ」（紙四手）を真剣で切り、紙吹雪を飛散させるなど目立った演技を見せる。これらは、序章・二で紹介した夏目漱石『坊ちゃん』が「感心のあまり」「余念なく見物」したという「高知のぴかぴか踊り」の類である。（ただし、現在は多くが模造刀を使用しての演技となる）

また、東部山間地の物部村根木屋（現香美市）には、左右の手に大小の刀を持って踊る〝二刀流〟の「太刀踊」も伝承されている。踊歌は、幕末期以降、「盆踊・豊年踊」の歌としても流行した七七調の口説き歌「鈴木主水」になっている。

さらに、刀に替わって手ぬぐいを振って踊るという「太刀踊」もある。県中央海岸部の赤岡町（現香美市）のほか、大豊町、本川村（現いの町）など東部山間地にも見られる。武器に替わる手ぬぐいは、最も変化した結果と見ることもできるが、「花取踊」（太刀踊）が元々民間の「歌垣」的儀礼に始まる踊りとしたら、「手ぬぐい」は先祖還りとする見方も可能かもしれない。（この件はさらに一考を要する）

以上見てきた「花取踊」（「太刀踊」）は、土佐においては、かつてはいずれの村にもあったと言えるほど普遍的な踊りである。現在の遺存例も優に百箇所を超える（『高知県の民俗芸能―高知県民俗芸能緊急調査報告書』令和4年3月）。また限定的ではあるが県境を接する愛媛県、徳島県にも伝播して行った。四国内でも地縁の無い香川県には伝承は見られない。それらの現況については既に「四国における花取踊（太刀踊）」（『増田の花取踊　調査報告書』平成29年、文化庁）の中でも、一応の報告と解説を行なっているので、併せて参照を乞う。

なお、さらなる海を超えた流伝については、次章（第四章）で、資料を挙げて紹介し、具体的に検証することとする。

第四章　「花取踊」の流伝とその意義
―伝播の様相と土佐との関わりを探る―

一　はじめに

「花取踊」の伝播において注目すべきは、地縁のある四国内での展開だけではなく、一見全くその縁も想定できないような遠隔の地に、名称は異なるが、元々は全く同じ芸能であったに相違ないとする踊が存在していることである。土佐から離れた所から順にその地点を挙げれば、長崎県四箇所、鹿児島県二箇所、岡山県二箇所と、計八箇所に点々と認めることができる。

中には、現在では「離島」と呼べるような遠隔・孤絶の地域も多く含まれている。前代の盛んな海上交通を考えるとしても、先ずはかつての「花取踊」の勢力の大きさ、その歴史の古さに思いが及ぶ。

全く異なる環境における流伝地の芸態は多様である。そこから見えてくるものも様々であるが、その一方で、動かない共通の一致点があることは確実である。対照することで、「花取踊」の大切な要素、例えば室町小歌（『閑吟集』所収歌など）との深い関連も浮かび上がってくる。

相互の結びつきを史料的に明らかにすることは難しいが、こうした状況を踏まえ、列島を構成する島々の歴史的・

社会的、地理的環境の意味についても考え、流伝から見える「花取踊」伝播の意義について、検討のための視点も提示してみたい。

二　「花取踊」の流伝地とその様相

私が見出した流伝の地（八箇所）は、これまでそのいずれの地域にあっても、土佐の「花取踊」との関連は全く認識されていない。一先ずは順次、その内容を記録し、具体的に様相を見ることとする。その上で土佐・高知との関わりにおいて、私見を元に検証する。その際、芸能の同一性を確認する上で最も重要な視点は、全体の形態と共に「踊歌」の一致にある。前章（第三章）の冒頭の二に掲げた土佐の基本的な詞章と態様とを念頭に検証を進めたい。（なお、流伝地の資料は、平成十八年〈二〇〇六〉前後に行った現地調査・取材を基とする）

長崎県大村市沖田郷（現沖田町）の沖田踊

「大村の沖田踊」は、国選択無形文化財に指定（昭和五十五年）され、既に調査報告書も作成されている（『大村の沖田踊』大村市教育委員会、昭和五十八年）。しかし、未だ「花取踊」との関連については、その指摘も認識もなされていない。当地では「長刀踊」とも呼ばれている。

なお現況をいえば、平成二十六年〈二〇一四〉には国指定重要無形民俗文化財となり、令和四年〈二〇二二〉にはユネスコ無形文化遺産「風流踊」の一つとして登録もされている。

大村市沖田郷（現沖田町）は、大村湾に注ぐ郡川（こおりがわ）下流域左岸に位置する集落である。「沖田踊」は

「寿古踊」「黒丸踊」と共に大村三踊りと呼ばれ、江戸時代には大村藩の祝事芸能として八年ごとに城内で踊られてきた。現在でも神事とは関係なく城跡で踊られ、宗教的色彩抜きで伝承されてきたのが特徴という（米倉利昭「「大村藩三踊り」考―戦国時代祝事芸能の形態と伝承」『國學院雑誌』昭和59年1月）。

「沖田踊」の由来については、江戸時代の大村藩の公的記録『郷村記』（天和元年〜文久二年成）に、次のような記事がある。

文明年中法養と申す中国浪人當所に來り、此踊を教へしと云、則拾八人の踊子を仕組、九人は長刀、九人は太刀を以舞ひ踊りしに、終に沖田踊りと相唱へ定例となり、八年目毎に踊るなり、右法養其後黒田に徒り、同所にても右踊りを教へしゆへ、以前ハ沖田踊に黒田より加り候よし、踊年には此踊のみ並松の祇園社へ踊るなり、右由緒有之よし申伝ふれとも其故詳ならず、踊子以前は拾八人なりしか、中興拾六人となり、文化十一甲戌年省略ニ付、猶又減少拾人となる。装束以前は裁付なり、中興袢天となる、

この記録で注目すべきは、伝承における「文明年中〈一四六九〜八七〉」という時代と、「法養」（「中国浪人」）というこの地に伝えた人物の名である。私見では「法養」は、信仰と芸能をもって身を立てた人物、中でも旅の修験者の可能性が高いと思う。また、その態様「九人は長刀、九人は太刀を以舞ひ踊り」も、「花取踊」と重なる。さらに「装束以前は裁付なり」とする記事も、古態を受け継ぐ土佐「津野山郷」の衣装と一致するものとなる。

現行の踊子は二十人が基本で、十人が小学生の長男で構成された小太刀役。その装束は、頭に鉢巻をしめ、黒い半纏様の着物に角帯、手甲、脚絆、黒足袋、腰に印籠。十人が中学生の長男で構成された長刀（なぎなた）役で、その服装は小太刀役と同じであるが、鉢巻の替わりに菅笠をかぶる。

踊の体形は円形で、外側に長刀役、内側に小太刀役が位置する。囃子方（締め太鼓、横笛、鉦）の伴奏と歌い手の

長崎県大村市沖田町の「沖田踊」（『大村の郡三踊』大村市教育委員会、平成25・26年撮影より）

円形の踊（長刀が外、小太刀が内）
向かい合って踊り、様式化した切り組みの所作を見せる。

踊子の装束　共に黒の半纏様のもの。

小太刀は、頭に鉢巻を巻く。

長刀は、頭に菅笠を被る。

囃子方（締め太鼓・鉦・横笛）と歌い手は踊の円の外側に列になって並ぶ。

踊歌によって、向き合って切り結ぶなど、様式化した振りを見せる。半纏様の衣装や鉢巻・菅笠なども合わせて、現行は、「文明年中」という伝承とは相違し、全体にかなり近世化した印象の踊になっている。

肝心の踊歌については、『郷村記』は前掲の記事に続けて次の様に記録している。（用字は原本のままとするが、私見によりハヤシ言葉を判読し、校訂本文とする。濁点を付し、歌を区切って番号を当てる）

諷文句

①　こちころふべ　あいのしやくはね　夜《や》　およればかたの　いたひ（に）

②　くれなひは　濡ていろます　よめごは殿と　寝てます

③　寝たねんな　枕こそしれ　枕にものを　とはばや

④　うちたたき　ものをとへども　枕はものを　いはばや

⑤　こばこいよ　こずばなきさの　よや　こちやこてその夜が　あけぬか

⑥　ここ明けよ　大和折木戸　夜《よ》や　明けずばのぼり　はねこへよ

⑦　はねこゑよ　身にはよもこじ　こちよれきぬの　妻着しゆふ

⑧　着も初ぬ　絹のつまより　き初た地白　帷子

⑨　着もきたり　待ちも待ちたり　たぶさに露の　うくほど

⑩　茶は茶屋に　酒は酒やに　酒代は殿御の　御蔵に

⑪　引けひき木　まはれ小茶うす　ばんばとおろせ　小葉の茶

以上十一首となるが、句切れの位置は、第二章の末尾で検証した5音で始まり4音で結ぶ「5・7、7・4」という四句形式を念頭にそれに倣った。結果、ここにもほぼ同じ詩形を確認できることは間違いない。現行も小さな違いはあるものの、基本的にはこれらを継承した類似の歌詞となっている。

次いで「花取踊」の歌詞との具体的な重なりを見る。②は、前章（第三章）の二に例示した基本歌、

紅は　濡れて色増す　御方は殿御を　寝て待つ　（日高村沖名「花採太刀踊」）

と重なる。②の結びの句は、前半の「色増す」と対応して「寝てます（増す）」とあるが、この方が本来の正しい形であることは以前（第三章）にも述べた通りである。

⑥、⑦、⑧は、同じく第三章の二で示した「入りは」歌の詞章、

ここ開けよ　山のとりけぞ　開けずは登り　はね越えて　（1）

はね越えて　見ればよも着ず　こち寄れ絹の　棲着せう　（2）

着そめぬ　絹の棲より　着そめた地白が　百ましよ　（3）

とほぼ内容的に一致している。それぞれに転訛した箇所が見受けられるが、恋の忍びの掛け合い歌と見なすことができるのは同様である。⑥の「大和折木戸（やまとおりきど）」は、こちらの方が本来のものに近い可能性がある（なおそれに続く「夜や」は、ハヤシ言葉の混入したものと判読し区別した）。「折木戸」は、『閑吟集』（永正十五年〈一五一八〉成）に「鎖すやうで鎖さぬ折木戸」（254番歌）とあるほか、土佐でも類似の伝承歌として、檮原町中平の次のような「花取踊」の歌を挙げることができる。

そこ開けて　やまとおりきど　ヨー開けずばイヨ登り　イヨはね越え

⑪は、第三章・二で示した「引きは」歌の歌詞、

引け挽き木　回れ小茶臼　ばんばとおろせ　こばの茶　（17）

と全く一致する。これまで見てきた沖田踊の形態と合わせて、右の「入りは」「引きは」歌などの歌詞の重なりは、

この『郷村記』の資料が、本来「花取踊」と同根の踊歌であったことを示す決定的なものと言ってよいであろう。

そのほかの歌詞についても若干の考証を補っておく。①、③、④、⑤は、いずれも男女の閨の情景をうたったものと認めることができる。性愛の歌は「花取踊」においても必須の基本歌であった。

①は、「こち転べ　あいの尺八　や　お寝れば肩の　痛ひに」と読み取ることができる。「あい」に漢字を当てるとすれば、「間」であろうが、「逢い・愛」の意も含ませたものと見ることも可能であろう。尺八は、室町小歌の伴奏楽器である中世尺八「一節《ひとよ》（夜）切《ぎり》」を指しており、そこにも思いを込めていると考えることができる。

③は、「寝た寝んは　枕こそ知れ　枕にものを　問はばや」と読み取ることができる。その意は、共寝をしたか否か、情事の真実を知るのは「枕」のみ、「枕」に真実を聞いてみたい、というのであろう。

④は、「打ち叩き　ものを問へども　枕はものを　いはばや」と読み取ることができる。前の③と合わせて、「枕」に当たる女性の嫉妬の歌と読める。

⑤の前半は、現行は「来ば来いよ　来ずば投げさい」とうたっている。とすれば、④の「枕」への八つ当たりの先の場面と見ることができるが、全体を通しての正確な意味はなお判然としない。

ところで、これら「尺八」と「枕」に関連して、参考となる一連の歌が、中世の巷間の歌謡「小歌」を集めた『閑吟集』（永正十五年〈一五一八〉成）に収められている。

とがもなひ尺八を　枕にかたりと投げ当てても　さびしや独寝《ひとりね》　(177)

一夜こねばとて　とがもなき枕を　縦な投げに　横な投げに　なよな枕よ　なよ枕　(178)

来る〳〵とは　枕こそ知れ　なう枕　物言はふには　勝事《せうし》の枕　(180)

戀の行方を知るといへば　枕に問ふも　つれなかりけり　(181)

閨における独り寝の女性、男を待ち侘びるその思いを「尺八」と「枕」に当ててうたっている。踊歌と相通ずる情景としてよいであろう。問題は『郷村記』の歌詞との前後であるが、「花取踊」の踊歌も含めて、「5・7、7・4」という四句形式をより古いものと考えるのが私見である。その当否は別にしても、これらの踊歌が中世にさかのぼる貴重な歌謡資料となることはだけは確かである。

なお、①「こち転べ　あいの尺八　や　お寝れば肩の　痛ひに」に関しては、土佐の「花取踊」の事例からも関連する資料を挙げることができる。吾川郡春野町仁ノ（現高知市）の『花取躍』（明治十七年書写）という資料には、

こちやころべ　はんや　ころうつほと　ころべよや　およれば　ふん　かたの　やいたいに

とする歌詞を見出すことができる。ハヤシ言葉を判読すれば、冒頭の「こちゃ転べ」と後半の「お寝れば肩の　痛いに」が一致していることが分かる。「尺八」なる言葉は見えないが、土佐にも同様の伝承があったことは確かであろう。（この資料『花取躍』（明治十七年書写）の全体については後の第七章・八で紹介する）

また、⑨は「来も来たり　待ちも待ちたり　髻（たぶさ）に露の　置くほど」と読み取ることができるが、これも例えば『巷謡編』の【高岡郡田植歌】の項には、

来も来たり　待チも待たり　たぶさ（髻）に露の　ふるまで

とあり、土佐では「田植歌」としてではあるが、共通の歌を伝えていたことが分かる。「髻」は髪の毛を束ねた頭上の「もとどり」のことであるが、それに露が置く（又は、ふる）とは、忍ぶ恋の互いの待つ時間の長さを象徴的にうたったものと理解することができる。

以上、歌詞の重なりを見て来たが、地域と時代を越えた伝承の共通性にはただただ驚くばかりである。かつて中世のある時期、土佐と当地とは文化的に全く一体の土壌にあったことは疑うべくも無い。「花取踊」はそれを証する大

きな「事実」としてよいであろう。

それにしても残念なことは、この「大村の沖田踊」が国の重要無形民俗文化財に指定され、ユネスコ無形文化遺産「風流踊」の一つとしても登録されているのに対し、より古態をうかがうことができる土佐の「花取踊」が、未だに高知県の指定のみに止まっていることである。大方の認識を改めるべく、論考を重ねなければならない。

補註 令和六年一月、津野町の「葉山の花取踊」が、文化庁により「記録作成などの措置を講ずべき無形の民俗文化財」に選定された。私の願いの一部の実現ではあるが、当地は担い手を欠き衰滅の危機にあえいでいるのが現状である。今後の継承に向けさらに努力を傾注することが求められる。本来、土佐の「花取踊」は「風流踊」の筆頭に位置づくべき民俗文化財であることを改めて強調しておきたい。

長崎県南松浦郡有川町（現新上五島町）鯛之浦郷の長刀踊

有川町鯛之浦郷は、五島列島・中通島の中央部、鯛之浦西岸に位置する集落である。現在「長刀踊」は、鯛之浦郷の盆行事として八月十五日に行われているが、その由来について『有川町郷土誌』（昭和47年）は、最初は、正月二日に行なっていたがある年休んだところ、流行病が起こり、そうとうな死者が出たのでそれからは毎年盆の一五日に続けていると言う。

と記している。「神踊り」とも「先祖踊り」とも称し、神仏習合のなごりがある所に特徴があるという。また、同書所引の「塩竈明神社」の「縁起書」には、

抑塩竈老翁ハ鯛ノ浦郷住民の遠祖ニシテ（中略）、毎年正月二日ニハ宮地ノ前ニ於テ、若者ウシロハチマキニテ長刀舞ヲセリト、古来ノ伝説ナリ、

とある。これらを見ると、盆行事となる以前、住民の遠祖「塩竈老翁」なる神を祀る踊りとして、正月に行うという

のが「伝説」の伝える本来の形であったようである。現行も必ず最初に鹽竈神社の前で踊ることになっており、以下観音寺跡、戦死者の墓前、初盆の家（公民館前に集まった精霊船の前）と回る。

現行の踊の形態は、中高生から大人までの男女が二列になり、四人一組で対になって切り組みの所作をみせる。手にはいずれも木製の長刀（白い和紙で総飾りを付ける）を持っている。衣装は、男は黒の法被に袴姿。白鉢巻、白タスキを付ける。女は浴衣様の着物に赤鉢巻、赤タスキを付ける。かつては青年団の男子が、上は白の下着、下はステテコ姿で、男役は向う鉢巻、女役は後ろ鉢巻で踊ったという。

伴奏楽器は締め太鼓（一人）のみで、歌い手（数人）の踊歌と掛け声で進行する。先祖を祀る正月の踊であったという伝承には注意を引かれるが、採り物としての「長刀」や、向き合って踊る二列の形態など、基本的な態様は「花取踊」と重なると認めてよいであろう。

踊は、「神仏」と呼ばれる次の様な前口上で始まる。

エヘン、エヘン、天下太平、国土安穏の御代、毎年嘉例の神踊り（又は、先祖踊り）、みなさま御見物なされ候。

踊歌は口承で伝えられたものであり、『有川町郷土誌』は、全て発音のまま片仮名で表記している。掛け声（ハヤシ言葉）を判読し、読点の位置を変えて次に転記する。

一　ア、コチコロベ、アイノシャクワアチ、ヤ、オヨリガ、ア、カタノ、ヤ、イタサヤ
二　ア、クレアイワ、ア、ヌレテユルマアス、ヤ、ヨメゴト、ア、トノト、ヤ、ネテマツ
三　ア、ネタネンワ、ア、マクラコソシイイデ、ヤ、マクラガ、ア、モノト、ヤ、ユクバト
四　ア、ココアケヨ、ア、ヤマトヲルキヰイド、ア、アケゾバ、ア、ノボル、ヤ、ハネコエ
五　ア、ハネコエテ、ア、メメモコモトオ、オチヨコチヨト、ア、キンノ、ヤ、ツマキシヨ

長崎県旧有川町（現新上五島町）鯛之浦の「長刀踊」（平成17年撮影）

男女が向き合って二列になって踊る。手にはいづれも総飾りの付いた木製の長刀。

四人（男2、女2）一組で踊り、打ち合い、切り組みの所作を見せる。

男女いづれも草履をはく（男は白、女は赤の鼻緒）。長刀を大きく振り、跳躍する。

六　ア、キモソメノ、ア、キンノツマヨオリ、ワケゾメノ、ア、ジシロ、ヤ、カタビラ

七　二と同一の歌詞

片仮名表記のため読みにくいとは思うが、前に示した「長崎県大村市沖田郷　沖田踊」の『郷村記』「諷文句」の歌詞と読み比べてみてもらいたい。掛け声（ア・ヤ）を除けば①、②、③、⑥、⑦、⑧と、この順序でほぼ一致していることが分かる。若干の言葉の異同、訛伝はあるが、口伝えで伝承されてきた『有川町郷土誌』の歌詞の確かさには驚かされる。「ア」とか「ヤ」という掛け声（ハヤシ言葉）は、その位置もかなり正確なものと思われ、実際の歌い方を示す貴重な資料と言える。

「入りは」歌を始めとした「花取踊」の基本歌との重なりからは、前述の「沖田踊」と同様、本来、土佐の「花取踊」と同根の踊と確認してよいであろう。

長崎県北松浦郡宇久町（現佐世保市）本飯良郷の薙刀踊

宇久町本飯良郷は、五島列島最北端の宇久島の南西部に位置する。宇久島は、小値賀島に七・五キロと近接するほかは遥か海洋に囲まれ、古来、中国や朝鮮への交通の要所としても知られた地域である。

「薙刀踊」は、昭和十五年までは本飯良郷の氏神、八幡神社の例祭（十月二十七日）に奉納されてきた。昭和十六年から二十年まで戦争で中断の後、祭礼では奉納されていない。戦後は、中・高生のクラブ活動の中で伝承され、文化祭や町の「平家まつり」の中で演じられてきた。

現行の踊は、半纏に股引、鉢巻、タスキ、脚絆姿の男女が円形（二重）をなし、内側に小太刀、外側に薙刀（大太刀）が位置し、対峙して切り組みの所作をみせる。伴奏は締め太鼓と神楽笛（現行はリコーダーを使用）で、歌い手の

踊歌によって進行する。

踊に先立ち「山伏問答」が行われるが、その検討は後に回し、まず踊歌を『大正七年 北松浦郡 平村郷土誌』（「第八節 童謡俗謡 二、俗謡 1、薙刀躍ノ謡」）に拠って示す。なお本飯良郷は旧平村に属し、平村は昭和三十年、神浦村と合併し宇久町となっている。（歌詞の用字はそのままとするが、適宜、句切れ及び歌番号を付す）

①　薙刀使ふば　後が大事　大事使ふば　皆若い衆
②　茶は茶屋に　酒は酒屋に　酒では殿の　さげをに
③　東風雲は　降らでかなわぬ　吹かでし山に　ときばへし
④　あの山の　かのこめ山の　つつじの花は　二もと
⑤　一枝は　釈迦の御みやげ　又一枝は　我が身のため
⑥　ねやおきて　とふりかためて　や島が磯に　さばつりに
⑦　つるさばは　ゐにつかず　磯べの女郎に　めがついた

踊歌の中で注目されるのは、④と⑤である。以前（第三章の二・三）に例示した「花取踊」の基本歌、

あの山の　さんくみ山の　つつじの枝が　ふた枝
ひと枝は　釈迦の土産　またひと枝が　身のため　（室戸市椎名「太刀踊」）
あの山の　さんこみ山の　つつじが枝は　ふたえだ
ひとえだは　釈迦のおみやげ　またひとえだは　身のため　（佐賀町荷稲「花取踊」）

などとほとんど重なる。こうしたツツジの花取り歌の一致は、これまで見てきた中でこの事例が初めてである。

土佐の「花取踊」との重なりを考える上でもう一つ大事な手掛かりとなるのは、踊の冒頭に行われる「山伏問答」

である。修験道・山伏と「花取踊」の形成との密接な関わりについては、既に検討しているが、この「薙刀踊」においてもその山伏が登場する。『宇久町郷土史』（昭和40年）に拠り、その文句を示す。（全体に謡曲「安宅」に依拠したものと考えられ、誤伝・訛伝と思われる箇所には本来の言葉をカッコ内に補う）

大太刀　如何に判官殿は十二人の作り山伏となり、東におくだりの由、承わり候ほどに、ただ親籍（新関）をすへて候へ。

小太刀　いーや、いや、作り山伏には候はず。たーだ、ただお通し候へ。

大太刀　さーらば山伏の起りはみごとお語り候へ。

小太刀　それ山伏といっぱ。役の婆塞の行儀を受け、その身は不動明王の尊容を型取りけんといっぱ、内のほうがん（五智の宝冠）なり。十員二人（十二因縁）のひだをすえて、頂きにくえ万駄羅（九会曼荼羅）の掛の鈴掛け（柿の鈴懸）、たいそうこくしき（胎蔵黒色）のはばき（脛巾）をはき、さて又八つ目わらじは、たちよう（八葉）のれんじ（蓮花）をふまえたり。出で入るいけ（息）にアウン（阿吽）の二字を唱え、即神（身）即仏の山伏を、此処にて打取り給わん事、明王の修乱（照覧）はかり難しゅや、権現の御罰と当らふ事、立所に於て疑いあるべからじ。オンアビラウンケンと数珠をさらさらおしもめば、関の人々肝を消し、恐れをなして通したり。東に下る弁慶は皆薙刀を持ちそうえ。

謡曲「安宅」の本文の内、特に山伏の起源・行儀を述べ、その正当性・真正性を言い立てる部分を必要としたものと思われる。これにより、山伏の芸能としての側面が強く押し出されてくる。こうした形がいつの時代からのものかは不明であるが、薙刀を持つ山伏姿の弁慶の描写から「薙刀踊」へ移行するのは不自然ではない。古くからの工夫であった可能性もある。かつての担い手・伝播者を考える際の資料の一つとなろう。因みに謡曲「安宅」は、寛正六年

〈一四六五〉の演能記録のある古作の能である。

長崎県南松浦郡富江町（現五島市）小島郷のコバコ踊

「コバコ踊」という名称は、踊歌の冒頭の歌詞から取られたものである。かつて踊られていた地名から「女島（めしま）踊」とも呼ばれ、また採り物の特徴から「薙刀（長刀）踊」とも呼ばれている。

伝承地の旧富江町は、五島列島の南部、福江島の南東部に位置し、東シナ海に面した地域。女島は、さらにそこから南西約七十キロにある男女群島の一つで、周辺の海域は、古くから遣明船などの航路の重要な目安として、また鯨・カツオ・ブリ・マダイ・マグロなどの好漁場として、珊瑚の採取地としても知られた所である。

旧富江町の小島郷・黒瀬郷に伝承されてきた踊というが、昭和以降は定期的に踊られることはなく、現在唯一の伝承地である小島郷も、踊り手の子供たちがいないため、平成初年を最後に中断が続き、公開は祝事などの特別な行事に限られているという。

その由来と経過について、『富江町郷土誌』（昭和52年）は次の様に記録している。

女島の前浜の中腹部に鷹神様と称する堂宇（今は既に無し）があって、藩政時代は鷹神様の祭典として漁民（黒瀬、小島）は陰暦毎月四日に女島前浜に於いてコバコ踊をなし、神霊を慰めたといわれている。明治に入ってからは盆踊りとして毎年旧盆一五日に行い、時には二、三日間続けられた事もあり、又富江神社例祭に奉納された事もあったが、昭和に入ってその行事も衰えて、現在は小島部落に、その衣装と歌と踊りの形式が残されていて、特別の場合は現在でも古式によるこばこ踊りが出演される事もある。

藩政時代は漁民による女島・鷹神様（たかがんさま）の踊りとして、明治以降は盆踊り、また富江神社の踊りとして、かつては盛んに踊られていたことが分かる。

保存されている衣装は、昭和五十年代に復活・再興の折り以来、小・中学生の男子が用いているものである。上は筒袖に下は括り袴、鉢巻をしめ、タスキ、腹帯、脚絆という姿である。踊の体形は円形（一重）で、木製の薙刀を持ち、それぞれが前後の者と向き合って切り組む。伴奏楽器は締め太鼓のみである。

踊る前に、口上「天下泰平、国家安穏の御代、祝いの踊りつかまつり候」―が行われる。踊歌は、録音テープでの進行となっているが、富江町教育委員会・岩谷進の私信によれば、

大正時代には、女島への出漁や引き上げの際、網元の家でお祝いする「だんなぶれまい」の時、船頭達が必ず長刀踊りの歌を唱ったと云われています。

というもので、かつては漁師の生活の中に深く浸透した歌であったことが分かる。次にその歌詞を『富江町郷土誌』（昭和52年）に拠って記す。（私見により、句切れの位置は変更する）

第一句　こばこえて　こぞがなこちに　こちやのこば　まわるこちやこよ　しようばんば

第二句　まだよはあけんか　へけへけと　ころせころせよ　こちやのこで

第三句　あのやまの　さんごくみやまの　つつじのはなは　ふたえだあたり　ひとえだは　しやかにまいらす
ふたえだは　わがみのため

第四句　ねておきて　ろをふりあげ　やしまがおきに　さばつりに　さばはつかずに　いそべのじよろの　めに
ついた

「コバコ踊」の名称は、この第一句の冒頭から取ったことが分かるが、口承のままの記載であり、また訛伝のため意味の取りにくい所も生じている。

このほかに、前述の岩谷進（富江町教育委員会）から実際の手書き資料も入手しているので、これにも私解により漢字を当て、歌を区切って次に示す。（『富江町郷土誌』の本文とは若干相違する箇所もある。カッコ内は私見による校訂である）

①　こばこえて　ころがなきすえ　こ茶のこば　回るこ茶のこ　しょうばんば
②　まだ夜は開けんか　へけへけと　こ（お）ろせこ茶こで　こ（お）ろせ
③　あの山の　さんごくみ山の　つつじの花は　ふた枝あり
④　ひと枝は　釈迦にまいらす　またひと枝は　わが身のため
⑤　寝て起きて　櫓をふりかたげ　八島が沖に　さば釣りに
⑥　釣るさばは　ひにはつかず　磯辺の女郎衆が　目についた

基本的に両者に大きな相違はないが、こちらの伝承の方が正確と考えられる箇所もある。「花取踊」の歌詞との比較で、まず注目されるのは、第三句、及び③④のツツジの花取り歌の一致である。これについては既に、前述の「宇久町本飯良郷」の資料でも確認している。さらに第一句、第二句、①と②も、正確な意味は不明であるが、土佐の「引きは」歌の歌詞、

引け挽き木　まはれ小茶臼　ばんばとおろせ　こばの茶　(17)

と、部分的に重なる言葉があり、関連が見出せるかもしれない。なお、これらの歌に関しては、最初に見た「大村の沖田踊」の意味不明の歌詞、

⑤　こばこいよ　こずばなきさの　よや　こちやこてその夜が　あけぬか

とも一部重なる言葉があり、関係してくるかもしれない。

転訛により判然としない歌詞のつながりにはもどかしい面もある。しかし、それだけ長い時間の経過を含んでいるということになろう。誤伝であれ訛伝であれ、歌の言葉へよせる地域の〝信頼〟を思い、今日までかろうじて伝承をつないできてくれた人々に感謝し、さらに思索を巡らせてみたい。

以上、長崎県の四地点を見てきた。三件は五島列島に集中し、一件は大村湾に面した地域であった。いずれも海岸部にあることは留意しておきたい。次いで鹿児島県の二箇所に移る。

鹿児島県鹿児島郡三島村黒島大里の長刀踊

三島村は、薩摩半島の南方、東シナ海に浮かぶ竹島・硫黄島・黒島の三島からなり、黒島はその西の端、鹿児島港から一四四キロの洋上に位置する。東西に大里と片泊の二つの集落があり、「長刀踊」を伝承しているのは大里だけである。

三島村黒島大里の「長刀踊」は、盆および八朔の踊りとして継承されてきたが、現在は月遅れの八月十五日と九月一日に行われている。盆の機会には、「弔い踊」「笠踊」などと共に黒尾神社の境内で踊られ、八朔の機会には、「弓矢踊」「面踊」などと共に太夫（神官）の家で踊られてきた。なお、八朔（八月一日）は「セチガワイ」（節替わり）とも呼ばれ、新節・新年の節目に当たる日で、島では正月元日と同じ大切な日と言い、太夫の家の祭壇には夕刻、島中の神霊を迎えて祈祷し、その後踊が奉納される。

踊子は男性十人程度で、長刀組（女役）と太刀組（男役）とに分かれる。衣装は、長刀組は女物の着物（長振袖）に頭巾、タスキ（左肩から斜めにかけて背中で結ぶ）に帯。太刀組は白襦袢（現行は半纏）に半ズボン、鉢巻、タスキ（両肩からかける）、帯という姿である。それぞれの採り物としての長刀と太刀は、いずれも紙の総飾り（四手）を付ける。

鹿児島県三島村黒島大里の「長刀踊」（平成18年撮影）

長刀組は頭巾に帯を締めた女性らしい扮装であるが、踊子はいづれも男性。踊るのは太夫の家の庭先。

長刀組（女役）と太刀組（男役）に分かれ、向き合い、対になって踊る。

総飾りの付いた長刀と太刀で切り組みの所作を見せる。履物ははかず、はだしで踊る。

踊の体形は、列（二列）と円（二重）の二通りあり、長刀と太刀が向き合い、打ち合ったり入れ違ったりして、ゆったりとした切り組みの所作を見せる。伴奏は、最初に掛け声に合わせて鉦と締め太鼓を打つが、後は「地謡役（ジュータヤク）」のうたう踊歌だけで進行する。

衣装などを除いて、踊の基本、長刀と太刀という採り物や、対になって踊る形態などは全く「花取踊」と重なっている。

次に踊歌について、『鹿児島県文化財調査報告書　第十集』（昭和38年）及び『三島村史』（平成2年）を照合して記載順に転記する。（私見により適宜ハヤシ言葉は判読し、句切れと漢字を付す）

①　わりゃ　紅よ　いや　濡れて色増す　や　嫁御は殿と　いや　寝て増す
②　わりゃ　寝た寝んな　いや　枕こそ知る　よ　枕がものを　いや　言わばや
③　わりゃ　着もそめん　いや　身にはよもこじ　や　こち寄れ　きん（絹）の　いや　褄着しょ
④　わりゃ　着もそめん　いや　きん（絹）の褄より　よ　着そめし　白かたびら（帷子）
⑤　わりゃ　こば来いよ　来ずば泣きそろ（候）よ　来じゃとて　その夜が　明けぬか
⑥　わりゃ　引け引き木　回れこじょうす（小茶臼）よ　ばんばとおろせ　いや　こばの茶

冒頭の「わりゃ」は全ての歌に付く掛け声である。これを除けば、「花取踊」の基本歌（第三章の二）との重なりは①、③、④、⑥において確認することが出来る。③、④は「入りは」の歌、⑥は「引きは」の歌であった。一部に訛伝、相違は見られるものの、ハヤシ言葉を除いた詩型「5・7、7・4」の律調の一致はここにも確認できる。

歌詞は、その全てが最初に示した「長崎県大村市沖田郷」の『郷村記』所載の歌詞と重なっている。本資料の⑤の歌は、直前の「長崎県富江町小島郷のコバコ踊」の所でも意味不通として引用したものと重なるが、二句目の「来ずば泣き候」など、こちらの方が意味は取りやすくなっている。また、「長崎県有川町鯛之浦郷の長刀踊」の歌詞三首(二、三、六)とも重なっている。

歌に伴う踊の振りは優雅で、かなりの古風を窺わせるものであるが、踊歌の歌詞も、その掛け声(ハヤシ言葉)も含めてよく古態を伝えていると思われる。青年団(十五歳から三十五歳まで)が中心となり厳格に伝習、維持されてきたものといい、戦前期までは半農半漁の自給自足の状態であり、島を出て行く人は少なく、ほとんど一生を島で送るという孤立した生活状況が、古い伝統を守ることになったと考えられる。

なお、「大村市沖田郷」「有川町鯛之浦郷」と合わせて、ツツジの花取り歌を伝承していないのは、この三地区共通の特徴となる。

①②の歌詞は、かつて有吉佐和子(一九三一〜一九八四)がその作品『私は忘れない』で登場させた歌の原歌でもある。本書「序のことばに代えて」の解説ではその重要性を認め、特別に紹介している。(なお当地および小説『私は忘れない』、民俗歌謡の意義などをめぐる詳細な考察については、第五章の四・五節の参照を乞う)

鹿児島県姶良郡加治木町(現姶良市)西別府の吉左右踊

名称の「吉左右踊」は現在「きそ踊」と読まれている。加治木町西別府地区に「太鼓踊」と共に伝承され、かつては旧暦七月十六・十七日の両日(「吉左右踊」は隔年)に行われていたものであるが、現在は毎年八月十六日に行われている。

加治木町は鹿児島湾(錦江湾)の奥部にあり、西別府はその北西の高台上に位置する。「太鼓踊」は反土・小山田・木田の他の地区でも伝承されているが、「吉左右踊」を伝えているのは西別府だけである。「吉左右」は本来「きっそう」と読み、「よい便り」の意であるが、地元ではこれをかつての薩摩軍の朝鮮における勝利の知らせと理解し、島津義弘（一五三五〜一六一九）の朝鮮凱旋記念の踊りと伝えている。

「道楽（みちがく）」として「太鼓踊」の先駆け役もするところから、『加治木郷土誌』（昭和41年）は「太鼓踊りの一齣」としている。しかし踊歌から見ると、「太鼓踊」は一般的な「風流踊」の歌詞（土佐では「こおどり」と称している）であり、「吉左右踊」はそれとは全く別枠を成すものと考えなければならない。

由来について『加治木古老物語』『島津義弘公記』などは、戦国期の島津氏に始まるものとする伝承、例えば、島津義弘が「駿河国禰ン佛踊」の様式をもって創始―などと記すが、内容的にはすべて「太鼓踊」に関わるものと判断され、それも『上井覚兼日記』（天正期）などの正確な歴史記録と照合する限り疑問点も多く、必ずしも信をおけない。「吉左右踊」の由来についいては、信頼すべき古資料はないと見なければばならないであろう。

踊は、朝鮮軍と薩摩軍という二組みに分かれて踊るのが特徴で、踊には「道楽」と「庭踊」とがある。「道楽」は二列縦隊の行進、「庭踊」は両軍が列をなして向き合って踊るという形である。この内「花取踊」と関わるのは「庭踊」の方で、縦に二列をなし、薩摩軍の太刀と朝鮮軍の長刀とが対峙し、切り結んだり互いの位置を入れ違ったりして踊る。

踊り手は、ドラ打ち二人と踊り子十人以上（二十人が限度）で構成される。ドラ打ちは、踊の先導や間をつなぐ道化役で、白狐・赤狐の扮装をする。これにも、島津義弘が朝鮮出陣の際道に迷い困窮していたところ、白赤二匹の狐が現れて道案内をし、薩摩軍を勝利に導いたとする伝説が付けられている。

薩摩軍は、黒絣の着物に括り袴、白鉢巻（結び目は両横）をしめ、タスキ、帯、脚絆。顔には白粉、小さい丸い頬紅、口髭（犬の毛皮で作る）を付ける。採り物は、「道楽」には日の丸扇を、「庭踊」には木製の太刀（通常の刀の形）

鹿児島県加治木町（現姶良市）西別府の「吉左右踊」　薩摩軍と朝鮮軍に分かれて踊る。（平成17年撮影）

道楽　「太鼓踊」の先導役「道楽《みちがく》」も務める。手には長刀・太刀のほか扇子を持つ。

薩摩軍の扮装

薩摩軍　顔は化装をし、口髭を付ける。黒絣の着物に黒足袋。太刀を持つ。

朝鮮軍の扮装

朝鮮軍　頭には毛頭を被り、口髭。白絣の着物に白足袋。長刀を持つ。

庭踊　二列に並んで踊る（列の間に見えるのはドラ打ちの白狐）。左の列が木製の長刀を持つ朝鮮軍。右の列が木製の太刀を持つ薩摩軍。

を用いる。朝鮮軍の方は、白絣の着物に括り袴、タスキ、帯、脚絆。頭には毛頭（お椀の蓋に似た台の上に白馬のたてがみを付けたもの）を冠る。顔は薩摩軍と同じく白粉、頬紅、口髭という姿で、採り物としては「道楽」には白地に赤い山形模様のついた扇、「庭踊」には木製の長刀を用いる。

踊歌は薩摩軍の先頭の者が独唱し、ハヤシの部分は朝鮮軍の先頭の者が付ける。太鼓・鉦等の伴奏はなく、歌の間は足を交差して横に移動するだけの所作で、歌が終わったところから場所を入れ替わったり足拍子を踏むなど、活発な踊となる。

伝説に拠る形態はさておき、次にその踊歌を『鹿児島県文化財調査報告書』第八集（昭和36年）と『加治木郷土誌』（昭和41年）を照合して記す。（適宜句切れを付し、カッコ内に漢字を補う）

①　せいじょう（精将）　おおせいへい（精兵）　弓矢は袋におさめよ　世の中は　千代も栄ゆる　末はめでたし〔ハヤシ〕えんしゅーのなほれ

②　あの山は　さんくみ山の　のや　つつじの花　〔ハヤシ〕よー　ふーたーえんだっ（二枝）

③　一枝は　や　さか（釈迦）のおみやげ　げにとまた一枝は　〔ハヤシ〕よー　みーのーだんべっ（身のため）

④　おれどもは　や　おひの花どふ　や　おろくとも　よいほど

最後に「八幡の　茶屋の娘ぢゃなけれども　やっさつるてんの袖を引く　やっさえんじゃもね」という歌をうたうが、途中から「太鼓踊」の鉦を打ち出し、「太鼓踊」へと移行するので、これは本来「吉左右踊」の歌ではなく「太鼓踊」の混入と見て省く。

踊歌の全体は、伝承の過程における変化が著しい。が、これらの歌詞は、土佐の「花取踊」との比較によって初めてその本当の意味を明らかにすることができる。②、③は本来、基本歌であるツツジの花取り歌としてあったものである。以前にも示しているが、ここにも十分な比較のため、重ねて土佐の事例を提示する。

あの山の　さんくみ山の　つつじの枝が　ふた枝
ひと枝は　釈迦の土産　またひと枝が　身のため　（室戸市椎名「太刀踊」）
あの山の　さんこみ山の　つつじが枝は　ふたえだ
ひとえだは　釈迦のおみやげ　またひとえだは　身のため　（佐賀町荷稲「花取踊」）

これらと照らし合せて見れば、「吉左右踊」で〔ハヤシ〕として歌詞から切り離していた部分は、本来は続けてうたうべき歌詞であったことが分かる。

さらに④は、これも前章（第三章）に基本歌として示している、

おれどもが　初の花取り　悪くと良いと　おしよあれ　（6）
おれどもは　初の花取り　悪しくと善くと　おしょうなれ　（東津野村船戸）

などと重なる歌詞であることは、読み比べてみれば瞭然としている。全体に訛伝は多いが意味の共通性はうかがえ、長い時間の経過を思えば、よくぞ口伝えでその音声を今日まで伝えた—と、逆に伝承の力を賞賛したい。

こうして見ると、島津氏の朝鮮出陣の伝説と関わる歌詞は、①のみということになる。ただ、それも歌の意味として明白に伝説を支持していると言えるものでもない。

長刀と太刀が対峙する二列の踊りという基本的な態様と合わせて、こうした踊歌の在り様は、この踊りが本来、土佐の「花取踊」と同根の踊りであったことを明らかに指し示している。となると問題は、「朝鮮凱旋記念の踊り」という伝説やそれらしい形態の工夫が、何時、どのような事情で付会されるようになったのか、そして、それをなぜこれまで疑うことなく信じて伝承してきたのか—ということにもなる。それに力を貸したと思われる折々の公的記事や

研究者の発言も目にする。が、それらを究明することは当面の課題ではない。私としては、ただ本来の踊の姿を示し、正しい理解を願うだけである。それにしてもこの地においては、芸能の全体の印象を一変させるほどに〝伝説〟の影響力は強大であった。

次いで、岡山県の瀬戸内海の地域に移る、牛窓町（現瀬戸内市）には、形態の異なる二つの「太刀踊」が伝承されている。「牛窓」は古くから海上交通の要衝として、風待ちの港として知られた所である。

岡山県邑久郡牛窓町長浜（現瀬戸内市）粟利郷の太刀踊

粟利郷は、錦海湾の最奥部に位置し、海からは少し離れた丘陵上の地域である。「太刀踊」は、粟利郷の氏神である正八幡宮とその末社天神宮の秋祭り（現十月十日、十一日）に、拝殿で奉納される。

現行の踊子は、十歳から十五歳程度の女子四人。二人は男役で、上は白衣、下は緑色の袴姿。手には太刀（通常の日本刀の形）を持つ。二人は女役で、同じく上は白衣、下は緋色の袴。長刀を持つ。太刀・長刀はいずれも木製で白木のまま。

伴奏楽器は拍子木で、箱の蓋あるいはまな板を打つ。これには伝説があり、養老元年に宇佐八幡宮を勧請した際、神慮を慰めるため御座船の敷板をたたいて踊ったためとも、神功皇后のお目にかけるため船端をたたいたことに由来するとも伝えている。神功皇后は八幡神の母に当たり、三韓征伐をしたと伝えられる気長足姫尊《おきながたらしひめのみこと》（『日本書紀』）のことである。武人の崇拝が特にあつかったという。ここにも〝伝説〟が顔を出している。

踊は、太刀と長刀とが対峙し、拍子木のリズムと歌に合わせ、互いに位置を入れ違って踊る。拍子木による「太刀踊」は、土佐では、室戸市の諸地域や鏡村大利（現高知市）などの「太刀踊」と重なる要素である。それについては、私は以前に、近世の歌舞伎・浄瑠璃の流行による「地芝居」の影響を指摘している。

参考とすべき古資料としては、明治期の郷土史家・塚本吉彦（一八三九〜一九一六）の『黍志料』がある。それには、

邑久郡　長濱村大字長濱産土神、八幡宮祭禮に献納する剣舞の神事ハ、男の児貳人太刀を持チ、女の児貳人長刀を持て舞ひ歌ふなり、

とあり、以前は太刀役は実際に男子の担当であったことがわかる。また、踊歌の歌詞についても次のような古い伝承を記録している。（体裁は表記のままとする）

花取りハ七日ヲショウジ　蓮ヤ　花取ハセイゴゼ
奥山ノシャンコミ山ノ　躑躅ノ花ヲ　二枝
一枝ハ　ヤシャノ土産　又一枝ハ　吾タメ

右歌の中、ヤシャハ四十餘年前までハ、シャカと称せしが、或人の説に基き、ヤシャに改めしと云ふ、

左の注記にある古い伝承「シャカ（釈迦）」も含めて、これまでに見てきた「花取踊」（太刀踊）の基本歌、ツツジの花取り歌と一致することは明白である。「シャカ」から「ヤシャ」への「四十餘年前」の改変というのは、土佐と同様、神仏分離令（一八六八）が影響したものと考えられる。また、歌詞一行目末の「セイゴゼ」という言葉からは、『巷謡編』にもう一箇所出てくる「花取踊」【安芸郡土左をどり、花取り地歌】の歌、

花取りは　七日の精進　おとすな精進　イヨ　せい御前
サア　せい御前は　どこのせい御前　にしやどの　せい御前

岡山県牛窓町（現瀬戸内市）栗利郷・綾浦の「太刀踊」（平成17年撮影）

栗利郷の太刀踊

踊子はいづれも女子。（写真の人数は本来の形より増えている）
袴姿の長刀・女役（手前）と太刀・男役（奥）とが二列になって向き合って、踊る。

綾浦の太刀踊

着物姿の長刀（奥）と、奴姿の太刀（手前）とが向き合って踊る。
左端は陣笠を被った音頭（カンコ打ち）

綾浦の採り物

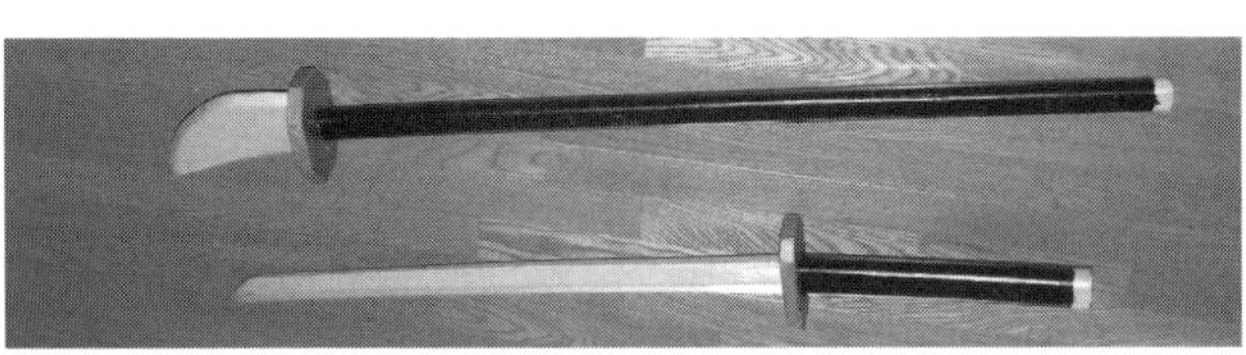

長刀と太刀（いづれも木製）

るとの結びつきも出てくる。「御前（ごぜ）」は婦人の敬称で、「せい御前」は判然とはしないが、精進のさまたげとなる魅力的な女性をうたったものと思われる。

岡山県邑久郡牛窓町（現瀬戸内市）綾浦の太刀踊

様子が違ったもう一つの「太刀踊」は、同じ牛窓町内の綾浦にある。綾浦は、室町期以来見える地名で、関浦、泊浦、紺浦などと並び、牛窓瀬戸に面した瀬戸内海交通の要衝であった地域である。

「太刀踊」は、綾浦の氏神御霊宮（御霊社）の秋祭り（現行は十月第四日曜日）に、拝殿で奉納される。踊子は、十二、三歳位までの男子四人。うち二人は男役として、白鉢巻を前で結び、黒紋付、白のタスキ、裾をからげ、手甲脚絆を付ける。顔には大きな髭を描いた奴姿。手には太刀（通常の日本刀の形）を持つ。あとの二人は女役で、白鉢巻を後ろで結び、付け髪を付ける。腰元風の着物に白いタスキ、顔には丸眉を描く。手には長刀を持つ。

踊は、カンコ（締め太鼓）打ちの男子（陣笠・黒紋付・袴姿）が打つリズムと、脇に控える青年のうたう踊歌とで進行する。男役・女役の四人は、対峙して「へイ、へイ、へーイ」と掛け声をかけながら前進、後退、入れ違い、切り合いなどの型をする。最後は、四人が太刀・長刀を井桁に組み合わせたままクルクルと右回りに回る。掛け声から「へイへイ踊」とも呼ばれる。この掛け声は、土佐でも「へッツ、へッツ」と一部共通した掛け声で踊る所がある。

踊歌は、『牛窓町史　民俗編』（平成6年）は次の様に記録している。（表記のまま転記する）

一、イヨー、ハナトーシンギワ、ヤナノカオ、ショウシテンキハナドーリヤミノスワ、ヤセンゴージ

二、イヨー、セイゴーゼンケイワ、ヤカセゴーダシ、クンヤアシハーウ、ヤドノコワ、ヤセンエーゴウジ

三、イヨー、セゴーゼンケイワ、ヤドノゴゼ、イゴデンリンヨートノ、ヤドノコワ、ヤセエーゴージ

冒頭の「イヨー」は掛け声と認められるが、全体は口承で伝えられたものであるため、地元でもその意味はとれないものになってしまっている。しかし、ここで前の事例にも示した『巷謡編』【安芸郡土左をどり、花取り地歌】の歌詞、

花取りは　七日の精進　おとすな精進　イヨ　せい御前
サア　せい御前は　どこのせい御前　にしやどの　せい御前

を重ねて見ると、おぼろげながら一致する言葉が浮き出てくる。「花取りは　七日の精進」というのが「一」の冒頭部の意味となろう。このほか全体に見る「センゴージ」「セイゴーゼ」「セエーゴージ」という音も「せい御前」と重なる。また「二、三」に見る「ヤドノコワ」「ヤドノゴゼ」も「にしやどの　せい御前」と通じるものがある。

踊歌の変容は著しいが、これも同じ町内、粟利郷の「太刀踊」と合わせて、共に土佐の「花取踊」（太刀踊）と同根のものと認めてよいであろう。

綾浦の踊りの全体は、大きな髭を描いた奴姿、腰元風の衣装など、近世化した印象が強い。しかしながら、ここでも古老の伝承では「神宮皇后の旅の無聊を慰めるために踊った」と伝えている。前にも見た〝伝説〟の魅力である。古伝に誇りを見出す人々の願望の表れと見たらよいであろう。

流伝地から見えるもの、見えないもの

以上、管見により見出した八箇所について、その概要を紹介し「花取踊」との比較・対照を試みた。踊の名称は様々であり、各地各様の姿態を示すものではあったが、それらの形態、なにより重要な「踊歌」の一致・重なりから、当初において「花取踊」と一体の踊であったことは動かない。そこから何が見えるのか、また何が見えないのか

を考えてみたい。

まず芸態として一致するのは、いずれも「対」になって踊るということである。中には男役と女役という重要な区別・役割も見出せた。踊歌に見る「歌垣」に通じる男女の掛け合い伝承は、その淵源を映すものとして述べてきた所であるが、こうした「対」の踊の形態は、本来の古風な芸態を伝えるものとし再確認しなければならない。

次いで、採り物として特徴的な「長刀（薙刀）」の存在である。これは流伝地の全てに共通していた。土佐においては、「長刀」とする江戸期の記録は見出せるが、実際の現行の使用例は数カ所に限られている。大半は本来の「長刀」というよりは、長柄の大太刀、すなわち刀身の部分よりも柄の方が長い形態の「太刀」になっている。しかしながら、これも長刀仕様、「長刀」からの変形と見れば、「花取踊」元々の採り物は「長刀（薙刀）」であった―と判断する可能性が高いこととなる。

ただ意匠の全体においては、流伝地には、これらの件以外には土佐よりも古態を示すと感じられるものは見出せない。神功皇后や島津氏の朝鮮征伐の伝説はあっても、実際は、土佐の「風流」の形象、例えば山鳥の尾羽を用いた冠り物を上回るような古風な趣向は見られない。

ちなみに、土佐には「山鳥を山の神の使い、あるいは化身と見る心情があった」（桂井和雄「山鳥と山の神」『土佐の海風』昭和58年、高知新聞社）。桂井はその拠り所として「山の神と竜宮の乙姫さま」という昔話を紹介している。山の神がオコゼの次郎の仲人で乙姫さまと夫婦になるため、山鳥に姿を変えて逢いに行き、結ばれたという話である。すなわち山鳥は山の神の化身であり、極言すれば土佐の「花取踊」は山の神を冠として頂いて踊っているということにもなる。これは山の神を祀る本来の踊の趣旨としてはふさわしい趣向であり、本質的な意匠であったということになる。山の神への奉納は、現行の事例でも高岡郡窪川町（現四万十町）川奥の「花取踊」に見られる。

私の見るところ「花取踊」を担ってきた土佐の人々の心情は、いずれの流伝地にも増して根源に近い。それは意匠だけでなく、遺存している古風かつ多様な「踊歌」の内容にも表れていることは以前に検証した通りである。ただ、土佐・流伝地共にその全体を通して見られる室町小歌、『閑吟集』所収歌などとの深い関連は、時代性を示す大切な事項として改めて確認しておきたい。

こうした中で、鹿児島県の離島、黒島に伝わる「長刀踊」の持つ情趣・魅力は、土佐には見られないものとして特筆しておきたい。長振袖に長刀を持つ男性が務める女性役の姿態は独特な風情であり、容易にはうかがえないその由来を知りたいと思う。

なお、不審な事は「踊歌」における「念仏」の存在である。これは流伝地のいずれの記録にも見出すことはなかった。宇久町本飯良郷（現長崎県佐世保市）のように山伏が登場する資料もあり、仏教的歌詞もいくつかの地域で共有しているので、あったとすれば途中で失なわれたのか、又は記録から抜け落ちたのか。土佐では、仏教（念仏）がその力を失った近世末期から明治維新の廃仏毀釈、さらに近代の国家神道～軍国主義の時代に至り、地域により次第に消えて行ったものである。岡山県邑久郡牛窓町長浜（現瀬戸内市）粟利郷の資料には、そうした事情を推測させる痕跡はあったが、これ以外にはそうした事態を説明する明確な資料は見出せない。「踊歌」は本来、土佐の事例を踏まえても、最も変化しやすい部分ではあった。

さらに、見極めが一層困難なのが伝播、流伝の経路である。「花取踊」は現在、遺存している事例の数（百箇所に余る）から見たら圧倒的に土佐に集中している。こうした事象から見れば、考え得る一つの中心は土佐にあったとするのが自然であろう。ただ、それが確かであるとしても、如何なる時代、どのような経路により伝播・分布して現況に至ったのか、現在見る全体の構図の中でその事情を知ることは難しい。

三　流伝地と土佐をつなぐもの

可能性として、土佐と流伝地とのつながりを示す若干の状況証拠を挙げておきたい。

「牛窓杣」と「牛窓船」

まず、「牛窓杣」と「牛窓船」の活躍について。『牛窓町史　通史編』（平成13年）は、「牛窓杣などの足跡」の項で、多くの史料を駆使して、少なくとも近世前期から、備前牛窓の杣たちが四国・九州各地で材木伐採に携わり、更には当地出身者による牛窓船が、材木取引及びその輸送も盛んに行っていたことを跡付けている。

例えばそうした資料は、

樵牛窓村・尻海村多し。四国九州の辺に往て業とす。――（元文四年〈一七三九〉『備陽国誌』）

牛窓ニそま六百人程、毎年大隅・薩摩・日向へ参候。――（寛文十年〈一六七〇〉五月晦日、池田文庫「御用留」）

などという文書記録だけでなく、四国・九州各地に残る「牛窓」と刻まれた墓石まで示すことができるという。彼らは、一山単位で契約した山林を伐採する請取山という方法も行っていた。史・資料としては近世以降に留まるようであるが、こうした深い人的交流は近世初期に突然始まるものではなく、さらに遡って考えてみる必要もあろう。

土佐との関わりを示す具体的な事例としては、

高知藩山内文書「元禄十年分御材木山覚」（『日本林政史史料』所収）に、高岡郡日比原山の檜・松等の伐採にかかわって「右者四百人方御足軽杣・牛窓杣并日用杣以御売材木御船道具被仰付」とあり、「牛窓杣」と呼ばれる樵の存在が記されている。

とも指摘している。ここでの「牛窓杣」の実態は明らかではないが、彼らが入り込んでいた高岡郡は、土佐の山間地として、「花取踊」の最も古態を伝承してきた地域でもあった。

さらに注目されることは、安芸郡田野町との関係である。現在でも多くの「牛窓」姓の人々が居住しており、最も古い墓石としては天明八年〈一七八八〉のものが確認できるという。同町の牛窓氏は今も毎年合同で先祖祀りを行い、先祖の故地牛窓町を訪れることもあるとのことである。

特にここで田野町を取り上げたのは、以前に示した牛窓町の二つの「太刀踊」の事例が、当地に伝承されていた「花取踊」の歌詞と密接に関わると考えられるからである。すなわち前に見た『巷謡編』【安芸郡土左をどり、花取り地歌】の歌詞は、記録した鹿持雅澄は「安田・田野・奈半利ノ村々アタリニテ往昔ヨリ踊ル」と前書きで記し、さらにその採集地は「田野浦」であったと後書きで明らかにしている。

「田野浦」は、奈半利川上流域の山地の木材を積み出すため、河口に整備された川港の右岸に発展した集落で、木材の廻船商人のほか、多くの水主・杣夫・流木夫が定住した地域である。土佐藩の仕置役・小倉小助の元和改革により、江戸初期以降に急激な膨張を見せたとされるが、文安二年〈一四四五〉の『兵庫北関船納帳』に材木と榑（くれ）積載の船籍地として登場する「なわり・直利・なはり」も同じ奈半利川の川港と考えられ、田野浦集落の発展は近世以降のものとしても、当地周辺と備前牛窓との関わりは中世まで遡り得る可能性がある。

こうした生活を基盤とした人的交流は、芸能伝播の経路を考える上で重要な手掛りになる。しかしながら、具体的にそれが何時・如何なる事情によるのか、またその方向はということになると、さらに明確な根拠をもって説明することは難しい。ただ、「花取踊」の土佐における多様な広がりから、土佐に大きな拠点があったと考えられることは前に述べた通りであり、土佐から牛窓へという方向も強ち否定はできないと思っている。前に見た牛窓町長浜（現瀬戸内市）栗利郷の「太刀踊」は、伴奏に拍子木を用いることにおいて特徴的であったが、土佐では拍子木は、「地芝居」の盛行した「浦分」（海岸部の地域）の特質となることも、小さな一致ではあるが傍証として注目しておきたい。『巷謡編』に見る「安田・田野・奈半利ノ村々アタリ」の事例は、現在は既に消滅してしまったが、拍子木を用いる「太刀踊」は、室戸岬の周辺地域に今も数多く残っている。

生業を支えた信仰、修験道

山の資源の伐採とその海運と共に、漁業を中心とした海の生活という側面も共通の基盤として留意しておきたい。伝承地である五島列島から男女群島（女島）、黒島、さらに四国土佐は、共に黒潮圏の海域に浮かぶ一衣帯水の地域であった。長崎県富江町（現五島市）小島郷の「コバコ踊・女島踊」は、かつて漁民の生活に深く浸透した踊りであったことを窺わせていた。今後さらに鰹や鯨といった漁業や、珊瑚の採取などの生業の共通性、交流の歴史も考え合わせて行かなければならないと思う。

さらに、一層重要なことは、そうした生業を根本で支えた信仰の側面である。当然伝播の担い手の問題とも関わるが、修験道の展開の究明が大事な手掛りになると考えられる。山伏は、長崎県宇久町（現佐世保市）本飯良郷の「薙刀踊」に「山伏問答」として顔を出していた。「山伏問答」は、土佐との繋がりが考えられる愛媛県一本松町（現愛南町）増田の事例にも見られるものである。ここには長宗我部元親の信任を得たと伝えられる当山派の修験者「寺山の南光院」なる者が登場し、「大峰の善久坊」と「サヤハライ」と呼ばれる問答を展開する。これらの形式は「花取踊」の担い手の記憶を伝えている可能性が高い。また、同じ町内の一本松町正木の「花取踊」が奉納されてきた篠山権現は、南予及び土佐西部における山岳信仰の中心であり、一帯には中世以前からの活発な修験山伏の活躍が想定できる。

こうした一方、長崎県大村市の「沖田踊」を教えたとされる「法養と申す中国浪人」（『郷村記』）は未だ不詳のまま放置されている。信仰という大きな背景を考えることにより、解明の糸口を見出すことができるのではないかと考えるが、如何であろうか。当地では「浪人」を「連歌師」と見る説もあるが、回国の聖、修験者の面影を見出すのが私見である。それは「法養」という名にも現われていると思う。修験者は民俗芸能の伝播者としては最もふさわしい位置にある。その可能性は、この地から先の同じ長崎県の五島列島に三箇所、同様の踊りが分布していることを考えれば尚更である。「沖田踊」に継いで教えられたとされる「黒丸踊」の地元黒丸郷（現大村市黒丸町）には、昭和四年、墓を元に再建したという「法養之碑」も存在し、今も地区民により手厚く祀られているという。が、碑文にも人物像をうかがわせる記述は見られない。今後、由来に関わる従来の諸説・憶測を離れ、本稿で示した一連の「花取踊」との関連を視野に入れた究明に待ちたい。

なお、前掲の八地域の事例はそれぞれに伝承の事情を抱えている。個別の事例においては、伝播の時代も経路も、ただ一つと限定すべきでないことは勿論である。生成以来の悠遠な時間の中、様々な人々や地域との交流により、それぞれの時代、様々な変容を受け入れて来た動的かつ複雑な芸能の生態にも十分留意しなければならないと思う。

四　「花取踊」の伝播をめぐる視点

これまでの考察の上に、さらなる憶説を述べることとはなるが、おわりに、中世土佐における政治的・社会的状況についても若干の資料と考察を付け加え、伝播をめぐる状況について、参考とすべき視点を提示しておきたい。

津野氏・一条氏に見る中世土佐の実力

土佐の文献において「花取踊」の最も古態を伝えるのは、鹿持雅澄『巷謡編』の【高岡郡半山《はやま》郷姫野村三島大明神祭花鳥歌】であったが、中世、この高岡郡の山間地を領有するのは津野氏であった。従来、津野氏の来歴については、不明な点が多いとされてきたが、『高知県の歴史』「3章　武家政権の盛衰と土佐国」（平成13年、山川出版社）は、近年の調査・研究を踏まえ次の様に記している。すなわち、

津野氏も高岡郡を代表する国人である。（中略）近年の発掘調査によれば、十三世紀後半から半山《はやま》の姫野々土居《ひめののどい》（津野町）に本拠をおいていた可能性が高い（『姫野々《ひめのの》城趾』Ⅰ・Ⅱ）。（中略）十五世紀後半から十六世紀初頭に最盛期を迎え、その城下の姫野々や外港の須崎はいっそうの発展を遂げたのであった。

とし、さらに「コラム　掘り出された姫野々の城と土居」では、

姫野々城跡は津野氏の本城跡と伝えられているが、（中略）築城時期も不明であった。しかし近年の発掘調査では、礎石建物・掘立柱建物跡・横堀状遺構とともに、多量の土師質土器・貿易陶磁器など、十三世紀後半から十六世紀中頃までの遺物が出土した。（中略）天文十五（一五四六）年に一条氏に降るまで機能していたと考えられる。

と、その活動の時代と勢力を明らかにしている。「十三世紀後半から」とする活動時期と、須崎港を拠点とした「貿易陶磁器」の存在は、特に注目すべき点であろう。

なお、義堂周信（一三二五～八八）と並び五山文学の双璧と称される臨済宗の禅僧・絶海中津（一三三四～一四〇五）は、津野氏の一族とされている（義堂周信も同郷であり、現在、津野町船戸の地「堂海公園」には二人を顕彰した銅像が建立されている）。

さらに、中世土佐の「地域」としての実力を最も良く示しているのは、上述の津野氏を降した土佐一条氏の存在である。応仁二年〈一四六八〉九月、前関白・一条教房（一四二三〜一四八〇）の「土佐国幡多荘」下向に始まり、長宗我部氏に屈する戦国末期まで、中村（現四万十市）を拠点として京都さながらの積極的な領国経営を展開した。特に近年、海運と交易に目を向けた新たな土佐一条氏の実態研究が進展し、兵庫―瀬戸内海―豊後水道―幡多という海の道の掌握のみならず、土佐沖の南海路を通じ、対明貿易をも視野に入れた下向の真の意図や展望が示唆されている（市村高男編『中世西日本の流通と交通』二〇〇四・高志書院、同『中世土佐の世界と一条氏』二〇一〇・高志書院など）。宮中や本願寺への南方の産物の進上（『お湯殿の上日記』『天文日記』）や、一条冬房（一四九八〜一五四一）の大船建造、堺商人・本願寺との連携の記事（『天文日記』）、十五世紀後半以降、西南四国で大量に出土する「貿易陶磁」の存在―などが特に象徴的な出来事である。このような点と線をつなぐ作業からは、一条氏の土佐への下向は、決して戦禍を避けての消極的避難ではなく、京都に代わる新たな拠点としての可能性を土佐に見出し、積極的にその実現を図ったものと読むことができるようである。

こうして浮かび上がってきた海運と交通・交易の視点、その主要な拠点としての土佐への認識は重要である。流伝地として見出した五島列島や男女群島の女島、鹿児島県の黒島は、いずれも中国・朝鮮との交易における海上交通の要衝として、室町・戦国期の明や朝鮮で出版された諸資料『海東諸国記』『日本図纂』『日本一鑑』などにも記載されている地域である。九州の東岸から南端の薩南諸島を回り西岸の海域へ、さらに東シナ海から明へ通じる南海航路を想定すれば、当然、それと関わる土佐との交流も想定できる。「花取踊」の流伝に見た諸地域は、現在考えられる「辺境」のイメージではなく、中世においては、東アジアの諸外国へ向かって開かれた最先端の地であり、高い文化の地であったのである。

勿論、こうした時代・社会の状況と芸能の生成・伝播の環境とを、一直線に結び付けて論じることができるわけではない。ただ、土佐の氏族の行動が常に都・中央を意識したものであったにしても、土佐という「南海僻遠の地域」が一方的に京都に従属したのではなく、時には対等以上にその力を発揮していたのであり、それは芸能においてもまた同様であったと看取しなければならないと思う。時宜を得れば都からの伝統（滋養）も吸収し、自前の「風流踊」を創り広める、そんな〃実力〃も育っていた「地域」として中世土佐を見出し、評価しておきたい。

すべては歴史的には限定的な状況証拠であり確たるものではない。しかし現在、当時の中央である京都及びその周辺には、拠点となり得る「花取踊」と類似の「風流踊」が全く見出せないことを併せて見ると、中世「花取踊」の重要な根拠地の一つが土佐にあったということだけは動かないと思う。

古来、日本人は海洋に浮かぶ列島の大小の島々の中で「生」を営み、互いに豊かな文化を築き上げてきた。いずれの島も、狭い平地に広大な山地が立ち上がっている。「花取踊」の始原は、その山々で花を取り、うたい踊ったのである。島々の間をまたぎつなぐ人も多様な人々がいた。その間の歴史的脈絡については、さらに小さなことにも眼を凝らし、熟考を重ねなければならない。「花取踊」の「謎」を考えることは、日本人の生活の歴史、その内実、精神的状況を考えるという格好の視点となる。我々は「ふつうの人々の生活の歴史」に、もっと眼を向けなければならないと思う。

第五章　「花」とは何であったのか

―「花」の本意と「歌」の歴史的意義―

一　はじめに

第三章で見た通り、「花取踊」が担う「花の民俗」―ツツジの花取りは、はるか古代まで見通すことができるものであった。それでは、そもそも人間にとって「花」とは何であったのか、その存在の本意や呪的意味について、具体的に土佐の事例から、またそれを補う他の地域の事例から考えを深めることができればと思う。さらに、「花」をうたう民俗の事例を手がかりに、民俗の持つ「歌」の力、その歴史的意義についても迫ってみたい。

賤民が媒介した「聖」なる花、「活霊」を含む花

「花」がふつうの人々にとって特別な存在であったことは、既に前に引いた柳田国男『歳時習俗語彙』のいくつかの事例の中にもうかがうことができる。例えば、「テンタウバナ」という語彙においては、卯月八日に「躑躅・石楠花」を供えるにあたって、

それも山にあつても家では取りに行かず、銭を出して賤民の持って來るのを買ふ。……この花はしまって置い

て、……水死人のあった時に亡骸の所在を卜する等、色々の呪法に利用せられて居る。（播州越知谷など）という地域の事例が示されていた。

ここに見る「賤民」は、近代においては差別の対象となる特別な人々であった。が、かつては「乞食・非人・河原者」などと呼ばれながらも、天皇・神仏に直属する聖なる職能の人々であったことが明らかにされている（網野善彦『中世の非人と遊女』明石書店、講談社学術文庫）。網野は、その職能民の「技術・芸能・呪術」について、

それはまさしく、「聖」と「俗」との境界に働く力であり、自然の底知れぬ力を人間の社会に導き入れる懸け橋であった。

と説明している。「花」を用いた「呪法」は、柳田の指摘する所でもあったが、ここにおいて「賤民」のとりもつ「花」は、まさに「自然の底知れぬ力」を持った〝聖なる存在〟ということになる。

この自然（花）の持つ深い力、すなわち聖的意味について、和歌森太郎は「活霊」ということばを以って説明している。手がかりとしたのは、我が国における最も古い古典『古事記』である。その「上巻」の中には、歴代の天皇の寿命が長くはない由来を語る神話があり、そこには「花」の本意が語られていると読むことができる。

すなわち、アマテラスの孫ホノニニギノミコトが、山の神・オオヤマツミノカミの女（むすめ）、コノハナノサクヤビメ（木花之佐久夜毘売）と結婚し、醜い姉のイワナガビメ（石長毘売）を返したことにより、その寿命は石のように永遠・堅固ではなく、花のように咲き栄えても、衰え散るはかないものとなったとする因縁譚である。ここには、山の木の花をもって人間の生命の象徴とする古代の人の大切な観念が見て取れる。また極言を以ってすれば、古代の人は、人間は山に見る木の花から生まれた—と考えていたと読むこともできる。自然との一体感、その感覚は、まさに底知れぬほど深いと思う。

この神話から和歌森太郎「「花」の民俗」（日本の古典芸能5『茶・花・香』平凡社）は、「活霊を含む花」との考えを導き出し、

花というものには一種の活霊がこもっているのだ、その活霊が働けば花は咲き栄え、働かなくなれば衰え散るものだという信仰である。

と、古代人の土俗に及び、さらに花を以って祭る「供花」の意味を、

生きていたものがいったん死んだあとのものだと信じられている神霊の場合には、花を供えて、花が含んでいる活霊を介して、神霊の強化をはかり、祭り人たちはこれに接しようとしたのであろう。この考え方が、後々まで長く死霊や祖霊に対する供花として伝わっていくのである。

と説明している。この考えは和歌森『花と日本人』（草月出版、角川文庫）にも受け継がれ、さらに次の様に説いている。

花には活霊が含まれているとは、古人の実感であった。その活霊がいちばん充実するとき、花はいっぱいに咲きさかる。その衰えたときに散ってしまう。花はそういうものだったから、さかりに勢いよく咲いている花を供えることにより、死霊をよみがえらせ、祭りを行ったのである。（中略）

この神話（木花之佐久夜毘売の物語）の裏にあるものは、花は生命をもつ、生命を支える活霊をふくむものだとの見方である。それは盛衰、消長するものだが、それ故に、花をそのさかりに使うことにより、原始的な呪術としての類感呪術の考え方で、花の如くに相手をさかえさせることができると信じられもしたのであった。すなわち死霊をよび迎え、よみがえらせるのに、花をたずさえ供え、かくさかんに咲きにおうごとく、霊に活力をと、まじない願ったのであった。

ここに見る供花の対象「死霊・祖霊」は、念仏を以って祭る対象ともなり、中世の「念仏踊」＝「花取踊」につながって行く。大本にあった「神霊」としての山の神・田の神の信仰が、そのまま「花取踊」の念仏詠唱に受け継がれ、融合していった経緯も、こうした所からうかがうことができるのではないかと思う。

二　土佐の俗信に見る「花」の意味

土佐にはかつて豊富な「花」の民俗があった。それらは今ではすべて忘れ去られてしまった貴重な習俗である。桂井和雄（一九〇七～一九八九）はそれらを「俗信」と呼び丹念に収集し、「花と俗信」（『仏トンボ去来』昭和52年、高知新聞社）、「生き花について」（『土佐の海風』昭和58年、高知新聞社）を始め、いくつかの論考にまとめている。ここにはそれらをできるだけ集約して、なおその心持ちを失うことなく再録しておきたい。（私見により事例を分け順次番号を付す）

生き花を髪に飾ることを忌む

（1）昭和十三、四年のころ、……ひとり南泉（土佐郡土佐町南泉）を訪ね、次の唱えことばを聞いた。それは、

花は枯れても髪や枯れな

と、いうのである。当時の老女たちの娘のころ、路傍や山の中などに咲く生き花を摘んで、髪に飾って遊んだりするとき、摘んだ花の元に二、三度つばをつける所作をし合いながら唱えるものであった。一般に生き花を髪に飾って遊ぶのは禁忌だが、花の元につばをつける所作は、禁忌を冒す場合にする呪法であった。

（中略）試みに土佐町南川に住む知人に、この文言の記憶者の有無を問い合わせてみた。南川という村は、山村の多い土佐町の中でも、高い山あいに点在する寂しい集落だが、幸い八十八歳になるという母堂が健在で、話題の唱えことばを記憶していてくれた。過疎の山里に生活するわびしさは、人にはそれと告げることのできない、骨身にしみいるような心境のものだが、高齢の老女の知人にたくされた次の述懐は、この場合書き落とすことができない。

娘のころ、時たま伊予からやってくる小間物商人から、きらきらと華やかに輝く簪をあがない、旧正月や神事、時折の遠出などに、髪に飾って出るのが、山の暮らしの中での、たった一つの楽しみであったというのである。この花簪に誘われる娘心こそ、生き花のしばしの生命に、心寄せる娘心に通ずるものであった。

（2）安芸市上尾川の一農家の婦人は、かつて娘の子らが、生き花を髪に飾って遊ぶのを忌み、その花びらが散ると、命が縮まる、不幸がかかるという伝承を知っていた。

香美郡の山間部物部村の旧槇山村分では、以前娘の子らが生き花を髪に飾って遊ぶとき、

親も死ぬな、子も死ぬな

と、唱えるふうがあったという。戦前の採集のため、採集地は明らかでないが、生き花を飾れば、親や子が死ぬという伝承があったことが考えられる。

（3）南国市八京や長岡郡大豊町の怒田でも、生き花の禁忌を採集したが、同じ大豊町の西峰では、娘の子が生き花を髪に飾って遊ぶと、親の死に目に会えぬと言ったという。

古い時代の高知市の郊外一宮でも、娘の子が生き花を髪にさして遊ぶのを忌み、母親に死に別れると言ったといい、高知市東部の高須では、生き花を髪にさしていると、花が枯れるとき、花を簪にして遊んだものも死ぬと

言ったという（土佐史談五八）。

（4）高岡郡仁淀村沢渡では、娘の子が生き花を髪に飾って遊ぶのを忌み、花が落ちると親の死に目に会えぬと言ったといい、同じ村の泉川では、生き花の中でも、首の落ちるように花の落ちやすいカタシ（椿）の花を髪にさすのを忌みきらったという。

以上の諸例は桂井「生き花について」（『土佐の海風』）から引用したが、これが全てではない。ほぼ重なる事例をさらに多くの地名を挙げて記述している。

これらは、総じて「花」の霊力の内、負の側面「死」を強く意識した俗信である。花を髪に飾ると親が死に、当人が死に、また親の死に目に会えぬとも言ったという。桂井は「生き花に関する禁忌は、今度の調査で、既に今日ものでないことを知った」と記しているが、かつて土佐の人々の心の中には、「生き花」から「死」への誘いを感じ取る繊細かつ古風な感覚が、脈々と受け継がれていたことがわかる。ただし、その伝承の過程までは見えない。しかしそれはある意味、前に見た『古事記』の神話に通じるものであったと言えるのではないか。「花」の美の魅力と同時に、負の側面をも直感として切実に受け止めていたのであろう。いくつかの「唱えことば」や「摘んだ花の元に二、三度つばをつける所作」はその中で生み出されてきた工夫・呪法である。

それにしても、（1）の記述が伝える「山里の娘」が「花簪」に寄せる思いは切ない。「花」の持つこの上もない魅力が、辺境の土佐の娘を、また子供たちの心を誘って止まなかった事情がよくわかる。

桂井は「生き花について」の最後を次のような言葉で結んでいる。

高知県の山深い町の一つ、高岡郡檮原町四万川では、山で咲く野生の花の枝を手折り、これを手に持って歌ったり、騒（どめ）いたりする子どもたちの行動を忌み、人に憑きたくてさまよう無縁仏に憑かれると伝えて、厳しく戒めるふうがあったという。生き花が、さまよう霊を招くものであったことが、このささやかな禁忌でもわかる。

土佐の人々が持ち伝えていたものは、真に聖なるものとして「花」を遇する、人間の根源にあった「こころ」と言ってよいと思う。その実例は、もう一種類まとめることができる。

屋敷内の庭に草花を栽培するのを忌む

(5) この俗信のため家に必要な草花は、わざわざ屋敷うらなどのささやかな家庭菜園を選んで咲かせたり、屋敷外の菜園の一角をさいて栽培したりする習慣があった。高知県ではこの種の菜園をサエンジリと呼んだり、山村の中にはオジリというところもある。オジリは麻尻の意味で、かつて庶民の衣料の原料であった麻を、これらの畑で栽培していたことを示すことばである。

土佐郡の四国の屋根の南面に接する大川・本川などという山村では、菜園を菜原と呼んでいるが、原というにはいかにも貧弱な石まじりの菜園であった。どんな菜園でも一家の中でこれを守り続けたのは、つねに家族たちの中の女の役目で、女といってもその家の経済を支配する立場にある刀自が、わが娘たちや嫁に対する無言の庭訓としてこれを管理し、四季の草花を咲かせたものであった。

(6) 高知市東北郊布師田の一農家では、庭いっぱいに草花を咲かせると、その栽培ぬしに進ぜられるようになるといって忌みきらったという。進ぜられるというのは、栽培ぬしの死を待って咲いた花を供えられるようになるというのである。さらに幡多郡大正町上岡の農家でも、庭いっぱいに草花を咲かせると、死んだ人に供えるようになるというのである。

（7）高岡郡の奥地檮原町四万川の面谷生まれの老婆も、この種の俗信を知っていたらしく庭に内に草花を栽培するのをかたくなにきらい、その生涯花を植えさせなかったという。余談だがこの老婆は庭の内にツマベリ（ホウセンカ）を咲かせるのを極端にきらったという。理由はこの草花がサツキ、ハギなどとともに墓地に植える花だといい、死人の喜ぶ花ともいったという。

（8）高知市浦戸生まれで八十余歳でこの世を去った老婆も、この種の俗信を知っていたようで、花の好きな人は、ふしあわせになるといったという。現在南国市にはいっている旧岩村分でもこの種の俗信を伝承していて、花を好む人は若死にするといったとある。

以上、桂井「花と俗信」（『仏トンボ去来』）から摘記したが、桂井はこのほか、〝別の世界〟へ誘うものとして「花」を物語る土佐の伝説を二題紹介し、

　高知県の西南端に近い太平洋の小浦、幡多郡大月町小才角という漁村では、花ともいうことのできないような幼子に花を持たすものでないと伝えている。極めて珍しい資料でありながら類似例を採集することはできないが、無心の幼子が手に持つ花を媒体として、別の世界に誘い込まれるのを恐れるためではないかと想像している。

と、記録している。

（5）から（8）にまとめた資料は、いずれも「屋敷内の庭に草花を栽培するのを忌みきらう」、それも「かたくなに」というものであり、「今ではきわめて珍しい心意に属するもの」「それでも昔ぶりに生きた高齢の年寄りなどのいる農家の中には、まれにこの心意を記憶しているものがある」という習俗であった。桂井は、この俗信の実例は「わずかに高知県で採集されるもの」とも力説している。また、その栽培される花自体については、

花のすがたも今風のはなやかなものは少なくセンニチコウ、百日草、キンセンカ、小菊の類などのように小型で地味な色合いのものが多く、さらに長期間にわたって花をつけるものが選ばれることになっていた。これは仏前や墓所に供える草花を、わが家のものでこと足そうとする心づかいからであった。

と、述べている。

ここに記録されている事例は、桂井が言う珍しさを通り越し、まさに現代においては驚くべき事実である。かつて「花」は人の目を楽しませるものではなく、先ず「仏前や墓所」のものであり、さらには異界へ誘うものでもあったのである。そうした心意は、土佐においては、（5）の資料にある通り、一家の「刀自」（家事をつかさどる婦人）の役目として、「わが娘たちや嫁に対する無言の庭訓として」伝えられてきたという。

自宅の庭には決して草花を栽培しない。外の菜園のそれもわずかな場所に、今から見たら地味な長持ちする花に限って作る。―現在では想像もできないこうした習俗が、なぜ土佐の特質として遺存されてきたのかは、さらに他の民俗と合わせて考えて行かなければならない重要な事柄である。もちろん「花取踊」はその最たる事例となる。

心の変化を見つめた柳田と桂井

花をめぐる人の心の変化とその重要な契機については、柳田国男『明治大正史世相篇』（「第一章、四　朝顔の予言」）にも相応じる考察がある。

江戸で三百年前に椿の花が流行したということも、とうてい今のものには想像し得られぬほどの大事件であった。椿もこの国の固有の木ではあったが、元来は山や神様の杜に咲くべきもので、人は季節の宗教的意味を考えることなしに、この花を眺めることはなかったのである。（中略）花に対する我々の愛着は以前から常に深かったが、その動機は徐々に押し移っていたのである。今でも老人のある家などで、菊や千日紅やダリヤを咲かせるのを、仏様にあげるためと思っている者が少しはある。畠に綺麗な花が一つもないか、町でも花屋が来ぬ日などがあると、なんにも供える花がないと言って淋しがることが、秋はことに著しい。流行を始めた人たちは娯楽であったかも知れぬが、それが普及するには別にまたこれだけの理由があった。俳諧寺一茶の有名な発句に「手向くるやむしりたがりし赤い花」というのがある。すなわち可愛い小児でさえも仏になるまではこの赤い花を取って与えられなかったのである。この気持ちが少しずつ薄くなって、始めて閑ある人々の大規模なる花作りが盛んになった。そうして近世の外からの刺戟も大いにこれを助けたのである。

しかも西洋の草花の種が、ほとんとその全群を尽くして入り込んできたのは、明治年代の一大事実であって、今日百に近い片仮名の名は、大部分がその遺物であった。（中略）花を栽えようという人々の心持ちはもちろんこの以前からも区々になっていて、またたんだん鑑賞の方に傾こうしていた。最初最も広く国内に人望があったのは、誰でも記憶するごとく千日紅、百日草という類の盛りの長い花であった。花の姿には別段の見所はなくとも、欲しいと思う時にいつでも得られるのが重宝であった。それがおいおいと新種の増加によって、次々に珍しい花が絶えず、待つとか惜しむという考えが薄くなって、ついに季節の感じとは縁が切れた。家の内仏に日々の花を供えるようになったことは、近代の主婦の美徳の一つではあったが、そのためにかつて彼等のたった一輪の花を手折っても、抱き得た情熱は消えてしまった。新たに開き始めた花の蕾に対して、我々の祖先が経験した興奮のごときものはなくなり、その楽しみはいつとなく日常凡庸のものと化した。これがわが民族と色彩との交渉の、やがて今日のごとく変化すべき端緒だと、自分などはおもっている。（ちくま文庫『柳田國男全集26』平成二年刊の本文による）

『明治大正史世相篇』の最初の版は、昭和五年執筆、同六年一月の刊行である。桂井は昭和十年頃から柳田の学問に傾倒し、同十一年には入門を果たしているので、こうした考察の影響は当然受けていたものと認められる。桂井は、丹念なフィールドワークを以って土佐の人々の心の中に分け入り、生きていた実例を採集し、その根源に深く迫ったと言える。

柳田は本書（『世相篇』）において、椿や朝顔などを例に、「花を自在に庭の内に栽えてもよいと考えた人の心の変化」に注目、花は本来、宗教的意味を持って季節と密接に結びついていたものであるが、徐々に鑑賞へと傾き、その世相的変化の境目は、特に江戸末期から明治にかけての頃にあると指摘している。

さらに柳田は、「花木が庭前に栽えて賞せられるようになったのは、酒が遊宴の用に供せられるに至ったのと、経過においてほぼ相似ている」とも述べている。私はこの「花木・酒」に続けて、本書の主題である「歌」も「踊」もと付け加えておきたい。共に元来、宗教的意味を持って存立していた存在として。

土佐の民俗は、人間の心の古態やその変遷をうかがうに格好の素材であることは間違いない。

三　「いざなぎ流」に見る「花」の呪力、「歌」の呪力

「花」と「歌」の呪力を具体的にうかがうことができる事例がある。高知県香美郡物部村（現香美市物部町）に伝わる民間信仰で、一般に「いざなぎ流」と呼ばれる祭式である。「祭文」と呼ばれる唱え言による祈禱が中心であるが、歌・舞など芸能的な要素も取り込まれている。歴史的には、陰陽道・修験道・神道・仏教などとの関わり、中世以前に遡る陰陽師・博士・巫女などの信仰が指摘されているが、私はまず何より、土佐の山間の人々の生活と心が

あって生み出されてきたものと考えている。

「塚おこし」に見る「花」と「歌」の力

平成四年〈一九九二〉十二月の中旬、私は香美郡物部村の山間の家で行われた、七日間に及ぶ「いざなぎ流」の大祭に立ち会う機会に恵まれた。

その中の一つの祭式に「ミコ神」の「取り上げ神楽」と称するものがあった。生前「太夫」と呼ばれる宗教職（担い手）や、その他「カミ」の守役（もりやく）をするなど一定の資格のある人の霊を、墓の下から呼び起こし「アラミコ神」として家に迎え祭るという儀式である。その祭式のひとこま、墓前での「塚おこし」。私は「花」の力を体感するまさに稀有な場に出会った。

小雪がちらつく厳寒の山あいの墓前。手ぬぐいで頬かぶりをして胡坐する太夫。ちなみに「頬かぶり」は、霊と人との間の「へだて」をする為のものであり、単に寒さよけの為だけではない。昔は墓へ行く時にも必ず頬かぶりをするか耳へ樒の葉をはさむなどしたという。また、霊と人とは対等ではなく、相手を尊重する意味でもあるという。太夫・中尾計佐清の言葉である。

祭りの趣旨を繰り返し述べ、この世への「影向」を霊に向かって呼びかける懇切な唱文。しかしその口調は、一定の抑揚はあるものの、霊ならぬ私には単調としか聴こえない。そうした祭文が三十分以上も続いたであろうか。突然、声の調子が変わり、それに触発されて私の体にある種の戦慄めいた感覚が走った。

「歌」だ。しかも「花」の名前を次々とうたい挙げている。

正月くれば梅の花　ななうね（七畝）　ななたに（七谷）　ななさこ（七迫）までも　咲きや栄える花なれど　あ

の世で咲かん花なれば　この世じゃいさみの花よ　花をいさみてよりござれ

二月以降は、月と花の名前をそれぞれ入れ替え、二月・椿の花、三月・桜の花、四月・卯の花、五月・ごこくの花、六月・百合の花、七月・そばらぎの花と、七月まで続く。最後の句「花をいさみて……」は、

花をいさみて　三五斎幣これのりくらえ　さらさらみ遊び影向なり給え

と、替えてうたう場合もある。おおげさに言えば魂がふるえるような感覚であり、曲節のついた「歌」の呪力を体感した瞬間でもあった。「あの世で咲かん花」として、「この世の花」の価値を讃えている。「いさみ（勇み）」は「気持ちがふるい立つ」（岩波『古語辞典』）の意である。

当日の口誦の文句をそのまま紹介したが、次に太夫の手控え本より、「塚おこし」の式次第の部分も含めて書き起こしてみよう。（表記は用字等そのままとする）

塚おこし

ほそん掛。命巫神様にたのむ。はりいんでよみおこし、はかのまんの石を下を上にしておいて、塚しづめの時、其を元どうりにしてしづめる。

正月に入れば　梅の花　七七つうね〳〵谷々までも　咲や栄える花なれどあの世ぢゃ咲かん花なれど　此の世ぢゃいさみの花よ　花をいさみて三五さい幣これのりくらえ　さら〳〵みあそび用合成給え　これになびかん神もない　これになびかん仏なし

二月に入ればつばき花

三月に入れば桜の花

四月に入れば卯の花
五月に入ればごこくの花
六月に入ればゆりの花
七月に入ればそばらぎの花
七ツのうね〳〵谷々迄も　咲や栄える花なれど　あの世ぢゃ咲かん花なれど　此の世ぢゃいさみの花　花をいさみてよりござれ　是レになびかん神もない　是になびかん仏なし　地所上に　そなわり申した　何性何の年の名高いでん地の地主　あら人神のごいぜん様わ　三五さい幣これのりくらえ　さら〳〵みあそび用合成給え

口誦の文句とは相違する箇所もあるが、「これ（花）になびかん神もない　これになびかん仏なし」とうたうなどは、口誦より説得的になっている。

なお「斎幣（さいへい）」とは、墓前に立てられた霊の依り代となる幣で、これに着物（「うだき衣」と呼ぶ）として一反の木綿の反物を着せ、「アラ人神」（「アラミコ神」の前段）として家へ迎え取る。一反は人間の一人前の料に相当し、霊を再びこの世のものとして扱い迎える形になる。ここにおいて、あの世とこの世をつなぐ「花」の役割は明瞭である。

「花」を以って神霊を迎える。こうした趣旨の「歌」が「いざなぎ流」にはもう二首見られる。

一首は、同じ「ミコ神取り上げ神楽」の祭式の中でうたわれるもので、家へ迎え取った「アラ人神」を「アラミコ神」へと昇華するための祭文である。「花ぐらへ」と呼ばれるが、次に小松為繁太夫の手控え本より転記しておこう。

花ぐらへ
つゝじつばきと御子神様とは色くらべ　つゝじつばきは色はよけれども　御子神様は色まさり法まさりで　天竺

いざなぎ流の祭「ミコ神の取り上げ神楽」（平成初年撮影）

歌を含む「塚おこし」の祭文で、墓の下から霊を呼び起こし、「アラ人神」として斎幣に迎え取る。

墓前での「塚おこし」

迎えた斎幣の「アラ人神」は、「うだき衣」一反を着せ、墓から家に迎える。

家では一連の祭式「取り上げ神楽」を行い、「アラ人神」から「ミコ神」に昇華する。「四季の歌」をうたう。

ミコ神の取り上げ神楽

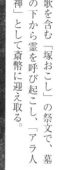

神楽が岡へ「何々御子神」と迎へて　清めてくらへ　へあげて参らする　安座の位につきたまへ　本座の位につきたまへ　天下（てんげ）の位に上がりませ

「くらへ」は「その座、その地位に据える」の意である。「つゝじ・つばき」を比較の対象として提示し、御子神様は「色まさり、法まさり」と誉め讃えることによって、その「位」に上がることを勧奨している。「花」の価値をこの上もないものとする理解が前提としてあってのことである。「花」はかつて、この世のものとしては絶対的な価値と力を持つ魅力的存在であった。

「四季の歌」と「花」の呪力

都合三首目は、鹿持雅澄（一七九一〜一八五八）の『巷謡編』に【香美郡槇山郷神祭次第四季の歌】として収録されている。雅澄は歌詞の後に「右ハ槇山郷ナル岡内京吾幸盛ガ記シテ見セニオコセシマ、ヲ記写シツ」と紹介している。岡内幸盛（一七八四〜一八四五）は、著書に『槇山風土記』（十巻、文化十二年成）を持つ藩政後期の郷土史家である。「槇山郷」は「槇山郷」に同じく、物部村（現香美市物部町）に属し、物部川の最上流、槇山川流域の山間部である。民間信仰「いざなぎ流」を伝承してきた中心地に当たる。

表題にある「神祭」には、各家に祭られた「天ノ神・御崎様・みこ神様」以下諸神を祭る「神祈禱」をはじめ、「家祈禱」「日月祭」、さらには「病人祈禱」まで様々ある。それらの諸祭式において、ここに見る「四季の歌」は、神々の来臨を願う「神迎え」の部分の唱文として、共通にうたわれる重要なもの。

歌詞は太夫により異同が生じているが、ここには最も古い記録となる『巷謡編』を用い、四季の景物と「花」をうたう前半部を収録する。（読みやすさを考慮して表記を若干改め、一部注を補う）

四季くれば　四季をぞ　うたふやこの頃は　年たちもどり　春くれば　春のけしきを　見せふとて　門に門松
注連かざる　正月七日に　若菜をつむとかや　柳も芽だつ　だつもはる　だつはまづさく　桔梗　刈萱　女郎花
牡丹　唐松　五葉の松　五葉紫竹に　今年竹　吉野の奥なる　八重桜　挿頭にさいて　御前へまいるや　面白や
二月きさらぎ　鶯の谷渡し　谷の氷に薄氷　三月三日桃の花　四月さふにちの　卯の花　五月五日が　石菖蒲
六月祇園　夏山　繁木がもとの溜り水　夜の蛍と　あらはれる　七月　しなべの塩を　かく人は　千年のいのち
を　まつとかや　八月おほじやうゐん（放生会）には　こまくら（駒競）駒にうちのり　ながむれば　なびかふ
かたをば　かつかた　九月九日の菊の花　八重菊かさねして　いんざや　きり〴〵すのこゑ　面白や　と告げわ
たす　十月　雁金　都の袖の上に　綾をはやふ　錦をならべて　御座と踏ましやふ　あらめでた　霜月　鎮祭が
申しに　会はふとて　峰の榊葉も　をりあそぶ　冬くる〳〵と　誰が告げし　山めぐり　奥山外山が奥から　き
のふは初雪　けふは時雨　時雨も雨も　ふらばふれ　西が海　吹きくる風の　はげしさ　やまとひらいて　戸を
ひらいて　神むかへふ

これに続く後半には「楽と調子と六調子にはやされて　神は舞台へ舞うておりる　仏は斎垣（ゆがき）におりあそぶ……　上坂こえておはしませ　上坂遠しとおぼさば　下坂こえておはしませ……　まだ入りたたぬ神ならば　とびのほのほと飛んでわしませ」などと、さらに様々な手立てで、懸命に霊的な存在を祭りの場に迎えようとすることばが重ねられる。

そうした中で、神仏の霊をこの世に招く最も有力なことばが、掲出した前半の表現ということになる。五節供（人日＝正月七日、上巳＝三月三日、端午＝五月五日、七夕＝七月七日、重陽＝九月九日）などを核として、この世の四季の折々に行われる行事や、一年十二月の景観の美しさを次々とうたい挙げる。中でも特に呪的な力を発揮したのが、季節を追って咲く数々の美しい色彩の「花」であった。それは「若菜　桔梗　刈萱　女郎花　牡丹　八重桜　桃の花　卯の花　石菖蒲　八重菊」などといった草木の花ばかりではない。「柳　松　竹　榊」など、緑の樹木もまたこの世の生命力に満ちた魅力ある存在、「花」としてうたわれている。和歌森太郎の言う「活霊」が思い起こされる。

以上、論述した諸例を集約すれば、「花」の本来の意義、人の鑑賞に移る以前の霊魂と深く関わる呪的存在の意味―が了解できることと思う。

ところで今日、同じ「四季の歌」という題名を以ってすぐに思い浮かぶのは、「春を愛する人は　心清き人　すみれの花のような……」とうたう「日本の歌百選」にも選出（二〇〇七年）された歌謡曲の方である。昭和から平成にかけて支持された国民的人気曲（荒木とよひさ作詞・作曲）であった。そこには四季に応じ、心清き友達（春）、心強き父親（夏）、心深き恋人（秋）、心広き母親（冬）などがうたわれ、「太陽の光浴びて」生きる今日の人間の生活が表現されている。それら人間への共感は、昭和・平成の人々の心の反映と見てよいであろう。

それでは一体、次の時代、人々はどのような「四季の歌」をうたうことになるのであろうか。

今後とも自然が「底知れぬ力」（前出・網野『中世の非人と遊女』）を持った、時に人間にとって過酷な存在であることに変わりはない。一方、土佐の人々の心の支えとなった民間信仰「いざなぎ流」の太夫さん達（前出）は、皆既に亡くなってもういない。その信仰自体も衰滅の過程に入って久しい。人が「花」に感じる心、呪的心性の在り様は、もはや後戻りできないほど大きく変化してしまった。

四　花はツツジ、色は紅（くれない）

結びにあたって、「花取踊」の対象となった「花」、ツツジの価値を強調し、その色、赤・紅（くれない）の持つ意味について考えを深めておきたい。私見では、かつてこのツツジこそが山の木の花の代表であり、精霊に供すべき花の代表であった。そうした心を持ち伝えてきた人々に思いを馳せ、さらに其処から、今日における民俗歌謡の持つ意義について迫ることができればと思う。

山の木の花、ツツジの本意

ツツジを重視する私の考えに対し、本章冒頭に見た『古事記』「木花之佐久夜毘売《コノハナノサクヤビメ》」（山の神のむすめ）の「木花」は、（その種類を特定しない説がある一方）、サクラ以外には考えられないという古代文学研究者の意見がある。果たしてそうか。和歌における桜や民俗におけるサクラの重要性はひとまず認めるとして、まずはそれに優るツツジの価値を説いておきたい。私はむしろ「木花」はツツジ以外にはありえないと考えている。

まずその理由は形と色にある。筒形をしたその形状は、物がこもっている状態を表し、霊魂が宿るにふさわしい花とみなされていた可能性がある。ツツジの語源説の一つに「つぼみが女の乳頭に似るところから、タルチチ（垂乳）の略転」（小学館『日本国語大辞典』）という説がある。乳頭（乳首）は生命の源泉であるが、その形状と共に色は山のツツジの赤に通じ、さらにそれは生命（血）の色に通じる。また、ツツジに象徴される赤・紅は、呪力を持った聖なる色として、深く民俗の中に定着してきた。

桂井和雄「赤色の呪力」（『土佐の海風』昭和58年、高知新聞社）は、「だいたい赤色に呪力を感受する習俗は、かつては民俗の広い分野にわって伝承されたもの」―と明らかにした上で、それらの習俗に多く用いられた布として「花木綿」を挙げ、「花木綿というのは、赤色に染めた木綿布のことであった」と説明している。「花」とはすなわち「赤」であり、前章（第三章）で掲出した「花取踊」と関わる成人の儀礼、「フデ親・コシマキ親・契約親」が祝いに送る、女十三歳の腰巻、男十五歳の褌の料もこの赤く染めた「花木綿」であったのである。

ちなみに、『万葉集』の色彩表現を見れば（正宗敦夫『万葉集総索引』）、「あか」は七十六回と二位であるが、これに三位の「くれない」を合わせた数は百十二回となり、一位の「あを」八十回を押さえて断然第一位となる。古代人の根源的な価値観をこの色調に見出してもよいであろう。なお、ツツジと桜の対比を見れば、『万葉集』においては必ずしも桜の優位はうかがえない。例えば、三三〇五・三三〇九番歌（巻十三「柿本朝臣人麻呂集歌」）には、

青山を　ふりさけ見れば　つつじ花にほえをとめ　桜花　さかえをとめ

という表現があり、少女の美しさ・盛りの形容に、春山の木の花として同等に用いられている。桜の花が美的鑑賞の対象として享受されていくのは、およそ平安朝中期以降のことであり、それもまずは都市生活者としての貴族階級のもの、和歌的美意識の世界にあったものと理解して間違いはあるまい。

ここでさらに注目したいことは、『古事記』における「木花之佐久夜毘売」が山の神（オオヤマツミノカミ）の愛するむすめであったことである。土佐における民俗には、ツツジや同じツツジ科・ツツジ属のシャクナゲを「山の神のとまり木、あそび木」とする伝承があり、山の神との深い繋がりをうかがわせる。

また、鎌倉期の今様資料『吉野吉水院楽書』「足柄十首」（馬場光子示教）は、山の神（足柄明神）は特に赤い色を愛でると読めるもので、これも「木花」はツツジとする私見を補強するものとして挙げておきたい。

或云。宮ノ御子ニ宮姫ト申ケルガ迷ヒ給テ。足柄ノ山ノ麓ナリケルホ家ニ宿リテヲハシマシケルニ。家主ノ云

様。此足柄明神ハ赤キ御料ヲ愛デ給フヨシ語リケルニヨテ。赤キ御料ヲシテ明神ヲマツリテ。大曲ヲバミナ習ヘリト云々。

例証の話題は現代へと移るが、現代人の感性の中にも、元々ツツジに対する思いは桜以上であったと推測、確認できる材料がある。「県の花」「県の木」は何かを調べてみると、シャクナゲも含めてツツジが圧倒的優位を占めている。すなわち、ツツジを県の花（木）とする所は、長崎・鹿児島・福岡・静岡・群馬・栃木、シャクナゲは滋賀・福島で、合わせて八県となる。これに対し、桜は奈良・京都・東京の三県で、その仕分けも地方と歴史的中央とはっきりした色分けとなり、これも興味深い現象となる。桜を和歌的美意識により定着したものと見なせば、ツツジはそれ以前の歌謡的美意識の象徴、民俗が大切に伝承してきた「花」とすることができるのではないかと思う。

なお、かつて花見の「花」はツツジであったとする所は多いのであるが、古風を遺す土佐においては、今も山の木の花・ツツジの花見が行われている。またその季節、伝統的な街路市「日曜市」や「木曜市」においては、榁などの斎柴と共にツツジの花が切り花として売られている。

私は、山肌を一面に赤く、紅（くれない）に彩り、息をのむほどの美観を呈すツツジを忘れ、一様に、近代に入って普及したソメイヨシノの桜前線の情報に踊らされている年毎の状況を見るにつけ、歴史の変化、世相の移り変わりの大きさを痛感し、現代人の桜しか見ない心の貧しさを残念に思う。

鹿児島県三島村黒島大里のツツジの民俗

土佐以外でも、ツツジの本意を色濃く持ち伝えてきた村がある。鹿児島県三島村黒島大里である。此処は、前章〈第四章〉で「花取踊」と重なる「長刀踊」の伝承地として取り上げた村である。平成十八年〈二〇〇六〉八月三十一日～九月一日の「八朔踊り」の折りの取材に基づき、当地のツツジの民俗について紹介しておきたい。なお、祭りが行われる「八朔」は、当地では「正月」にも相当する大切な季節の折り目としている。

以前（第四章）にも見たように、三島村黒島大里の「長刀踊」の踊歌の伝承には、現在、山からツツジを取ってくる「花取り歌」自体は欠落している。しかしツツジを特別な呪力を持った「山の神の祝い木」とする言い伝えは、現在でも確実に地元の人々に記憶されていた。すなわち、正月にツツジの木の枝に団子や餅をつけて神棚やカマドなどに飾ったという繭玉の木「マーギ」の民俗である。例えば早川孝太郎の昭和九年〈一九三四〉の調査による『古代村落の研究―黒島―』（『早川孝太郎全集　第九巻』未来社）には、

マーギ　別にマユボ、メーノキとも言い、繭玉の木である。初山に伐った躑躅の小枝に、から芋でメー（繭玉）を作って門に挿し飾る。

と記録されており、「ハツヤマ」の項には「正月二日を言い、ハチ（初）米とゆずる葉を持って山に入り、山の神を祭り祝い木として躑躅とダラ（捴木）を伐ってくる」と、ツツジを山の神と深く関わる祝いの木としている。

このツツジは、大木になり地元では床柱にもするが、その詳しい名称は今回の取材では確認できなかった。地元の人からはサクラツツジ、ミツバツツジ、マルババツツジ等の名をきいたが、植物学的にはアケボノツツジの可能性があるのではないかとも考えている。

マー木は、正月十三日あるいは十四日に餅（昔はから芋）を花のように見立てて美しく飾るが、十五日には子供たちが家々へやってきて、「マーカガセ、マーカガセ」と言って竹の棒の先で掻き取っていったものだという。ツツジの花は豊穣の象徴と考えられていたわけで、黒島大里で「セチガワイ＝節替わり（新節・新年の意）」とされる「八朔」の機会に、「五穀豊穣・子孫繁栄の祈り」（日高政行元太夫の言）を込めて「長刀踊」、すなわちツツジの花取り踊を踊

る意味は、こうした習俗からもよく理解できることと思う。

なお、前段で見た『古事記』の「木花之佐久夜毘売《コノハナノサクヤビメ》」の神名は、山の神「大山津見神《オオヤマツミノカミ》」の女《むすめ》「神阿多都姫《カムアタツヒメ》」（『日本書紀』は「神吾田津姫」）であり、阿多（吾田）は薩摩国阿多郡阿多に因んだ名（阿多の姫の意）と考えられているが、神話伝承と同じ南九州・鹿児島の地に、山の神と深く関わる木の花・ツツジの民俗伝承を見出した意味は大きい。

「孤独流離の境涯」を支えた〝紅（くれない）〟の歌

当地（鹿児島県三島村黒島）を舞台とした小説がある。有吉佐和子（一九三一～一九八四）の『私は忘れない』（一九五九年・朝日新聞連載、翌年松竹映画化、一九六〇年・中央公論社、一九六九年・新潮文庫）である。岩波写真文庫148『忘れられた島』（一九五五年刊）を見て黒島へ渡った失意の女優の卵・万里子が、過酷な自然に打ちのめされながらも、なおたくましく生きる人々と接し、再び生きる力を回復する物語になっている。昭和三十三年〈一九五八〉の有吉自身の現地取材に基づく。

描かれたのは、日本のめざましい経済成長に取り残された辺境の島の生活である。その家は、竹を編んだ壁に笹や藁で葺いた、都会の若い女性には納屋か家畜小屋と映る粗末なもの。台風などの自然災害には一溜まりもない。住民の常食は米ではなく、焼畑で作る甘藷（からいも＝さつまいも）とオカユ。電燈は日没から四時間のみ。電信（通信施設）・電話もなく、ラジオはあるが、テレビはない。もちろん自動車はなく、万一の交通手段は牛の背である。医者もいない。死をも予感させる病気の時は、「太夫さま（神官）」が「威儀をただし、松の枝を振りまわしながら大声でノリトのようなものを唱え」、懸命に祈る。ただ、魚が手摑みでとれる豊かな海には恵まれている。しかし、貧乏な島には一艘の漁船を買う金もない。小説の中には「原始的な生活のまま、うごめいている人たち」という表現も見える。

こうした厳しい日常の中でも、人々の心を支えたのは、多くの「歌」であり「踊」であった。（以下『私は忘れない』より）

一行の先頭を切って、ひょろひょろと歩く校長先生の後ろ姿は、飄然として微笑ましかった。やがて彼は、奇妙にカン高い声をあげて唄いだした。

「わりゃ、くれないよオ

ぬれて、いろますやア……」

教頭が万里子たちに解説した。

「大里の盆踊り歌です。校長先生のは調子が大分はずれてますが」

黒島の言葉は鹿児島の方言に更に輪をかけたように変っている。そこへ持ってきて盆踊り歌ともなれば、黒島の方言でも一層古典的で、島民にだって意味のはっきりしない文句がある。（中略）東京からやってきた万里子に歌の意味が分る筈はなかった。節も、やたらにひっぱるばかりで、沖縄の民謡調のようでもあり、またそうでないようにも聞こえる。島の人たちが唄えば、また違った情緒があるのかもしれないが、星島校長の唄い方も、それなりに奇妙な情緒があった。（中略）

「わりゃ、ねたねんなア

まくらこそ、知るよオ

まくらが
ものを、いわばやア……」

キンキン朗々と唄い続けている後に、ヒロシ、牛と万里子、君雄、酒匂教頭の順で一列になって従っている。道が細いのだった。（中略）本当の山道だった。

主人公（万里子）が黒島へ到着してすぐ、片泊から大里へ牛の背にゆられて向かう暗い山道でのひとこまである。「辺地教育者」としての志を持ち、この孤島で十年におよぶ歳月を過ごした校長が、自家製のいも焼酎で酩酊の中、「手の先だけ泳ぐように動かしながら拍子をとって」うたい続ける。

紹介したいもう一箇所は、後半、主人公の送別会での一場面である。

プログラムはどんどん進行していた。痩せこけた老人たちが二十人ほど列になって、長刀踊りの歌を唄い踊ったときは壮観だった。

「わりゃ、くれないよ
ぬれて
いろますや……」

声も節もひなびていたが、どこか勇壮で、平家の落武者の末裔という伝説が、如実に見えるような気がした。

黒島は実に「歌と踊」の島であった。岩波写真文庫148『忘れられた島』にも、この「長刀踊り」のほか、「弓矢踊り」「大名の行列踊り」「面踊り」などの写真が収められ、その歌詞が一部書き留められている。（なお「面踊り」の踊歌については、本書・第十章の関連記事を参照願いたい）

また、引用文中の「平家の落武者の末裔という伝説」についても、『忘れられた島』取材・編集の名取洋之助（一

鹿児島県三島村黒島大里のツツジの民俗（平成18年撮影）

「マーギ」になるツツジの枝

岩波写真文庫148『忘れられた島』表紙

島のツツジは大木に成長する
（周囲の竹は特産品にもなった）

床柱にも用いられた立派なツツジの大木

『忘れられた島』（名取洋之助、昭和30年）が伝える黒島大里の生活

テレビも無い、車も無い、日本の近代化・高度成長以前の歴史を、写真で如実に伝えている。

黒島大里の「長刀踊」

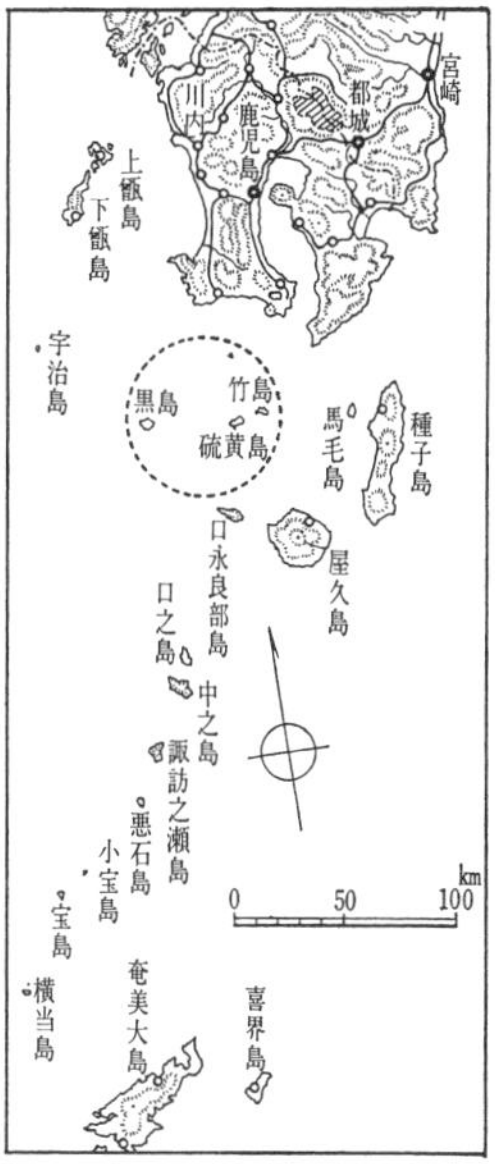

黒島の位置

急傾斜地に拓かれた焼畑

焼畑での甘藷の収穫

「カーブキ」の家の前に立つ老女

九一〇～一九六二〉は、次の様に詳しく書き留めている。
絶海の孤島や山間の僻村には、よく平家にまつわる伝説が流布されているが、上三島のは少々手がこんでいる。壇の浦で二位尼が抱いて入水したという安徳天皇は、実は身替りで、幼帝は重臣とともに戦場を逃れ、諸々方々を転々としたあげく、最後に硫黄島を天府の地と定めたというのである。そして文治二年、頼朝の嫡男が薩摩探題となって、南海諸島の平家残党を掃蕩する気配が見えたので、硫黄島の重臣たちは、天皇に別れを告げ思い思いに附近の島に疎開し、なれぬ手つきで百姓や炭焼きをしながら、硫黄島に貢物を送り届けた。大里と片泊の間に「平家の城」と呼ばれる場所があるが、ここは黒島に渡った宗親、通正両将の城跡という。道から百米の断崖を下った三町歩ほどの平地がそれである。この城で若者たちがしきりと死亡する事件が起きたため、不吉の地とされ、島の中央部の中里に移ったが、ここも海岸から遠く不便なので、更に大里と片泊に移転したという。大里部落の山手墓地にある親墓（ウーハカ）と呼ぶ十五基の墓標は、彼らのものではないかと察せられ、中央の五輪塔を村では安徳帝の墓と信じている。昔、この墓の傍を通ると幽かに鈴の音がした。神社を建てようとここを掘った所が、脚のように長い骨が出てきた。

こうした伝説が島の人々の流離の思いを支え、さらに「古典的」ともされる「歌や踊」がそれに力を添えたことは容易に察しがつく。事実の当否は問題ではない。自らの先祖への敬愛の念には絶対的なものがある。それも「老人」となればなおさらである。その思いが有吉佐和子の心を打ち、重なる歌詞の提示になったものと思われる。

〈なお、小項目の表題に用いた「孤独流離の境涯」という言葉は、新潮文庫版『私は忘れない』の解説を担当した進藤純孝〈一九二二～一九九九〉の言である）

〝紅（くれない）〟の歌の意味

有吉佐和子が小説の中で描いた「盆踊り歌」「長刀踊りの歌」は、既に前章（第四章）【鹿児島県鹿児島郡三島村黒島大里の長刀踊】の項で、「盆および八朔の踊りとして継承されてきた」「長刀踊」の歌として、詳しく紹介済みの歌詞である。冒頭に歌う二首であるが、有吉の記述は聞き取ったものをそのまま書き写したと思われ、省略もあるので、前出の漢字を当てたものを再度そのままここに示す。

①わりゃ　紅よ　いや　濡れて色増す　や　嫁御は殿と　いや　寝て増す
②わりゃ　寝た寝んな　いや　枕こそ知る　よ　枕がものを　いや　言わばや

不明とされていたその意味は、「わりゃ」をはじめとした掛け声（ハヤシ言葉）を区別することにより、明瞭に読み取ることができる。②については、共通の歌詞を伝えている【長崎県大村市沖田郷（現沖田町）の沖田踊】の項で若干の考証をしているので、ここでは①の歌詞について、これと重なる土佐の「花取踊」の歌詞を並べ、その意味を考えておきたい。内容は「花取踊」が伝えた歌の中でも屈指の名歌と言うべきものとなる。

紅よ　濡れて色増す　嫁御は殿と　寝て増す（黒島大里　長刀踊）
紅は　濡れて色増す　御方は殿と　寝て増す（土佐各地　花取踊）

前半の5・7に対し、後半の7・4が対応する整然とした形式である。目につく黒島と土佐の違いは「嫁御（よめご）」と「御方（おかた）」くらいのものだが、「御方」は他人の妻の敬称であり、とすれば、これは元々まったく同じ歌としてよい。「紅（くれない）」は当然、「花取踊」から見て、ツツジの花の色をうたったものとなる。

本書冒頭の「序のことばに代えて」にも述べたように、歌の表現は、「濡れて↓増す」ものを自然と人事とで対照した形となっている。人事の場合、「寝て」「濡れて」には当然エロチックな連想が強くはたらく。しかし、この自然の雨露に濡れた花（具体的にはツツジの紅）の美しさをうたい、人間の性愛に結びつけた表現は、単に恋や愛欲の喜びをそのままうたうことに主眼を置いたものではない。

本来の歌の場は、「山の神」という山と里を支配する神霊と交感（交歓）する祭り。「歌や踊」はそのために行われ、神と人との一体感による幸福を喜び、さらなる繁栄を祈念したものである。すなわち、ことばによる表現は自然の美と人間の性愛の極地をうたっているが、根底にある真意は、自然の恵み、神への豊穣を祈願・感謝し、人間の幸せを願うということになる。自然の花と人間の性愛は、前に見た和歌森太郎の言う「原始的な呪術としての類感呪術の考え方」に通じ、踊の意味は、日高政行元太夫の言う「五穀豊穣・子孫繁栄の祈り」を思い合わすことができる。

かつて民俗において、「花」は単にその美しさを鑑賞するためだけのものではなかった。「活霊」を含み、稔り・生産と直結するものとしてある。性愛もまた、近代以降の人間理解に基づく恋愛観とは明確に一線を画さなければならない。先ずその基底にあるものは、「自然」と「神霊・祖霊」に対する深い敬意である。すなわち此処において、「花」と「性愛」と「豊穣」とは直結したものとなる。

以上を踏まえ、再度口語訳を試みておこう。

（ツツジの）花の紅色《くれないいろ》は、雨に濡れて一層あざやかさを増す。

奥様も御主人様と寝て睦びあい、うるおって一層あでやかさを増す。

（そうして御一家、御子孫は、益々の御繁栄。自然の恵〈雨〉は神の恵み、神の恵みは人の喜び）

五　民俗の「歌」と「踊」の意義

ツツジの民俗を考える一環として、有吉佐和子の小説『私は忘れない』の舞台・黒島の生活について、岩波写真文庫148『忘れられた島』も合わせて、あえて詳しく紹介してきた。これは私なりの思いがあってのことである。民俗の歌「民俗歌謡」は、その〝生活〟があってこそ生まれたものであり、本当の意義は、その〝生活〟を知ることからしか分からないと考えるからである。「歌や踊」は生きた人間が生み出し、育んできたものである。私は、その〝生活〟の歴史の実態を知らず、哀歓を伝えずして何の「民俗無形文化財」（文化財保護法）かーとも思う。

有吉佐和子が見出した孤島の生活は、およそ現代の文明からは遠く離れた世界であった。テレビもない、自動車もない。医者もいない。代わりにいるのは必死に祈る太夫（神官）さん。さらに「褐色の乳房を丸出しにした女たち」。自然の中で、「共に全裸で抱きあって」寝る若い男女もいる。有吉は、岩と岩のくぼみのタブの木の下で、互いの腰に背に手をまわして共寝をする二人を、次の様に描き出している。

しかし、自然の中で褐色の肌をぴったり付けて抱きあっていた二人には、みじんも薄汚れた翳がなかった。かつて見た映画のどのラブシーンも、これほど自然の中で誇らかに呼吸しているものはなかったように思う。

私は、「長刀踊」（「花取踊」）の〝くれない〟の共寝の歌も（それに連なる〝枕〟の歌も）、こうした人々の生活や思いがあってこそ伝承されて来たものと考えている。

海では黒鯛がとれ、伊勢エビがとれる。川では大ウナギが、山ではタケノコが豊富にとれる。しかし、竹や萱がはびこる狭い焼畑では、甘藷を作るのが精一杯、麦や雑穀は野ネズミに食い荒らされ収穫皆無という年もある。その上、暴風・豪雨という自然の猛威は、毎年のように畑を襲い、家を破壊する。自給自足の生活は、時に飢えにもさいなまれる。

ここに描かれたのは、いわゆる「高度経済成長」に取り残された、昭和三十年代の孤島の生活の現実である。有吉は、「あの自然と闘い、貧しい生活と闘い、一生懸命で生きている人たち」とも記している。しかし、これは大同小異、前近代の日本にはかつてどこにでもあった生活の姿ではなかったか。私は、民俗の「歌」を、「踊」を生み出した土壌は、実に、こうした時には過酷・残酷とも言える自然であり、貧苦と闘う生活であったと考えている。

此処には、間違いなく忘れられていたかつての「日本」がある。小説の終わり近く、登場人物の一人は、

「文明にだれきっている都会の人間にとって、辺地を忘れずにいることは、ある意味での覚醒剤です」

と述べている。有吉佐和子の表題「私は忘れない」は、この言葉に重ねての作者としての決意表明であろう。私は、ここに見る「辺地」に「民俗歌謡」を置き換えて考えてみたい。忘れてはならないことは、人間とは何か、人間らしさとは何かという根源的な問いである。それを考える具体的な手がかりを提示してくれるのが「民俗歌謡」であり「風流踊」である。其処にこそ私が期待する民俗の「歌」と「踊」の持つ力があると思う。

第六章　「なもで踊」と「こおどり」

―「風流踊」形成の史的考察、土佐の資料から―

一　はじめに

「風流踊」としては、これまで「花取踊」に集中して考察を続けてきた。

これに対し、近畿圏を中心として西日本に広く分布し、土佐にも現在も点在する「風流踊」として「なもで踊」と「こおどり」とがある。従来、学会で「風流踊の歴史」として研究されてきたのはこうした踊を対象としたものである。しかしながら、淵源の異なる土佐の「花取踊」（太刀踊）を逸しては「風流踊」の形成史は描き得ない―というのが、これまで「花取踊」を重視して論述してきた経緯であり、私の立場でもある。

これら「風流踊」の形態の推移に、中世の「念仏」「風流」「小歌」の三つの要素が関与していることは同様である。「花取踊」に次いで、「なもで踊」と「こおどり」の実態を検証するに当たり、先ず、改めて中世の基盤となる各要素の歴史的概要と相互の交渉について、土佐との関係も念頭に、中央の文献資料を軸に解説・考察を補足しておきたい。それに対し、これまでの論述を踏まえて、地域の民俗の立場から見た「風流踊」形成史に関わる私見をも述べ、地域研究の重要性を強調したい。

次いで、土佐の視点から見た「なもで踊」と「こおどり」の考証に移る。できるだけ古い多様な資料を見出しその拠り所とする。結果としてそれぞれの歴史的様相と、相互の密接な繋がりが明らかになり、形成・展開の考察に資することができればと考えている。

二　「風流踊」形成の歴史的概要と展望

念仏の系譜とその深層

「念仏」は、名号の「南無阿弥陀仏」六字の詠唱であるが、これを歌謡として見た場合、多くの人々の心を救い、多大な安らぎを与えてきたという意味で、最高の「踊歌」の歌詞ということもできる。その系譜は七世紀前半の浄土教の伝来に始まり、歌う「念仏」（音曲的念仏）は、慈覚大師円仁（七九四～八六四）が中国五台山から比叡山に「引《いん》声《ぜい》念仏」「常行三昧《じょうぎょうざんまい》」としてもたらした。以来それは、空也（九〇三?～九七二）、融通念仏宗の良忍（一〇七二～一一三二）、浄土宗の法然（一一三三～一二一二）、浄土真宗の親鸞（一一七三～一二六二）、時宗の一遍智真（一二三九～一二八九）と続く高僧の営為や、空也・一遍の遊行を継ぐ名も無い念仏聖たちの回国により、広く人々の間に浸透して行った。その足跡は、もちろん四国にも印されている。因みに一遍は伊予国・道後（松山市）の河野氏の出身であった。聖たちの相貌は、早く平安後期の「今様」の集成『梁塵秘抄』（巻第二）に次のように歌われている。

　我らが修行せし様《やう》は　忍辱袈裟《にんにくけさ》をば肩に掛け　また笈《おい》を負ひ　衣《ころも》は何時《いつ》となく潮垂《しほた》れて　四国の辺地《へち》をぞ常に踏む
（三〇一）

土佐では特に山の聖、修験また山伏と呼ばれた人々の活動が顕著であった。彼らの活動は降って、『長曽我部地検帳』（天正十五年〈一五八七〉以来の数ヶ年に渡る土佐一国の総検地帳）にも、「ヒシリ・ヒシリ谷・ヒシリ山・ヒシリヤシキ・ヒシリカ畠・ヒシリテン」など、「ヒジリ」を冠した様々なホノギ（小字）として刻まれている。

「念仏踊」が、空也を始祖と仰ぐ一遍によって広められた宗教的な「踊念仏」（『一遍聖絵』）に一つの基盤を持つことは論をまたない。中世の「念仏」信仰の深まりは、一遍においてその究極的表現とも言える集団の「踊」に到達した。念仏聖・修験者の活動も含めて、それらの展開は中世の人々の困難な生を支えただけでなく、土佐においては実に今日まで、「念仏踊」「念仏楽」をはじめ様々な「念仏風流」の芸能としてその命脈を伝えている。（「念仏風流」については『高知県の民俗芸能―高知県民俗芸能緊急調査報告書』令和4年3月刊に、一応の資料的成果をまとめているので参照願いたい）

念仏信仰＝他力思想の深まりについては、法然・親鸞から一遍における思想的達成として、柳宗悦（一八八九～一九六一）が名著『南無阿弥陀仏』（昭和30年刊、岩波文庫所収）の中で詳しく説いている。柳は言う「称名とはわれを棄て去って、仏に一切を任せきることである」（第六項「念仏」）。柳は、自力他力を超えた自他一如の境地、その真髄を「我を捨て去る」称名、「南無阿弥陀仏の一声」に見出した。それは彼の民藝思想、美学思想の到達点ともなっている。

「風流」とは新奇な「思い付き」

「風流」とは、意匠あるいは趣向そのものをさす語で、中世の史・資料では、具体的には祭りにおける華美で新奇、異形の装飾・仮装・造り物などをいう。柳田国男は、「祭礼の特色」を説明する中で、「思い付き」という分かりやすい言葉を用いて次の様に解説している。

一般的なる祭礼の特色は、神輿《みこし》の渡御《とぎょ》、これに伴なういろいろの美しい行列であった。中古以来、京都などではこの行列を風流《ふりゅう》と呼んでいた。風流はすなわち思い付きということで、新しい意匠を競い、年々目先をかえて行くのが本意であった。我々のマツリはこれがあるためにサイレイになったともいえるのである。（『日本の祭り』「祭から祭礼へ」）

人の耳目を驚かすことに眼目があり、創意ある工夫が生命で、本来は一回性のものであったが、平安後期以降の中世において、代表的な芸能思潮として成長して行ったのである。

すなわち、この「風流」の趣向のある「踊（躍・跳）」が「風流踊」で、華やかな衣装・冠り物・採り物などを特徴とする。土佐の「花取踊」でいえば、色とりどりの異形の衣装やタクリと呼ぶ襷《たすき》飾りの類、奇抜な山鳥の尾羽の冠り物、総《ふさ》飾りの付いた長刀、或いは長刀式の太刀や鎌の採り物などが当たり、やがてそれが固定したものとなる。

「風流」の先蹤は早く、久寿元年〈一一五四〉三月の頃、京都・紫野社の「ふうりやう《（風流）》のあそび」（「やすらい花」）として『梁塵秘抄口伝集』（巻第十四）に記録されている。そのはやし歌には「なまへ」（「なンまい」或いは「なンまえ」と発声）とあり、その初期から「念仏」が融合していたことが窺える（五来重『踊り念仏』）。

「小歌」の沿革と「おどりの時代」

「小歌」とは、南北朝期以降、特に室町時代から江戸初期にかけて盛んにうたわれ、人々を魅了した歌謡である。研究史では「中世小歌」「室町小歌」と呼ばれることもある。流行の中心的な場は「宴席（遊宴）」で、担い手は、芸能者（遁世僧、田楽法師、猿楽・狂言の役者、楽人、放下《ほうか》師、遊女等）を核とし、公家、武家、僧侶、町衆から庶民まで広範にわたった。文献としては『閑吟集』（永正十五年＝一五一八成）が早く、狭義の小歌を中心に、能の小謡《こうたい》、早歌、放下歌、漢詩句の一節など多様な在り方を示している。が、総じて「小歌節」という繊細で優美な曲節を持ち、詩形的には短章という共通した特色を持つ。その魅力を『閑吟集』から例示すれば、次の如くである。（いずれも狭義の小歌）

・花の錦の下紐《ひも》は　解《と》けて中〳〵《なかなか》よしなや　柳の糸の乱れ心　いつ忘れうぞ　寝乱れ髪の面影　（巻頭歌）

・何せうぞ　くすんで　一期《いちご》は夢よ　ただ狂《狂人》へ　（55番歌）

（「狂《狂人》へ」〈伝本はいずれも「狂人」〉には、「佯狂・陽狂」＝いつわって狂気をよそおうこと。また、その人。〈『日本国語大辞典』〉＝と同一の思想が色濃く投影されている。もちろん前項で見た風雅に徹する風狂、奇矯ともいえる「風流」の精神もそれに重なる。それらは相俟って、かつてない強い訴求力の歌を実現した。初めてこの歌に出会った時、研究を模索していた私は、これで「生きていける」、と思ったことを思い出す）

これらの歌は、酷薄な時代の限界状況にあって、痛切な人生の哀歓をうたうことに特色があり、室町期においては「小歌時代」と呼べるほどの共感を呼んだ。しかしながら文学的には、『閑吟集』を頂点として下降に転じ、その流れは『宗安小歌集』（天正期成カ）、「隆達節歌謡」（諸本文禄・慶長期）と江戸初期まで続くが、しだいに中世的な多様な活力は失われ、趣味的に流れて終息に向かう。

それらは本来、中世尺八（一節五孔の形態）を主要な伴奏楽器とし、人の息遣いを伝える自由な律調を特色としたが、「隆達」に至り、新規渡来の三味線とも交渉を有し、いわゆる近世小唄調（七〈3・4〉、七〈4・3〉、七〈3・4〉、五）への道を開く。その結果、軽快さを獲得する代わりに重厚さを失うこととなった。江戸初期の「三味線組歌」以後、日本の古典歌謡はこの三味線歌謡が中心の座を占め、近世小唄調が一大勢力を成して行くことになる。

こうした中で、室町時代の後期以降、特にその末期から江戸初期は、「おどりの時代」と呼べるほど、華やかな

「風流踊」が登場、高揚した一時期であった。当時の中央の諸記録（日記・文書・絵画資料等）には公家・武家衆から広く庶民階層まで、様々な「おどり（踊・躍・跳）」愛好の様子が見える。その「踊歌」に、「念仏」と交替する形で用いられたのが「小歌」による組歌であり、作詞・構成者としては公家など当代一流の文化人も知られている。そうした歌詞の一部・断片は、現在、地方の「風流踊」の中にも見出すことができる。

以上は、「小歌」の説明から主に中央における「風流踊歌」形成の経緯について述べた。簡略な解説に止めたが、「室町小歌」と「風流踊」を中心に、芸能全般を巡る詳細な考察は、小著『中世歌謡の史的研究　室町小歌の時代』（平成7年・三弥井書店、令和6年・新装改訂版）に各種論文・資料として収録しているので、併せて参照願いたい。

地域の「風流踊」考究の重要性

中央の文献資料等による「中世小歌（室町小歌）」と「おどり」流行の見渡しは以上であるが、地方の民俗歌謡に目を転ずれば、また違った様相が見えてくる。既に「第二章　六　文献（『巷謡編』）に遺る歌掛け伝承、「山歌」と「花取踊」」で考察したところであるが、注目すべきは、極めて古風な「5・7、7・4」に集約される律調を持つ歌謡の存在である。土佐では「山歌」として、また「花取踊」においては「念仏」と並立して行われた「踊歌」として確認できる。管見では、その淵源は古代の「歌垣」にあり、歌掛け習俗を受け継ぐ民俗歌謡と認めることができる。さらに、特徴的な四音終止という詩形は、「中世小歌」の淵源と目される「五節の物云舞」（志田延義説）の歌謡とも呼応しており、「室町小歌」の先駆けと位置付けることができる。降って四音の結びは、囃し田歌謡の代表的集成『田植草紙』の中にも数多く見出すことができる。そうして見ると、中世全般に渡る地方歌謡（民謡）としては、これら「5・7、7・4」に集約される歌謡が大きな勢力を成していたことが窺える。

管見により地域の「小歌」圏歌謡の状況について紹介した。私が重視しているのは、前項で述べた中央の都市の「遊宴」等を中心とした「踊」生成の環境だけでなく、これまでは見過ごされてきた地方の民俗における「風流踊」形成の環境である。その生成の土壌は十分に豊かで、実際、「花取踊」はその実例となり得る。それも「念仏」との関わり（念仏と並立・並存）から見ると、最も早い段階のものと認めることができる。

「風流踊」の「踊と踊歌」の形成は結局、こうした民俗における「儀礼」「祭礼」の場と、中央における「宴席」および「祝祭」の場と、両方の核を想定することが必要となるのではないか。私見では、「踊」自体の系脈としても「歌垣」を継ぐ「踏歌」の展開を考え、「念仏踊」以前を想定するところでもある。まだまだ埋めるべき空隙は少なくないが、「風流踊」の成立史を前進させるためには、中央の文献資料と相並び、地方・地域の民俗の視点を導入、重視することが大切となる。困難な道ではあるが、この道をさらに確かなものとして行くしか方法はないと考えている。

三 「なもで踊」の展開とその芸態

ここからは、「花取踊」に次ぐ「風流踊」として「なもで踊」と「こおどり」とを位置づけ、土佐の多様な古資料を紹介・検討することにより、「風流踊」のさらなる展開を跡付けて行きたい。

「なもで踊」と「こおどり」―検証の課題

「なもで踊」は、土佐においては他に「ナマウデ踊」「ナンモウデ踊」「南無舞手踊（なんぼで踊）」などと表記されていたものである。その踊歌は「南無阿弥陀仏」に由来する「念仏」の詠唱を基本としたものであり、これも又、大よそ中世期に遡る「念仏踊」の変容の一形態を伝えているものと考えることができる。

「こおどり」は、土佐においては「小踊・神踊・鼓踊・子踊・古踊」などと漢字を当てて呼ばれてきた踊である。踊手にする採り物の特色から「団扇踊」、また伴奏の締め太鼓の特徴により「太鼓踊」と称していた地域もある。踊歌の大半は、「○○踊」という題名で何首かの「小歌」によって綴られた連作・組歌風のもので、中世近世小歌圏の歌謡による「小歌踊」の範疇に属する。この「こおどり」において、「念仏踊」の位置は後退し、地域によっては演目の一名称としてその内部に取り込まれている。

序章・四に掲げた藩政期の史料（法令等）では、「こおどり」は「小おどり・小踊」と表記されていたものに該当する。管見で最も古くは、寛永二年〈一六二五〉の資料に「七月、小おとり、高知中、停止之事」とあった。当時は庶民の踊の代表的存在として度重なる禁止に会っていたものである。以後、そうした禁制は近世末期に至るまで断続的に行われた。

この二つの踊「なもで踊」「こおどり」の芸態は、土佐における資料では、残念ながら具体的かつ確実なところは、江戸中期頃までしか遡って知ることはできない。しかしながら、体形・楽器・装束・採り物などの共通性から、一連のものと把握することはできる。

「念仏踊」から「小歌踊」の形成については、「花取踊」（「太刀踊」）とは別枠をなすこれら「なもで踊」と「こおどり」の芸態も、さらなる「念仏」の後退から「小歌踊」へ移行する、その過程を示しているものと理解することができるであろう。

前述の通り、「なもで踊」「こおどり」共に、その名称・芸能の内容とも、土佐に固有のものではなく、「花取踊」

とは対照的に、西日本の各地域に広くその類例を求めることができる。その伝播・流行の大本は、歴史的文化の中心、京都・奈良をはじめその周辺、近畿圏にあったと考えることができる。しかしながら、これらの形成・展開の経緯についても、未だ全国的な視野において見通す作業は十分には成されていない。土佐における古資料を紹介・検証することは、その考察の一助にもなるであろう。

朝倉神社に関する古資料

まず「なもで踊」について比較的多くの資料を残しているのは、朝倉神社（高知市朝倉）のものである。植木尚斎（一六八五～一七七四）の手になる『土陽淵岳誌』（延享三年・一七四六年成）の記録が最も古いものと思われるが、次のように記述・考証している。（読みやすさを考慮して適宜改行、句読点・濁点等を付す）

①盤瀬在朝倉。今鵜来巣山ト云。斎明天皇木丸殿ニテ崩御、盤瀬ノ宮へ移リ玉フ。其後天智天皇勅詔有リテ、天津羽羽神ノ宮中ニウツシ奉テ、羽羽神ト斎明天皇ヲ一所ニ祭ル也。朝倉宮トモ木丸殿トモ称シ奉ル也。

毎年八月十八日御祭今ニ怠ル事ナシ。八月十八日御祭ノアトニテ、ナンモウデト云事有。朝倉地下百姓四五十人斗、染別之帷子ヲ着、菅笠ヲカブリ、団扇ニ白浅黄ノシデヲ切カケ、十一二歳之童ニ鉦ヲタタカセ、ナンモンデカンコウデトトナへ、ヲドリ廻ルニ序破急アリ。是ヲナンモウデト云。

或人ノ曰、是ハ斎明天皇ノ御法事ノ念仏也ト。又或説ニハ、事跡未詳トイへドモ木丸殿ヨリ盤瀬ハ南ニ当ルユへニ、ナンモウデハ南方モウデニテ、斎明天皇ノ御葬儀ノ送リ奉ル挽詞ノコリタリト云。未ダ何レノヨル事ヲシラズ。（四十一　朝倉橘広庭宮）

この朝倉神社は、『日本書紀』斎明天皇七年〈六六一〉五月九日条に出る「朝倉橘広庭宮」であり、また「神楽歌」

（朝倉）にいう「木の丸殿」の故地であるとする伝承が古くから行われており、「ナンモウデ」の意味についても、斉明天皇の供養に関わるものとする解釈（憶説）が流布していたようである。

それはさておき、「ナンモウデト云」踊は、八月十八日の祭事のものとして記録されている。ここで留意しておきたいのはその芸態で、踊子の人数は地下の百姓四五十人。装束は染め分けの帷子（かたびら）に菅笠。採り物は白浅黄のシデの紙飾りのついた団扇。また踊歌は「ナンモンデカンコウデ」という唱えであり、童子（十一二歳）の「鉦」のはやしにより歌い踊り回ったとある。おそらくこの童子はいわゆる「風流踊」の「中踊」にあたり、団扇を持った多くの踊子はその周囲を取り巻く「側踊」と考えられる。また踊には序破急の構成があったとも記されているが、これも「風流踊」全般に見られる構成＝ゆるやかな導入の部分、活発な中間の踊り、締め括りとしての納めの踊り＝を指し示しているものと考えられる。

次いで、武藤致和（一七四一～一八一三）、同平道（一七七八～一八三〇）父子による『南路志』にも記載がある。

②當社、斎明天皇を併せ祭と云、社傳也。祭礼七月廿四日、又本地を阿弥陀と云、なもで踊有。此なもで之説多し。按に南無阿弥陀《ナモデ》神相殿《カコデ》歟。団扇四拾八本も阿弥陀四拾八願成らん。又棒遣ヒ給田有とぞ。（巻十七、土佐郡朝倉村、朝倉神社の項）

「なもで踊」と呼び、「ナモデカコデ」（踊歌）に神仏習合の面からの解釈を示している。また採り物としての団扇の数にも注目し、阿弥陀仏の請願の数四十八願との一致を指摘している。「カコデ」に「神相殿」を当てるのは付会と思われるが、四十八の数字は、「こおどり」系統の踊りの一つの基準の数、四十八番にも通じている可能性はある。例えば鹿持雅澄の『巷謡編』登載の「安芸郡土左をどり」は、「凡て四十八番」とあり、歌詞の既に失われたものについてもその名を伝えているのは、四十八という数字へのこだわりの現れとも受け取ることができる。

また、祭礼芸能の一環に登場する「棒遣ひ」のための「給田」の存在を指摘している。こうした給田は中世以前に遡ることが考えられ、この点から敷衍して朝倉神社の「なもで踊」も中世以来のものとする可能性が出てくる。

すなわち、天正十六年〈一五八八〉の年記のある『長宗我部地検帳』（「土佐郡朝倉庄」）には、「大宮」（朝倉神社）について祭事に関わると思われる多くの神田・給田が記載されている。例えば「正月三月八月三度之神田」「八月朔田」「八月神楽田」「八月的立田」「ヘイ指田」「大晦日餅居田」「大宮五月五日神田」「ホサキ田」「霜月二日田」「大宮七月田」等であるが、こうしたものと並んで「大宮念仏田」の記事が二箇所に出てくる。

いずれも「御直分」とあり、「弥三兵衛」なる無名字の地下の百姓と思われる人物の耕作地と記されているが、これ以上の記載はない。従ってこの「念仏田」が「なもで踊」の費用のためのものと確言することはできない。ただし前述の『土陽淵岳誌』①には八月十八日の祭りに「なもで踊」があるとされており、同じ八月の祭りに「八月神楽田」「八月的立田」などとあるのを見ると、その可能性だけは残しておきたい。

次いで、松野尾章行（一八三六～一九〇三）の『皆山集』（巻第十七巻）所載の記事を見る。同書は、明治十一年から同三十四年にかけて蒐集・筆記した史料集。（適宜改行し、句読点・濁点等を付す）

③朝倉神祭のナンモンデの諸説多しといへども受けがたし。

おのれ八月十八日、彼社に行、執行することをつく〳〵見しに、先、社地の側に南無阿弥陀佛と書たる大なる旗を建、其下ニて、廿四人、麻上下の装束して菅笠かぶり、脇差したる若キ男ども十人斗は、手に團扇を持、十人斗ハ撞木に鉦を持。外に太鼓打童子二人、棒遣二人、此四人ハ口中に鉄漿付る。微音に一同念仏を唱へ、鉦・太鼓に合せ打丸りて躍体也。

さるによりておもふに、凡、躍ニハ手を付るといふ事のあれバ、南無手の躍といふ事を略していひ習ハせしならん。ナンモンデンとンを入ていふ事、昔ハなかりし事、古記にミへたり。
扨、南無をナモと通音に訓る事、仏家の常也。奈蒙阿弥陀仏とも書、また釈迦牟尼を釈迦文とも書レバ、いよ〳〵南無手ならん。
又、此踊、府下近き所ニハ珍らしけれど、おのれ秋の比、佐川へ通ひし事の有しに、某の社・此神社の祭礼とおぼしくて、いと盛成事にて、西郷にてハ珍らしからざる躍也。白頭雑談出。

本文の末尾に「白頭雑談出」とある通り、資料として『白頭雑談』から引用した箇所と考えられる。『白頭雑談』自体は、考証に秀でた稲毛実（一七八五〜一八六九）の著作。（『国書総目録』によれば二編一〇冊、高知県立図書館蔵とあるが、現在は所在不明で、戦災で焼失の可能性もあるという）

従って、記事としては江戸末期の事柄となるが、実際の見聞（「おのれ八月十八日、彼社に行、執行することをつく〳〵見し」）によるものとして貴重。なお、踊りの執行日を「八月十八日」とすることは、前述の『土陽淵岳誌』（①）の祭礼日と重なる。

注目すべき芸態の部分を箇条書きにする。

一、「社地」の側らに「南無阿弥陀佛」と書いた大きな旗を建て、その下で踊る。
二、踊子は二十四人。その装束は、麻の裃（かみしも）に菅笠をかぶる。
三、十人ばかりの踊り子は脇差を腰に、手には団扇を持つ。また、十人ばかりの踊子は、手に撞木（鉦を打ち鳴らす棒）と「鉦」を持つ。
四、踊子は、ほかに太鼓打ちの童子二人、棒遣い二人。以上の四人は口に鉄漿（かね＝おはぐろの液）を付ける。（以上の四人は「中踊」と見なしたらよいであろう）

五、踊歌としては、踊子一同が微音（小さな声）で念仏を唱える。

六、一同は念仏と、鉦・太鼓の伴奏に合わせて踊り回る。（「打丸りて躍体」という用語からは、全体は、輪踊と理解してよいでろう）

これらの記事は、祭礼・執行日のみならず『土陽淵岳誌』（①、一七四六年成）と重なるところが多い。共に相補って江戸時代を通じての芸態を想定することが可能となろう。

後半の考察の部分では「ナンモンデンとンを入ていふ事、昔ハなかりし事、古記にミへたり」としており、「ン」を除いた「ナモデ」が踊りとしての古来の名称であったことを示している。

さらに、その伝承地として特に「佐川」を挙げ、「府下」（府城のうち、高知城下）以西の「西郷にてハ珍らしからざる躍也」としているのは、これまた貴重な指摘である。

佐川郷・仁井田郷などへの展開とその終息

すなわち、この「西郷」への展開については、『南路志』（前出）の二、三の記事により確認することができる。

④松尾八幡　松尾山（中略）祭礼、八月十六日（中略）神役、南無舞手、右神役、先年より古式を以、佐川三野村より役者入来、相勤。尤音頭ハ、古来本村より壱人宛仕立也。　（巻二三、高岡郡佐川村の項）

⑤八幡　鯨坂（中略）祭日、八月十五日（中略）同日、従古来、南無舞手踊。　（巻二三、高岡郡八幡村の項）

⑥往古、五社御念仏祭といふ事有。毎年、九月九日、舞臺を営ミ造りて、神人神楽を奏し、祝詞を上る。又、舞臺の四圍を鐘及大成團扇をたゝき巡行して、ナマウデ〱と　今按に、ナマウデは即南無阿弥陀佛と云事也　神楽終るまで唱て踊りけると也。故に此祭を行ふ事をナマウデを上ると言へり。

仁井田郷中、此祭有所、志和天神・矢井加松尾・志和槿花宮にも此祭有。余ハ悉く記すに不遑。又、幡多郡伊与木にも流布して有り。又、与津八幡祭りにお伊勢踊・小踊有。志和天神にも小踊有。又、花踊（ハナトリ）とて刀を抜て踊をなす事有。五社より起りて今諸社に流布す。悉神祭の行事也。又、花踊は伊予家蒙古退治の時、勝利を得し嘉例を祝して此五社の祭に初めし由、俚民のいへり。

（巻二七、高岡郡宮内村、五社大明神「古今祭礼行事の説」の項）

④、⑤はいずれも旧佐川郷（現佐川町）、⑥は旧仁井田郷（現四万十町）に属する地域の記事である。「南無舞手踊」「ナマウデ」踊に関わる伝承の事実を明らかにしている。これら高岡郡には多くの伝承地があることを例示し、「余ハ悉く記すに不遑（いとまあらず）」とするだけでなく、さらには幡多郡への流布にも言及している。前掲の『皆山集』〈『白頭雑談』〉の「西郷にてハ珍らしからざる躍也」という発言をそのまま立証するものとなっている。（なお、⑥末尾の細字部分は割注として書かれている箇所である。本論の主旨とは若干離れるが、当時、その他の芸能―お伊勢踊・小踊・ハナトリ踊等―とも普通に共存していたことを示す記事として登載した。因みに「お伊勢踊」は、高知市一宮の土佐神社に残る古記録に「土佐一宮村　一御伊勢様おとり　慶長拾九年之霜月より始ル」とあり、「こおどり」（小踊）の同類芸能である）

「なもで踊」の芸態としては、「鉦」をたたき、また大きな団扇をたたいて巡行すること、踊歌としては「ナマウデ〳〵」と唱えていたことが注目される。

なお、佐川郷の「南無舞手踊」（なんぼで踊）は、その後、戦後になって絶えてしまった。その芸態については『佐川町史』下巻（昭和56年刊）に記されているので、次に紹介する。（「南無舞手（なんぼで）踊」の項）

⑦古来、尾川の氏神天満宮の秋祭りや祐清堂の祭り行事に奉納された踊りで、派手な女衣装に白手甲、白足袋草履ばき、白タスキに大花笠をいただき、胸に小太鼓をつけた年若い男子二人と、黒衣に黒ハカマ（裙絞り）白タスキで小形の花笠をかむり、長さ二メートル余の色紙飾りの棒を持った壮年者二名が対い合って、互に入り乱れ小太鼓をたたいて踊り、これをかこむ数名の者が、鉦をたたき、大団扇を振って、

ヤア　南無舞手、南無舞手、エー　陀仏、阿弥陀仏、エン　南阿無、ハア　阿弥陀、陀仏

と唱え囃すのである。

派手な女衣装に白タスキ、大小の花笠、色紙飾りの棒、大団扇―と華やかな「風流踊」であったことがうかがえる。そうした中で、棒使い（壮年者二名）の衣装が「黒衣に黒ハカマ（裙絞り）白タスキ」と地味な姿であったことは注意を引かれる。（黒ずくめの衣装に白タスキ・裾しぼりは、平成七年、約百年ぶりに復活したという奈良・安堵町飽波神社の「なもで踊」と重なる。何か信仰的由緒が考えられるかもしれない）

体形的には、前述の③の記事（『白頭雑談』）の朝倉神祭の「ナンモンデ」の踊との一致・重なりが見てとれる。すなわち、「中踊」としての年少の太鼓打二人と壮年の棒使い二人（互いに向き合い入り乱れて踊る）を中心に、それを囲む人々が、「鉦」をたたき団扇を振って輪踊を展開するという形態である。

その「起源」および故実・周辺の状況については、『佐川町史』（下巻）は、さらに続けて次のように説明する。

起源　昔念仏宗全盛のころからあったもので、戦国時代の尾川領主近沢氏の臣栗田源内というものが、津野家の臣某と当時流行の念仏踊りに新工夫を加えたものだという。それで踊りの初めには必ず西山ハザコの栗田家の先祖の祠前で踊り、次に天満宮で、最後に近沢将監の廟所祐清堂（下郷）の庭で踊り納めたが、踊りの初めにはかならず「一条様」の歌詞を踊らねばならなかったという。第二次大戦前までは毎年型通り盛大に行われていたが、戦後絶えたまま、現在は年によってほんの形式的に行われることもある。

この踊りの縁起をくわしく書いたものを引地の西内順太という人が所持していたが、彼の歿後心ない人によって焼却されたという。

この記事の確実な典拠は、ここには明示されていない。が、たとえ伝承に拠るとしても、戦国期の起源とそれに関

わる故実の記憶は貴重である。踊場の順については⑦（前述）とも重なる。踊歌「一条様」の存在の指摘は、ここにのみ見られるものであるが、「こおどり」との共通性がうかがえ、「念仏踊」から組歌による「小歌踊」への移行の過程も見えてくる。しかしながら、現在のところその歌詞は見出されていない。「縁起」の焼却とともにその行方が惜しまれる。

なお、「戦後絶えたまま、現在は年によってほんの形式的に行われることもある。」という記事は、その後の消息を二つの資料によって知ることができる。松岡司『歴史街道佐川』（平成18年8月、佐川町立青山文庫）および平成十八年〈二〇〇八〉十月十二日付けの高知新聞記事である。まず、『歴史街道佐川』の記述から。（「なんぼで踊り」の項から、必要箇所のみ摘記）

地元（尾川地区）の方々に聞きますと、太平洋戦争中も踊られたこれが止まったのは、終戦後のこと。昭和三、四十年ごろいったん復活したものの、いろいろあってまた途切れてしまったそうです。

十一月二十五日におこなわれてきた「なんぼで踊り」は、さいわい踊り手の写真がのこっていまして装束がよくわかります。まず少年ふたりが女柄の着物に白手っ甲・白足袋・白だすきを着け、頭に花笠、胸に小太鼓をそなえています。黒衣に白だすきをまわして花笠をかぶったふたりが棒振りでして、さらに囃子手（はやして）として鉦うち四、五人とうちわ持ちひとりのいたことがわかります。

つまり踊りは、十人ほどで構成されていたようです。

棒振りを経験した河添岩美さん（67）によりますと、歌は、

ヤーなんぼでなんぼで

エーだんぼ・あみだんぼ

のくりかえし。「だんぼ」は「陀仏」、「あみだんぼ」は「阿弥陀仏」のこと。これを何度か歌い、さいごにテンポを早めて、

エンな（南）・あむ（阿無）ハ・あみだだぼ（阿弥陀陀仏）ー

と結ぶ。

踊りは、その始祖である尾川西山の栗田家祠前に始まり、ついで尾川天満宮の拝殿前・中ノ段・鳥居下の三カ所、最後に戦国の尾川城主近沢将監をまつる祐清堂（祐清は将監の名）前でおこなわれた。したがって踊り手は昼食また酒を飲みながらの休憩をはさみ、朝から夕まで踊りつづけたといいます。

記事には「さいわい……のこっていた」という写真二枚が、説明文と共に添付されている。一枚は「昭和初期ごろの踊り手の記念写真（天満宮蔵）」であり、もう一枚は「昭和40年11月25日祭礼の踊り手たち。これが最後となった（田村登代野氏提供）」である。この後の写真・説明文により、佐川町の「なんぼで踊り」は、昭和四十年〈一九六五〉の祭礼を最後に、完全にその息を絶えてしまったことがわかる。

松岡司による前述の芸態の解説は、この二枚の写真とそれによる聞き取りに基づくものとなる（二五〇頁、写真参照）。「昭和初期ごろ」という一枚は不鮮明ではあるが、小太鼓をつけた少年二人・棒振り二人・団扇持ち一人・鉦打ち一人が、その冠り物・採り物・楽器の形態と共に確認することができる。ことに団扇の形体を示す画像はほかに例が無く、貴重である。「田村登代野氏提供」というもう一枚は、カラー写真ではないものの画像はさらに鮮明で、団扇・鉦は写っていないが小太鼓（締め太鼓）・棒・花笠については、その形態がよりはっきりと認識できる。

もう一つの資料、高知新聞の記事は「わが町の100年　20世紀ワンショット」「佐川町のなんぼで踊り　1965年」というもので、『歴史街道佐川』を受けての囲み記事＝前掲「田村登代野氏提供」の写真付き＝である。記事

「なもで踊」の芸態――佐川町の「なんぼで踊り」

写真により、かつての装束や採り物等が具体的に分かる。

「昭和初期ごろの踊り手の記念写真（天満宮蔵）」
松岡司『歴史街道佐川』「なんぼで踊り」の項（平成18年８月）所載

「田村登代野氏提供」の写真
高知新聞「佐川町のなんぼで踊り　1965年」（平成18年10月12日付け）所載

を引用する（重複する情報は一部省略）。

踊りは古来、尾川の天満宮の秋祭りなどで奉納された。派手な着物に大きな花笠（がさ）、胸に太鼓を着けた少年二人、色紙飾りの着いた棒を持った壮年者二人が入り乱れて踊る。数名がこれを囲み、鉦（かね）をたたいたり、大うちわを振って「ヤア　南無舞手（なんぼで）、南無舞手」などと唱え、はやした。

写真を提供したのは地元の田村登代野さん（七八）で、最上段右が夫の嘉隆さん＝故人、最前列の二人の少年が、双子の息子の嘉和さん（五四）と隆和さん（五四）。

「子どもの着物は派手じゃったと思う。一カ月くらいは練習して、棒振りの人らは上手やった」と登代野さん。嘉和さんは「双子だから踊りの息もぴったり。終わった後の豚汁がおいしくてね」。駄菓子などの出店も楽しみだったという。

写真左端に写っている西森徳之さん（六八）は「指導者が高齢で最後の年も何とかやった。自分もやっと覚えたから、教えることはできなくてね」。昔を思い出すように、はやしの一節「エーダンボ（陀仏）、アミダンボ（阿弥陀仏）」と、懐かしそうに口ずさんだ。

田村さん提供の写真により、往事の様子を鮮明かつ具体的に知ることができることは前述の通りであるが、人々を魅了した華やかな「風流踊」の意匠は、思い出ばなしと共に、さらに実感を持ってこの記念写真を通じて目のあたりによみがえってくる。本当に惜しむべき踊であったと思う。

朝倉神社の踊の近・現代

話題を再び朝倉神社の踊に戻す。時代は下るが、神社には現在、「昭和十五年十一月吉日」に奉納された「神踊」

の彩色の絵馬（吉村大我筆）が残されている。（二五四頁、写真参照）

次に絵馬の下に記されている記事の一部を書き写す。描かれた絵と共に、これらにより当時に至る祭礼の踊の状況を知ることができる。（適宜、句読点を付す）

抑神踊者、自往昔朝倉神社之祭典之時、為行事奉納、為例矣。然自明治三十年頃□（一字不明）自然中絶。弘田耕三氏依主唱、惜古式之絶滅、左之諸氏為発起、昭和四年七月二十四日、当社夏祭之際、復興者也。（以下、発起人名・世話人名記載）

この記事によれば、「神踊」は往昔より朝倉神社に伝わるものであり、明治三十年頃より中絶していたが、昭和四年七月二十四日の夏祭に、古式により再興したという。（以前②の資料の注書に見た「祭礼七月二十四日」はこの「夏祭」に相当）

この「神踊」の表記は、県内の他の用例に照らし、「こおどり」または「こうおどり」と訓むべきものと思われる。内容的には「なもで踊」を含むもので、この時点では、「なもで踊」は「こおどり」に吸収された形になっており、意識としては「こおどり」と一体・一連のもの、あるいはその一部と見なされていたと考えられる。

この間の事情については、神社にのこされている明治期以降の祭礼記録（高木啓夫「朝倉神社祭礼関係資料」、高知市文化財調査報告書第10集『朝倉』所収）にもうかがうことができる。たとえば「南無詣」（明治廿一年）、「南毛詣」（明治二十二年）とある踊の名称は、その後「神踊・ナンモンデ」（大正二年）、「神踊・南門殿」（昭和十七年）と併記する例も二、三は見られるものの、ほとんどは一括して「神踊」と記されるようになっている。「なもで踊」と「こおどり」の区別は、その芸態の同一性から失われていく傾向にあったと見てよいであろう。

絵馬に描かれている踊を見ると（二五四頁、写真参照）、「中踊」としては、太鼓を胸につけた少年三人と、鉦と撞木を手にした少年三人がおり、互いに向かい合って並んでいる。装束はいずれも長い振袖の着物に袴姿で、共に鉢巻を長くうしろに垂らし、襷をしている。その周りの「側踊」は、袴姿の男性、着物姿の婦人、セーラー服姿の少女、晴れ着（着物）姿の少女で、全部で二十二人。いずれも日の丸扇を手にしている。これらは一応、「なもで踊」も含む「こおどり」の当時の様子を伝えているものと見てよいであろう。

現在、この踊りは、「中踊」「側踊」とも全て子供たちによる踊として継承され、形態自体はこの絵馬の形そのままのものが、秋の祭礼（十一月十日）に、御旅所における一連の芸能として披露されている。ただ、「なもで踊」（現行は「なんもんでん」と呼称）と「こおどり」は、採り物の点においては明確に区別されており注目される。それは、「なもで踊」は、表裏に金銀の紙で日月を描き、それに切り紙（シデ）を飾り付けた団扇を持つのに対して、「こおどり」は日の丸の扇子を持って踊るという違いである。（二五四頁、写真Ⓐ・Ⓑ参照）これを見ると、団扇の方に「なもで踊」本来の採り物としての意識が残っているのではないかとも思われる。

ちなみに、これまで紹介してきた江戸期の古記録においても、「なもで踊」の採り物は一様に団扇であり、また、前に見た『歴史街道佐川』所掲の「なんぼで踊り」の「昭和初期ごろの踊り手の記念写真」も、手にしていたのは大団扇であった。この採り物としての団扇は、そのまま朝倉神社以外の「こおどり」の特徴としても受け継がれている。

なお、『南路志』⑵『白頭雑談』⑶および佐川郷の「南無舞手踊」⑺等に見られた「中踊」としての棒使いは、現在は、二人の青年による「棒振り（棒踊）」として独立し、「なんもんでん」「こおどり」の前に披露されている。

朝倉神社の「なもで踊」と「こおどり」（平成2年撮影）

「神踊」の彩色絵馬（額絵）
（「昭和十五年十一月吉日」付け）

Ⓐ現行の「なんもんでん」（「なもで踊」）
採り物としてシデの付いた団扇（日月を描く）を持つのが特徴。伴奏は中踊の締め太鼓と鉦。

Ⓑ現行の「こおどり」
採り物として扇子（日の丸）を持つのが特徴。中踊の締め太鼓と鉦は、いずれも童児が担当。

変容が著しい踊歌

次に、近・現代の朝倉神祭の「なもで踊」（「なんもんでん」）と「こおどり」の歌詞を、参考のため紹介する。「なんもんでん」の歌詞は、高知市文化財調査報告書第10集『朝倉』（平成2年刊）所載の記録資料と、現行の口承資料（平成二年十一月十日、石本保氏歌唱）とを併記し、「こおどり」については記録資料が無いため口承資料のみとする。

〔なんもんでん〕の歌詞（記録資料）

前奏　太鼓、楽　〈甲は高く、乙は低く歌う〉

女　チャーリユーリャー
男　乙おうさいや
女　チャーリユーリャー
男　甲とうとうたらり
女　チャーリユーリャー
男　乙とうたらり
女　チャーリユーリャー
男　おう　さい　や
女　チャーリユーリャー
男　おう　さい　や
へエー南門でーン〈太鼓〉
男　かんこうか

女　かんこうか
男　かんこうか
女　かんこうか
男　甲かんこうか
女　かんこうか
男　乙かんこうか
女　かんこうか
男　甲かんこうか
女　かんこうか
男　次第に甲高くかんこう　かんこう　かんこう　かんこう
　　やや速く
　繰返し
男　南門でーン　南門でーン　南門でーン　南門でーン
女　朝倉や
男　南門でーン　南門でーン
女　木の丸どのにわれおれば
男　乙南門でーン　南門でーン

女　名を名のりつつ
男　甲南門でーン　南門でーン
女　行くはたがこぞ
男　乙南門でーン　南門でーン
女　名を名のりつつ
男　甲南門でーン　南門でーン
女　行くはたがこぞ　〈以上繰返し〉
男　南門でーン
女　南門でーン
男　南門でーン
女　南門でーン
男女　　南門　南門　南門でーン　　〈終り〉

〔なんもんでん〕の歌詞（現行口承資料）

なんもんでん　なんもんでん　なんもんでん
かんこか　づうんでん
ちゃるりゃ　ちゃるりゃ

かんこか　かんこか　かんこか
かんこ　かんこ　づうんでん
ちゃるりゃ　ちゃるりゃ

かんこか　かんこか　かんこか
かんこ　かんこ　づうんでん
ちゃるりゃ　ちゃるりゃ

記録資料の方は年代不明であるが、祭礼記録は「明治二十年代以降のものしか存していない」とあるので、それ以降のものであり、さほど古い記録とは思われない。口承資料と共に、始発当初から見ればかなりの変容は免れないものであろう。ただし念仏に基づく歌詞の他に、楽器（笛・羯鼓・太鼓と思われる）の唱歌を歌う形は、他県の地域の「なもで踊」の伝承にも見られるところである。また、記録資料では男女交互の掛け合い形式になっているが、これも念仏芸能の「出し」と「受け」の方式を受け継ぐものとも考えられ、一定の古式を伝えている可能性はある。このほか能の翁・三番叟の一節や神楽歌（「朝倉」）が取り込まれているが、いつの頃からの伝承・工夫であるかは不明である。

〔こおどり〕の歌詞（現行口承資料）

鎌倉

（1）鎌倉の鎌田兵衛は　音に聞こえし　お金持ち
（2）九つの倉はあれども　子こそもひとり　ほしいとや

四季の歌

（1）春は花咲く　おもしろやの　花にも心を誘われて　もしも　いささのおつゆで　みをしのやの　いささの
おつゆで　みをしのやの

（2）夏はうれしや　陰ほしやの　陰にも心を誘われて　もしも　いささのおつゆで　みをしのやの　いささの
おつゆで　みをしのやの

（3）冬はうれしや　霰ふるやの　雪にも心を誘われて　もしも　いささのおつゆで　みをしのやの　いささの
おつゆで　みをしのやの

ざんざと

（1）ざんざと入れしは　そうなの水よ　それいれしね　それいれしね

（2）一夜明くれば　三百つづらに　それいれしね　それいれしね

（3）われとおれとは　恋仲の友達　それいれしね　それいれしね

水汲み

（1）水汲みおどりは　これまでよ　水汲みおどりは　これまでよ

「こおどり」の方は、口承の過程で大半が消滅し、その断片しか伝わっていない体であるが、他の地域との比較の意味もあるので記し留めておいた。

四　「こおどり」の展開とその芸態

「なもで踊」と「こおどり」の連関、一体性については、これまで取り上げてきた朝倉神社や、佐川などその他の地域の事例などからも、ある程度まではうかがうことが可能と思うが、次には「こおどり」の古資料を取り上げ、さらにその検証を通して実態を考えてみたい。

『巷謡編』所載の「神田村小踊之図」

まず注目されるのは、鹿持雅澄（一七九一～一八五八）の『巷謡編』「土佐郡神田村小踊歌」の後に附載されている見開きの絵図（二六一頁、写真参照、元は彩色画）である。自筆本（宮内庁書陵部所蔵）には、表題も丁付もなく、三十三丁と三十四丁の間に二丁分補入（図は見開き、表・裏には表記無し）の体裁になっている。転写本にあたる『土佐国群書類従』所収本（内閣文庫・国立国会図書館・東大史料編纂所・京大文学部等）には、「神田村小踊之図」の表題と共に、図の裏には次のような記事が記されている。（国立国会図書館蔵本による。濁点を付す）

此小踊歌の本小冊ハ、宇佐浦蔵番和八方ニ持伝ふもの成が、壬午の八月ニ写し、うた物長太郎へと書付て、ふと古く煠けて見へがたく、又紙数も落丁ニ成して分りがたし。いか様此お寺おどりの末ハ、一枚位の落丁と見ユル。其故ハ両表紙有ヲ以おもへる也。参考の一ツに写し置。本紙は忠次郎へカヘス。

丙戌七月廿五日

また、記事の欄外には、「稲毛氏本奥書ニアリ」という注書も共有している。（ただし、本文には多少の異同があり、「うた物長太郎へ」の人名は、他本は「忠次郎」とあり、また「本紙は忠次郎へカヘス」の人名部分は、他本はいずれも空白

『巷謡編』の「神田村小踊之図」と『皆山集』の「こおどり」説明資料（下）

鹿持雅澄自筆『巷謡編』（天保六年〈1835〉序、宮内庁書陵部蔵）所載の絵図
「神田村小踊之図」

「こおどり」（小踊）の芸態をうかがうのに格好の史料となる。

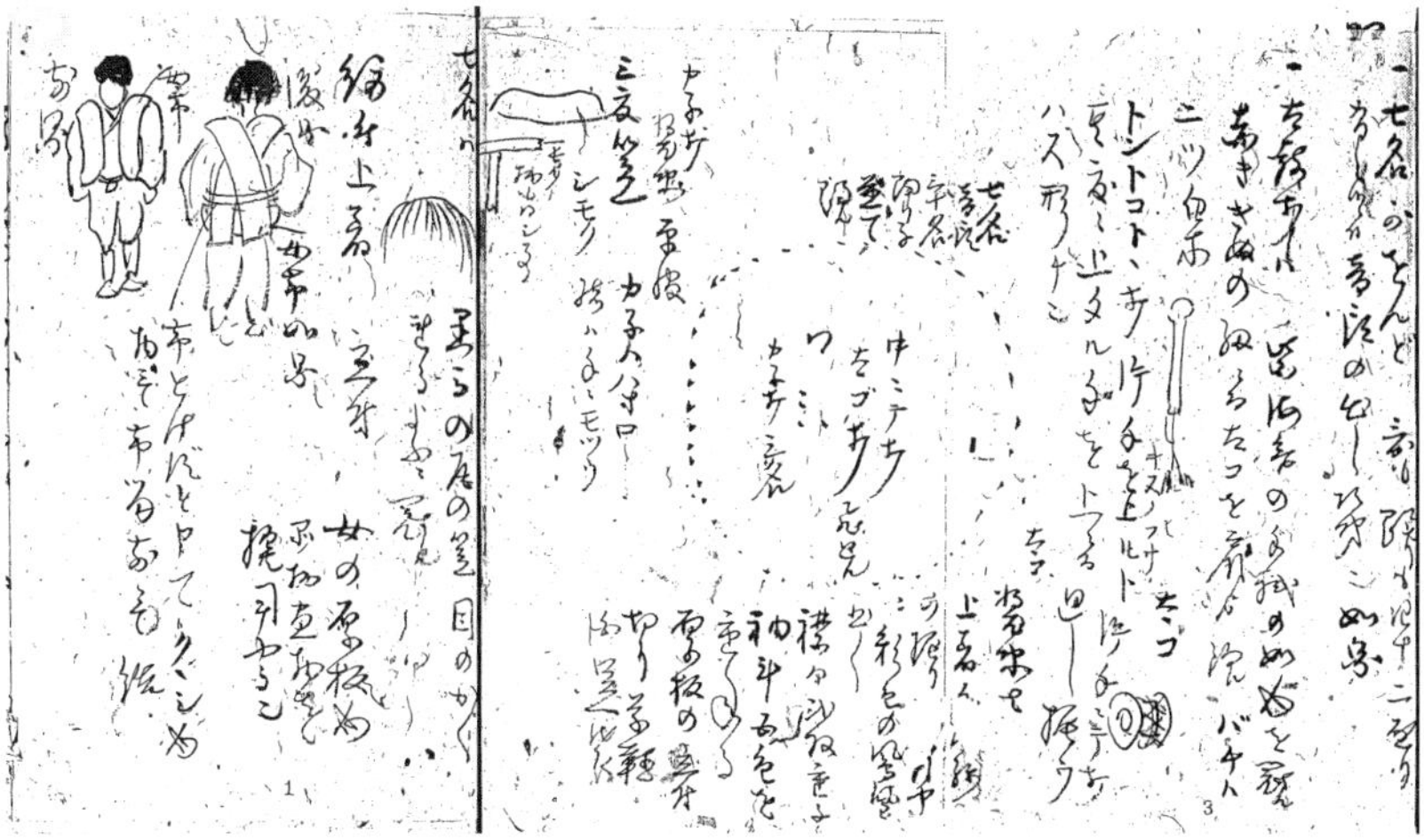

『皆山集』所載　「こおどり」に関わる説明資料

上掲の『巷謡編』所載の絵図の説明資料として活用できる。

のままになっている）

こうした記事と「神田村小踊之図」の表題との関係は、本文にも問題があると同時に、今ひとつ判然としない。しかしながら、図の裏書として書かれているその体裁から見て、一応「神田村小踊之図」の成立に関わる情報と見なすことは許されるであろう。とすると、注書にいう稲毛氏は、藩政末期の文人稲毛実（一七八五～一八六九）のことと思われ、奥書の「丙戌」の年は文政九年〈一八二六〉となり、図の書写年代を推測することができる。図を収めていたと思われる本は「壬午の八月」とあるので、最も間近くは文政五年〈一八二二〉であるが、「古く煤けて見へがたく」という記述によれば、元はさらにそれを何代か遡る可能性も出てくる。

考証が煩雑となったが、書写された図は、「こおどり」（小踊）の芸態をうかがうに格好の史料となる。全体に「輪踊」の形態をなし、「中踊」としては太鼓打ちの童子二名と鉦打ちの大人六名、その周囲に「側踊」として扇子を持った踊り子（いずれも成人）二十名が描かれている。

装束は、「中踊」の太鼓打ちは頭巾に振袖・裁着け袴で、胸に付けた締め太鼓を、両手のバチを高く振り上げたたく形。鉦打ちは笠をかぶり紋付の着流し、手にした鉦を撞木で打つ形。「側踊」の踊り子のうち七名は毛頭をかぶり紋付に裁着け袴、背中には長く襷を垂らした形態。そのほかの踊り子は、鉦打ちと同じ体裁であり、一部、腰の帯に手拭いをはさんだ形も見える。

『皆山集』に見る「こおどり」の説明資料

こうした「こおどり」の芸態を説明するのに好都合な記録資料が『皆山集』の中に残されている。「巻之八」の巻頭近くに、本紙に後から綴じ込まれたと思われるものである。資料自体には年代を示すものがない。が、一連の体裁から見て筆者は松野尾章行（一八三六〜一九〇三）である可能性が高い。

巻頭には「以下小踊図迄は章行が前田喜三郎守政氏ニよりて模画セしもの也」という注記と共に、六丁にわたり祭礼や虫送り・小踊などの風俗画が描かれている。問題の説明資料（二六一頁、写真参照）は、それに次いで二丁、本紙より小さいサイズの紙で綴じ込まれている。前後錯簡があると思われるので、以下は私見により整理した上で記事を紹介する。（資料は簡単な図を伴っている。説明文の位置は適宜整えて改行し、句読点を付す）

一　七名がをんど　哥も踊りも四十二通り有之候ニ付、音頭の出し次第也。如図。

一　太鼓打ハ、紫海色の手拭の如成を冠ル。赤ききぬの紐ニ而太コを肩より釣ル。バチハ二ツ。白木（図）キヌノフサ

太コ（締め太鼓の図）　トントコトと打。片手を上ルト片手ニテ打。其度ニ上タル手を上ニ而廻し振ウハス形チ也。

太コ　装束は、上着白木綿の振り□□（不明）中ニ彩色の鳳凰書く。襟ハ弐枚重ネ。袖斗五色を重ねる。厚板の立付。切り草鞋。白足袋。

七名、音頭。

三十名、踊り子。並て踊ル。（円形の図）

中ニテ打。太コ打、飛び廻ル。

カネ打、三名

カネ打、装束平服。三度笠（図）　カネハ八寸口。シモク、緒ハ手ニモツウ（図）

七名ハ、黒馬の尾の笠、目のかくれるよふニ冠ル。（図）

紋付上着。立付。

女帯如図。女の厚板成品物、宜物を撰用ゆる也。

帯とけずと申て、ククシ成物ニて、帯留前ニて結。（音頭の後と前の略図）

一　踊り子三十名、扇を持、平服。新き手拭を腰ニ挟ム。

以上が芸態に関わる記事であるが、全体に前述の『巷謡編』所載の「神田村小踊之図」と一致する点が多く、「神田村」の「小踊」そのものとは言えないまでも、近似の踊の記録とみなすことができる。

まず最も注目すべき記事は、「七名の音頭」に関わる一連の記載である。「黒馬の尾」による冠り物（毛頭）、「紋付」「立付」（裁着け袴）、「女帯」を用いた襷という姿は、そのまま『巷謡編』「神田村小踊之図」の毛頭をつけた「側踊」の七名と重なり、これらが音頭であることが判明する。さらにこの特徴的な冠り物は、土佐の「なもで踊」の資料（前節、三）には見出せなかったが、他の地域の「なもで踊」には登場するので、「なもで踊」と「こおどり」の密接な関連を裏付ける物証の一つともなる可能性がある。（佐々木聖佳の発表資料によれば、同様の冠り物は、大阪府川辺郡多田院・多田神社の南無手踊、大阪府柏原市東条の南無戸踊、奈良県高市郡高取町小島の南無手踊などに見出せる）

また、「太鼓打」に関わる一連の記述も具体的かつ詳細で、その装束や動作など、『巷謡編』の図の絵解きの役割を果たしている（「紫海色の手拭」「袖斗五色を重ねる」等）。また「飛び廻ル」という記述からは、躍動的なその芸態も推測させる。なお、白木のバチについて「キヌノフサ」とあるのは、手元に付ける総飾りについての説明と思われる。
ほかに「カネ打」の「三度笠」（菅笠の一種）、「踊り子」が持つ「扇」、腰帯にはさむ「新き手拭」などの記述も『巷謡編』の図と重なる。ただ、歌と踊の数を「四十二通り」としている点は、『巷謡編』の「神田村小踊歌」は二十二番しか記載しておらず、相違点となる。これに関しては、『巷謡編』所載の「安芸郡土左をどり」を引き合いに出し前にも述べた通り、「なもで踊」に発する四十八番というのが基準数とも考えられ、両者とも減少している可能性がある。が、ともかくもこれらの資料は土佐の「こおどり」の具体的な芸態を例示するものとして貴重であり、相補って活用すべきものとなろう。
『皆山集』は、前掲の資料に続いて本紙に戻り「燕と云踊りの名」という題目を立て、踊歌の一節を記載している。

根元四十弐通。哥も手も有之。右ニ付左出。手継等も有之由。

燕が燕が　近江のみつうミ瀬田のから橋　上なる欄干へ巣を組んで　夫を大蛇が聞き付て　橋の下より橋の上へと　きり里きり里と舞上る　ソコデ　燕哥を讀む　大蛇さんにも子はないか　たすけ給への大蛇さま　夫を大蛇が聞き分て　橋の上より橋の下へと　きり理きり里と舞下る　十二のかい子の立時は　大蛇の庭で羽をやすけ　こがねの銚子を取り出す　末や繁昌や御めでたいと　よろこびさかへて　お立有る

拍子

タントチャ、シツトコト（但しツメテ云早口）、トドコトトン（ツメル早口）

以上図ハ前田喜三郎守政の模するもの也

「根元四十弐通」ということから前掲の資料と関連する踊歌と見てよい。『巷謡編』と対照して見ると、この演目・歌詞は【神田村小踊歌】には無く、【安芸郡土左をどり】には若干歌詞の相違するものが「つばくろ」として収録されている。また、次章（第七章）で紹介する「太鼓踊」（こおどり）の中にも、同類の歌詞が散見する。踊歌から分かる通り、当時、燕は人間に豊作・長寿をはじめ富貴繁栄をもたらす春のめでたい鳥と考えられていた。

なお、真鍋昌弘の研究によれば、「燕踊」は、近世期を通じて「風流踊」（「こおどり」）の人気曲の一つ。いくつかの伝承地のほか、説経の物語などその基盤を指摘している（『中世近世歌謡の研究』昭和57年、桜楓社）。

香美郡韮生・槇山郷の古資料

土佐の「こおどり」に関わる古資料は、さらに二点のものが知られる。いずれも香美郡韮生郷太郎丸の竹内重意（一七九四～一八六八）が書き記したものであり、平成二年に亡くなった松本実により旧家の唐紙（襖）の内張りの中から発見されたものという。今回の調査取材は静子夫人による。当該資料は松本により郷土史等の口絵に用いられたことはあるが、内容はこれまで紹介されていない。竹内重意は和漢の学に通じた文人であり、多くの遺稿もあるが、現在までほとんど世に知られていない人物である。

一点は、現在、所在が確認できないが、半紙くらいの大きさといい、松本は文政頃（一八一八～一八二九）の資料と推定していたようである。次に『綜合美良布文化史』（昭和11年）の口絵写真により内容を紹介する。写真によれば「古踊之図」と「花取躍之図」の二葉に分かれているが、記事の内容から見ると本来一連のものと判断できる。ここにはまず「古踊」（こおどり）に関わる部分を記載する。

資料は前半に「當屋」と書かれた幟の下、それを中心に「輪踊」を展開する人々が描かれている。幟のすぐ脇には頭巾を冠った「鼓音頭」がおり、胸の太鼓をたたいている。前述の『巷謡編』などの資料と比べると、太鼓打ちと音頭を兼ねた役割と思われ、独立した音頭の省略形とも考えられる。踊り子は男女相交じり、いずれも平服と思われるが、手には扇子あるいは団扇と見えるものを持っている。こうした絵に続けて「歌ニ」として踊歌六首を記しているので次に紹介する。

内におりやるか　おりやらぬか　ホイヤホウ　猿が竹の子折り取ルぞ　親父出て見よ　孫連れて　ホイヤホ　ホイヤホ

関の面てのうの鳥ハ　ホイヤホウ　鮎を喰へて羽を伸す

伊勢に酒屋が七酒屋　合　中の酒屋の姫こひし

土佐の豊永ではやるとの　なかば三十（以下歌詞不明）

里のとひろに櫛もろた　櫛ハ櫛ぢゃが　とき櫛ぢゃ

里のとゐろに櫛を貰た　合　心解けたぞ　ときぐしで

歌はいずれも近世期のものと思われるが、三首目（伊勢に……）を除きこれまであまり目にしない歌詞も含まれている。なお終わりの二首は「花取躍之図」の方の紙に記されているものであるが、記述の内容から「こおどり」の歌と判断した。

次いで「花取躍之図」も紹介する。「追切之図」という小書と共に、「刀」を持った二人の斬り合いの様子（一人が後ろから斬り込み、それを一人が後ろ向きでかがんで受ける形）を描いている。これは、「花取躍」と題してはいるが、採り物から見て本来の「花取踊」ではなく、いわゆる「太刀踊」に変化した姿態になっている。さらに「歌ニ」とあり、その歌詞を記録している。

花とふ　ホン　折は　ハヨナ　七日をしやうし

デンヤ　ハナドン　ヲ、リ

香美郡韮生《にろう》・槙山《まきやま》郷の踊資料（二点）

「花取躍之図」

「古踊《こおどり》の図」

松本実『綜合美良布文化史』（昭和11年）所載口絵

「神事当屋踊之事」

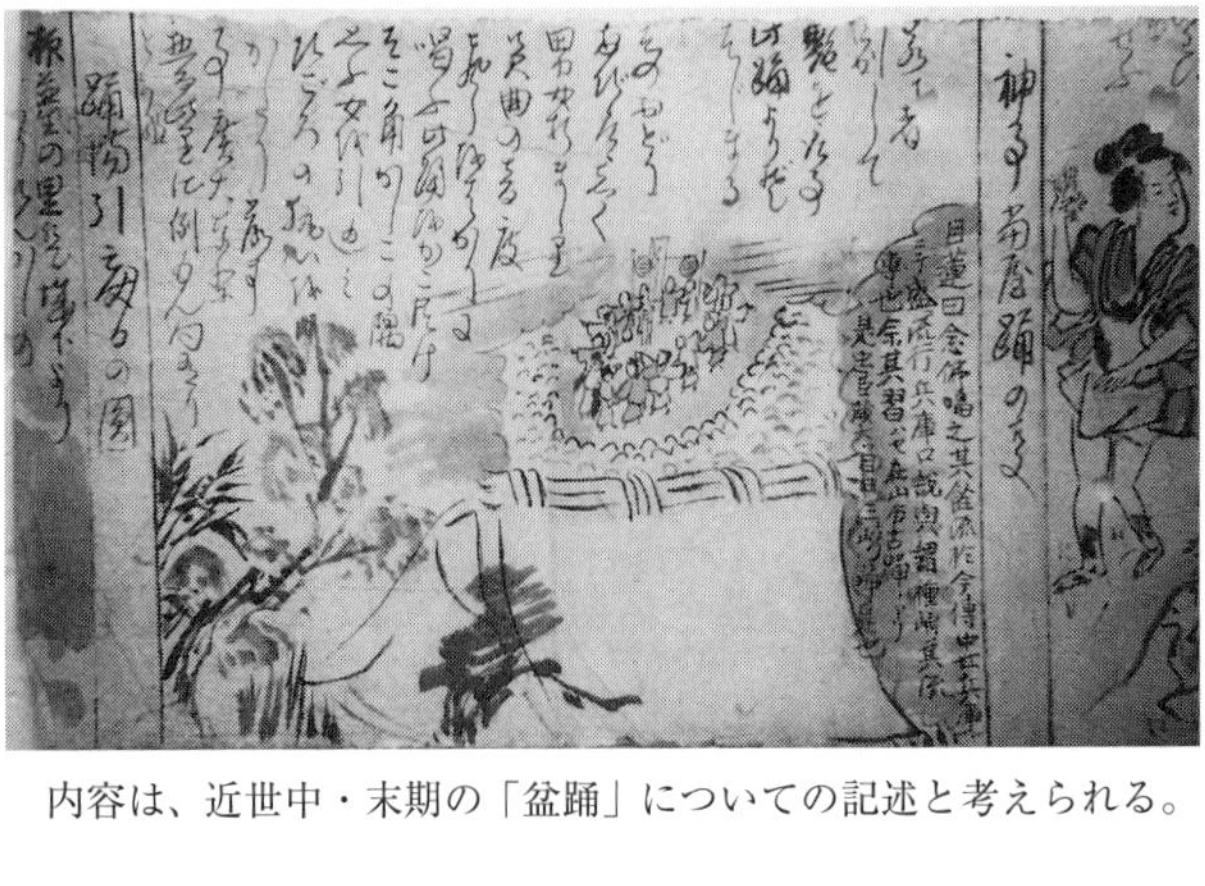

内容は、近世中・末期の「盆踊」についての記述と考えられる。

襷にかけ《太刀ヲスコ》を　やれ　南無阿弥陀

歌は、意味不通の箇所もあるが、元の「花取踊」の歌詞を受け継いでいると考えられる。

もう一点の資料は、松本実宅に保管されていたもので、これも松本は文政年間（一八一八～一八二九）のものと推定していたようである。資料は縦一四・八センチ、横四十センチの断簡で、中には「香我美郡韮生槙野山両郷之図」「韮生五月女てかひの事」「神事当屋踊之事」「踊場引戻るの図」の四項目が図入りで記されている。ただし最後の「踊場……」の項目は、題目のほかは冒頭の「抑韮生の里は城下より」の記述部分が残るだけで、後は失われてしまっている。

ここには、三つ目の「神事当屋踊之事」について、その中に「古踊」（こおどり）とした記述があるので、「こおどり」の関連資料と見做して報告する。

踊の絵の部分は大変小さく、細部までは確認できないが、三本ほどの幟を中心にした「輪踊」で、全体には前掲の「古踊之図」と同様のものと判断される。絵の余白部分には二種類の記事が書き込まれているので、次に翻字し検証する。（適宜、濁点・句読点を加える）

目蓮曰念佛唱之、其餘流於今傳。中世兵庫ニテ盛ニ流行、兵庫口説與謂。種崎其流専也。余其習ハセ、在山分古踊トアリ。是忠臣蔵六ツ目曰三崎踊是也。

若イ者、別して艶を取事、此踊よりぞはじまる。

そのおどり、おびただしく男女打まじり、美曲の音度、聲をばかりに唱ふ。此踊をかこつけ、そこ角かしこの隅、思ふ女を引込ミ、ひごろの執心をかたり落すこと廣大なり。惣而此里の例もん句有りとかな。

これらの記事は、表題に「神事当屋踊」、文中に「在山分古踊トアリ」とはあるものの、内容は、「目蓮」（「盂蘭盆経」等により「盆踊」の創始者とされる）の記述に始まり、全体として近世中期から末期における一般的な「盆踊」の状況を記したものと考えられる。すなわち「兵庫口説」「忠臣蔵」など、専ら口説歌をもって「男女打まじり」踊る、近世の変容した「盆踊」についての叙述である。こうした認識が伝統的な「古踊（こおどり・小踊）」にどこまで該当するかは疑問を感じるが、一方で、江戸末期の他の資料、例えば序章・四で見た安政四年〈一八五七〉の「安喜郡府定目」にも「勿論小踊之義ハ盆祭之外不相成候」とある通り、「小踊」が「盆祭」（盆踊）の主要な踊であったことも事実である。新興の口説歌による踊とは一線を画しながらも、隣り合わせの芸能として、その環境・芸態にも一定の変化が生じていたことも考慮して行く必要があるかもしれない。

ただし、「古踊」については、他に「槇山古踊」（天保七年「藤並大明神宮臨時祭礼絵詞」所収）という資料が遺されている。その絵図の態様（演者はいずれも男性で、頭巾を冠り締め太鼓を抱えた太鼓打ち、「扇子」を持った踊子が描かれている）によれば、こちらは正統的な「こおどり・小踊」を伝承していたことが確認できる（『高知県の民俗芸能―高知県民俗芸能緊急調査報告書』令和四年三月刊、「口絵解説」参照）。「槇山」は、ここで検証している松本の資料にある「香我美郡韮生槇野山」と重なる地域でもある。「こおどり」の芸態の資料としては土佐藩の公的な「祭礼絵詞」の絵図の方に信頼性があると言うべきであろう。

五　おわりに

「なもで踊」から展開した「こおどり」

さて、以上が主な「こおどり」の土佐の古資料であるが、その基本的形態は、太鼓および鉦打ちを中心とした「輪踊」であり、「なもで踊」と全く重なるものと見做してよいであろう。踊場に「幟」を立てることもあったようであるが、これも「なもで踊」（『皆山集』〈白頭雑談〉）にも見られた所である。また、冠り物としての「菅笠」も「なもで踊」（『土陽淵岳誌』『皆山集』〈白頭雑談〉）に見える。

さらに肝心なことは、採り物としての「団扇」「扇」の共通性である。紹介した「こおどり」の資料ではいずれも「扇子」であったが、『南路志』（巻二十八）「幡多郡井田村」の項には、

神踊有之。頭ニ附神《（ママ）》を被り、面ニ布を垂れ、大団扇太鼓ニ而踊。伊勢踊又小踊共いふ。

という記載がある。ここでは「神踊（こおどり）」「小踊（又は伊勢踊）」について、その採り物を「なもで踊」と全く同様の「団扇」（「大団扇」）としている。「団扇」あるいは「扇」は、機能の類似による同一範疇のものと見做してよいであろう。そもそも「団扇・扇」の採り物は、「念仏」の詠唱と同様、禍事を払い、幸福を招くという呪的機能を果たしていた「呪具」でもあったと考えることができる。

さらに、「団扇」について現行の「こおどり」を見ると、幡多郡三原村皆尾の「うちわ踊」など、採り物としての大団扇が芸能の代表名となっている地域があるほど、「こおどり」を特徴づけるものとなっている。中絶も含めて同様の大団扇を用いる所を挙げれば、土佐市市野々の「神《こう》踊」、須崎市浦ノ内の「神《こ》踊」、高岡郡日高村能津の「こおどり」、吾川郡いの町大内の「こおどり」、幡多郡黒潮町伊田の「神《こ》踊」、四万十市深木の「うちわ踊」等々、多くを例

示すことができる。

このように外形を見てくると、土佐の「こおどり」は、「念仏踊」の系譜の「なもで踊」からさらに変容・展開した「小歌踊」と位置づけることが可能になる。

考察の基本・基準となるのは踊歌である。「なもで踊」の「念仏（南無阿弥陀仏）」詠唱の位置に交代したのが流行の「小歌」の組歌であり、「こおどり」においては、「念仏」の詠唱は全く失われるか、地域によっては組歌の一種「念仏踊」として取り込まれ、その一部に位置付けられているからである。

「小歌」を組歌とした「こおどり」は、本章冒頭にも述べたように、近畿地方を中心に西日本に広く分布する。それらは、中世近世の「小歌」による「風流踊」の代表的存在として、一大勢力をなした。とすれば、こうした土佐における具体例は、土佐の「花取踊」とは別に、「念仏踊」から「風流踊」形成への変容・展開過程を確認する重要な資料となる。

さらには、土佐の各地域に分布する「小歌踊」としての踊歌を検証することが必要となるが、膨大な踊歌の記録とその具体的な紹介は次の章（第七章）に譲る。

第七章　土佐の風流踊歌

―未紹介資料を中心として―

一　はじめに

「風流踊」の踊歌については、既に第二章の末尾と第三章（「花取踊」とは何か）において、『巷謡編』所収の【高岡郡半山郷姫野村三島大明神祭花鳥歌】を基本資料として紹介し、伝承歌も含めて検証した。さらに第四章・第五章ではその周辺の歌詞も合わせて、「花取踊」の踊歌の持つ特質と意義について詳細に検証して来たところである。

ここからは前章・第六章を受けて、研究史の中で「風流踊」の代表的存在とされてきた「こおどり」（小踊・神踊・子踊）及び同類の「太鼓踊」「団扇踊」「伊勢踊」の踊歌を中心にして、従来の記録資料を整理し、そこからは抜け落ちている未紹介資料を新たに紹介したい。それらは本書に輯録しなければその存在は失われ、忘れ去られてしまう懸念が高いからである。記録することで、本書が『巷謡編』を受け継ぐ資料となり、また、消えゆく風流踊歌の〝挽歌〟になればとの思いもある。

そうした芸能は、歌謡の面から言えば「小歌踊」と呼ぶべきもので、その淵源は中世近世流行の「小歌」にまで遡ることができる。大量かつ多様な踊歌からは、民俗の伝承世界における豊かな展開を垣間見ることが可能となる。そのことばからはかつての民衆の価値観と、現代におけるそれらとの隔絶の一端をも伺うことになろう。

二　文献に記録された「こおどり」の踊歌

まず前提として、これまでにその歌詞が資料としてまとめて紹介されている主なものを一括して示す。簡略に項目名・文献名のみとするが、名称は初出の原資料を生かしたものとし、配列は、資料の時代性、地域性（概ね土佐の東から西へ）を勘案したものとする。

なお、最も古い資料で一つの規範ともなる『巷謡編』については、既に岩波・新日本古典文学大系六十二巻において、鹿持雅澄（一七九一～一八五八）の自筆本を翻刻、踊歌の註釈を行なっているので併せて参照を乞う。

主要資料の一覧

1「安芸郡土左をどり歌一名山踊」〈現安田町・田野町・奈半利町〉＝『巷謡編』（天保六年序）

2「香美郡韮生郷虎松踊」〈現香南市物部町柳瀬〉＝『巷謡編』

3「手結浦八幡宮祭礼小踊唱歌」〈現夜須町〉＝『土佐国群書類従』巻十一（明治初年）、（本歌詞の流伝は「つんつく踊」として『手結つんつく踊』（昭和51年）、『夜須町史』下巻（昭和62年）等にも収録）

4「安芸郡室戸町しつとろと踊」〈現室戸市〉＝「土佐俚踊概説」『土佐史談』51号（昭和10年）、（歌詞は一部を抄出。全歌詞は『シットロト踊り』（平成29年）に収録）

5「土佐郡神田村小踊歌」〈現高知市神田〉＝『巷謡編』

6「吾川郡森山村小踊歌」〈現高知市春野町森山〉＝『巷謡編』

7「弘岡村神踊歌」〈現高知市春野町弘岡〉＝『土佐国群書類従』巻十一
8「高岡郡川内村大内神踊」〈現いの町大内〉＝「土佐俚踊概説」『土佐史談』51号
9「日下村宇佐八幡宮神踊」〈現高岡郡日高村〉＝『日下村誌』（大正5年）、『日高村史』（昭和51年）
10「子踊」〈現土佐市市野々〉＝『戸波村史』（昭和5年）
11「須崎市浦ノ内神踊」〈現須崎市浦ノ内東分〉＝『土佐民俗』第二巻第三号（昭和37年）
12「吾川郡池川町太鼓踊」〈現仁淀川町椿山〉＝「土佐俚踊概説」『土佐史談』51号、『池川町誌』（昭和48年）、（共に歌詞は一部抄出）
13「吾川郡吾川村奥名野川都踊」〈現仁淀川町上名野川〉＝『土佐民俗』第一巻第一号・第二号（昭和36年）、『吾川村史』（昭和62年）
14「吾川郡仁淀村戸立・泉・都太鼓踊」〈現仁淀川町戸立・泉・都〉＝『故山帖』（昭和24年）、『仁淀村史』（昭和44年）
15「高岡郡檮原村宮野々伊勢踊」〈現梼原町宮野々〉＝「土佐俚踊概説」『土佐史談』51号
16「幡多郡入田村御伊勢踊歌」〈現四万十市入田〉＝『巷謡編』
17「幡多郡井田村天神宮祭小踊歌」〈現黒潮町伊田〉＝『巷謡編』
18「幡多郡八束村深木桜踊（団扇踊）」〈現四万十市深木〉＝「土佐俚踊概説」『土佐史談』51号
19「幡多郡伊豆田村子踊」〈現四万十市伊豆田〉＝『幡多郡誌』（大正14年）、「土佐俚踊概説」『土佐史談』51号

「伊勢踊」の概要

「15・16」の項に掲出した「伊勢踊」については、これまで説明の機会がなかったので、ここにその概要を解説しておく。

「こおどり」とは別枠の扱いをすることも可能だが、歴史的には「こおどり」流行の江戸初期に、それと一体となって展開した「御伊勢様」（伊勢神宮）に関わる同類の「風流踊」である。現在も土佐の西部（高岡郡・幡多郡）に遺存し、春祈禱や秋祭りなどの祭礼に行われているほか、かつては「人力《にんりき》」（伊勢祈禱）と称し、重病人や出征兵士の送別・祈願の際にも踊られた。

その内容は、中央の歴史記録には、『智仁親王御年暦』の慶長十九年九月の記事に「洛中伊勢おとりアリ。廿八日、町之おとり、禁中参。」とある。すなわち、「伊勢大明神御夢想と称し（『言緒卿記』慶長十九年九月廿四日）、「京中町々毎四五十人ツヽ」（『孝亮宿禰日次記』同九月廿三日）が、「一躍笠鉾三ツ計、金銀花餝衣装」（『梵舜日記』同十月二日）といった体で連夜練り歩き、衢に群集する貴賤の目を驚かせた「風流踊」である。

土佐では、京都の流行から間もなく行われたようで、高知市一宮の土佐神社に「慶長廿年二月十日」に書かれた古記録が残る。表紙には「土佐一宮村　一御伊勢様おとり　慶長拾九年霜月より始ル」とあり、以下、阿州より請け取った経緯、その内容、踊歌「御伊勢様御たくおとりうた」などが記されている。「御かさほこ」「ふゐ太鼓打ならしおとり申」などとあり、元々洛中と同様の華やかな「風流踊」であったことが分かる。

本体の踊歌は、前述の古記録にある「御伊勢様御託踊歌《ごたくおどりうた》」（「一、御いせ山田の神まつり、むくりこくりをたいらげて……」以下、七首）の一種類のみである。各地域とも、今日の伝承に至るまで多少の変容を交えながらそれを継承している。

現行の資料は、『高知県の民俗芸能』（高知県民俗芸能緊急調査報告書・高知県教育委員会、令和4年3月）に、高岡郡津野町の三例（「久保川のお伊勢踊」「芳生野の御伊勢踊」「高野の伊勢踊」）を報告しているので参照を乞う。久保川が数少ない「こおどり」と一体の事例で、「伊勢踊」→「こおどり」と一連の「風流踊」を展開する。また後の二例が祈願の踊（「人力」）と重なる。遺存する多くは、当初の「風流踊」の要素を失い、玉串を持ってその場で左右の足を踏み替える程度のおだやかな形態に変容している。

前掲一覧の所収文献について補足する。『巷謡編』（天保六年序）に次いで多くの資料を紹介している「土佐俚踊概説」『土佐史談』51号（昭和10年）は、論考「土佐俚踊史考」『土佐史談』50号（昭和10年）と対をなす資料集で、高田長紀の手になるものである。論考としての「俚踊史考」の方は、戦前と時期は早いものの、内容については、引用の史・資料に見るべき点はあるが、考察は不十分な内容に終わっている―というのが私見である。ただ、「こおどり」の類だけでなく「花取踊」（太刀踊）にもふれ、資料集「俚踊概説」では、「土佐郡鏡村太刀踊」「高岡郡黒岩村花取踊」「高岡郡川内村流し踊」「高岡郡檮原村宮野々花取踊」などの歌詞も収録している点は評価できる。

なお踊歌の歌詞は、列挙した上述の資料のほか、『本川村史』（昭和55年）、『土佐市史』（昭和53年）、『葉山村史』（昭和55年）、『津野山遺聞録』（明治42年）、『十和村史』（昭和59年）、『中村市史続編』（昭和59年）等、郷土史・誌の中にも散見する。

次いで、これらの既出資料を参照の上で未紹介資料を示し、考察を加えて記録する。その存在を後世に伝え残す縁ともなればと考える。

三　吾川村峯岩戸（現仁淀川町）の「太鼓踊」

本項以下で扱う「太鼓踊」は、「こおどり」の中でも、用いる楽器＝太鼓に特徴を見出した命名による通称で、踊歌の内容は「こおどり」と全く重なる。その存在については、既に序章および第二章の一部でも触れている。また、前項の資料番号で言うと、主に「12・13・14」と密接に関わるものである。

伝承地とされてきた池川町・吾川村・仁淀村（以上現仁淀川町）、越知町はいずれも山間の平家落人伝説の地であり、地元では「太鼓踊」の由来もそこに求めている。しかし踊歌の歌謡の見地から見れば、前節の資料で示したような県下各地に広く分布する風流踊、中世後期以降流行の「小歌踊」と同一系統のものであり、芸能自体は平家伝説とは無関係と言わざるをえない。ただ大切なことは、平家伝説・「太鼓踊」ともに、山間の厳しい自然条件の中で生活する人々にとって、連帯して生き抜くための拠り所・魂の救済装置として、重要な役割・機能を果たしてきたという事実である。

これらと同類のものは、かつて県境の山地、長岡郡大豊町（序章・第二章で紹介）、土佐郡本川村（現いの町）でも行われていたが早く衰微し、現在、地区の行事として行ない得るのは、旧池川町椿山（現仁淀川町椿山）と旧仁淀村別枝都（現仁淀川町都）の二箇所だけになってしまっている。（現行事例は『高知県の民俗芸能』（高知県民俗芸能緊急調査報告書・高知県教育委員会、令和４年）に、「仁淀川町椿山の虫供養（太鼓踊）」「仁淀川町都の太鼓踊」として収録・報告している）

「太鼓踊」の概要

「太鼓踊」の名称は、直径三十数センチから一メートルにも及ぶ立派な締め太鼓を、各自が打ちながら歌い踊ることによるが、太鼓の大きさは地区により異なり、大きなものは胸にかけて両撥でたたき、小さなものは片手に持って片撥で打つ。その撥も特徴的であり、手元にはオボセ・シロキ・イトチ・ブナ・ヒノキなどの木を薄く削ったカナバ（削掛《けずりかけ》）の大きな総を付ける。動作と共に大きく開き揺れる総の動きは、山間に響く太鼓の音と共に、大変印象的である。楽器は他には鉦をたたくだけである。かつては扇子を手にした女性も踊に加わるのが常態であり、「仁淀川町都の太鼓踊」は今もその形を伝えているが、現在の「椿山の太鼓踊」からは姿を消している。

修験が関与、峯岩戸の「太鼓踊」

最初に未紹介資料としてその踊歌を提示するのは、吾川郡吾川村峯岩戸（現仁淀川町）の「太鼓踊」である。これは既に廃絶している。

踊歌の歌詞は、真言宗の修験者（同所では太夫と呼ぶ）、故井上聖崇太夫（一九〇六～六八）が輯録したもので、表紙には「昭和二十七年秋吉時　太鼓踊節々　井上聖崇持」とある。同氏は明治三十九年生れで、俗名を清勝といい、二十五歳で家庭の不幸から修験太夫の道に入り、修行の末、昭和二十五年に峯岩戸の自宅隣に金峯山鳳乗寺という祠堂を開いた人である。「太鼓踊」を好み、父の彦太郎（明治元年生れ）より習い受け、また自らも村の周辺から習い集めたという。「太鼓踊」の先導役として活躍し、昭和四十三年に同氏が亡くなってからは次第に下火になってしまった。

踊る機会の主なものは、旧七月十四日の盆祭、旧九月九日の日待・月待の祭、旧六月十九日・十一月十九日の大地主神社の神祭などであった。また、修験太夫として特別な祈願や願解きがある時も神仏への感謝のために踊ったという。また踊歌は、ふだん山仕事などの休憩の時にも楽しみに歌ったものという。当時、日常的な歌としてもあったということは注目しておきたい。

修験の「太夫」が伝えた「太鼓踊」（こおどり）

旧吾川村峯岩戸（現仁淀川町）の「太鼓踊」（昭和63年、平成元年撮影）

井上聖崇太夫が開いた金峯山鳳乗寺

金峯山鳳乗寺の祭壇

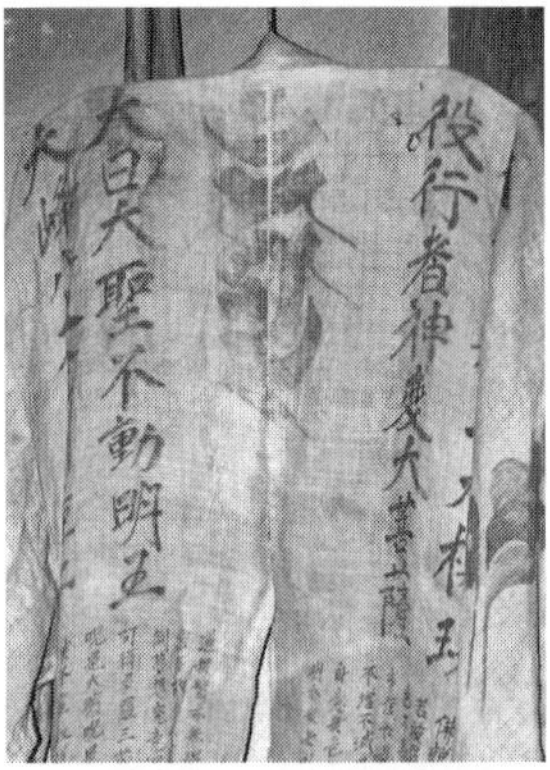

聖崇太夫が用いた法衣

法具

法螺貝

大太鼓とカナバ（削掛）の総の付いたバチ

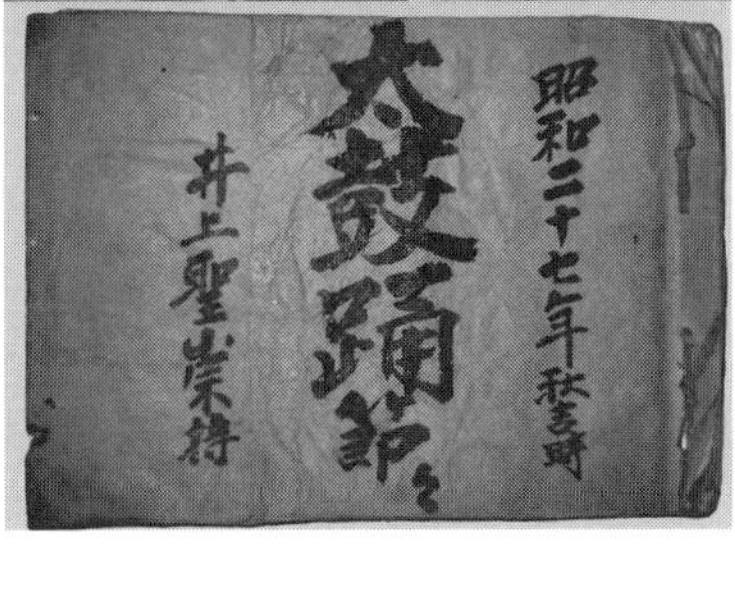

「太鼓踊節々」の表紙

以上は、本資料を保管していた井上聖崇太夫の長男忠雄（大正十一年生れ）の話に拠るが、まず本資料で大切な事は、修験との密接な関わりである。聖崇太夫に多くを伝えたという父の彦太郎は修験の太夫ではなく、太鼓踊歌の収集に当たっては聖崇太夫の性向による所も大であったことも事実であるが、決してそれだけではない。当地は横倉山・黒森山といった古くからの霊場に近く、また一帯は村に定着した修験が多く祠堂を営んできた場所でもあった。事実、本資料のある箇所には「野老山顕法院□（文字不明）之印」という方形の印も押されており、紙質の上から明確に区別できるその部分（七丁分）については、「顕法院」という修験から譲り受けた可能性が高い。野老山とは峯岩戸とは仁淀川をはさんで谷一つを隔てたすぐ向かいの山であり、横倉山に連なる所である。（なお顕法院の所在は不明）

修験は加持祈禱を中心として山間の人々の精神的支柱・指導者の役割をも果たしてきた宗教者である。「太鼓踊」の伝播に当たっては、その役割をさらに重視して追究する必要があろう。前項の『巷謡編』所収資料「1」に示した「土左をどり」には「一名山踊」という注記が付されているが、これも山の文化としての山岳修験の芸能の記憶を伝えている可能性がある。

また、この系統の芸能に特徴的である撥に付けたカナバ（削掛）の風流の意匠も、山に生きた木地師たちの生活と密接に関わるものとして注目しておきたい。「仁淀川町都の太鼓踊」には、昔は太鼓の代わりに「木地（お盆）」をたたいて回ったという伝承も残っている。

井上聖崇本「太鼓踊節々」

本資料は、全三十一丁の大和綴の横本（17×24・5センチ）の写本である。表紙には「昭和二十七年秋吉時」と成立を示す記事もあるが、内容の紙質は一様ではなく、また筆写の態様からも四つの部分に分けられるので、それぞれの機会に集めていた資料を、最終的に昭和二十七年に整理したと考えたらよいであろう。

表紙裏の見返しの部分には目録があり、次のような五十に及ぶ「こおどり」の題名を記している。これまでに紹介されている資料でも、これだけ多くの演題を採録したものはなく、中には初出と思われるものもある。筆写（まとめ）の時期は戦後と比較的新しいものではあるが、その意味でもここに記録・収録の価値はあろう。

［目録］（題名の表記は原本のまま、34のカッコ内は内容から補う）

1五色、2寶、3とをせい、4つばくら、5こざさ、6五福、7一條、8かもめ、9嫁ふり、10花こ、11屋形、12桜、13本御陣、14備前、15茶つみ、16いささみ、17はかた、18げんば、19こをかけ、20あやかた、21鎌倉、22十二踊、23てのごい、24とのご、25観音、26おにかげ、27こだか、28つつじ、29こんだ、30丑若、31巡礼、32大公、33ゆの山、34（あ）つもり、35うぐいす、36かつら、37しか、38大阪御陣、39打ぬき御陣、40寺、41山伏、42鳥さし、43りりん、44花、45若し踊、46しんご、47くらまごふく、48しみづ、49きそん、50五臺山本びき

ただし、これらのうち具体的に歌詞が記録されているのは42の「鳥さし」までで、43以下は歌詞がない。最後の頁は白紙のまま裏表紙に続いているので、省略したものと思われる。聞き取り調査をした井上忠雄によれば、48〜50の「しみづ・きそん・五臺山本びき」は、いずれも踊のしまいに決まって用いられたものというから、それらについては熟知のものであり、記録からは省いた可能性もある。

歌詞の内容についても若干の考察を付け加えておく。長い口承の過程を経ているので、訛伝と思われる箇所も少なくなく、意味がよく通らない部分も生じている。考証できるもので言えば、「朝熊ケ岳《あさまがたけ》」とあるべき所を「朝間の瀧」（「三　とをせい」）としている等である。また、残念ながら現在に至っては、理解の届かない詞章も散見する。ただ、古伝を含んでいることは確かで、「うはなり（後妻）打」（「十四　備前」）や「四二　鳥さし（刺）」などの習俗は

その事例である。

これらは前述の通り、戦後しばらくは日常の歌としても生きていた。我々の時代は、その末路に立ち会ったということになろう。廃絶してしまった今、庶民文化の断絶、時代の推移と隔たりを痛感する。

なお、各踊歌に「節」と付いているのは、本書の題名にも「太鼓踊節々」とあるように、この踊を特徴づける太鼓による「はやし」の打ち方を示したものである。それぞれの踊において、一首の歌が終わるごとに、それに続いてこの「節（はやし）」が打たれる。「小豆三斗、米三斗」（〔二五　観音〕）など、意味を持った言葉に置き換えられているものもあるが、これも打ち方を覚えやすくしたもので、本来は歌詞のように口に出して歌うものではない。

次に、踊歌の歌詞を翻刻する。（表記は基本的に原本に従うが、明らかな誤字、当て字は修正する。また注として補う場合はカッコを付す）

一　五色

（1）よ　青いものは　青め青土　青柳　畝の小松や　谷のねざさや　おもしろしや　おもしろう
（2）よ　赤いものは　赤め赤土　赤色染め　しも盃や　えびの盛物　おもしろしや　おもしろう
（3）よ　黄なものは　きわだ口なし　うこん染め　山ふきの葉や　黄金しよじよく
（4）よ　白いものは　白め白土　白木の弓や　ささに降る雪　一夜白けど　おもしろしや　おもしろう
（5）よ　黒いものは　黒め黒土　黒からす　春の焼野や　熊の一せん　おもしろしや　おもしろう

節　とんづく　ぞんつく　ぞんつくぞうて
しよん〳〵〳〵の　よいとこしよ〳〵

二　寶踊

(1)これのあこ様　明け七つ　明けて七つで　伊勢参り　伊勢に参りて御回向にて　黄金の小玉を　三つもろて
やあら嬉しや　やら寶
(2)そうて一つの　たんばはよ〱　御伊勢　伯母所へ　置いて来た
(3)まだも一つの　たんばはよ〱　花の都へ　置いてきた
(4)残り一つの　たんばはよ〱　国へ手土産と　取り降す
(5)国へ手土産と　取るなれば〱　これに屋形を　たてましょう
(6)これに屋形が　建つなれば〱　うるし柱を　建てましょう
(7)うるし柱が　建つなれば〱　黄金の障子を　いれましょう
(8)黄金障子が　入るなれば〱　銭を束ねて　踏みましょう
(9)銭を束ねて　踏むなれば〱　白金延べて　扇《ウチワ》にや張りて　諸国の寶を　招き寄しょう
節　よいやこりや　とんとんとん　つくぞうでよい〱二辺　とんづくぞんつく　ぞんつく　そうつう
しょんしょん

三　とをせい

(1)伊勢の御伊勢で　神神楽　踊りを踊りて　御回向にて　神もゆたかに　千代と栄えて　めでたけれ　千代と
栄えて　めでたけれ　さあー　はんやよ
節　マチヨレ　オイツクゾウヂヤ〱　ヲイツク〱〱　ゾウチア　ヨホイ〱　シヨン〱

デ　トヲチヤ　トン　ツクゾヲヂヤ　トヲチヤ　〳〵　トンツクゾウデ　トヲチヤ　トンツクゾン　〳〵ゾヲデ　ヨイ
（2）伊勢のようだの　黒ろん殿の　おと娘　伊勢で一ぢやと　ようばれた　伊勢では一と　差あされた
（3）差されたりとて　十三ころして　乱れたすきを　押掛けて　良い〳〵御茶屋で　御茶を汲む　見事な御茶屋で　御茶を汲む
（4）お茶汲む姫に　あんまり言葉を　掛けられて　とのは無いかと　問をたなら　とのは三人　持ちては居るぞ　伊勢で一人　熊野で一人　朝間の瀧で　唯一人
（5）朝間の瀧の　との様に　結びもろうた　玉章を　どこへ落いた　やらおしや　おといたりとも　たいしさよう　其をひろうた　人も無い　其を頼んだ　店も無い
（6）伊勢ようだの　黒ろん殿の　植木　泉すい　八重桜　姉もこ様へのひきぢやもの　〳〵二言
（7）まだもようだの　黒ろん殿の　植木　泉すい　福べの木　おと婿様への　ひきじやもの　とをせい踊りや　それ迄よう

四　つばくら踊

（1）つばくらが　〳〵　近江のみづうみ　瀬田の唐橋　うえたるいぼに　すを掛けて　十二のかいごを　産み育つ
（2）其を大蛇が　かみつけて　十二の角を　ゆり立てて　橋の下から　橋の上へと　きりり　〳〵　まひあがる
（3）そこでつばくら　歌をよみ　大蛇様には　子は無いか　助け給へや大蛇様

（4）そこで大蛇も　わきまへて　十二の角を　ゆりこめて　橋の上から　橋の下へと　きりり〳〵　まい降りる

（5）そこでつばくら　よろこうで　大蛇の御庭で　羽を休め　末は繁昌や　おん目出度と　よろこびいさんで飛びあそぶ

節　まちよれ　おいつくぞうぢー〳〵　おいつく〳〵〳〵ぞちー　米米さんぢや　おいつくぞうちー　米米さんぢや　おいつくぞうちや　とんつく〳〵ぞで　つくぞうで　よい

五　こざさ踊

（1）前方へ　踊りを入れらるや　衣裳が悪うて　はずかしや

（2）衣裳が悪うて　はずかしけれども　皆友達にさそわれて　こざさ踊を　踊ろかよ

（3）皆友達よ　なろで見なされ　踊りてふりを　をめにかけよう

（4）皆友達よ　いそぎかへれよ　白すげかさに　つゆがふる

（5）小ざさの下の　かくれうぐいす　声で聞きとれ　名を呼ぶな

（6）小ざさの下で　一人ねをすりや　小ざさ良けれど　子は出来ん

（7）藤千代が　来たらこそ　夏の夜に　弓のつる程　そいもせん

（8）藤千代が　掛けたたすきは　あやの糸　掛けて廻れば　富士の山

（9）藤千代が　向かいの山の　松の根を掘る　松は赤松　根は黄金　其はあなたの　お寶よ

節　サイトヲベツトヲ　サイノボレ〳〵　トンツクゾンツク　ゾヲツウートン　トヲテートンツクゾ

六　五福

（1）此《これ》の御庭に　黄金の花よ　千世とつぼんだよ　しゃんとつぼんだ
（2）其《その》花が　開くる時は　この世盛りよ　〱
（3）千世は千世まで　行末久し　真のしるべか　神の利益かよ
（4）歌の出所は　さかいの濱よ　山ぢや甲の寺　〱
（5）あい《鮎》はせ《瀬》に住む　焼野のしかよ　山の野で住む　〱
（6）畝は七畝　谷九つで　しかの細道　〱
（7）しかの細道　誰が踏み下げた　しかが通《かよ》つろ　〱
（8）しかが通《かよ》たと　一度か二度か　とのが通つろよ　〱
（9）とのは矢倉に　召し上げられて　いかで夜寒かろ　〱
（10）何が寒かろ　五福を召て　召したかだひろ　〱

節　打抜き

七　一條之踊

（1）一條様と二条様　寶くらべをなされたり
（2）此度は一條の御寶　小ばん千両持たれして　使所《つかうところ》が御寶よ
（3）此度は二條の御寶よ　鶏《ニハトリ》千羽をかわれして　歌う所が御寶よ
（4）此度は一條の御寶　子供千人養はれ　はげむ所（が）御寶よ

（5）此度は二條の御寶よ　牛馬千びき養はれして　勇む所が御寶よ
（6）此度は一條の御寶　しだれ柳を植えられて　繁る所が御寶よ
節　とことことう　しよんしよんしよう　とことことう　しよんしよんしよう　つくぞん　つくぞん　つく
そうで　つくぞうで　よい

八　かもめ

（1）鎌倉様へ　参りては　板屋をたたけば　金の音　さらりと突けば　銭の音
（2）向うの山を　なごみれば（眺）　五葉の松が　三本立つう
（3）元へは白藤　はへ揚り　うらへはかもめが　すをかけた
（4）かもめのかいごは　いくつ居る　かもめのかいごは　十二居る
（5）十二のかいごが　立つ時にやよ　足には黄金　くつををはき
（6）手にはたんごの　手をいあて　あすはぎりすの　池に住む
（7）はがいは波に　たたされて　足は氷に　とざされて
（8）朝日の来るのを　待ちかねて　飛び立つすがたの　愛らしさ
節　四つ調の打ち貫き

九　嫁ふり踊

（1）嫁が嫁が　花嫁が　夜前仰《おせあ》つた　花嫁が　初めてとのに　添うを見た　嫁ふり踊は　嫁踊る

（2）今朝汲み替へた　茶の水を　ぞつと打ち捨て　嫁が汲まんと　なりを立てる　嫁ふり踊りは　嫁踊る
（3）なでた座敷へ　ちり取りさがし　嫁がなでんと　なりをたてる　嫁ふり踊は　嫁踊る
（4）ついたつき麥へ　つかん麥を入れて　嫁がつかんと　なりを立てる嫁ふり踊は　嫁踊る
（5）松木柱と　あなたの嫁が　三年のいたら　七ふしぎ　嫁ふり踊は　嫁踊る
（6）おとろしや　嫁んどの口の　太い事　くちばの池の　じやの如し　嫁ふり踊は　嫁踊る
（7）おとろしや　嫁の口が　くぢばの池の　じやの口なら　しうとの口は　辰の口　嫁ふり踊は　嫁踊る
（8）むすこ一人に　嫁七人まで　取りてはみたが　をはた立てたを　まだ見ん　嫁ふり踊は　嫁踊る
（9）あややにしきは　織りやへへすまいが　八つや九つは　御手のもの嫁ふり踊は　嫁踊る
（10）八つや九つ　御手のものなら　岩をはかまに　たちぬへ　嫁ふり踊は　嫁踊る
（11）縫ゑとなれば　縫はしますぞ　岩たつはさみを　買てくれ　嫁ふり踊は　嫁踊る
（12）買へとなれば　かいもしますぞ　をき《（沖）》の小砂を　糸にとれ　嫁ふり踊は　嫁踊る
（13）取れとなれば　取りはしますぞ　天の月星　よび降ろせ　嫁ふり踊は　嫁踊る

節　四つ調

とんつくぞん　つくぞん　つくぞん　とん　つことんとん　つことんとん　つこんつこん　つこつことん
つことん　とんとんとん　終

十　花こ踊

太鼓打様　とん　とん　つくぞ

節　ところとうて　とうて　とうて　ところつて　しよんしよん

（略図あり、省略）

十一　屋形踊

（1）まず御屋形へ　参りては　白金延べて　門柱　黄金で造る　じよやかぎ

（2）御門がかりを　見てやれば　椽《タルキ》口には　金延し　金を延して　空見れば　空はひわだの　のうせ茸《フキ》

（3）のせ茸の　のせ茸の　八棟造の　空見れば　ちがいこうしや　ひしごうし　たんばのみすだれ　御掛有《おかけある》

（4）さてお茶の間　見てやれば　茶せん茶びしゃくは　白金で　黄金のしよじよく　やら見事

（5）さて次の間　見てやれば　あやのたてをや　にしきのござで　御たいへりに　はりまくら

（6）さて太鼓の間　見てやれば　大どを小どうを　しめしばり　太鼓のかく程　糸を張る

（7）さて弓の間　見てやれば　十所巻いた　十の弓　白木の弓とは　見へずして　千人張りと　まづ見へる

（8）さて槍の間　見てやれば　おんたいすへた　御槍は　黄金造りと　見へずして　千振やりと　まづ見える

（9）さて花の間　見てやれば　ぼたんしやくやく　ゆりの花　八重菊八重桜　七十五本が　咲きや栄へて御庭へ　ざらりと　皆落ちる

（10）さて御馬屋　見てやれば　七毛のとまやへ　駒つなぎ　七毛の□（一字不明）をば　金で巻く

（11）定めし御馬の　毛色はよう　大黒小黒かもかすげ　かもやかすげやかげの駒　せんぜがやすけや　七毛やすげや　明《あけ》六才の　かげの駒

節　よいやそこ　つくそ　まだそこ　つくそつて　とごんとごん　つくそつて　つくぞうで　よい

十二　桜踊

（1）やどの娘は　みめが良い　みめ良ければ　きりよが良い　きりよの良いのが　山桜
（2）彼岸桜の　わさ桜　二又桜を　もをけたり　嫁がはんじよ　めでたけれ
（3）きりよの良いのが　十七八の　ふりのたもとに　じやれつもつれつちござくら
（4）きりよが良かれば　一夜ござれや　待ちましよう　ござれちや子のもとまで
（5）孫が踊るぞ　出て見やれ　一《ひと》しば踊りて　御目に掛けよ
（節）かみさまのへそんだ　かみさまのへそんだ　によこによこ　によいと　でたでた□□（二字不明）　とんつくぞんで　とんとん　とんつくぞで　とんとんとんとんとん　つくぞうでよい

十三　御陣踊

（1）此のあこ様　明け七つ　明て七つで　御陣立つ
（2）まだも陣立つ　御陣立つ　御陣立の門出に　弓も強かれ矢も走れ　国をまるめて　遠うござる
（3）まだも陣立つ　御陣立つ　御陣立の門出に　ぐそくはどれを　召さそうや　上《かみ》六段は唐紅よ　下《しも》七段は紫で　それを浅黄の　糸で縫う
（4）まだも陣たつ　御陣たつ　御陣立の門出に　かむとはどれを　召さそうや　去年造りの　御かむと　今年造りの　たて物よ　これ大変と推し出て　はね掛た
（5）まだも陣立つ　御陣立つ　御陣立の門出に　やりはどれを　召さそうや　元は尺八　中がふゑ　たいまのやりの　ふううゑ　巻のふえ　巻のうらはすやりの　本手巻き

(6)まだも陣立つ　御陣立つ、御陣立の門出に　刀はどれを召ささうや　二尺八寸　つばかけて　三貫さげををゆり下げて　八貫目貫《ぬき》を　打がまま　さやは黄金の　圓《まる》ざやよう

(7)まだも陣たつ　御陣立つ　御陣立の門出に　馬はばどれを　召ささうや　黒き御馬に鞍置いて　八つたずなに　良いあぶみ

（節）よいやこうりや　とんてんとん　つくぞうでよい　とんてんとん　つくぞうでよい　とんてんとんつくぞうで　とうつう　つくぞん　つくぞうで　とをつうぞうつう　とんとん　つくぞうで　とをつう　ぞうつう　つくぞうでよい

十四　備前

(1)向ひ通るは　千條山伏　どちからどをちへ　をぢやるや

(2)おれ共は　千條山伏　用は無けれど　備前の国から　はりまのしよしやまで　うはなり打が　あると言う

(3)すごろくの　盤の上には　打ちたい者は　うはなり　打たをとすれば　花と見へ候　打たずにもどれば　しよじよんな

(4)打つ姫は　今年九つ　十にはなりても　うはなり打たずに　もどをんな

(5)八つや九つは　こいの九つ　備前小刀を　かまへた

(6)皆若いしゆは　あれを見なされ　人のとのばしを　ねとんな

(7)しんじつとのばし　ねとるじやなあいが　ふき来る風に　なびかん草無い　情《なさけ》にまよはん　人は無い

打過ぎ　シヨン〱〱　シヨン〱〱　ヨイトコシヨ　デ　シヨン〱　ヨイトコシヨデ

シヨン〱

十五　茶つみ

（1）園は良い園　良い茶園二辺、明日も繁れや　良い茶園二辺
（2）摘《つん》でもかごに　たまらいでよ　摘でたもれや　とのご様あよ二辺
（3）摘で揚《（あげる）》は　安けれどよ　わしやとのごは　練金《カヂ》で候二辺
（4）阿波や日向へ　鎌売にーいよ二辺　鎌が売れんか　まだで候二辺
（5）一年待ちたが　まだで候二辺　二年待ちたが　まだで候二辺
（6）三年ぶりに　ふみが来た二辺　起きて火をたけ　ふみを読む二辺
（7）ふみの上書　読んで見れば二辺　園についたぞ　良い園に二辺
（8）夜は夜に会へ　妻に会へしよ二辺、夜の夜もいや　妻もいや二辺
（9）元のかぢこそ　ましで候よ二辺　ま一度あいたい　右の妻二辺
（節）とんとん　つくぞつて　とんつくぞつて　とんとんとん　とんとん　つくぞつて　とんつくぞつて
とんとんとん

十六　いささみ踊

（1）はづかしながら　いささみ踊を　ならうちやいたが　忘れはてたが　しよじよんな
（2）さりとて踊を　捨ててはならんと　彼方此方を　尋ねならうぢ　見たけれど　知者や古書に　よう会はん

(3) 神のいさめや　佛の回向に　いささみ踊　更《あらため》作る
(4) 皆友達よ　竝《ならび》てみなされ　いしよ《衣装》が悪うて　恥しけれど　一《ひと》しば踊りて　御目に掛けよう
(5) 音に聞こへた　いささみ殿は　すがた形のよき上に　踊は一つの　持ぎぞよう
(6) いささみ殿は　しのぶに上手　五つの指に　つばきを附けて　おまんのへやへ　ごそごそうと
(7) いささみ踊を　こよい一夜に　百萬踊ろと　思ふたけれど　おまんのへやで　寝たばかり
節　いささみさあー　いささみさあー

十七　はかた踊

(1) 日は末よ　はかたへ参れ　いそげ供だち　〱二言
(2) いそげ供だちよ　揃いてみれば　すぎのむら立ち　〱
(3) ふめたたら　なか踏めたたら　かねのわかんにや　〱
(4) ちよこそ良けれ　だぼそだあぼそと　〱
(5) かにや良かろ　このかにや良かろ　伊勢へまいらしよう　〱
(6) 伊勢へ参りて　下向の折にや　しよじよ解こさしよ　〱
(7) 伊勢へ参りて　のしくたびれにやー　お茶がしよもんな　〱
(8) お茶はこいぞよ　にふくにふりやれ　お茶のりよう取れ　〱
(9) お茶のりよう取りや　黄金のどいを　建て拝ましよう　〱
(10) お方なにをすりや　こいしのまれて　かたのつぎをする　〱

(11) かたぶけて見て　おごけのそこを　ちりをこをそ取れ　〳〵
(12) えんま大厄の　召したる笠は　笠は良い笠　〳〵
(13) 笠は良い笠　七竹の小ぼね　糸はから糸　〳〵
(14) 起きていなんせ　しのべのとのご　横雲が引く　〳〵

十八　げんば踊

(1) かげ浦の　しまんどの　いのししが　くろた
　玄蕃殿に　聞かれたら　やさな事は　有るまい
(2) 池川の　竹が谷にや　良いによぼが　十三人
　引き受て　たもれ　相の谷の　大阿弥陀
(3) 山田の稲は　きのう刈りか　今日刈りか
　きのう刈りは　ゆて入て　今日刈りばかり　なるぞよ
(4) 山田の稲は　あぜによりや　かかる
　十七八の　ねへ様は　とのに寄や　すがるよ
(5) ようこそや　野老山へ　踊りに　来てくれた
　さいと《（柴灯）》を揚て　踊らしよと　言《（いう）》つらや
(6) 御嶽の森が　のいたら　よかろ
　西方のじよろが　打見へて　良かろ

(7) 御嶽の森にや　きじの鳥が　居るげな
　　こだかを入て　けさそうけ　をろさそう
(8) ちか目の帯を、ちよろんぼが　食《くろ》た
　　あのいきしきの　緑の道を　食ろた
(9) 向ひなる　せんだの木に　こいの鳥が　とまつた
　　飛ばば飛べ　こいの鳥　飛ぶとてこいは　やめんぞ
(10) せんがの銭を　たすきに　掛けて
　　白金の升はんで　乱銭を　計る
(11) せんがの銭の　より銭よりも
　　十七八の　ねへ様の　胸の物が　しよじよんな
(12) おこん屋には　居れど　五色付は　ええ着まい
　　いついて　見ても　あさぎ染めに　花色
(13) 武之内殿は　黒梅の　かたびら
　　打ち付けて　しめ付けて　踊こそや　しつらうや
(14) 太刀なれば　備前太刀　さやの先の　明けぼろ
　　さやの事は　無いけんど　さやはこちに　かまへた
(15) 千代ごぜが　〱　よさもこいげに　言うつらや
　　かいだるしや　〱　そば藪ないで　かいだるしや

(16)お方の手には　何が付きますや
　お手には　こいくれないを　もみや付けまして
(17)こいがなよ　〱　十七八が　こいがなよ
　金の音を　聞て見りや　しよきすごろく　こいがなよ

十九　こをかけ踊

(1)西方の　伯母の方から　細ぬの一つ　へて来た　細ぬの一つ　へて来た
(2)白で召すなら　よごれ目が立つ　かてんに染めて　召しましょ　〱
(3)これをここで　くくしさらいて　染めてたもれや　はりまのしよしやの　こうかけ
(4)染めなれば　染めはしますぞ　かたはなにを　置きましよ　〱
(5)かたすそにや　梅の折り枝　腰には稲の　ねみだれ　〱
(6)こまごいの　上ゑり先には　春うぐいすが　すがたを見せず　声を聞かした　所よ
(7)こまごいの　たもと先には　秋しかが　こいにこがれて　こんよと鳴いた　所よ
(8)こまごいの　こすそ先には　猪のししが　かるもかりかけ　寒さを待ちる　所よ
(9)こまごいの　小袖先には　千石船が　波にゆられて　ともづなながげた　所よ
　節　トンツクゾンツク　ソツトントン　〱　シヨンシヨン　シヨテ　ヨイトコシヨ　〱　トンツクゾン
　ツク　ソツトン　トン　シヨン

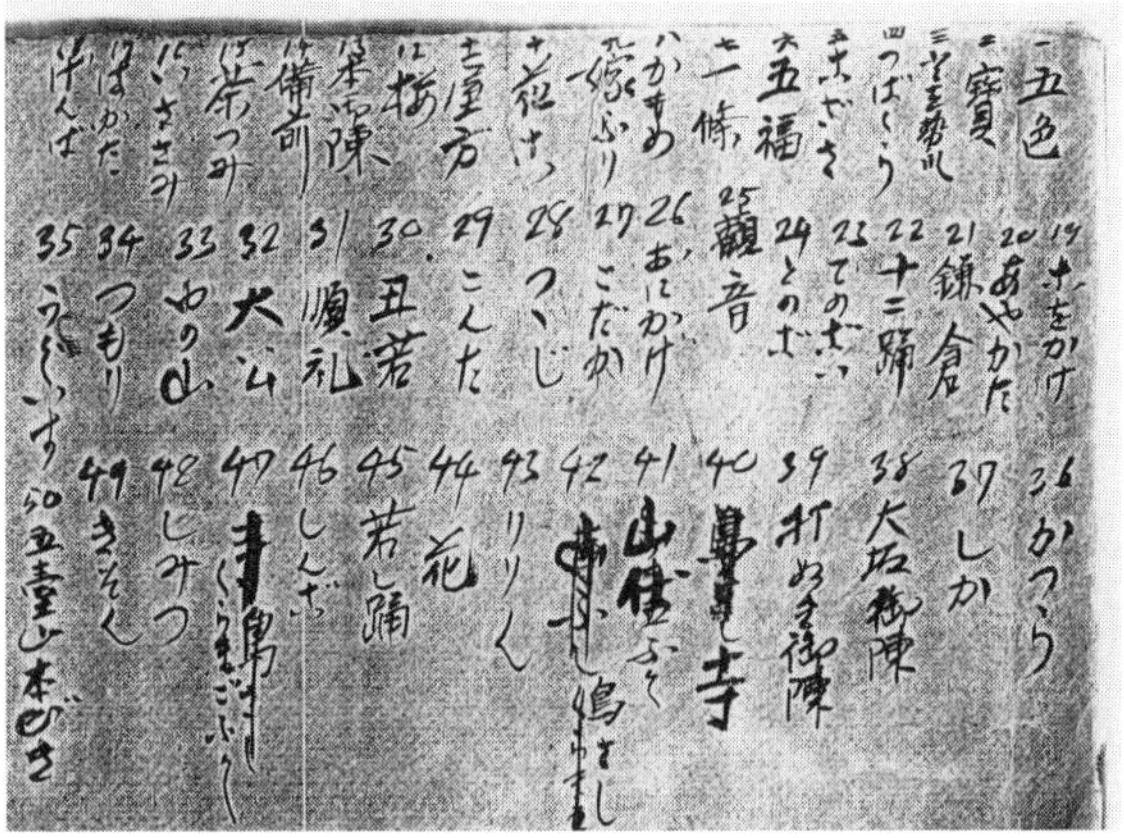

「太鼓踊節々」冒頭の目録
これだけ多くの演目名（50）を収録した資料は他に類を見ない。

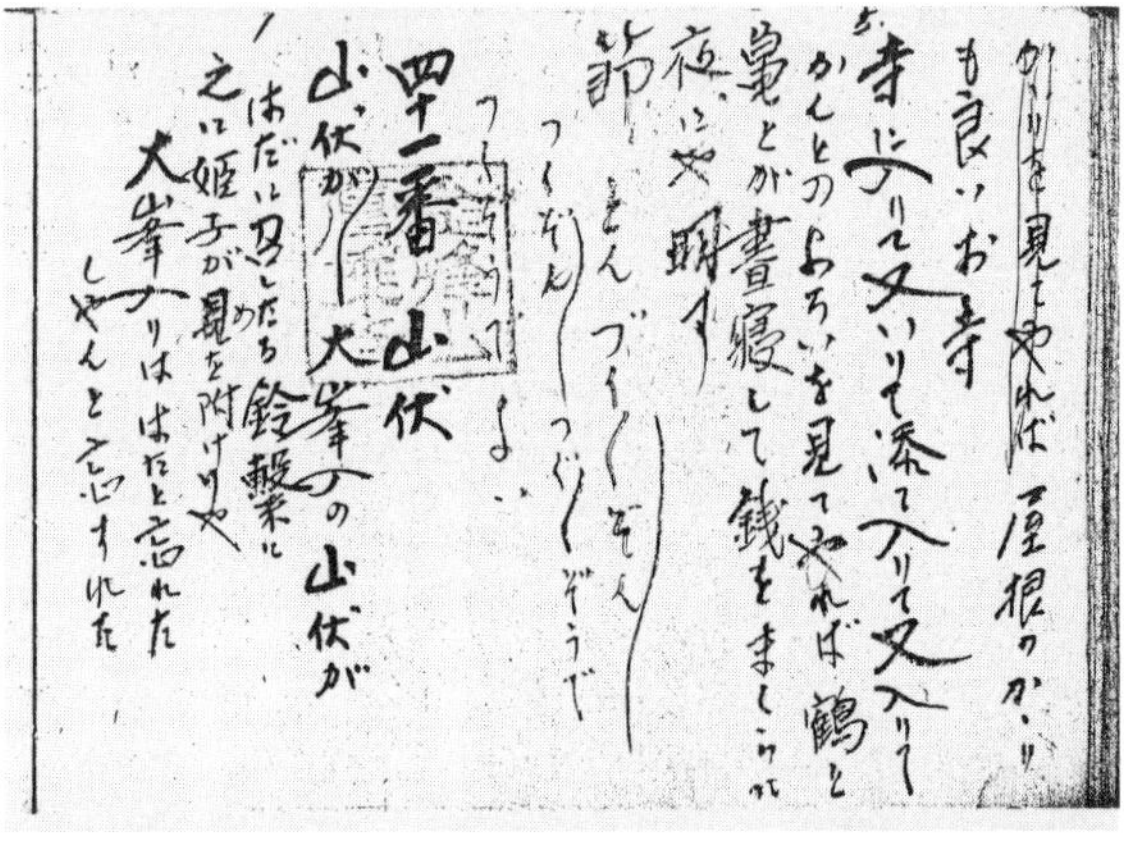

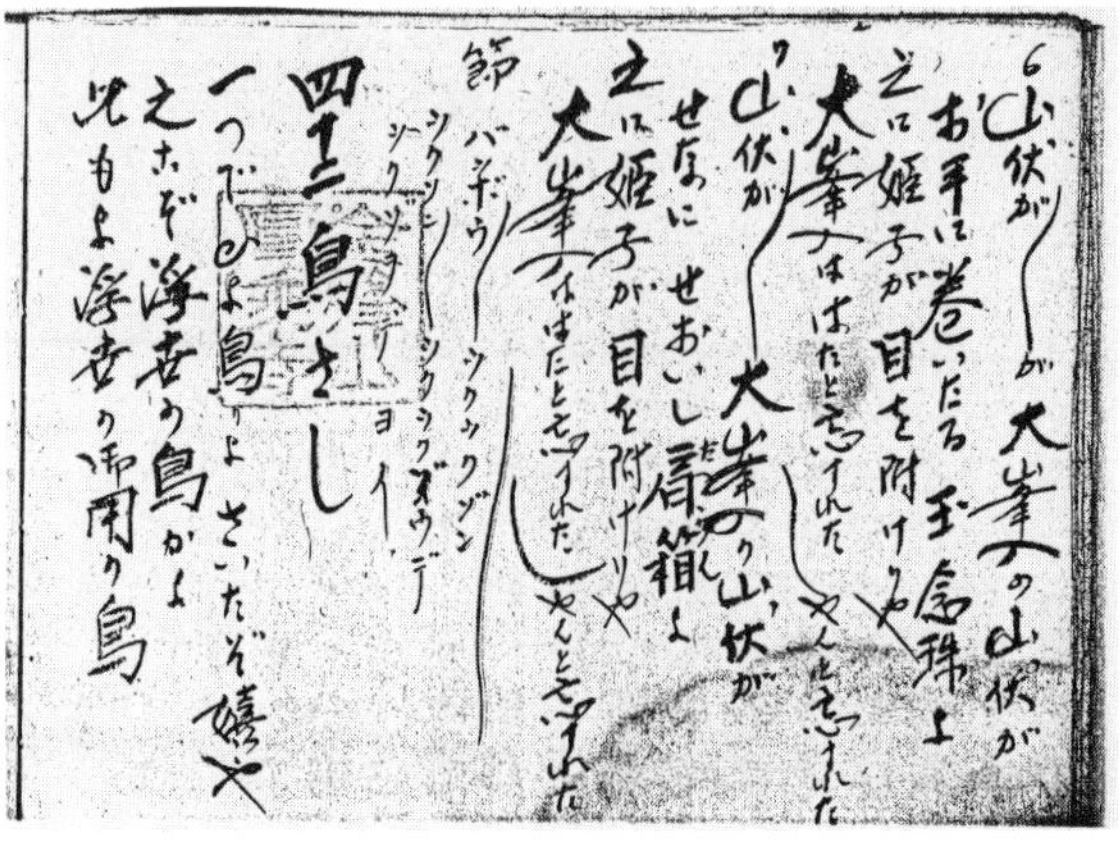

資料終りの部分「四十一番　山伏」と「四十二　鳥さし」
両頁とも演目名の個所に、井上聖崇太夫が自宅隣に開いた祠堂「金峰山鳳乗寺」の方形の印が押されている。

二十　なやかた

(1) あやかたの　下馬の足元　十三小じよろが　あやををる〳〵
(2) 織るあやは　目には付かんが　十三小じよろが　目に付く〳〵
(3) 目に付かば　一夜ござれよ　定めの妻の　無い内〳〵
(4) 一夜いこうは　行かやすけれ共　小じよろの寝間を　ゑしらん〳〵
(5) いつとても　寝間は変らん　東切り間の　その下〳〵
(6) 畝の小松や　谷のねざさや　繁れば繁れ　繁る様に　私もしめましよ　とのご様
節　トンツクゾンツク　ゾツトントン〳〵　ヨイトコシヨウ〳〵　トンツクゾンツク　ゾツトントン
シヨン

二一　鎌倉

(1) 鎌倉の　御所のお庭へ　植たる松は　唐松〳〵
(2) 唐松の　一の小枝へ　とをだるたかが　すを掛けた〳〵
(3) そのたかが　立つや立たずに　白髪のよねが　ばあら〳〵〳〵二言
(4) ばあら〳〵を　酒に作りて　かいこむ酒が　良い酒
(5) 良い酒を　しぼりわかいて　西森長者の姉婿〳〵
(6) おと婿の　たまのおいでにや　その七酒の　つぼそこ〳〵
(7) つぼそこは　いつもたべ候　ひめごを出され　だいて寝よう

（8）ひめ〳〵は　言語細なる　三年待たれ　婿殿
（9）待てなれば　待ちはしますぞ　山仙《セン》すいに　植木しまして　さかへる迄は　待ちましょう
　　節　とんとんとをて　とんつくぞうて　とんとんとをて　とんつくぞ

二三　十二踊

（1）これの家主の　お家主　内におぢやるか　おぢやらんか　祝の踊がはや参る
（2）正月来れば　やら見事　門には門松　七五三《しめ》かざり　内には白髪の米が降る
（3）二月来れば　つばき花　つばき花なら　赤色　赤の手のごい　お手に持ち　やぐらに揚がりて　お召しある
（4）三月三日　桃の花　誰も成りたい　ももの花　十七八に　のまりようかよ
（5）四月来れば　早稲よ　やぜんむかへた　花嫁が　初めてとのに　添うを見た
（6）五月五日は　せきしよぶ　かやとよもぎを　共にして　十七八の　腰しめる
（7）六月十日　祇園様　祇園参りに　笠を借る　傘を貸すのは　安けれど　わしはとのごの　気をしらん
（8）七月七日　七夜よ　人の屋端《やづま》に　立ちよりて　諸国のおさをと　お借り合う
（9）八月なかばの　光石　わしがとのごは　山に住む　わしがとのごの　袖の光か　やら嬉し
（10）九月九日　菊の花　誰もなりたい　菊の花　十七八に　のまりよかよ
（11）十月来れば　峯の雪　峯に降る雪や　しろけれど　祝の御酒とて　京の大座に　お召し在る
（12）霜月くれば　やら見事　積荷千俵　積み重ね　黄金の露とは　あの如し
　　節　打ち過ぎ

二三　てのごい

（1）七里がよいの　てのごいを二返　どこへ落いた　やらおしや　やらおしや
（2）もしもひろうた　人あらば　〱　はだのもめんと　替へましょう
（3）はだのもめんが　いやようならよ　〱　上着小袖と　替へましよう
（4）上着小袖が　いやようならよ　〱　さいた刀と　替へましよう
（5）さいた刀が　いやようならよ　〱　わしの乗鞍と　替へましよう
（6）わしの乗鞍が　いやようならよ　〱　わしの馬と　替へましよう
（7）わしの馬が　いやようならよ　〱　日本かがみと　替へましよう
（8）日本かがみが　いやようならよ　〱　からのかがみと　替へましよう
（9）からのかがみが　いやようならよ　〱　日本かもじと　替へましよう
（10）日本かもじが　いやようならよ　〱　たきのかもじと　替へましよう

節　よいやそこう　とん〱　づくぞうでよい　よい　そこ　とんとん　づくぞうでよい　よいとこしよう
〱　よいとこ　〱　〱しよで　とこしようでよい

二四　とのご

（1）すんだ清水で　影見れば　〱　我が身ながらも　良いとのご
（2）雪は降りても　雨降んな　〱　いとしとのごの　したしもる
（3）いとしとのごの　来る道にや　あぶらちよちん　掛置て　それの明《あかり》で　来ればよい

(4) にくいとのごの　来る道にや　猿がさかもり　しよつて　それに見とれて　こねば良い
(5) いとしとのごの　帯くけりや　金やじやこうを　くけこうで　腰のあたりが　いがいがと
(6) にくいとのごの　帯くけりや　はめやむかでを　くけこうで　腰のあたりは　そよ〳〵と
(7) いとしとのごの　水汲めば　お伊勢びしやくや　伊勢でんもくで　せきしよ清水の　上ずみを
(8) にくいとのごの　水くめば　やぶれびしやくや　かげでんもくで　駒のけ揚た　泥水を

二五　観音

(1) みごとすじようをや　観音様は　良い〳〵所に　お住み有る　前には大河　流れ行き　後にやね藤が　岩を
巻く
(2) 岩を巻《まい》たが　まさかり殿が　あの奥山で　木を切りだして　前にきだ橋　かけましよ
(3) きだ橋かけて　魚つりよれば　十三小じよろが　橋渡る
(4) 十三小じよろが　橋渡るげにや　魚つりざをを　からりとなげて　十三小じよろの　袖を引く
(5) のけやはなせや　袖引き切るぞ　後《あと》へはとのごが　はやおぢやる
(6) 後へはとのごが　おぢやると知らず　あのよなげんばの　袖を引く
(7) 我が為には　げんばと見るか　おれらが為には　国一番の　美人ぞよ
(8) 美人と思はば　通わせてたもれ　照る七月の　植田の水よ　夜に〳〵しのをで　かけわたす
節　小豆三斗米三斗　〳〵　米々三斗米三斗　〳〵　米三〳〵　でんでん　米三米三　でん〳〵〳〵〳〵
米三で　よい

二六　おにかげ

（1）音に聞《きこえ》て　おぐり様と　申するは　近や近所に　妻が無て　横山中将に　入り婿よ

（2）中将様の　言れ言葉を　聞かれして　名馬の駒を　乗り出して　ひとばば乗りて　御目にかけよう

（3）おにかげ駒の　目色かかりを　みてやれば　目ぶちは赤うて　うつくしゆて　照《てる》七月の　日（の）如し

（4）おにかげ駒の　はなのかかりを　見てやれば　この奥山の〱　鬼が岩屋に　さもにちよる

（5）おにかげ駒の　口のかかりを　見てやれば　上口長うて　下口みぞうて　辰の口にと　さもにちよる

（6）おにかげ駒の　耳のかかりを　見てやれば　耳は□《不明》ぞうて　うつくしゆて　朝間の瀧の　二つ葉を　二つ竝べて　見た如く

（7）おにかげ駒の　へりのかかりを　見てやれば　この奥山の〱　ねざさに雪の　とざしかかりし　如くなり

（8）おにかげ駒の　むねのかかりを　見てやれば　むねは円《まる》うて　うつくしゆて　手まりをだいた　如くなり

（9）おにかげ駒の　せすじ掛りを　見てやれば　せすじは赤うて　うつくしゆて　ひむろとんすに　さもにたり

（10）おにかげ駒の　尾口かかりを　見てやれば　たら〱落る　瀧の水□《不明》と　さもにちよる

（11）おにかげ駒の　足のかかりを　見てやれば　つめは円《まる》うて　うつくしゆて　しよぎごばんの　如くなり

節　あづきさんと　こめさんとで〱　こめさん〱　こめ〱さんで　こめさんでよい

二七　こだか

（1）京の御門へ　出て見れば〱

（2）向うの山を　なごう見れば〱

（3）五葉の松が　三本立つ　〳〵
（4）元へは白藤　生へ揚る　うらへはこだかが　すをかける
（5）こだかのかいごは　いくつ居る　こだかのかいごは　十二居る
（6）十二のかいごの　立つ時にやあ　〳〵
（7）足には黄金の　くつをはき　〳〵
（8）手にはらじやの　てをいあて　〳〵
（9）京の御門へ　それで行く　〳〵
（10）四方四面へ　倉を建て　中へは萬《よろず》を　積み重ね　萬の長者に　なると見た
節　とんとんとをつうとん　とんとんとをつうとん　とんとん　つぐぞ

二八　つつじ

（1）向の山の　つつじの花よ　あれこそようごの　糸染め
（2）糸が染ねば　お手が染みそろ　そまずばとのが　御意を得ず
（3）御意を得るとて　大事はあるまい　白木の弓に　寅毛が八つほ
糸はりしめて　これこそうへたの　そうざいよ
（4）そうざい殿の　花の代さかり　植へたるつつじの　ばんかよう
（5）うへたるつつじの　ばんではあるまい　さいたるつつじの　ばんかよう
（6）咲たるつつじの　ばんではあるまい　あだ花つつじの　ばんかよう

（7）あだ花つつじの　ばんではあるまい　しだれたつつじの　ばんかよう
（8）しだれたつつじの　ばんではあるまい　あこげばつつじの　ばんかよう
　　節　つつじよ〳〵　さいた花かよ

二九　こんだ

（1）こんでこだれた　梅の花〳〵
（2）一夜なり度《た》い　きちせんの〳〵
（3）一夜なろうは　やすけれど〳〵
（4）瀬戸の柳に　つながれて〳〵
（5）瀬戸の柳に　たよる共〳〵
（6）我身ばかりは　たよりやせん〳〵
（7）山のつぼみに　声かけて〳〵
（8）山に木のかず　かやのかず〳〵
（9）かやのかずとて　いくばくぞよ〳〵
（10）五反畝の　けしのかずよ〳〵
（11）けしのかずこそ　いくばくぞよ〳〵
（12）天に晴れたる　星のかずよ〳〵
（13）星のかずとて　かぎりやない

節　つくぞうちゃ　しよん　しよん〱　つくぞうちゃ　しよん　しよん　しよん　つぐぞ

三〇　丑若

(1)音に聞《きこえ》て　丑若と　申するは　明て七つで　くらま入り　くらまの寺に　御住み在る　昼は御寺で　学問なされ　夜はみさきで　刀を振る

(2)音に聞て　いなずま様と　申するは　はだににしきの　よろいを召され　こいくれないの　うちはを持たれぢんとやりとて　遊ばれる

(3)まだも聞へて　丑若様と　申するは　黒金のあしだを　召されて　わきへ小刀を　文殊とかまへ　五條の橋へと　いそがれる

(4)五條の橋で　すがた見りや　蝶か小鳥か　空飛ぶ鳥か　千人切りとは　やらみごと

(5)向の山へ月が出た　月がさいたと　出て見れば　丑若様の　召しの駒

節　あづきさんど　こめさんど〱　米さん〱　米米さんで　米さんでよい

三一　巡礼

(1)音に聞へて　巡礼様〱　歳も若けりや　みめが良い　住家《すみか》どこぞよ　巡礼様

(2)とをてなによする　のういかに〱　おれの住家は　美濃尾張

(3)つれていかんせ　彦須殿〱　なごれ四国の　坂本へ

(4)つれていこうは　やすけれど〱　三十様へと　札納　その下向に　つれましよ

（5）おれは善《ぜん》ぜの　日の水よ　〱　たへず情を　かけおきやれ
（6）おれは備前の　さびかたな　〱　さいて廻らにゃ　さびや落ちん
　節　とこしよちゃ　よいとこしよて　〱　よいとこ　〱　〱しよて　とこしよてよい

三二　大公

（1）昔日向と　謂《いう》国に　日向様の　御けらいに　名大公と謂人が　天下を望みの　くく立てを　おおしう様にと
願有る
（2）すぐに思《おもい》は　から国へ　立越《たちこえ》て戦して　ゐぞまつまへを　打ち取りて　元の国へと　帰られた
（3）もとの国へと　帰られて　六十六国の大名を　かしよいにつれて　戦する
（4）首尾よく　天下を打ち取りて　おおしう様へと　揚たなら　てがらのしうぎと　ひまが出る
（5）天下をする人と　たづぬれば　天下をする人　なぜ無いや　大公様におとろしうて　それで天下に　なりて
無し
（6）それなら大公　天下にて　国もおさまりや　千代と栄えて　目出度かれ
　節　あづきさんど　こめ〱さん　〱　ようい　〱　しよしよん　しよで　ありやこりや　しよ〱
〱で　とをぢや　とんつくぞうで　とうぢや　とんつぐぞん　〱　〱ぞをで　つぐぞうでよい

三三　ゆの山

（1）わしはゆの山　長者かた　〱　銀の小玉を　三つもろて　これで長者に　なりましょう

(2)それで長者に　なるなれば　〳〵　これに屋形を　建てましよう
(3)此に屋形が　建つなれば　〳〵　うるし柱を　建てましよう
(4)うるし柱が　建つなれば　〳〵　黄金の障子を　入れましよう
(5)黄金障子が　入るなれば　弓で天井を　張りましよう
(6)弓で天井を　張るなれば　刀ですがたを　あけましよう
(7)刀ですがたを　あけるなら　やりですがたを　ぬいましよう
(8)やりですがたを　縫うなれば　うつぼ千條　やり千條　これを熊野に参るよ　熊野の山と　申するは　五つ色　五色の山でそろ
　節　もちをついて　とんとんとを　〳〵　とんつくぞんつく　ぞんつくぞうて　つくぞうてよい

三四　(あ)つもり
(1)源氏の侍　むさしの国の　くまがいが　(あ)つもり様を　敵として　国々侍　お立ち有る
(2)兵庫の国の　くまがいが　むさしの国の　御陣にて　岩の上にと　青葉のふゑを　おとされた
(3)其の上の　まだ上の　それを取りにと　いそがれりや　もどせかへせと　招かれた
(4)なんのとの国　のとのかみの　のりつね様が　思ひあるぞよ　だんの浦
(5)(あ)つもり様の　御座舟が　あわぢ島へと　おさまりた
　節　ようい〳〵　しよ〳〵〳〵で　ありやこりや　しよ〳〵〳〵で　とちぢや　とんつぐぞうで　とちや　〳〵　とんづくぞうで　とをちや　とん　つくそ〳〵〳〵で　つくぞでよい

打ちもつう

三五　うぐいす

（1）うぐいすが〳〵くまのそだちの　うぐいすが　畝の小松へ　すをかけて　小松かれても　子は育つ

節は、（あ）つもりの節を打ち切る

三六　かつら

（1）そうて正月　桜の花　お山にかなはん　花なれど　かさになさけは　なけれ共　松風に雪を払い　我等が住家は　かつらき山の　月におそれて　さかえる　かつらの其の下

以下、十二月の花歌う

節は、だいのみで節は無し

三七　しか

（1）これのお庭へ　黄金の花よ　千代とつうぼんだよ〳〵

（2）千代とつぼうで　開くる時は　花の代さかりよ〳〵

（3）花が色とりや　白茶の帯よ　おのれどをきよしたよ〳〵

（4）おのれどきよして　しのべのへやへ　刀忘れたよ〳〵

（5）忘れたりとも　しのべてたもれ　はだのそういね　しようよ〳〵

(6) そいねや打すて　しのべちややるが　花が枯木によ　七度さあくかよ
(7) 寝てもね細い　ね顔の良いは　さまは誰れが子よ　〳〵
(8) 寝ても知らぬか　あしだの姫は　姫はおと姫よ　〳〵
(9) あした婿取る　鍬などほしや　婿にや田打たそうよ　〳〵
(10) 婿とよばれて　鍬なににしよや　刀しよもんなよ　〳〵
(11) 明日は嫁取る　やれかごほしや　嫁にや菜とらしょーよ　〳〵
(12) 嫁とよばれて　かごなににしよや　おごけしよもんなよ　〳〵
(13) おごけなりとも　見揚げたおごけ　七つかけごに　八つの入れ底
(14) ねぶた物くさ　おごけの底の　たれもそういねしようよ　〳〵
(15) そいね打して　おごけの底の　ちりもこうそ取れよ　〳〵
(16) ちりはそい物　おごけの底の　たとを紙取れよ　〳〵
(17) たとう紙取りや　そりや空事よ　恋の玉章よ　〳〵
(18) 畝は七畝　谷九つで　しかの細道よ　〳〵
(19) しかの細道　誰が踏み下た　しかが通よつろうよ　〳〵
(20) しかが通ても　一度か二度か　村のわかいしゆよ　〳〵
(21) 村の若いしゆも　一度か二度か　とのが通ようつろうよ　〳〵
(22) とのはやぐらへ　召し揚げられて　いかな寒かろうよ　〳〵
(23) 何が寒かろ　御服を召して　めしたかたびらよ　〳〵

(24) 召したかたびら　かみかたびらよ　色がこいかろうよ　〳〵
(25) 色がこゆうの　ちゃあかみかたびらよ　形が太かろうよ　〳〵
(26) あいは瀬に住む　焼け野のしかよ　山の野に住む　〳〵
　節　とんとん　とをて　とんつくぞ　とんとん　とをて　とんつくぞ

三八　大坂御陣

(1) これぞ慶長十五年　五月八日の事なれや　それのちかたきが　一のかみ　さす盃はのみはかれ　なみだながらのお盃
(2) 見上げて見れば　茶うす山　一とかけては　ばんと引く　ばんとかけては　しやんと引く　ひき様をしらずに　はてられた
(3) 今度大坂御陣にて　討ち死したのは誰ぞいな　さなだよいちに言葉掛け　ひむろ長門のながそだつ
　節　とん〳〵づく〳〵ぞん　〳〵　つくぞん〳〵　つくつくぞうで　つくぞうでよい

三九　打過御陣

(1) 向ひ通るは　婿ぢやげな　〳〵　娘さろでて　寄らんげな　〳〵
(2) 娘さろでは　ないけれど　明日は陣立ち　御陣立ち
(3) 御陣立ちの　門出に　弓が強けりや矢もはしる　宿り〳〵の宿良けれ
(4) もしや討死した時は　刀なぎなた　親たちに

（5）もしや討死した時は　よろいかむとは　あに様に
（6）もしや討死した時は　せどのやなぎと　てのごいは　わしとおまへの　かたみぞよ

四〇番　寺

（1）寺に入りて　又入りて　さて入りて　又入りて　屋敷のかかりを　見てやれば　南さがりの　良いお寺
（2）寺に入りて　又入りて　さて入りて　又入りて　門のかかりを　見てやれば　門のかかりは　良いお寺
（3）寺に入りて　又入りて　さて入りて　又入りて　座敷のかかりを　見てやれば　こをらい畳に　へりを附けへりをそろへて　お敷ある
（4）寺に入りて　又入りて　さて入りて　又入りて　屋根のかかりを　見てやれば　屋根のかかりも　良いお寺
（5）寺に入りて　又入りて　さて入りて　又入りて　かんとのよろいを見てやれば　鶴と亀とが　昼寝して　銭をまくらに　夜にや明す
節　とんづく〱ぞん　〱　つくぞん　〱　つぐ〱ぞうで　つくぞうでよい

四一番　山伏

（1）山伏が　〱　大峯入の山伏が　はだに召したる　鈴懸に　これに姫御が　目を附けりや　大峯入りは　はたと忘れた　しやんと忘れた
（2）山伏が　〱　大峯入の山伏が　額に附けたる　金頭襟　これに姫御が目を附けりや　大峯入りは　はたと忘れた　しやんと忘れた

（3）山伏が〳〵大峯入の山伏が　肩に掛けたる　結袈裟衣　これに姫御が　目を附けりや　大峯入りは　はたと忘れた　しやんと忘れた
（4）山伏が〳〵大峯入の山伏が　お手についたるたる　錫杖よ　これに姫御が　目を附けりや　大峯入りは　はたと忘れた　しやんと忘れた
（5）山伏が〳〵大峯入の山伏が　左手にさげたる　法螺の貝　これに姫御が　目を附けりや　大峯入りは　はたと忘れた、しやんと忘れた
（6）山伏が〳〵大峯入の山伏が　お手に巻いたる　玉念珠よ　これに姫御が　目を附けりや、大峯入りは　はたと忘れた　しやんと忘れた
（7）山伏が〳〵大峯入の山伏が　せなにおいし　肩箱《たつらん》よ　これに姫御が　目を附けりや　大峯入りは　はたと忘れた　しやんと忘れた
　節　バツボウ〳〵ツクツクゾン〳〵ツクゾン〳〵ツクツクゾウデ　ツクゾヲデ　ヨイ

四二　鳥さし
（1）一つで　ひよ鳥よ　さいたぞ嬉や
　これこそ　浮世の鳥かよ　此もよ　浮世の　御用の鳥
（2）二つ　ふるつく
（3）三つ　みみつく
（4）四つ　よだか

（5）五つ　いんちん
（6）六つ　むくとり
（7）七つ　なんちん
（8）八つ　山鳥
（9）九つ　小たか
（10）十で　とをばと
　　節　打ち過ぎ

四　池川町椿山（現仁淀川町）の「太鼓踊」

表題の旧吾川郡池川町椿山（現仁淀川町）は、現在、旧高岡郡仁淀村別枝都（現仁淀川町）と並んで、残された「太鼓踊」（「こおどり」）の最後の伝承地である。本章冒頭に掲出したこれまでの「主要資料」では「12」と関わるが、取り上げられてはいても踊歌の歌詞は抄出にとどまっているので、この機会に、記録可能な全歌詞を紹介することとする。

残念なことに、集落としての椿山は、平成末年に最後の住人の女性が山を下り消滅した。かつて姫田忠義（映像民俗学者、宮本常一に師事）の映画「椿山―焼畑に生きる―」（昭和五十二年）で、日本で最後まで古来の農耕法「焼畑」（当地では「焼山」という）を伝えていた集落として描かれ、全国にその名を馳せた村である。愛媛県境に近い急峻な山の斜面の生活ではあるが、満天の星は手が届くかのように美しかった。

集落はその後、出身者の男性一人が移住し、再生に向けての努力を傾注している。本題の「太鼓踊」は、集落が衰退して行く中、池川青年団が協力を申し出て、住む人がいない悩みを抱えながらも継承に努めている。しかしながら現状では、残された全歌詞を歌い踊ることは不可能になっている。（椿山「太鼓踊」の現状は、『高知県の民俗芸能』（高知県民俗芸能緊急調査報告書・高知県教育委員会、令和四年）に「仁淀川町椿山の虫供養」として報告しているので、参照を乞う）

生活を担った「太鼓踊」とその意義

椿山の「太鼓踊」は、かつては年五回、生活の節目に決まった日程により行われていた。（いずれも旧暦。現行は一月遅れの同日になるが、固定しているのは「虫供養」のみ）

①五月二十日　虫供養（昼、虫送りともいい「斉藤別当実盛」を祭る）
②七月三日　氏仏祭（夜、本尊「地蔵菩薩」を祭る。「将軍地蔵」とも称す）
③同　四日　若仏祭（昼、若仏は氏仏の脇に祭られている。明治初年に始まるという）
④七月十四日　盆供養（夜、一般にいう亡者供養の盆の踊）
⑤八月五日　先祖供養（夜、大先祖「滝本軸之進」を祭る）

場所は集落の精神的中心となる「氏仏堂」である。かつて「太鼓踊」が、村全体の生活の運行を、根底で支えていた好事例となる。奉納する演目は、対象によって多少変わったという。

以上のほか、かつての状況については、前掲の「主要資料・12」に示した「土佐俚踊概説」『土佐史談』51号（昭和10年）や『池川町誌』（昭和48年）の記事、および『高知県の民俗芸能』（令和4年）所収の報告を参照願うとして、ここには、先述の姫田忠義（一九二八～二〇一三）が映画と共に出版した民族文化資料第4集『椿山―焼畑に生きる―』（昭和54年）から、「太鼓踊」の持つ意義に関わる記述を紹介しておきたい。

姫田は、記録フィルムで表現したいと願ったのは、「生きた人間のたとえようもなく尊い営みを明らかにすることであった」として、次のように述べている。

人は自然のなかで生きる。自然につつまれ、それとのっぴきならずかかわりながら生きる。それそのものが自然の一部である自分の肉体、特に手足を使いながら、自然にとりつき、自然の生みだす産物を収穫し、それを調理し、あるいは保存し、食べ、生命を持続させる。そしてそのことをより豊かならしめるために、神仏をまつり、先祖組を組織し、村を組織する。自然と人、人と人がバラバラになることなく、互いに深いかかわりを保ちながら生きる。「生きることの体系」とはそういうことであり、椿山の人たちは強くそれをわたしたちに教えてくれたのである。（「考察　椿山に教えられたこと、考えさせられたこと」）

ここで姫田のいう「生きた人間のたとえようもなく尊い営み」「生きることの体系」を支えたのは、実に「太鼓踊」であった。核となったのは「先祖組」である。すなわち、安徳天皇に仕えたという「滝本軸之進」を開祖とし、その子孫が滝本以下、中内、中西、中平、野地、半場、平野、峯本、梅木、山中、南、西平と十二の姓に分かれたと伝えている。この十二という数は、焼畑を営む共同組（先祖組）の単位となると同時に、「太鼓踊」の一晩に踊る奉納演目の数「十二で一庭」ともなっていた。人と人は、神仏（祖先）を祭る節目節目の「太鼓踊」の奉納で、「バラバラになることなく」一つになり、その結束を強めることができたのである。

集団に基づく「祖先の祭祀」の重要性とその意味については、姫田の師に当たる宮本常一（一九〇七～八一）も『家郷の訓』（昭和十八年）の中で、次のように語っている。かつての日本人の大切な価値観として銘記すべきものであろう。

本来幸福とは単に産を成し名を成すことではなかった。祖先の祭祀をあつくし、祖先の意志を帯《たい》し、村民一同が同様の生活と感情に生きて、孤独を感じないことである。われわれの周囲には生活と感情とを一にする多くの仲間がいるということの自覚は、その者をして何よりも心安からしめたのである。そして喜びを分ち、楽しみを共にする大勢のあることによって、その生活感情は豊かになった。悲しみの中にも心安さを持ち、苦しみの中にも絶望を感ぜしめなかったのは集団の生活のお陰《かげ》であった。村の規約や多くの不文律的な慣習は一見村の生活を甚しく窮屈なものに思わせはするが、これに決して窮屈を感ぜず頑《かたくな》なまでに長く守られたのはいわゆる頑迷や固陋《ころう》からばかりではなかった。怡々《いい》としてこれが守り得られるものがそこにあった。それがこの感情的紐帯《ちゅうたい》である。（「よき村人」）

宮本のいう「生活と感情とを一」にし「喜びを分ち」あう、その為の具体的な紐帯の役割を果たしたもの、それこそがかつての「太鼓踊」であったのだ―と身にしみて思う。集落消滅の今、その縁《よすが》も、大半が目前で失われようとしているのである。

なお、当地の開祖「滝本軸之進」については、私見では、平家伝説を離れ、集落に残るキジヤシキ、ロクロ、ロクロイワヤ等の地名（小字）から、また「軸」との繋がりで木地師との関わりを考究すべきものと考えている。「太鼓踊」の行われる「氏仏堂」の厨子に残る猿猴・蟹・人魚・蛇・百足などの類例を見ない彫刻も、その方面から解明ができるのではないかと思う。「太鼓踊」と木地師との関わりについては、撥の手元の総（カナバ＝削掛《けずりかけ》）の意匠について、既に前節でふれたところでもある。

中内寿吉本「太鼓踊歌詩帖」

次に、故中内寿吉の「太鼓踊歌詩帖」と題する謄写本により、踊歌の歌詞を翻刻する。表紙には「昭和三六年八月二十二日書写」とある。全部で二十一の演目を輯録している。

なお、民族文化資料第4集『椿山―焼畑に生きる―』所収のインタビュー記事「太鼓踊りについて」によれば、冒頭の「念仏おどり」は、「挨拶」の意味合いのものであり、一庭の数には入れないとのことである。また、大先祖「滝本軸之進」は神であるので、「先祖供養」には「念仏おどり」のかわりに「伊勢のおどり」（一〇）を踊り、これも一庭の中には入れていないという。（表記は基本的に原本に従うが、明らかな誤字、当て字は修正する。また注として補う場合はカッコを付す）

一　念仏おどり

（1）いざおどろ〱　なんまいだ〱
なまみだぶよ　なまみだ〱
打ち上げ　ことんてん〱
これを三度くり返す
念仏おどりはそれまで

二　あやのおどり　両バチ上げ

（1）ヨイトキテ　鎌倉のげばの橋もとにゃ　十三こじょろが　あやをおる
あやのおどりは　いざおどろー　こじょろおどりを　いざおどろー

池川町（現仁淀川町）椿山の集落の全景（平成12年撮影）
急峻な山の斜面に「焼山」（焼畑）の集落として拓かれた。現在、住民は一人になった。

氏仏堂の庭で踊る「太鼓踊」（令和２年撮影）
氏仏堂は集落村民の精神的支柱。年５回行なわれる「太鼓踊」が村民の心を結び付ける大切な絆となっていた。

打ち上げ　八つびょうしの打ち流し

（2）ヨイトキテ　おるあやは　目にはつかねど　十三こじょろが　目につく
あやのおどりを　いざおどろー　こじょろおどりを　いざおどろー
打ち上げ

（3）ヨイトキテ　目につかば　一夜ござれや　定めのとのの　ないうち
あやのおどりを　いざおどろー　こじょろおどりを　いざおどろー
打ち上げ

（4）ヨイトキテ　一夜行くのは　やすけれど　こじょろのねまを　ええ知らんよ
あやのおどりは　いざおどろー　こじょろおどりは　いざおどろー
打ち上げ

（5）ヨイトキテ　いつ来ても　ねまは変らん　東きいまの　その下に
あやのおどりは　それまでぞー　こじょろおどりは　それまでぞー

三　あつもりおどり

（1）あつもりが〳〵　むさしの国の　くまがいがー　青葉の笛を　かけおいて
あつもりおどりは　ひとやおどれ　ひとやおどれ
打ち上げ　八つ拍子
とうとんつことう　よいやそら　米さん〳〵　米さんどう　とことんてんとん

（2）その笛を〳〵もどせかえせと　まねかれた
あつもりおどりは　ひとやおどれ　ひとやおどれ
打ち上げ
（3）あつもり様の　おご神所　今度かたきは　一が谷
あつもりおどりは、ひとやおどれ、ひとやおどれ
打ち上げ
（4）あつもり様の　おござ舟　あわの西まで　はてられた
あつもりおどりは　それまで
打ち上げ

四　手のごいおどり

（1）ヨイトキテ　七里がよいの　手のごいをよー　どこで落した　やらおしや
手のごいおどり　おもしろや　手のごいおどり　おもしろやー
打ち上げ　八つ拍子の打ち流し
（2）ヨイトキテ　もしも拾うた　人あらばよー　はだの守りと　かえましょぞ
手のごいおどりは　おもしろや　手のごいおどりは　おもしろやー
打ち上げ
（3）ヨイトキテ　はだの守りも　いやよならば　かがの鏡と　かえましょやー

手のごいおどりは　おもしろや　手のごいおどりは　おもしろやー
打ち上げ

(4) ヨイトキテ　かがの鏡も　いやよならば　うわぎこそでと　かえましょやー
手のごいおどりは　おもしろや　手のごいおどりは　おもしろやー

(5) ヨイトキテ　うわぎこそでも　いやよならば　七里がよいと　かえましょぞ
手のごいおどりは　それまでぞ
打ち上げ

五　観音おどり

(1) さてもおならの（奈良）　かんのんさまは　みごとなところに　お住みある
かんのんおどりは　ひとやおどろー　ひとやおんどれ
打ち上げ　八つ拍子
あわづきさんどう　米さんどう　あわあづきさんどう　米さんどう
米さん米さん　米米さんどう　とことんてんとう

(2) 前が大川　流れる川　後に根ふじが　岩をまく
かんのんおどりは　ひとやおどろー　ひとやおんどれ
打ち上げ

(3) 前が大川　流れる川なら　こしにさしたる　まさかりよ　持ていて　このおく山の　木を切りて　前にき

ど橋　かけましょぞ
かんのんおどりは　ひとやおどろー　ひとやおどれ
打ち上げ
（4）きど橋をかけて　魚釣りよれば　十三こじょろが　橋わたる　後にとのごが　おじゃろがままよ　十三こ
じょろは　はなしゃせん
かんのんおどりは　それまで
打ち上げ

六　たんじゃくおどり

（1）梅の花みて　うたをよむ　うたが　なろうばろしょ　ほしや
たんじゃくおどりは　おもしろや〱
打ち上げ　とことんてん
（2）いとしとのごに　たんじゃくもたし　花をもたした　その如く
たんじゃくおどりは　おもしろや〱
打ち上げ
（3）道のろしょなる　石神さまへ　たんじゃく一枝　参らしょよ
たんじゃくおどりは　おもしろや〱
打ち上げ

（4）神の前では　たんじゃく申し　仏の前では　礼拝申す
　たんじゃくおどりは　おもしろや　〳〵

（5）東山から　こまとかきわけ　出づ月　たんじゃく申して　いざ拝む
　たんじゃくおどりは　それまでぞ　〳〵
　　打ち上げ

七　御所のおどり

（1）鎌倉の御所の　おにわに　植えたる松は　から松
　おどろかよー　御所のおどりを　おどろかよー
　　打ち上げ　八つ拍子
　あわづきさんどう　米さんどう
　　八つ拍子
　米米さんどう　米さんどう〳〵　米さん米さん　とんてん〳〵

（2）から松の一の小枝へ　どんどのたかが　すをかけた　そのたかが　立つよ立たぬで　しらげのよねが　ばら
ばら
　おどろかよー　ごしょのおどりを　おどろかよー
　　打ち上げ

（3）ばらばらを　酒に造りて　かいこむ酒が　よい酒

おどろかよー　ごしょのおどりを　おどろかよー
　打ち上げ
（4）よい酒を　こすやしぼるや　西森長者の　おとのひめ
それまでぞー　ごしょのおどりは　それまでぞー
　打ち上げ

八　宝ごふくおどり〈両バチ〉

（1）これの若様　明け七つ　開けて七つで　伊勢参り
宝おどりは　いざおどろー　ごふくおどりを　いざおどろー
　打ち上げ　八つ拍子
とことんてんの〈よいそら〉とことんてんのとん
（2）伊勢へ参りた　ごりやくに　こがねこだまを　三つもろた
宝おどりは　いざおどろー　ごふくおどりを　いざおどろー
　打ち上げ
（3）三つで一つの　たんまは　伊勢の都へ　おいてきた
宝おどりは　いざおどろー　ごふくおどりを　いざおどろー
　打ち上げ
（4）中で一つの　たんまは　若さおばばへ　おいてきた

宝おどりは　いざおどろー　ごふくおどりを　いざおどろー
打ち上げ

（5）残り一つの　たんまは　国の土産と　取り下す　これでやかたを　立てましょうよ
宝おどりは　いざおどろー　ごふくおどりを　いざおどろー
打ち上げ

（6）白金のべて　うちわのえとして　しょていで宝を　まねきましょう
宝おどりは　それまでぞ　ごふくおどりは　それまでぞー
打ち上げ

九　しのびのおどり　両バチ

（1）おれにしのばば　細谷川にて　お待ちあれ　もしかも誰よと　人問はば　魚つりよりよと　お答えあれ
おんどるよー　しのびのおどりを　おんどるよー
打ち上げ

とことうのはれささ　とことうのはりささ　とろんとろん　とことうの　とんしことん

（2）まだもしのばば　御門の外にて　お待ちあれ　もしかも誰ぞと　人問えば　ご門の番じゃと　お答えあれ
おんどるよー　しのびのおどりを　おんどるよー
打ち上げ

（3）まだもしのばば　茶園の外にて　お待ちあれ　もしかも誰ぞと　人問えば　お茶つみよりよと　お答えあれ

おんどるよー　しのびのおどりを　おんどるよー

打ち上げ

（4）昔は芭蕉葉で　五人もねたが　今は松葉で　只一人

それまでぞー　しのびのおどりは　それまでぞー

打ち上げ

但し、虫供養の時の打ち上げ

あありゃ　とうりょうどの　あありゃ　めえさいや　今日さて　世は一度　落ちこそようぞい　もんごんの

とことうの　はありささ　とろんとろん　とことうの　とんしことん

一〇伊勢のおどり

（1）伊勢の鳥居は　いつよたつ　正月一よが　よい日とよ　日取りをなされて　えどりょする

伊勢のおどりは　いざおどろー〳〵

打ち上げ　とことんてん

（2）二月一よも　よい日とよ　杣子《せんず》をよせて　木を造る

伊勢のおどりを　いざおどろー〳〵

打ち上げ

（3）四月八日は　ばんじょの大工の　切りけずり　すみ金合せて　ろくを取る

伊勢のおどりは、いざおどろー〳〵

打ち上げ

（4）ごばつごりょうに　山せごりょう　おいかけて　大阪などやと　おこぎある
伊勢のおどりは　いざおどろー〳〵
打ち上げ

（5）六月六日　立ちおさまりて　これを清めと　山で神楽をまい遊ぶ
伊勢のおどりは　いざおどろー〳〵
打ち上げ

（6）伊勢にわげおけ　わげびしゃく　くめどつきせぬ　のめどつきせん
伊勢のおどりは　それまでぞ〳〵
打ち上げ

一一　きそんおどり

（1）きそん十七ちゃ　とらの年ぞよー　まいるやくしゃは　とらやくしゃよー
打ち上げ　八つ拍子
オトカカオキヨ　メシガニエタ　トウトンシコトウ　トンシコトウ
トウトンシコトウ　トンシコトウ　トンシコトンシコ　トツテントンシコトン

（2）きそんやくやく　せわをやくぞよー　それのおやじが　山をやくぞよー
打ち上げ

（3）きそんこいしゅて　池出てみればよー　池のはたなる　ふなこいしよう
　　打ち上げ
（4）きそんつるつる　魚をつるぞよー　きそんつる魚は　さけの魚をぞよー
　　打ち上げ
（5）おれは花ぞよ　松山のしろの　てんすのこがね花よー
　きそんおどりは　それまでぞよー
　　打ち上げ

一二　西寺

（1）これのおにはに　まいりては　黄金こ草に　走れから松
　打ち上げ　トンシコトン　トンシコトン
（2）まだもおにはに　まいりては　立てよならべて　倉が七倉
　　打ち上げ
（3）倉の中なる　そのかわを　よりによられて　めえさいよ
　　打ち上
（4）つぎにおしろを　ながむれば　立てよ並べて　太刀が七振り
　　打ち上げ
（5）太刀のめいは　なにとよむ　よりによられて　これにごせいりよ

打ち上げ

（6）つぎにお馬屋を　ながむれば　つなぎとめたが　こまが七匹　めんが七匹

打ち上げ

（7）こまの毛色は　何とよむ　一にかわらげ　二にくり毛　三によどろげ　よるの月かげ

西寺おどりは　それまでぞ

打ち上げ

一三　鹿児島おどり

（1）かごしまのおばかたから　細布一つへれてきた　細ぬのひとつへれてきたけど　白地できては　よごれめそろう

かごしまおどりは　おもしろやー〳〵

打ち上げ　八つ拍子

トントントン　トントントントン　シコトンのヨイヤソラ　トントンシコトンのヨイヤソラ　トントンシコトン

（2）かてんにそめては　げすらしや　これをここで　そめて下され　はりまのこうしゃの　こうかけに

かごしまおどりは　おもしろやー〳〵

打ち上げ

（3）これをここで　そめるはやすけれど　形は何とおきましょや　かたすそにゃ　梅のおれ枝　大海《オオミ》の水波よ

かごしまおどりは　おもしろやー〳〵

打ち上げ

（4）上がいの左たもとにゃ　秋しかが妻にこがれて　こんよとないた　その所
かごしまおどりは　おもしろやー　〳〵
打ち上げ

（5）下がいの右のたもとにゃ　いのししが　かるもえかけず　寒さを好んだ　その所
かごしまおどりは　おもしろやー　〳〵
打ち上げ

（6）上がいのこえりには　うぐいすが　ねをばえ出さず　姿をみせた　その所
かごしまおどりは　おもしろやー　〳〵
打ち上げ

（7）下がいのこづまさきには　千石舟が波にゆられて　ともづな使うた　その所
かごしまおどりは　それまでぞ

一四　なんばおどり　打ち上げなし

（1）みょうせん山から　との川みれば　三そう立ての　舟がきた　いさいをきけば　なんば舟
なんばのおどりは　一やおどろー　〳〵

（2）今十三のせんどうどの　むろのやかたへ　舟こぎつけて　いかりよおろして　舟をやすけよ
なんばのおどりは　それまでぞー

一五　つばくらおどり

（1）つばくらが　〱　近江の国のせたのから橋　上なるづぼすへ　すをかけた
　つばくらおどりは　一やおどろー　〱
　　打ち上げ　八つ拍子
　トコトコトウ　トンシコトウ　トンシコ　〱　トコトンテントウ

（2）それを大じゃが　見つけして　千枚うるこを　ゆり立てて　七つの角も　ゆり立てて　きりりきりりと　まい上がる
　つばくらおどりは　一夜おどろー　〱
　　打ち上げ

（3）そこでつばくら　たまげして　だいじゃ様には　子はないか　助け給えや　大じゃさま
　つばくらおどりは　一やおどろー　〱
　　打ち上げ

（4）それを大じゃが　ききつけて　千枚うるこを　ゆりしずめ　七つの角も　ゆりしずめ　きりりきりりと　まい下がる
　つばくらおどりは　一やおどろー　〱
　　打ち上げ

（5）そこでつばくら　うたをよむ　末ひろごりの　末はんじょ　末はつるかめ　五葉の松
　つばくらおどりは　それまで

打ち上げ

一六　巡礼おどり

（1）音にここえた　じゅんれい様　年も若けりゃ　見めもよい

じゅんれいおどりは　一やおどろー〳〵

打ち上げ　八つ拍子

トコトンテン〳〵　トコトンテ　トン

（2）すみ川所の　じゅんれい様　問うてどうする　おれが身を

じゅんれいおどりは　一やおどろー〳〵

打ち上げ

（3）つれて行かしゃれ　行こうほど　つれて行こうは　やすけれど

じゅんれいおどりは　一やおどろー〳〵

打ち上げ

（4）さんしゅ様への　札おさめ　それのげこうに　つれまいる

じゅんれいおどりは　それまでぞ

打ち上げ

一七　山伏おどり

（1）山伏が　〳〵　大峯行きの山伏が　ほらの貝も　持ちもせず　茶やのおんなに　見がくれて　大峯行きは
はたと忘れた　それが山伏　〳〵
　山伏おどりは　一やおどろー　〳〵
　　打ち上げ　八つ拍子
　アワヅキサンドウ　米サンドウ　米さん米さん　米米さんどう　トコトンテントン
（2）山伏が　〳〵　大峯行きの山伏が　頭巾鈴金　持ちもせず　茶やのおんなに　みがくれて　大峯行きは　は
たと忘れた　それが山伏　〳〵
　山伏おどりは　一やおどろー　〳〵
　　打ち上げ
（3）山伏が　〳〵　大峯行きの山伏が　鈴も錫杖も　持ちもせず　茶やの女に　みがくれて　大峯行きは　はた
と忘れた　それが山伏　〳〵
　山伏おどりは　それまでぞ
　　打ち上げ

一八　お庭ごふくおどり

（1）ヨー　是のお庭にゃ　黄金の花　ちょいとつぼんだ　黄金の花　殿にゃすごろく　やぐらにのせて　いかに
ひやかろ　〳〵
　一きり　打ち上げ

（2）ヨー　何のひやかろ　ごふくを召して　はだにゃ白むく　その上や何や　りんずはぶたえ　その上や何や
ひむろいどんす　その上や何や
　一きり　打ち上げ
（3）ヨー　にしきやひたたれ〱　お伊勢参りやれ〱　お伊勢参りやれ〱　お伊勢参りた　げこうの時
にゃ
　打ち上げ
トコシコ〱　トンテントン
（4）ヨー　お茶で利を取り　黄金の堂を立てて　立てて拝めよ〱　殿のごいこう　神のごいこう
それまでぞ　ごふくおどりは　それまでぞー
　打ち上げ

一九　牛若おどり

（1）牛若が牛若が　音に聞こえた牛若が　七つでくらまへ上り　くらまの山で　お住みある
牛若おどりは　一やおどろー〱
打ち上げ　八つ拍子
アワヅキサンドウ　米サンドウ　米さん米さん　米米さんどう　トコトンテントン
（2）牛若が牛若が　黒金の足だをはいて　はだにゃはぜんの　衣類を召して　皆紅の御よろい
牛若おどりは　一やおどろー〱

打ち上げ

（3）いなづまがいなづまが　五條の橋でふらしゃる刀《たち》は　蝶か小鳥か空とぶ鳥か　千人切りは　やらみごと

牛若おどりは　一やおどろー〱

打ち上げ

（4）東山から月が出た　月かと思うて　出てみれば　牛若様の　お召しごま

牛若おどりは　一やおどろー〱

打ち上げ

二〇　さんばれ

（1）出《だし》　さんばれ　こいさにゃ　おどりが　しゅまん

付《つけ》　取立ひとが　おりやらんけ　しゅまん

（2）出　おどりにきては　おどりこそ　しゅまん

付　目で人　しゅめて　目の花　さかす

（3）出　さてもようぬうた　もめんよの　はかま

付　さつま針に　土佐糸に　手もとよしの　くけぬい

（4）出　今年のうぐいすは　何々　持て来た

付　銭倉金倉　倉宝そえて　もてきた

（5）出　やぜんお寺の　のりのこまが　はなれて

付　となりの姉じょろの　豆の先を　けかいだ

(6) 出　もよぎの下を　そろそろ　行けば

付　なきそろ〳〵は　ごかいごと　なきそろ

(7) 出　十七八の頃は　とのは憎いものよー

付　ごかいごと　七くらは　とのはかわいものよー

(8) 出　十七八を　おとりすれば

付　もんろともの　お手のごいがほしや

(9) 出　大西かもんどな　方《ほう》きき〳〵　いうけんど

付　切らん木はかやらん　まかぬ種は　はえん

(10) 出　土居敷　竹の谷にゃ　よい女房が　十三人

付　ありょ引きつけて　たむれ　相の谷の　大あみだ

(11) 出　大崎げんば殿は　十七八を　かたいだ

付　十七八は　うそのかわ　刀《たち》をこそ　かたいだ

(12) 出　さんしょの下へ　ねせりつけられて

付　くさいよは　さんしょが　くさい

(13) 出　むかえの　もみの木は　何にする　もみの木

付　来る殿を　待ちかねて　腰をもむ　もみの木

(14) 出　むかえの　なしの木は　何にする　なしの木

付　嫁を憎む　姑めを　しばりつける　なしの木
(15)出　むかえの山で　光るものは　何や
付　月かよ星かよ　ほたるよの　虫か
　まだも光るものは　八ろべの　目の玉か
(16)出　是より上方にゃ　五月におどる
付　ぼん七月にゃ　七夕の　おそろい
(17)出　是より上方の　よいしょくの　よりふで
付　あれを書く　知恵がありゃ　おれの殿に　しまれしょう
(18)出　京へおじゃるなら　ぼくり買うて　おいで
付　しんでんぼくりに　おれの殿にゃ　京げた
(19)出　京で吹く笛を　ふもとできけば
付　おいさとりたと　おれにこいの笛
(20)出　上方行く前に　是より西には　森がなけりゃ　よかろう
付　わよりそう　とのじょろが　見てよかろ
(21)出　いよとのばらが　土佐行くいえば
付　土佐とのばらが　ようもなかろ
　前の道は　よう通すまで
　それでは　男が立たぬけ

二一　やそおどり

（1）先一番にゃ　国王の大明様《だいみょう》　二番にゃ　大和の奈良の神
　いさささみさ　〳〵
（2）先三番にゃ　舟形の大りょ舟　かさとかたびら　ふとやとそえて　たまるか　せどへ流された
　いさささみさ　〳〵
（3）かさとかたびら　流しはせんが　如何なる姫子が　身を投げた
　いさささみさ　〳〵
（4）おきの布やの　ぬのおる娘　おがさになるまで　さらされた
　いさささみさ　〳〵
（5）おきの塩やの　しおたく娘　村の若いしの　おおしほし
　いさささみさ　〳〵
（6）うしろの小やぶの　しばぐりょごろじ　ありょ見て殿御に　しなやかに
　やそのおどりは　それまでぞー　〳〵
　いさささみさ　〳〵

掛け合いでうたった盆の踊「さんばれ」

記録資料の内、「打ち上げ」とあるのは、前節に示した「峯岩戸の太鼓踊」の「節」と同様のもので、各歌の後に付けられる「はやし」の楽のことである。椿山の場合、「八つ拍子」と呼ばれるものが最も基本的な打ち方で、大半の演目に付けられる。「八つ拍子」については打ち方の記載が省略されているので、具体的に示すと、右から打ち始めて、右・左と交互に八回打つ。これを三回くりかえして、合計二十四撥打つというものである。これに続いて様々な「打ち上げ」が打たれるが、中には「オトカカオキヨ、メシガニエタ」（「一一　きそんおどり」）というような、生活感を伝える面白い表現のものもある。しかしこれらも峯岩戸のものと同様、一種の打ち方を示した符丁のようなもので、声に出してうたう歌詞とは用途を異にする。ただし、「九　しのびのおどり」の「打ち上げ」の内、「虫供養の時の打ち上げ」として記されているものは、六月二十日（旧五月二十日）の「虫供養」の行事に用いられる特別なものので、これに限っては口でうたいはやす。

また、「二〇　さんばれ」という演目は、旧暦七月十四日の「盆供養」（一般に言う亡者供養の盆の踊）に限って行われていたもので、ほかの演目とは趣を異にしている。すなわち歌唱の方法は、「出し」と「付け」の交互の掛け合いで進行する。歌詞の頭に「出・付」と記載されているのは、その受け持ちを示したものである。普通、念仏を唱和する念仏芸能はこの方式をとるが、直接的にはこの方法を受け継いでいるものであろう。が、その淵源は日本の歌謡の基本的歌唱方法であった掛け合い形式に由来するものと考えられる。現在この演目は伝承されていない。なお、本章・二の「主要資料・11」に掲出した「須崎市浦ノ内」の「神踊」（こおどり）も、音頭（三人）は一人音頭と二人音頭に分かれ、交互に掛け合いでうたって行くという方式を保存していた。しかしながらこの伝承も廃絶している。

五　越知町中大平の「太鼓踊」

これまで記録・紹介してきた同種の「太鼓踊」は、それらの地域と堺を接する高岡郡越知町にも伝えられていた。

当地では本来の名称である「こおどり」とも称し、近年はその中に含まれる一演目である「玄蕃踊（げんばおどり）」を取って、その総称とすることも行われていた。かつては中大平、大平、桐見川地区で盛んに踊られたというが、最後まで残った中大平でも、昭和六十年頃から途絶え、私が調査・取材した平成二年七月には、踊り手も古味金光（大正十二年生れ）ただ一人だけになり、間もなく廃絶した。当地への伝承の由来・時期等については、高木啓夫『土佐の芸能』（昭和61年）でもふれられているが、はっきりしたことは分からない。古味金光によれば、旧吾川村大崎（現仁淀川町）から伝わったと聞いていた由である。

その芸態は、首から掛けた直径七十センチ前後の大きな締め太鼓を長さ五十センチ前後の両撥（削掛の総を付ける）でたたき歌い、輪になって踊るというもので、前述の峯岩戸や椿山の「太鼓踊」と全く一致する。この三つの芸能の共通性は高い。

廃絶した中大平の踊歌本、二種

踊歌の記録としては、片岡又次（故人、生没年不詳）が書き留めた覚書（表紙・年記なし）と、それを参考にして当時のものを記録したという高橋直道の筆写本（「昭和五十五年五月十五日記」）とがある。

片岡のものは、

ごしきをどり・たからをどり・はかたをどり・やかたをどり・いわいのおどり・じうんれい・こをかけをどり・こんだをどり・とをせい・たいこを・こざさ・うちぬきごじん・びぜん・こたか・ごしょのをどり・ぶんご・あやかた・いざさみ・きそん・さくらをどり・ほをかをどり・つつじ

の二十二題目であり、年記こそないが相当に古い記録と認められる。高橋のものは、前述の年記と共に、「げんばお

どり　順序」として目録があり、それによれば、
一にわいり（うたなし）、二ごしき、三たから、四はかた、五げんば、六いわい、七ほんびき、八なかびき—き
そん
というものである。また、次のような注記も付けられている。
げんばおどりは三庭、神社に奉納した後、一家一庭として祈願する。一庭とは一から七まで。なかびきは二日に
わたるとき一日目の最後におどる。
「げんばおどり」と総称し、演目数は片岡のものから大きく減少している。ここに言う神社とは中大平の産土神日《ひ》
吉《よし》神社のことで、毎年二回、旧六月十八日と旧八月十五日、悪病・災難よけなどの祈願と願解きのために奉納されて
いた。
本書ではまず片岡の資料を翻刻し、それには漏れている「げんばおどり」と「ほんびき」を高橋の資料より転記・
追加することとする。歌詞の内容は、題目名において峯岩戸の資料（前述）とかなりの共通性がある。しかし同じ題
目でも歌詞の数や細部においては相違も多く、またお互いに訛伝も見られるので、共に相補うべき関係にある資料と
見なされる。
片岡の資料は、口承に拠る記録であり、意味のとりにくい箇所も少なくない。しかし、歌っていた発声に基づく歌
詞の記載というのも、これはこれで貴重である。したがって翻刻に当たっては、あえて通常の表記に改めるというこ
とはしない。ただし、濁点には不審な点があり、私見により訂正した箇所もある。特に「す」とあるべき所をすべて
「ず」と表記しているので、これについては改めた。（なお、そのほか注として補う場合はカッコを付す）

廃絶した越知町中大平の「げんばおどり」(「太鼓踊」)(平成2年撮影)　これが中大平の「太鼓踊」の最後の写真となった。

平成２年当時の中大平の集落

大型の締め太鼓とカナバ(削掛)の総の付いたバチが特徴的。一帯の「太鼓踊」に共通する。

残った最後の一人となった踊り手(古味金光氏)の記念写真。「第六回高知県民俗芸能大会」(昭和44年)参加の旗と共に、装束を付けて筆者が撮影。

かつて「げんばおどり」が奉納されていた日吉《ひよし》神社の境内

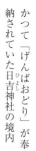

（一）ごしきをどり

（1）あをいものわ　あをさあをのり　あをやなぎ　たきのねざさや　そらのあをまつ　をもしろや
（2）きいなものわ　きわだくちなし　うこんぞめ　やまぶきばなや　こがねしようを上《じょう》く
（3）あかいものわ　ひどんす　ひぢりめん　よしうのさかづき　ゑびのやきもの
（4）しろいものわ　しらかしらさぎ　あくぼ《は》たん　ゑちごうさぎや　ささにふるゆき
（5）くろいものわ　くろきからすみを　すりこんで　よしうのうるしや　はるのやけの
ごしきをどりわ　これまで

（二）たからをどり

（1）これのしそくわ　あけななつ　あけてななつで　いせまいり　いせえまいりて　ごふくにて　こがねのたまを　みつくだされた　やらうれし
（2）まだひとつの　たまをわ　いせのやまゑ　をいてきた
（3）まだひとつの　たまをわ　はなのみやこゑ　をいてきた
（4）のこるひとつの　そのたまをわ　くにゑみやげと　のりくだす　それでやかたを　たてましよよ
（5）それでやかたが　たつならば　こがねしよをじを　いれましよよ
（6）こがねしよをじが、いるならば　ぜにをたばめて　ふみましよよ
（7）ぜにをたばめて　ふむならば　しらかねをうちわにひろげて　しよこくのたからを　まねきよしよ
たからをどり（は）これまで

(三)　はかたをどり

(1)まいろまいろよ　はかたゑまいろ　いそげともだち
(2)いそげともだち　あつめてみれば　すぎのむらだち
(3)ふうめたたらの　なかふめたたら　さばそさぼそれ
(4)ふうめたたらの　ちよこそよけれ　かねのよをなる
(5)よかれよかれよ　このかねよかれ　いせゑまいらしよ
(6)いせゑまいりて　げこをのときわ　しよをじをとさしよ
(7)しよをじをとしに　のせはてられて　をちやがしよもんな
(8)をちやをくむにわ　こぶくにくんで　をちやでりをとれ
(9)をちやでりをとれ　こがねのどいを　たててををがましよ
(10)あすわむことる　くわからさきゑ　むこにたあうたしよ
(11)むことよばれて　くわなにしよをや　かたなしよもんな
(12)あすわよめとる　かごからさきゑ　よめになあつましよ
(13)よめとよばれて　かごなにしよや　をごけしよもんな
(14)をごけゆたとて　みあげたをごけ　ななつかけごに　やつのいれぞこ

(四)やかたをどり

(1)まずをんやかたゑ　まいりては　しらかねぬべた　もんばしら　こがねでまいた　上やかぎ

（2）えんのはしら《まづをんやかたのみごとさ》わ　六十六ぽんぬりばしら　たるきこぐちゑ　かねをのまして　そらみれば　そらわひわだの
のしぶきよ
（3）のしぶきの　のしぶきの　やつむねづくりの　そらみれば　ちがいごをしや　ひしごをし　たまのみすだれ
をかけある
（4）ちやのまどころの　みごとさわ　ちやわん　ちやびしやか　しらかねよ　こがねのこをどぐ　やらみごと
（5）つぎにのまどころの　みごとさわ　ををどをこんどを　しらべして　たいこのがくほど　ひとがをる
（6）ござのまどころの　みごとさわ　あやのふとんに　にしきべり　こをらいござにわ　ぬりまくら
（7）ゆみのまどころの　みごとさわ　とところまいた　とをのゆみ　しらきのゆみや　かずしれな
（8）やりのまどころの　みごとさわ　をんひるまいた　をんやりが　せんじよをばかりと　ありみゐる
（9）やかたまありの　みごとさわ　やゐのさくらに　やゐのふぢろく　十ろをぼん　さきしだれ　やかたゐざら
りと　みななびく
（10）をんうまやどころの　みごとさわ　しちけんうまやゐ　こまをたて　ななをのとねや　かみがます
（11）をんめしをんうまの　けいろわよ　ををぐろこぐろ　かもかすげ　ぜんせんあしげに　ななきはちぶや　あ
けろくさいの　かげのこま
これまで

（五）いわいのおどり
（1）正月くれば　やらめでた　かどにかどまつ　しめかざり　うちにわしらげの　よねがふる

(2)そをて二月わ　つばきばな　つばきばなをや　こをばいいろ　あをいてのごい　てにもくい　やぐらゐあがりし　をめしある
(3)三月三日　もものはな　だれもなりたや　もものはな　十しちはちに　のまれたや
(4)そおをて四月わ　わさなゐよ　よめとるはなよめ　はじめてとのごに　そうこころ
(5)五月五日わ　せきしよぶ　かやとよもぎを　とりそゐて　十しちはちの　こしよしめる
(6)六月七日わ　ぎをんさま　ぎをんまいりに　かさかせと　かさをかそをわやすけれど　をれわとのごの　きをしらな
(7)七月七日わ　たなばたよ　ひとのやどまゐ　たなつりて　しよこくのをはたを　あげましよよ
(8)八月なかばわ　いなづまよ　をれがとのごわ　やまですむ　をれがとのごの　そでのひかりか　やらうれし
(9)九月九日　きくのはな　だれもなりたや　きくのさけ　十しちはちに　のまれたや
(10)十月十日の　はつあられ　うねにかかりし　しろけれど　これこそいわいの　ものじやとを　きよおのだいりゐ　をめしある
(11)そをてしもつき　きたならば　ぢしんこをじん　をどろいて　ひとのこころも　さもゆかし
(12)しわすせゐば　あのことなれば　しきにせゐばあを　かけかさね　むかしちよじやが　あるかどで　かねのつるぎも　このごとく
これまで

(六)じうんれい

（1）をとにきこゑし　じうんれいわ　としわわこをて　みめもよい　すみかわどこや　じうんれいよ
（2）とをてどをする　のをいかに　をれがすみかは　みのをわり
（3）つれていかんせ　いこをもの　ねごろちかくの　さかもとゑ
（4）つれていこをわ　やすけれど　三十三しよゑふだをうち　それのげこをに　つれまいろ
（5）をれわれんかの　をけのみづ　たゑずなさけを　かけさんせ
（6）をれわびぜんの　さびがたな　をもいまわせば　とぎほしや
これまで

（七）こをかけをどり
（1）かごしまの　をばのかたから　ほそぬのひとつ　へてきた
（2）しらぬのに　よごれめがつく　かちんにそめて　めしましよ
（3）これここで　そめておくれや　はりまのすしやの　こをかけ
（4）これここで　そめわいたそが　かたをわなにと　かこをや
（5）かたすそに　ぼたんからくさ　こしにわをみの　みづうみ
（6）したがいの　こづまさきにわ　うぐゆすうめにみとれて　はるねをいだす　そのところ
（7）うわがいの　こづまさきにわ　あきしかが　こいにやつれて　あをしばさきを　かいこめる
これまで

（八）こんだをどり

（1）こんだこづる　うめのはな
（2）いちやなりたや　よいゑんに
（3）いちやなろをわ　やすけれど
（4）せたのやなぎが　しげろとも
（5）せたのやなぎに　しげられて
（6）やまできのかず　かやのかず
（7）しまんしせんの　ほしのかず
（8）ほしにたのをだ　みねもない
（9）ごたんばたけの　けしのかず
これまで

（九）とをせい

（1）いせのよをどの　くろをさまの　をとむすめ　いせでいちと　さされた
（2）さされてをいて　十三からして　みだれだすきを　ゆりかけて　みごとなをちやで　をちやをくむ
（3）をちやくむ　ひめごに　あまりことばを　かけたさに　とのわないかと　とをたれば　とのはさんにん　も
ちてわをれど　いせにひとり　くまのにひとり　あさまがたきに　まだひとり
（4）あさまがたきの　とのにもろをた　たまぐさを　どこでをといた　やらをしや

（5）をといたるとて　だいじかよ　それをひろをた　みでわない
（6）またもよをどの　くろをさまの　うゐきせんすい　やゐざくら　たんばさまゐの　ひきぢやもの
（7）またもよをどの　くろをさま　うゐきせんすい　ふくゐのきを　みこさまゐの　ひきぢやもの　とをせいこれまで

（一〇）たいこを
（1）むかしひうがと　ゆうくにの　たいこをさまわ　ひうがさまにわ　ごけらいよ
（2）たいこをさまの　をもいでに　てんかうつとの　くくだちに　六十六くにの　だいみよを　をかしよいにとりて　てんかうつ
（3）てんかしびよを　うちとりて　わがくにうちゐ　かやられて　てんかとるしと　たんねれば　てんかとるしとわ　しやんとない
（4）てんかとるした　なぜないや　たいこをさまに　をとろしうて　てんかとるした　それでない
（5）それでたいこを　てんかさま　くにもひそかに　をさまる　めでたい　これまで

（一一）こざさ
（1）いちぜんがたゐ　をどりをいれをにや　いしをがわるうて　はづかしながらも　みなともだちに　さそをわれて

(2)みなともだち　ならびござれよ　をどりをいれて　をめにかきよ
(3)みなともだち　いそぎもどりやれ　すぎささざさに　つゆををく
(4)ふじちよわ　こざさのなかの　かくれうぐいす　こゑできしれ　なをよぶな
(5)ふじちよわ　いささのなかで　ふたりねて　いささらよかれ　こができる
(6)ふじちよが　ならかたびらの　いととなりて　いつもそいたや　ふじちよに
(7)ふじちよわ　むかいのやまで　まつねほる　まつわからまつ　ねわこがね　こがねわあなたの　たからよ
(8)ふじちよが　けさくみあげた　をちやのみず　こがねのたまが　ここのつ
(9)ふじちよが　きくのふなばしよ　をしわたし　これがみやこで　をもしろや
(10)ふじちよが　わがゆくさきゑ　はたたてて　あきのみしまゑ　まいらしよよ
(11)こざさをどりを　をどるかよ
これまで

(一二)うちぬきごじん
(1)むかいとをるわ　むこぢやげな
(2)むすめをさろでて　よらんげな
(3)かたなわきざし　わがくによ
(4)くにをまるめて　とをござる
これまで

（一三）びぜん

（1）むかいとおるわ　さんにんやまぶし　どこからどこゑ　ゆくし《ひ》と

（2）べしてよをじわ　なけれども　びぜんのくにから　はりまのすしやゑ　うわなりようちに　ゆくひと

（3）うつとのわ　こいのここのつ　うたれるとのわ　やつとの

（4）やあつが　ここのつとをに　たろをと　うわなりようたにや　もどんな

（5）うとをとをもゑば　はなとみゑそろ　うたずにもどりや　しよ上《じょう》んな

（6）すぶ《ご》ろくの　ばんのうゑでも　うちたいものわ　うわなりよ

（7）うつとのわ　こいのこころで　びぜんこだちを　かまゑたり

（8）わかいひとたち　あれをみよやきけ　ひとのとのご　ねとんな

（9）ひとのとのごを　ねとろでわないが　ふきくるかぜに　なびかんかやなし　なさけにまよわん　ひとがない

これまで

（一四）こたか

（1）みなみはるかに　でてみれば

（2）ごよのまつが　二ほんある

（3）いちのこゑだに　すをかけて

（4）こたかのかいごわ　いくつある

（5）こたかのかいごわ　十二ある

(6) 十二かいごを　うみそだて
(6) ぐそくこばねも　はゑそろゑ
(7) きよをのぶげんゑ　それでゆく
これまで

(一五) ごしよのをどり

(1) かまくらの　ごしよのをにわに　はえたるまつわ　からまつ
(2) からまつの　いちのこゑだに　とをどのたかが　すをかけた
(3) そのたかが　たとをたたずに　しらぎのよねが　ばらばら
(4) ばらばらを　ごしうにつくりて　かいくむさけわ　よいさけ
(5) そのさけゑ　きくをちらいて　をもいのしやくで　のまいで
(6) そのよいさけを　うけてしぼるわ　にしもりちよをじやの　をとひめ
(7) そのさけを　うけてまわすわ　にしもりちよをじやの　をとむこ
(8) あらたまむこの　をいでに　これしちさいの　つぼぞこ
(9) つぼぞこわ　いつもたべそろ　ひめごをだしやれ　だいてねよ
(10) ひめごをだそをわ　ぜんごよをしよな　さんねんまちやれ　むこにしよ
(11) やませのたきの　うゑたきじやなし　さんねんまでわ　ゑゑまたな
(12) やませのさきゑ　うゑたきならば　さかゑるまでわ　まとをぞ

これまで

（一六）ぶんご

(1)みやまとをれば　をもしろや　かさにこのはが　ちりかかる
(2)をきのたなかの　さんぼんたけわ　うまずたけかや　こさささん
(3)うまずたけでわ　ござりわせぬが　しをにもまれて　ねをささん
(4)をきのたなかゑ　はたたて　ぬきがたらいで　うみわたす
これまで

（一七）あやかた

(1)あやかたの　げばのをにわで　十三こ上《じょう》ろが　あやをおる
(2)をるあやわ　めにわつかいで　十三こ上《じょう》ろが　めについた
(3)をめにつくなら　いちやござれや　さだめのとのの　ないうち
(4)いちやこをわ　いざやすけれど　をれは上《じよ》をろの　ねましらな
(5)上《じよ》をろのねまわ　いつもかあらず　ひがしきりまど　そのうちに　上《じよ》をろわてまくら　ねてござる
(6)たにのねふちが　うねのこまつを　まいたごとくに　わしもしめましよ　こばござれ
(7)ふきくるかぜに　なびかんくさない　なさけになびかん　ひともない
これまで

（一八）いざさみ

（1）むつのつのせで　かねうちならす　よくよくきけば　よくよくきけば　こいとなる

（2）こいた《(とは)》ことばよ　なさけわなさけよ　げにこいならば　ふみををこせ

（3）こよいいちやは　いざさみをどりを　をどろとをもたりや　てるてのひめに　ひきつけられて　こそでのし
たで　ねたばから

（4）こそでのしたで　ねたらよかろを　ふすまのかげで　ねたばから

（5）あのやげんごろをどのわ　さるとりいばらにとられて　からわはづしやらぬ

（6）ぼんやじんじに　をどらせぬをやわ　をごけいれて　かけごでしめて　あのよどがわゑ　ながさいで

（7）ながさばながせ　せきまでながせ　せよりしもわ　わがさとよ

（8）わしがとのごに　しるしがござる　しんくのふさに　もりこのよろい　をわくれなゑの　からのいと
これまで

（一九）きそん

（1）きそん十七　とらのとし　まゑのやくしは　とらやくし

（2）きそんどのわ　だてなひと　ふかあみがさや　しちくこざわ《(を)》で　うををつる

（3）うをわなにうを　いけのうを　きそんつれとの　いけのうを

（4）きそんどのに　たけがたち　もとわしゃくはち　なかわふゑ　うらわぼ《(も)》じかく　ふでのじく

（5）はるはやけのの　きじのめんどり　まごこほろろと　ゆうてたたる

きそんこれまで

（二〇）さくらをどり

(1)やどのむすめわ　みめがよい　みめがよければ　きりをよし　きりよがよければ　いろさくら
(2)みなわかいし　とまりござれや　まちましよよ　わかきさくらの　よにやをとこ
(3)よめもはん上《（繁盛）》を　やらめでた　ふたまたさくらを　もをけた
(4)まごがをどれば　でてごろぜ　ひとしばをどりて　いばさくら
(5)十七八の　ふりのたもとに　上をれつもつれつ　ちよさくら　ひがんさくらに　やゑさくら
これまで

（二一）ほをかをどり

(1)しもじものさと　しものしよをや　むすめともをするわ　こいをほをかに　めされた
(2)すけたまくらが　りんごになろをと
(3)ゆうたしまだが　をどそになろをと
(4)きいたきものが　をがせになろをと
(5)さいたかたなが　かたせになろをと
(6)七九たけ　わらのちやわせんた　八九たけ　わらのちゃせんと　しやらしやらとを　しのんで
これまで

（二二）つつじ

（1）むかいのやまの　つつじのはなこそ　あれこそ上ぎが　いとをそむ
（2）いとがそまねば　をてがそみそろ　そまねばとのに　ぎよいゑる
（3）ぎよいわゑるとも　だいじあるまい　こがねでまいた　とのかよ
（4）こがねでまいた　とのであるまい　しらかねぬ《(の)》べた　とのよ
（5）しらかねぬ《(の)》べた　とのであるまい　とらげうつぼや　しらきのゆみや　あれこそうゑたの　そをざい
（6）とらげうつぼに　しのびのとのなら　もいちどめに　みよをもの
（7）みればみわたし　のぶたのたにの　あれこそいわほの　つつじばな
　これまで

（二三）げんばおどり〈高橋本〉

（1）それよ　おおさきげんばどの　十七たちを　かたいだ
　ゆみよこうそ　かたいだ　たちをこうそ　かたいだ
　せりよれ　せりよれ　たちのもとえ　せりよれ

（二四）ほんびき〈同〉

（1）十七八を　やぐらえおいあげて　したからみれば　つばきばな
（2）十七八を　もものきえおいあげて　したからみれば　つばきばな

（3）だいだいを　いつつかさねて　山として　めでたいおどりを　おどりおさめた

六　伊野町大内（現いの町）の風流踊

山伏の挙行に始まる風流踊

旧吾川郡伊野町大内（現いの町）には、藩政期から伝承されていた二種類の風流踊があった。「花取踊」（太刀踊）と「こおどり」である。その踊歌を未紹介の写本（昭和八年の記録）により翻刻・紹介する。踊自体は現在、中絶している。

当地の踊の呼称は、手にする採り物の違いにより、三種類に分かれていた。太刀（日本刀の脇差）と両端に紙シデの付いた竹棒が切り結ぶ「花取踊」、太刀と太刀が対峙する「太刀踊」、紙シデの付いた大きな団扇が特徴の「こおどり」である。楽器は、いずれも片撥で打つ小振りの締め太鼓と鉦である。

資料は、その表紙に『大内花取　踊歌』とあるものと、『花取踊歌』とある二部に分かれている。この内、『大内花取　踊歌』が「こおどり」の踊歌の記録であり、『花取踊歌』が、本来の「花取踊」とその変容した「太刀踊」の踊歌の記録となっている。

これらの芸能で注目されるのは、その管理・伝承者である。当地の伝承では、藩政中期、稲作・雑穀が黒虫（クロカメムシ）の被害により数年間収穫がなく困窮の折り、来寶院という山伏がこの踊を挙行し、その験力により被害を抑えたのが始まりという。この来寶院は大内地区南ノ谷の海路家の先祖であり、同家に残る位牌および過去帳により、文化元年（一八〇四）八月二十九日、行年七十八歳で亡くなったことが確認できる。非常に優れた山伏であり、相手の前に手をかざしただけで、相手の状態のすべてを了解することができたとの伝承も残っている。踊の伝播者としての修験山伏の存在については、これまでも諸所で考察した所であるが、ここではさらに具体的にその関与を知ることができる。

この踊はさらに、安政年間〈一八五四～五九〉のコレラ流行の折り、吉良寅之助（初代、一八一九～八七）が普及に努め、厄除け・病魔退散に力を尽くしたことが機縁となり、以来、吉良家を中心に伝承され、彦四郎（二代）、利三郎（三代）、虎吉（四代）、音吉（五代）と保持・伝承されるに至ったという。伝承者と共に、こうした風流踊の目的意識、具体的な現世利益に貢献した点についても留意しておく必要がある。

吉良音吉本「こおどり」と同「花取踊」（太刀踊）

ここで紹介する資料二本（『大内花取　踊歌』『花取踊歌』）は、吉良家の五代・吉良音吉の書写になるもので、二本の内、後半の末尾には「昭和八年八月十五日」とあり、書写年月は明らかである。資料紹介の前提として本章の二に掲出した「主要資料」では、「1・5・8」の『巷謡編』所収の踊歌などと関わり、また周辺地域（土佐市・須崎市・日高村・佐川町等）の同類の歌謡との比較においても有益なものとなる。

先に題目のみ示すと、『大内花取　踊歌』本は二十四あり、表題に「大内花取」とはあるが、歌詞の内容はいずれも「こおどり」の踊歌である。（表記は原本に従う）

いれは・ねぎの・御門・後藤・掛ざい・忍び・鎌田・玉草・与市・御城・牛若・小西・手拭・姑メ・しなの・軍さ・おゝちん・藤川・刀な・さゝら・しうご・桜・ゑびんす・水くみ

『花取踊歌』本の題目は、十一あり、内容は本来の「花取踊」の踊歌と、それの変容したいわゆる「太刀踊」に用いる両方を含んでいる。これにより名称としては、昭和五年の記録時点においては、総称として一括「花取踊」と呼んでいたことが分かる。

ゐなぎなた・忠臣蔵・鎌倉・清盛・羅生門・源平・しのぎ・なだ・まぬき・大江山・木下藤吉郎

かつてこれらの踊は、踊歌を伝えた吉良音吉に由来する踊子組「神刀会」により伝承されていた。資料は、私が平成四年十月の調査時に、会の代表である千頭寅安より借覧したものである。同氏の話によると、戦前（昭和十五年頃）までは、十五、六歳以前の「小若い衆」と、それ以後嫁取りをするまでの「若い衆」が組の中心で、いわゆる社会勉強も含めた教育機関的役割も踊子組が担っていたという。また「小若い衆」が担当できるのは「こおどり」だけで、「花取踊」「太刀踊」は「若い衆」にならなければ踊らせてもらえなかったという。太刀は一尺八寸の脇差の真剣を用いるが、首の後ろを回すのが特徴で、それだけに技術を要し、踊が一種の通過儀礼的役割をも担っていたと思われる。これは「花取踊」の本来的性格とも一致する。

なお、かつての踊の機会は、地区の四つの神社、大元神社・光宜《みつぎ》神社・王子神社・天満宮の祭日であった。

次に歌詞を翻刻する。（表記は基本的に原本に従うが、明らかな誤字、当て字は修正する。また注として補う場合はカッコを付す）

「大内花取　踊歌」（表紙）

いれは

（1）いよやさあ　さみさ　イヨおれはさあ　清居寺の寺小僧　イヨしんき（辛気）　しいしんく（辛苦）が　三ツござる

（2）イヨ朝にや　坊様のおこし声　イヨ昼は手習いを　横目する　イヨ晩にや　千畳しきに　ねてしんく

山伏の家系が伝えた風流踊

伊野町（現いの町）大内の「花取踊」「太刀踊」「こおどり」（平成4年撮影）踊は採り物により、三種類に分かれていた。

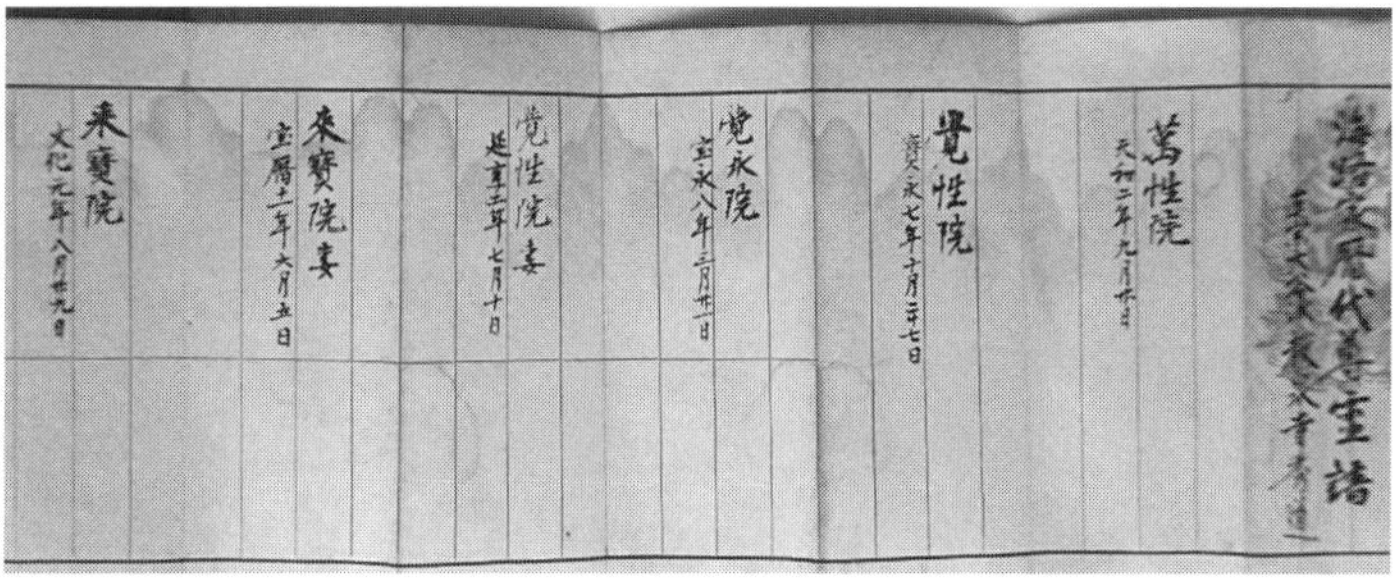

海路家の過去帳

末尾に、踊を伝えた来寶院の名が見える。

音頭　鉦と締め太鼓を打つ。

「花取踊」　太刀（刀）と紙シデの総の付いた竹棒が切り結ぶ。

「太刀踊」　太刀（刀）同士が対峙する。

「こおどり」　大きな団扇を手にして踊る。

(3) イヨしんきさあ　あれ《（晴）》をやれ　きはり《（気晴）》よやれ　イヨ沖の島々　見てなりと

(4) イヨざんざと　いれるは　ゑぶち《（江淵）》の　いゝれし《（入れ潮）》よ　ゑのやれ〱　ゑのいゝれし《（入れ潮）》よ〱

(5) 是れの御門の　峯木をごらんよ　黄金小花に　鳥がとまるよ〱

(6) 問ふて見たれば　うぐひすと云ふ鳥が　枝にとまりて　羽をのすやよ〱

(7) 是れの橋の下なる　うの鳥を御覧よ　鮎をくはゑて　羽をのすやよ〱

ねぎの

(1) 宮へまいろふ一の宮　宮へまいりてねぎそろよ　城をでかけてすうろ〱

(2) 宮へまいろふ二の宮へ　宮へまいりてねぎそろよ　城をでかけてすうろ〱

(3) 宮へまいろふ三の宮　宮へまいりてねぎそろよ　城をでかけてすうろ〱

御門

(1) あなたの御門を　見てやれば　御門は白金　戸びらは黄金　塀には赤銅　やら見事

(2) さて馬屋を　見てやれば　七間馬屋に　七匹立てて　七人馬飼は　髪をまく〱

(3) こなたのほてい《（邸）》を　見てやれば　弓千丈に槍千本　猿皮うつぼが千五百〱

(4) いざへもどろを　吉野へもどろ　三尺つまの《（妻戸）》を　ほそみにかけて　先ずは吉野へ　いざもどろ〱

後藤

（1）後藤しぐれて　雨ふらば　千代が涙と　御思召す〲
（2）酒屋〲が　七酒屋　中の酒屋の　姫こいし〲
（3）おれは酒屋の　酒林　さ《な》かをゆはれて　かどに立つ〲
（4）おれは酒屋の　一ッをけ　昼はひまない　よさごんせ〲
（5）しよふの切石　菊の花　及びやないぞと　云ふたばかり〲

掛ざい

（1）一よと川《かわ》の〲　一人ねた夜の　淋《さびし》さは　君に思ひを　掛けて見しよぞよ　イヨかけざい殿の　御情はよ
〲
（2）二よと川の〲　二重みよぶの合にねて　思ふ殿御と　語り合ふぞよ〲
（3）三ツよと川の〲　見る夜に恋の　まさるよは　見る夜に恋の　御目ざめはよ〲
（4）四よと川の〲　八日の月の　入るまでは　おぼろ〲と　ゆめにこそはよ〲　イヨ掛ざい殿の　御情は
よ〲
（5）五ツよと川の〲　いつか御縁に　むすばれて　思ふ殿御と　語り合ふぞよ〲　イヨ掛ざい殿の　御情は
よ〲
（6）六ツよと川の〲　六ツ子がむすんだ　玉草は　秋風ふかねば　とけやへほどかな〲　イヨ掛ざい殿の
御情はよ〲
（7）七よと川の〲　何もかにもふりすてて　いぬる姿の　御なごり惜しやよ〲　イヨ掛けざい踊は　これま

でよ

忍び

（1）明日は下から　嵐吹けやよ〳〵　イヨ忍の殿御の　舟が出そなよ〳〵　イヨ忍の踊は一踊り〳〵
（2）鮎は瀬に住む　鳥は木によ〳〵　人は情の影に住むやよ〳〵　イヨ忍の踊は一踊り〳〵
（3）竹のうらなる群雀〳〵　イヨとまり揃ふて　節ぶしへよ　イヨ忍の踊は一踊り〳〵
（4）拾九姫御が忍ぶそうなよ〳〵　イヨ金のとべらが　何に成ろぞよ　〳〵　イヨ忍の踊は一踊り〳〵

鎌田

（1）鎌倉の鎌田兵衛は　音に聞へし銭持ち　銭蔵の数は知らねど　黄金倉が九ツ　九ツの黄金倉より　子こそ一人惜（欲）しけれ〳〵
（2）イヨ西国舟は　波にゆられて　友綱とふたる所よ〳〵
（3）イヨ大舟に　敵は居らぬか　そうしてもどしやれ　若そだち〳〵

玉草

（1）伊勢の様（山田）な　六大夫殿の乙娘　伊勢で一と　さあされた〳〵
（2）十三からして　乱れたすきを　のしかけて　見事な茶園で　お茶を摘む〳〵
（3）御茶摘む姫御に　余り言葉を　掛けたさに　殿はないかと　問ふたれば〳〵

（4）殿は三人　持って居る　伊勢に一人　熊野に一人　あさまが滝《（岳）》に　まだ一人〳〵

（5）あさまが滝の　殿に貫ふた　玉草を　何処で落した　やらほしや　〳〵

（6）落したとふても　だんじ通う《（大事かよ）》　それを頼んだ　見《（身）》ではない〳〵

与市

（1）与市〳〵に　惚れたも道理　足は白金　身は水晶　及び姿は　萩の花

（2）笠をたもれば　三蓋たもれ　雨の降笠　日照り笠　花の与市は　忍び笠〳〵

（3）心ぶしよをな　殿御を持ちて　伊勢に七度　熊野へ三度　あたご様へは月まいり〳〵

御城

（1）御城へまいりて　御城のかかりを　見てやれば　御城のかかりは　やら見事　お台所を見てやれば　鶴と亀とが昼ねして　銭を枕でよねぐらす〳〵

（2）御城へまいりて　馬屋の掛を　見てやれば　馬屋の掛は　やら見事七間馬屋に　七匹立てて　大黒小黒　つく毛にかす毛に　ぜんぜに　べに毛に　鹿毛の駒　名をば御番所　やら見事〳〵

（3）御城へ参りて　正士《（しょうさむらい）》を見てやれば　正士はやら見事　あぶみと鞍とは　銭ごふし　ふさしりが岩《（しりがいは）》　からの糸〳〵

牛若

(1)東山から月がさす　月かと思ふて　出てみれば　月ではなふて　牛若殿の　召の駒〳〵
(2)牛若殿の　馬屋は何ぞと　このまれて　白金柱に　黄金のたる木に　八ツ棟作りと　好まれた〳〵
(3)牛若殿は　女郎御前に　忍ばれて　忍ぶ女郎は十四なり　牛若殿は　十五なり　十四十五の事なれば　そばに及ぶも　愛らしや〳〵
(4)牛若殿は　何処そだち　鞍馬の山の　寺そだち〳〵

小西

(1)西方の姉の方から　細布一ツ得て来た　之れこんに　染めてたもれや　ありまのつうしやの　こん屋だち〳〵
(2)是れこんに　染めはいたそが　天じくに恐れ申して　肩にはうき雲　腰には有明月夜　裾には近江の湖
(3)下がいのきぬのこづまに　春のうぐいす　谷底で音を出しかけたる所よ〳〵
(4)上がいのきぬのこづまに　秋鹿が妻こいたずねて　来いよと啼たる所よ〳〵
(5)上がるおおくび　下がる細布　をはり袂や　今こそせぬいを　しそろよ〳〵

手拭

(1)四季に通せ手拭　ヲヽヤ〳〵　バンヤ何処で落した　やらほしやよ〳〵
(2)もしも拾ふた人あゝりや　ヲヽヤ〳〵　バンヤ只の木綿に　かへましよぞよ〳〵
(3)只の木綿がいやなれば　ヲヽヤ〳〵　バンヤ上着小袖と　かへましよぞよ〳〵
(4)上着小袖がいやなれば　ヲヽヤ〳〵　バンヤもろこし刀と　換へましよぞよ〳〵

（5）古刀《モロコシ》がいやなれば　ヲ、ヤ〳〵　バンヤ具足かむとに　かへましよぞよ〳〵

姑メ

（1）己《おれ》が姑はきぶいので〳〵　今朝はきにはへ塵をまく　まだ今朝嫁は　には掃かな　ナンボ姑が　おきぶいの〳〵
（2）己が姑はきぶいので〳〵　空飛ぶ鳥の羽を読め　まごらは天なる星を読め　ナンボ姑がおきぶいの〳〵
（3）己が姑はきぶいので〳〵　白なる川を舟にのれ　まごらはあたごの山をのれ　ナンボ姑がおきぶいの〳〵
（4）己が姑はきぶいので〳〵　岩を袴に裁縫へと　まごらはまなごを糸に取れ　ナンボ姑がおきぶいの〳〵

しなの

（1）しなの横田の若苗　オ、ヤ〳〵　バンヤぬれてしよぼ〳〵　植たものよ〳〵
（2）よんべ迎へし花嫁　ヲ、ヤ〳〵　バンヤ何ぞぬはして　手ぶりよ見よぞよ〳〵
（3）三貫五百の京かたびら　オ、ヤ〳〵　バンヤ縫して見たれば　ゑ縫はいでよ〳〵　イヨゑ縫はにやもどしやれ　親里へ〳〵
（4）我等が里の親立　ヲ、ヤ〳〵　バンヤ七軒間中の　のしぶきでよ　〳〵　イヨ前なるすだれは　銭すだれ〳〵

軍さ　ネギノニ踊ル

（1）己が弟の寅光は　年は十五に成らねども　こくちを一じと　おたしなむ〳〵

（2）寅光殿の召たる　御馬の御毛色は　ばんどう名馬に　寅つく毛　金覆輪の鞍をいて　明珍轡にあやのたずなを　やりかけて　さてさしさいて　さしにささして　御召有る

おゝちん　ネギノニ踊ル

（1）おゝちん様へ　参りては　御縁の柱を　見てやれば　御縁の柱は　やら見事　六十六本塗かくし　塗落したるきばなへは　金をのべさせ　上はひはだの　をのしぶき〳〵

（2）おのしぶきの〳〵　八ツ棟作りの　空見れば　違い格子や　ひし格子や　玉の御すだれ　おかけある〳〵

（3）表の方を　見てやれば　表の方は　やら見事　諸国の　士《さむらい》　集りて　弓矢のけいこ　歌ぞうし　大胴小胴のしらべをしめて　太鼓のがくうつ　人もある〳〵

藤川　つけ踊り

（1）藤川で〳〵　さらす布は　三ツ下る　思ふ殿御の　上下は　肩と裾とは　藤むらさき　天成る星は　いられぼし　面白いぜよ　腰には兵庫の築島

刀な　つけ踊り

（1）京で一番藤刀　三貫さげを　下げさして　八貫目貫を　巻き込んで

（2）娘を思へば　婿にやれ　もしも娘を　誘ふづなれば　刀をそへて　もどしやれ

さゝら　つけ踊り

（1）ふき玉おろしに　ありの木柱に　友達揃ふて　をろそかに　サア〳〵ミサアミ〳〵
（2）神の社に遊びし　目出度ふ　氏子も繁盛と　裕《ゆたか》なる
（3）国の都も静かに　目出度ふ　今喜（び）の　歌を読む　サア〳〵ミ〳〵〳〵
（4）大のやさあ〳〵〳〵　長居りするとも　名も立つに〳〵

しうご

（1）しうご殿の若殿は　十所巻たる　十の弓　最中取りて　ふりかたぎ　早〳〵荒野へ　御立ち有る　上は松ばへ　松林　下は檜皮《ひわだ》の　懸け作り

桜　横ニハタカル

（1）春は花咲く　面白やよ　花にも心を　さそわれて　もうしも根笹の御露で　身をしなやの〳〵
（2）夏は涼しき　影惜やよ　影にも心を　誘はれて　もしも根笹のお露で　身をしなやの〳〵
（3）秋はさやけし　月惜やよ　月にも心を　誘はれて　もしも根笹のお露で　身をしなやの〳〵
（4）冬は雪霜　霰降れやよ　雪にも心を　誘はれて　もしも根笹のお露で　身をしなやの〳〵

ゑびんす　前に進む

（1）こゝわ関所よ　若松様よ　ゑびんすの前わ　やら見事よ

(2) 通へば通へ　みの着て通へ　イヨ傘着て通へ　イヨゐびんすの露は　雨にまさるよ

(3) おれらがそ□(一字不明)には　弓矢はとだ□(一字不明)　イヨ立てんづく　嫁はいやですよ

水くみ　向ひ合ひて渡合

(1) アンヤいとし殿御の　水くめば　アンヤ〱　アンヤゐちごびしやくに　玉桶よ　アンヤ岩の下なる　すみ水を　チンチキチ

(2) アンヤにくい殿御の　水くめば　アンヤ〱　アンヤ破れびしやくに　破桶《やぶれおけ》　アンヤ馬のけ上の　泥水《ニゴリ》

(3) アンヤいとし殿御の　おびくけは　アンヤ〱　じんやじや香をくけこんで　腰のまわりを　香はかす

(4) アンヤにくい殿御の　おびくけは　アンヤ〱　アンヤいばらはいばら　くけこんで　アンヤ腰のまわりを　さすがよい

(5) アンヤいとし殿御の　来る道は　アンヤ〱　黄金佛が居ればよ　アンヤそれの光で　来るがよい

(6) アンヤにくい殿御の　来る道は　アンヤ〱　猿が酒もりよ居ればよ　アンヤそれにおそれて　来んがよい

水くみ踊は是迄よ〱

調子　水くみ踊は一ト踊り〱　シヤンギリ〱〱　コリシヤン　イヨシヤン

吉良音吉書

「花取踊歌」(表紙)

ゐなぎなた　手ヲドリ

（1）イヤこゝあけよ　ヲンヤ山通りきど　ヤあけずば　ソリヤのぼり　イヤはねこゑ

（2）イヤはねこゑて　オンヤ見ればよもごぜや　こちよれ　ソリヤ絹の　イヤつまきしよ

（3）イヤ着もそめぬ　ヲンヤ絹のつまより　ヤ着そめた　ソリヤあさぎの　イヤつまゝし

（4）いとこおれ見よ　ヤちごらの　ソリヤ上の　イヤ手を見よ

（5）いとこなれ共　ヤそでひく　ソリヤいとこは　イヤたのもしい

忠臣蔵

（1）ンー鶴が岡なる　ヤ馬場先に　ンー御家老様たち　相揃た

（2）与市兵衛が　ヲンヤ婿のためとて　ヤ娘を　フンぎをんへ　ヤ売りに　行く

（3）盗賊の　ヲンヤ定九郎が　ヨヤ与市を　フン打つは　ヤ金故

（4）勘平が　ヲンヤしかと見つけし　ヤ舅の　フン敵を　ヤ打取る

（5）連判の　ヲンヤ四十七士　ヨヤ揃へし　フン黄金の　それはゆらさの　フンしかけの　ヤたくみよ　サッサ

よい〳〵

（6）上野を　ヲンヤ遂に打取る　ヤ主人へ　フン忠臣　ヤ目出度し

鎌倉　まいきり

（1）ンー四郎兵衛は　ヤ初陣の　ンー太刀の使は　豪の武者へイ

（2）鎌倉の　ヲンヤ御所のお庭に　ヤ咲いたる　フン松は　ヤ唐松

（3）唐松の　ヲンヤ一の小枝に　ヤ唐土の　フン鷹が　ヤ巣をくた
（4）子は幾つ　ヲンヤ子は四つそろ　ヤ父母　フンそろへて　ヤ六つ有る
（5）美しや　ヲンヤ鷹のひよこ　ヨヤ羽の　フン色は　ヤ白ふ黒ふ　サツサよい〳〵
（6）枝平《ヘタタキ》に　こばんをすゑて　ヤまなこに　フン鈴を　ヤふらした

清盛　切り上げ

（1）ンーこゝに築島　ヤ住吉の　ンー神と君との　道直にヘイ
（2）清盛が　ヲンヤをぼし立ちそろ　ヤ兵庫の　フン浦に　ヤ築島
（3）築島を　オンヤ築かせたもう　ヨヤ舟路を　フンくがに　ヤなさんと
（4）すいがくの　ヲンヤ君代たいでん　ヤ川嶋　フンうがま　ヤ頼まれ
（5）水底に　ヲンヤしまのねぐみ　モヤ君ようの　フンしかけが　ヤ之有り　サツサヨイ〳〵

羅生門　切あげ

（1）ンー君の御前に　ヤ召出され　ンー雨の降る夜の　物語ヘイ
（2）渡辺の　ヲンヤ綱は鬼人の　ヤ姿を　フン一人　ヤ見に行く
（3）羅生門へ　ヲンヤ駒をのり入れ　シ見事に　フン立たる　ヤ金札
（4）鬼神は　オンヤ綱をつかんで　ヤ国分へ　フン引取る　ヤ有様
（5）黒雲の　オンヤなかに輝く　ヤまなこの　フン光は　ヤ稲づま　さつさよい〳〵

(6)渡辺が　オンヤ鬼を従がへし　打取る　フン力は　ヤ見事よ

源平　切踊

(1)ンー源氏平家の　ヤ二道を　ンー花も咲き分け　源平と
(2)赤し白しの　二色を　旗の形に　咲き分ける
(3)兄の次郎は　白旗よ　弟三郎は　赤旗よ
(4)扇屋若さ　敦盛を　かくし忍ばせ　給ひける
(5)流石青葉の　笛故に　それで敦盛　現はれる
(6)吟味するのは　平氏なり　にせの首取り　にげにけり
(7)熊谷次郎　直実と　折角勝負は　すまのうら

しのぎ　切あげ

(1)ヨ南無阿みだ〳〵
(2)紅梅は　ぬれて色よし　ヤおかたは　フンふれて　ヤはだよし
(3)紅《クレナイ》は　ヲンヤぬれていろ増す　ヤ御方は　フン殿を　ヤねてまつ
(4)十五夜の　ヲンヤ月はまどから　ヤ忍びの　フン殿は　ヤせどから
(5)うぐいすが　オンヤ峰の小松に　ヤ巣をくいて　フン初音を　ヤ出したよ
(6)久松が　オンヤ恋の種倉　ヤおそめが　フン涙　ヤあらわれ　さつさよい〳〵

（7）池川の　土居の前なる　ヤ咲たる　フン花は　ヤ柳花

なだ　ユラヘテ渡る

（1）ヨヲ南む阿みだ　〱
（2）松よ風は　オンヤおろすよもそろ　ヤをろさで　フンあかす　ヤよもそろ
（3）あんのやまの　オンヤさんこ三山の　ヤつゝじの　フン枝は　ヤ二枝
（4）一枝は　オンヤ釈迦の土産　ヨヤ又一枝は　ヤ身のため
（5）何処《ドコ》へざあざあめくや　茶の木の下ゐ　ざゝめく
（6）引ば引木　オンヤまはせ小茶うす　ヤざんざと　フンおろせ　ヤ小葉の茶
（7）あれを見よや　オンヤ川の瀬を見よ　ヤ早瀬で　フン小砂が　ヤたまらん　さつさよい〱
（8）こちやころべ　オンヤころところべ　ヨヤお米が　フン刀は　ヤた□（不明）らん

まぬき

（1）ヨ南む阿みだ　〱
（2）義経の　ヨ勢は　いと土で　軍の門出
（3）花取は　ヨ七日しよじ（精進）を　けがすな村の　若しゆ
（4）梶原の　オンヤ駒はする墨　ヤ佐々木が　フンのり出す　ヤ池月
（5）宇治橋の　オンヤ中のまもなく　ヤ名馬で　フン駆け行く　ヤ佐々木よ

(6)河々の　オンヤ水は雪水　ヤつな切り　フンながす　ヤ景季
(7)鎌倉へ　ヲンヤかへる景季　ヤ平氏に　フン現れ　ヤ千鳥よ　さつさよい〳〵
(8)駒若を　オンヤつれてにげ行く　ヤお舟の　フン力は　ヤ見事よ

大江山　切踊り　羅生門ニ踊ル

(1)神と君との　御世となり　鬼人が住家と　なりぬ代の
(2)京で名高い　羅生門　駒でかけくる　渡辺が
(3)音は山中　山うばの　今ぞ住家を　ならせする
(4)大江山とわ　物すごく　おそれぎもなき　頼光の
(5)高き峯をば　攻ぐなり　鬼人たいぢと　いのるべし
(6)今は鬼人も　退治して　御世も治る　目出度けれ

木下藤吉郎　切踊　シノギニ踊ル

(1)こゝに木下　藤吉郎は　元は松下　馬喰よ
(2)とかくじぎんの　奉公とて　君のおぞうり　さげ給ふ
(3)流石天下の　主人《アルジ》故　今は武芸も　じはくする
(4)こゝに木下　京都から　軍利方を　してかへる
(5)羽柴ちくぜん　神と成り　軍大将　なされしが

（6）明智ひゅーがわ　天下成り　遂に羽柴が　主のうする

吉良音吉書

昭和八年八月十五日

資料は所々、意味不通の箇所も見受けられる。が、後半の花取踊歌のうち、「ゑなぎなた」「しのぎ」「なだ」の三演目の歌詞は、古態を伝えていて貴重なものと言える。

七　大正町葛籠《つづら》川（現四万十町）の「御伊勢踊」「団扇踊」

ここで、第二節の主要資料の紹介（15・16・18）で扱った「伊勢踊」「団扇踊」の踊歌についても、具体的な地域の事例を紹介し、その歌詞を記録しておきたい。旧幡多郡大正町葛籠川《つづらがわ》で行われていたものであるが、平成十五年頃より途絶している。廃絶を迎えた今となっては、かつてを偲ぶ貴重な資料となろう。私が平成十一年十月に調査・取材した資料に拠るが、その頃より既に「団扇踊」の方は、祭りで行うことは困難になっていた。祭りでの奉納（演技）は、昭和四十五年頃まで終わったとのことである。

なお、「伊勢踊」の概要については既に本章・第二節で解説を付しているが、「団扇踊」も同様に「こおどり」の一分野として同時期に流行・展開を見たものである。その名称は採り物としての団扇の特徴による命名で、踊歌自体は「こおどり」と同一範疇のものである。

古態を伝えた「御伊勢踊」「団扇踊」

これらの踊は、当地では、氏神河内神社の秋祭り（旧九月十八日）と「二十三夜様」（月待ち、旧九月二十三日）の機会に行われていた。「御伊勢踊」は、玉串（色紙で切った御幣）と扇子（日の丸）を手に持ち、その場で足を踏み替える程度のゆるやかな動きで、扇子を翻し優雅に踊る。伴奏は踊場に据えた大型の鋲打ち太鼓と鉦。一方「団扇踊」は、採り物として大型の団扇（長さ約九十センチ、幅約五十センチ）を持ち、伴奏は音頭（二人）が手に持つ小型の締め太鼓と鉦。列になった踊子（数人）は、その音頭の役者と位置を入れ替わるなどして、跳躍を交えて活発に踊る。二人が対になる踊である。特徴的な長方形の大きな団扇には、風流の意匠として、両面に五段にわたり五色の色紙の紙シデが飾られ、またその周囲にもたくさんの紙シデが付けられている。

踊は、「伊勢踊」→「団扇踊」の一連の流れで進行する。取材当日の資料（手控え本）の演目名でその展開を示すと、先ず「御伊勢踊り、四節おどり、花踊り、殿子踊り、手拭踊り」とある。「四節おどり」以下は手にした玉串を置いて、採り物は扇子だけの踊、いわゆる「こおどり」の踊となる。独特の扇子を用いた所作がある。ここまでが大きく「伊勢踊」の枠組み。続いて資料には、「うちわ踊り　出は、牛若踊り、きぞう踊り、屋方踊り、殿子踊り、（入端《いりは》）」とある。最初に登場の「出端《では》」、最後に退場の「入端《いりは》」が付く。風流踊の元々の形態を伝える「団扇踊《うちわ》」である。かつて祭りの際には、境内の庭に檜で小屋を建て、この中で衣装付けなどの準備をして庭入り（「出端《では》」）をしていた由である。（演目名の表記は原本のままとしたが、最後の「入端《いりは》」は、歌詞のみで演目名が欠けているので補った）

すなわち、これに拠れば、全体がいわゆる「こおどり」の範疇になるが、当地ではその踊歌を「伊勢踊」と「団扇踊」の、大きく二つの枠組みに分けて行なってきた―ということになる。特に「出端《では》・入端《いりは》」を伴う「団扇踊」の方は、よく風流踊の古態を残した芸能として評価できるであろう。

旧大正町葛籠《つづら》川の「御伊勢踊」と「団扇踊」（こおどり）

河内神社の秋祭りで踊る御伊勢踊

（平成11年10月26日、旧暦9月18日撮影）

注連縄を張った踊場の中に、ござを円形に敷き、その上で踊る。

団扇踊の採り物

（平成11年10月31日撮影）

長方形の大型団扇、色紙で飾る。

二十三夜様（旧暦9月23日）で踊る御伊勢踊

右手に扇子、左手に色紙の御幣を持つ。伴奏は太鼓と鉦。（河内神社の拝殿）

団扇踊　『大正町史』（平成18年刊）の為、平成15年7月13日、葛籠川集会所で踊った折のもの。手前が音頭の鉦（左）と締め太鼓。団扇を持った踊子は二人が対になり、活発に跳躍する。

（田邊猛四万十町文化財審議委員提供）

「伊勢踊」と「団扇踊」の踊歌

次に踊歌を紹介する。「伊勢踊」については二種の資料があり、平成十一年の手控え本より古いと思われる謄写版の資料を用いる。こちらの方が演目の数も多く、「伊勢踊」に続き「こおどり」に相当する九演目を記録している。後半の「団扇踊」の方は、平成十一年使用の手控え本を用いる。（表記は基本的に原本に従うが、不審な箇所もあり、明らかな誤字、当て字は修正する。また注として補う場合はカッコを付す）

御伊勢踊り

（1）此処は住吉の御前でござる　いざよ若衆達の宮巡りを始めて　はあ神へもシュジュシュメノ宮参らし　そりや　男部《おんなべ》女部《なんなべ》一様に　いざなんならべ　そりや

（2）御伊勢太田《山田》の神祭り　御ミクニコクニを平げて　御神代君代は国々に　御老若男女はき神とや　御枝も栄へる目出度さよ　御千里の末迄も　豊かにて　御伊勢踊りの目出度さよ

（3）御天の岩戸の神かぐら　御月に六度のかぐらより　いせんくより　まんくより　代々かぐらより　参り下向の目出度さよ　御伊勢踊りの目出度さよ

（4）御東は関東奥羽迄も　御老若男女はおしなみに　参り下向の目出度さよ　御伊勢踊りの目出度さよ

（5）御南は紀州のみく迄も　御里の末々まの人迄も　参り下向の目出度さよ　御伊勢踊りの目出度さよ

（6）御西は住吉天王寺　御四国つくしの人迄も　参り下向の目出度さよ御伊勢踊りの目出度さよ

（7）御北は越前能登や加賀　御越後信濃の人迄も　参り下向の目出度さよ　御伊勢踊りの目出度さよ

（8）おゝ千早振る千早振る　御へいに榊を奉る　御踊り喜ぶ人迄も　御心のまゝにぞ願ひ込む　御年は一世《ひとせ》を保つなり　いーざあ御伊勢踊りよ踊り　なぐさめば　国も豊かにて　千代も栄へる目出度さよ　御伊勢踊りの目

出度さよ

さつま踊り

（1）さつまの国から　御船が三そう出て下る　先なる御船にもの聞ば　えびす大黒積み下す　さつま踊は一踊り　やあさつま踊は一踊り

（2）中なる御船にもの聞ば　銭や米を積み下す　さつま踊は一踊り　さつま踊は一踊り

（3）後なる御船にもの聞ば　黄金白金積み下す　やあさつま踊は一踊り　さつま踊は一踊り

（4）これの御にわに池掘て　上手清水は出潮で　銭やわきぞう　黄金のひしやくで銭をくむ　やあさつま踊は一踊り　さつま踊は一踊り

（5）これの御せどの福榎木に　実はなりもせず　黄金の御玉が御成りやす　さつま踊はこれまでよ〱

豊後踊り

（1）俺はこりや　豊後の国の者いよ　豊後の国に有りつく　俺は君もくれないよ

（2）又ふる俺は　さつまの国の者いよ　さつまの国に有りつく　俺は君もくれないよ

（3）又ふる俺は　出雲の国の者よ　出雲の国に有りつく　俺は君はくれないよ　亦ふる

（4）やあこ《お》れを偲ばば　御門の橋でお待ちやす　若し現れて人問わば　御門の番所と答へあれ　いやとろとろとけさに　朝露に御上手者

（5）やあこ《お》れを偲ばば　御庭の橋で御待ちやす　若し現れて人問ば　おにわをはくやと答あり　いやとろとろと

けさに　あに朝露に御上手者

（6）これを偲《おも》ばば　裏戸の下で御待ちやす　もし現れて人問ば　裏戸をたてると答あれ　いやとろとろと今朝に朝露に御上手者

佐渡踊り

（1）佐渡とや越後　筋向ひ筋向ひ　橋をや掛けうや　船橋を船橋を

（2）佐渡とや佐渡へと　こぐ船は　女郎かや女郎かや　招けばともにつく〳〵　呼ぶとやるまい　佐渡島へ〳〵

（3）聞けばや佐渡島　はなれ島離れ島　秋田嵐は寒かろう　ぬいてや〳〵　さしようや〳〵　この小袖〳〵

清水踊り

（1）上はたき　下は清水で　冷されて　開きかけたよ　梅の花梅の花

（2）鶯が　梅の小枝に　巣を掛けて　開け〳〵と　さえずる　清水踊りは一踊り　一踊り

（3）鶯が　桜の小枝に　巣をかけて　世の中良かれと　さえずる　そりやさえずる　やあ清水踊はこれまでよ　そりやこれまでよ

観音おどり

（1）さても奈良の　観音様は　見事な所に　御立ちやす

（2）そりや前は南海　流れ行く　後ぢやねうしが　岩をまく
（3）腰にさしたる　あの奥地から　木を切りよせて　御前木の橋　掛けませうや
（4）橋を掛けて　魚釣りおれば　十三小女郎が　橋渡る
（5）魚釣り竿をば　からりとなげて　十三小女郎が　腰しめる
（6）ばんばら男は　おぎやろうとも　十三小女郎は　はなすまい
（7）吾等が国にこそ　ばんばら男　やあ俺がためには　国一番の美人ぢゃもの
（8）やさいはなさい　御身長けれど　後に殿御の　ござるもの
（9）作りし小唄は　まだ長けれど　観音踊りは　これ迄よ

花踊り

（1）花よ〳〵と思ふには　吹けよ散れよの松風よ　やあ松風よ　やあ花の踊りは一踊り　花の踊は一踊り
（2）そりや花にならうとて　子を捨てて　花は一代子は宝　花の踊りは一踊り　やあ花の踊りは一踊り
（3）つゝじ椿は山で咲く　さまのしんもちや　何処で咲く　花の踊りは一踊り　花の踊りは一踊り

殿御踊り

（1）これが殿御のいとしさよ　いのげかみのげ空の星　やあいのげかみのげ空の星
（2）やあまだもござるよ　いとしさよ　五段畠の石のかず　やあまだもござるよ　いとしさよ　七里小浜の砂のかず　七里小浜の砂のかず

四節おどり

（1）正月ござれば　門に門松門かざし　内には白げのよね《（米）》が降る　内には白げのよね《（米）》が降る

（2）三月三日桃の花　祝のものとてめすとかや　祝のものとてめすとかや

（3）四月四日のホトトギス　今を初音とつげ渡す　今を初音とつげ渡す

（4）五月五日のセキショウブ《（石菖蒲）》　祝のものとてめすとかや　ありや祝のものとてめすとかや

（5）九月九日の菊の花　祝のものとてめすとかや　祝のものとてめすとかや

手拭踊り

（1）七里通（ひ）し手拭を　何処で捨てたか腹立ちや　〱

（2）もしや拾うて有るなれば　具足かむとにかへましようや　具足かむとにかへましようや　やあーにつりようや　〱　いふや〱　あにや　あるらうやあ　あ　あにや　あるらうに

（3）具足かむとに　いやなれば　差した刀に　かませうや　〱　やあー　につりようや　やあ　につりようや　いうや　あにや　あるらうやあ　あにや　あるらう

（4）さした刀に　いやなれば　肌の守りに　かませうや　やあにつりようや　やあにつりようや　いふや　あにや　あるらう

うちわ踊り　出は　（注、ここから「団扇踊《うちわ》」入場の「出端《では》」）

（1）うんそれ　神の御利生と　ハーオ　目出度んなさよ
（2）うんそれ　氏子繁盛と　ハーオ　目出度んなさよ
（3）うんそれ　御代も清めて　ハーオ　早よごんござれしよ
（4）うんそれ　七九揃へて　ハーオ　いろくんくらべしよ
（5）うんそれ　並べ並べよ　ハーオ　一様にならべよ

牛若踊り

いざおどろうや　牛若踊りを　いざ踊ろうや　それ
一、牛若殿は何処育ち〈くり返し〉　あー　鞍馬のお山の寺育ち〈くり返し〉
二、あー　牛若殿のしようぞくは　やあー　かぶとは何とこのました
　上七段は紅よ　下六段は紫よ　早の初瀬を　十三下りとこのました
三、やあー　刀は何と好ました〈くり返し〉　二尺七寸なみの平　にやのしづせと好ました〈くり返し〉
四、東山から月がさす　月かと思うて出てみれば　牛若殿のめしのこま　牛若踊りはこれ迄よ

きぞう踊り

一、夕べきぞうを夢に見た〈くり返し〉　やあ　にくの手拭鉢巻で　やあ　門をいるとや夢に見た〈くり返し〉
二、きぞう御門に立つ竹は〈くり返し〉　もとは尺八中は笛　やあ　うらはうたかく筆の軸〈くり返し〉
三、きぞう殿こそ侍よ〈くり返し〉　へびをまくらに昼ねして　嫁がおそばで唄を書く〈くり返し〉

四、きぞう若衆は伊達男〈くり返し〉　やあ　はだに紅《くれない》ゆかたびら　やあ　七九小竿でとりをさす〈くり返し〉
五、きぞう花壇に花植へて〈くり返し〉　花ときぞうをくらべてみたら　やあ　花はおとりよきぞうまし〈くり返し〉
六、きぞうお庭へ池掘りて〈くり返し〉　きぞう恋しや池恋し　やあ　池の中なるふな恋し〈くり返し〉　やあ　きぞう
踊りはこれ迄よ〈くり返し〉

屋形踊り

一、屋形へ参りて　御門のかかりを見てやれば　柱は白金とべらは黄金　さても見事な御門かや
二、やかたに参りて　御庭のかかりを見てやれば　牡丹しやくやく百合の花　さきもこだれてやらみごと
三、やかたに参りて　お家のかかりを見てやれば　四方白かべ八つ棟づくり　うちには白げの米が降る
四、やかたに参りて　客殿かかりを見てやれば　から紙障子にから絵を書いて　からのかけ絵をさんぷく一つい
かけやならべてやらみごと
五、まだも見事は次の間よ　十二や三のしご《稚児カ》達が　銀のうちわでかざり立て　黄金のうちわでかざり立て　つづみ
太鼓で遊びする
六、やかたへ参りて　御馬屋かかりを見てやれば　七間馬屋へ七匹立てて　やあ　なじゅうとねみがはみ《馬銜》をまく
やかた踊りはこれ迄よ

殿子踊り

一、おれが殿子はとうど《唐土》へ上る　とうど三年留守の間に　夜の夢にも見らばこそ　あけりやああか《茜》ねの空を見る

二、おれが殿子のお舟が見えた　舟はしんそよろ《艫》は黄金　掛けたるほ《帆》は　又あやにしき
三、おれが殿子のお舟がついた　舟はしんそよ　せにや黄金　かけたるほ《帆》は又あやにしき
四、とうど《唐土》土産をお目にかきよう　まづ一番にはますの鏡　きんらんどんすにりんす　いざ若衆は見物よ　殿子おどりはこれ迄よ

（演目名なし）（注、「団扇踊《うちわ》」退場の「入端《いりは》」）
やあ　いのやさいのや　若衆達　これのお庭へ　遊びきて　後に名残は　ござれども　いなにやならない　若者が
うちは踊りが　目出度けりや　又もござれよ　来年も

八　春野町仁ノ（現高知市）の古写本「花取躍」

本章の結びに、明治十七年〈一八八四〉に記録された旧吾川郡春野町仁ノ（現高知市）の「花取踊」（太刀踊）の踊歌本を紹介したい。「花取踊」としては『巷謡編』（天保六年〈一八三五〉序）に次ぐ古い資料になると目される。この間約五十年、踊歌は大きな変化を示している。同様の歌詞については、既に本章・六で伊野町大内（現いの町）の昭和八年〈一九三三〉の写本を紹介しているが、こうした歌は、本来口伝えで伝承されるのが常態であり、年記のはっきりした古い記録は珍しい。

内容は、近代・明治期における「花取踊」の具体的な変容の過程を示す資料として貴重なものとなる。また、前述の伊野町大内（現いの町）のみならず、変容を遂げた「太刀踊」を伝承する土佐市・佐川町・日高村等の現行の歌詞

とも対照すべき資料となる。

「仁ノ太刀踊」復活の過程で発見

資料は、紙縒《こより》による仮綴じの冊子本（縦五十八センチ、横二十センチ）である。表紙には「明治十七申年　花取躍八月吉日書」とあり、表紙も含めて全十六丁（内墨付きは十四丁）。この仮綴じ本は、更に厚紙の表紙が付され、それには表に「明治十七申年　花取躍一代記　八月吉日書」、裏表紙の見返しに「仁ノ踊子組合　音頭　竹崎氏、山口氏、森澤氏、新階氏」と記されている。

「踊子組合」の詳細については不明であるが、当地では氏神仁ノ八幡宮の秋の祭礼（旧九月二十日）に奉納されていた。かつては普通、小学校卒業の十二歳で若衆組に入り、二十五歳で退会していたという。

「仁ノ太刀踊」（花取踊）は、約十年に及ぶ中断のあと、平成元年に復活した。本資料は、その再生の過程で、昔踊子であった田村宅の仏壇の引出しから発見されたという。復活の経緯については、新階恒秋が『春野風土記』第9集（平成2年）、『仁ノ史跡巡り』（平成3年）で報告している。本資料も新階の厚意で閲覧したものである。

踊歌は、全体を「花取躍」と称し（明治十七年の時点でも名称が「太刀踊」ではないことに留意すべき）、「入波、新朝記、車立、大江山、布引、住吉、忠臣蔵、間怒記、しのぎ、八島、引波」と全部で十一の歌詞を記録している。入退場の演目（入波・引波）を備えた風流踊である。この内、「花取踊」の古い詞形をよく伝えているのは「入波、しのぎ、引波」の三演目。特に各首四音で終止しているのは、中世小歌の特色をよく保存したものとして注目される。また「間怒記、しのぎ、八島、引波」の冒頭の「念仏」も注目されるが、あとは変容したいわゆる「太刀踊」の歌として、忠臣蔵をはじめ、近世の歌謡が多く取り込まれている。中には「こおどり」と共通の歌詞も見られる。

旧春野町仁ノの古写本「花取躍」

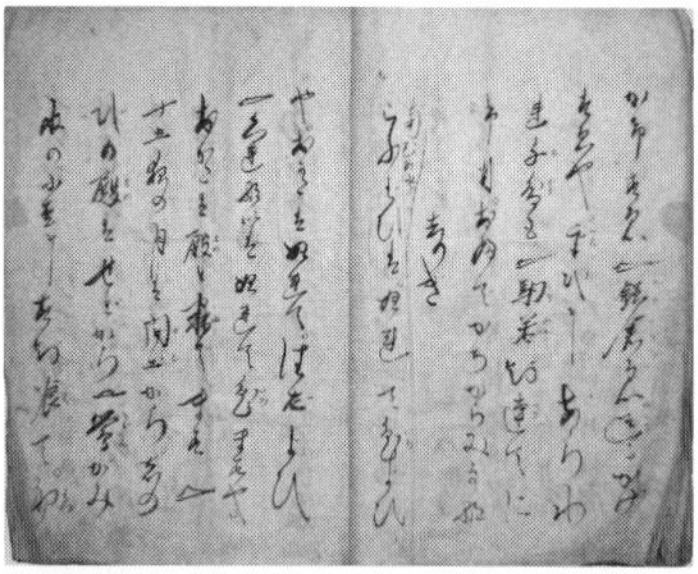

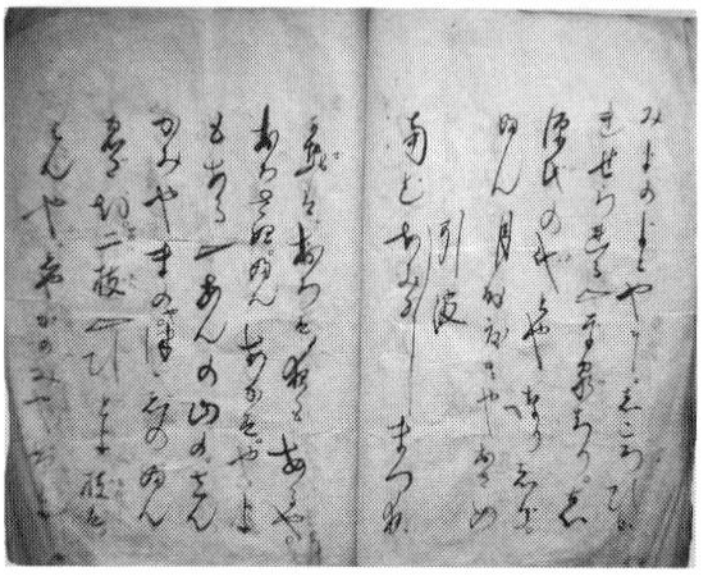

「しのぎ」と終りの「引波（ひきは）」の部分　共に歌詞の冒頭に「南むあみだ」の念仏の記述が見える。

表紙「明治十七年申年」「八月吉日書」という年記が見える。

復活した「仁ノ太刀踊」（平成元年11月５日、春野町文化祭）

演目名は「しのぎ」　太刀で切られた紙シデが宙に舞う。（新階恒秋『仁ノ史跡巡り』—平成三年八月より転載）

「花取踊」は、以前にも考察したように、近世から近代を通じて、採り物が、元々の長刀仕様のものから、刀（脇差）を用いるいわゆる「太刀踊」に変化した。地域によっても異なるので、明確な変化の時期を確定することは難しいが、踊歌はその変化を伺う重要な手掛かりになる。

当地では現在、踊歌は「忠臣蔵」と「しのぎ」が用いられているだけで、他の曲は伝承されていない。「忠臣蔵」は太刀（真剣の脇差）同士が対峙する「太刀踊」で、「しのぎ」は太刀と、紙シデが両端についた竹棒（長さ約六十センチ）とが切り結ぶ。この「しのぎ」の採り物の方に本来の「花取踊」の形態が受け継がれている。音頭を先頭に、居拝殿に向かって縦二列になって踊り、音頭の伴奏としては小型の締め太鼓と鉦が付く。踊はテンポが早いことと、居合に似た型をきめるのが特徴という。

次に写本を翻刻する。（表記は、振り仮名・濁点を含めて基本的に原本に従うが、明らかな誤字は修正する。また注として補う場合はカッコを付す）

「明治十七申年　花取躍　八月吉日書」（表紙）

入波　（注、入場の踊「入れは」）

（1）イヤ　こゝあけ　山とりきとや　あけすは　はねこよふ

（2）イヤ　はねこゐて　見ればよもこぜ　こちよれきぬの　つまきしよ

（3）イヤ　きもそめん　きぬのつ（ま）より　きそめた浅黄《あさぎ》の　つままし

（4）いとこならこそ　そでひく　いとこは　たのもし

（5）いとここれみよ　ちこらの上の　手おみしよふ

新朝記　左ヨリ出ス

(1)人は壱代　名は末代《まつせ》　花は人目に　残《のこ》るらん
(2)ぜんかあくかの　たひせんを　きみをうしなひ　まひらせん
(3)お手をひかれて　住吉《すみよし》ゑ　ごさんけいとは　若《わか》ぎみの
(4)爰《ここ》に此下十吉《このしたとふきち》は　とかくましばと　なびかする
(5)ましばやかたを　見渡《わた》せば　花の御所《ごしょ》ぞと　見ゑにける

車立

(1)爰《ここ》は山かげ　森《もり》のした　人をまちそろ　よひところ
(2)爰《ここ》にによか　さてなの中に　しかもふきたつ　なの中に
(3)りんの枕《まくら》も　してしのぶ　やよやおきやしやな　お手まくら
(4)是《これ》のこもんの　橋《はし》づめで　笛《ふえ》や尺八《しやくはち》　ふくこもそ
(5)是《これ》の前《まえ》なる　そり橋《はし》を　たれか掛《かけ》たぞ　中そりに

大江山　左

(1)神《かみ》と君《きみ》との　みよとなり　きじん住家《すみか》の　出来《でき》ぬよの
(2)京《きよ》に名高《なだか》き　らしよもん　馬でかけくる　わたなべの
(3)爰《ここ》は山中《さんちう》　やまんばの　今ぞ住家《すみか》を　あらわする

（4）高《たか》きみねをも　せめくだり　おそれげもなひ　来光《らいこふ》の

（5）大江山とて　ものすごき　きじんたひちを　いのるなり

（6）今はきじんも　たひぢして　御代《みよ》もおさまる　目出度《めでた》けり

布引　左

（1）聞《きく》もおよびし　峯盛公《みねもりこふ》も　おれげこふの　み舟《ふね》をば

（2）勢田《せた》の唐橋《からはし》　こぎおし　はたちばかりの　おんなこそ

（3）口に白きぬ　引喰《ひつくわ》ゑ　うひつしづんづ　およぎくる

（4）あれをころすな　たすけよと　舟《ふね》をたゝいて　あせれども

（5）おりから　ひゑの山おろし　水《みづ》におぼるゝ　ふびんさに

住吉　初一切ハ右之足ニ出ス、次ノ切ヨリ左

（1）夜《よも》〱も長《なが》かれ　鳥《とり》はおそかれ

（2）上は滝《たき》　したはしみづに　ひやされて　開《ひらき》かねたぞ　梅の花

（3）わすれても　寺の御門で宿《やど》とるな　鐘《かね》のひびきで　夜こそ寝《ね》られん

（4）鶯《うぐいす》が　峯《みね》の小松《まつ》に　昼寝《ひるね》して　花のおちるを　ゆめに打《うち》みる

（5）鎌倉の　ごしよのおにはの　八重桜《やゑざくら》　八重に咲《さか》ひで　九重《ここのゑ》に咲《さく》

（6）住吉《すみよし》の　二葉《ふたは》の松《まつ》の　末葉迄《すゑはまで》　栄《さかゑ》咲《さこふ》をる　目出度《めでた》けり

忠臣蔵　左

(1)靏ヶ岡なる　ばゝさきに　ごかろさまぢう　あひそろいける

(2)与市平は　むこのためとて　娘《むすめ》をきおんゑ　賣《うり》に出《で》る

(3)とふぞくの　貞九郎が　よや　与市をころすも　金《かね》いゑ

(4)勘平が　鹿とみつけたも　しうとのかたき　うちとる

(5)連判《れんばん》の　四十七きを　そろゑし　小金《こがね》の　たんじやく

(6)それも由良さが　しかけの　たくみぞ

(7)こふづけを　つひにうちとり　主人《しゆじん》ゑ忠臣　目出度《めでたき》おさめ

間怒記

(1)ヨヲ南むあみだ　ヨヲ〳〵

(2)よしつねの　よふせひは　いとどで軍《いくさ》の　門出《かどいで》

(3)梶原《かじわら》の　駒《こま》のするすみや　さゝきののりたる　池月《いけづき》

(4)宇治橋《うぢはし》の　中の間《ま》も無《なく》や　めいばて掛《かけ》くる　佐《さ》ゝきも

(5)かわ川の　水は行水《ゆくみづ》　つなきり流《なが》す　かげすゑ

(6)鎌倉《かまくら》ゑ　返《かゑ》るかげすゑや　平氏《へゑじ》にあらわれ　千鳥《ちどり》も

(7)駒若《こまわか》を　連《つれ》てにけ行　おふでかちから　み事な

しのぎ

（1）南むあみだ　〱
（2）こふばひは　ぬれて色《いろ》よひや　おかたはぬれて　はだよひ
（3）くれないは　ぬれて色《いろ》ますや　おかたは殿《との》と　寝《ね》てます
（4）十五夜の　月は間土《まど》から　しのびの殿《との》は　せどから
（5）鶯《うぐいす》が　みねの小松に　すを喰《く》て　初音《はつね》を　出《だし》たる
（6）ひさまつが　恋《こい》の種蔵《たねくら》　おそめがなみだ　あわれな
（7）池《いけ》川の　土ゐの前なる　さいたる花は　何《なに》花

八島

（1）南むあみだ　〱
（2）一ノ谷の　浪うちきわより　平家は舟《ふね》に　のがれたり
（3）須崎《すざき》には　ならぶこまなよや　足浪《あしなみ》みだれ　たゝかう
（4）一ノ谷を　せめくだり　しまか八島に　後陣《ごじん》をなされ
（5）かげきよが　みよのよとやに　しころひかれ　せられる
（6）平家《け》ちりし　源氏《じ》の代《よ》とやなりしが　ふん　目出度きや　おさめ

引波　（注、退場の踊「引きは」）

（1）南むあみだ〳〵
（2）まつ夜か勢《ぜ》は　おろす夜もある　や　おろさぬ　ふん　あかす　や　よもある
（3）あんの山の　さんかみやまの　や　つゝじの　ふん　ゑだを　や　二枝《ふたゑだ》
（4）ひとよ枝《ゑだ》は　はんや　しやかのみやげよ　や　またひと　ふん　ゑだは　や　みのうをほふため
（5）ちやをやつまあば　はんや　寺のちやをつめ　や　こぞをに　ふん　ひかれ　や　ざゝめく
（6）どこゑざゝめく　や　ちやのきの　ふん　したゑ　や　ざゝめく
（7）あれをみよ　や　はんや　川のせみよ　や　はや瀬に　ふん　こずなが　や　たまうははらん
（8）ひかばひきいぎ　はんや　まあせこ茶《ちゃ》うす　や　ざんざと　ふん　おろせば　や　小葉《こば》の茶《ちゃ》
（9）こちやころべ　はんや　ころうつほと　ころべよ　や　およれば　ふん　かたの　や　いたいに

九　おわりに

風流踊歌の現在

以上、三節から八節まで具体的に六地域の踊歌を記録した。これは私が見出した未紹介の主な資料であって全てではない。

例えば、本章・二の主要資料の「17」に示した「井田村天神宮祭小踊歌」（現黒潮町伊田）については、『巷謡編』の記載は僅か二つの歌詞（日向踊）の記事であったが、同町の故澤田文雄は、このほか「お伊勢踊り・宝踊り・なげなん踊り・玉章《たまぐさ》踊り・日向踊り」の多くの詞章を見出し、記録している。（ただし同地区の「お伊勢踊り・小踊」の演目

は、令和元年より中絶中）

また、同じ黒潮町蜷川《みながわ》・八幡宮の踊歌においては、「大正十五年九月」奥書の写本があり、「御伊勢踊・鳥居踊・寺見踊・山伏踊・寶踊・忍踊・駿河踊・呉服踊・むらさきおどり・清水踊・牛若踊・ふなぢ踊、花取踊」等、数多くの詞章を記録している。ただ同書は、長い口頭伝承の過程を窺わせ、訛伝・誤伝と看做される歌詞が多く見られる。（同地区の「御伊勢踊・こおどり、花取踊」は、現在演目の一部のみ伝承）

こうした中絶・廃絶に至る過程の資料を、ことごとく精確に収録することは、極めて煩瑣な作業となり、私の手に余るのも事実である。具体的に紹介した六地区をもってその代表とし、これ以上は割愛することとしたい。

しかしながら、これまで見てきた踊歌の資料からでも、かつての「小歌踊」の豊富な世界が、歴史的に多くの人々の信仰と生活とを支えてきた事情だけは伝えられたのではないだろうか。

その踊歌のことばは、現在では十分理解が届かなくなってしまったものも多い。時代の価値観の変化の大きさを痛感する。そうした中にあって見られる現代の構図は、それでもなお伝承に努める過疎の「村々」と、それを関心なく遠くで傍観する「都市」の人々―ということになろう。間にある意識の懸隔は大きい。

風流踊歌の現況は、未だ伝承されている数多くの踊歌を含めて、その命運は既に尽き、最後の衰滅期に入ってしまった―と認識せざるを得ないのかもしれない。

第八章　中世に遡る盆の踊歌

―佐川町の玄蕃踊と津野町北川の笹見踊―

一　はじめに

前章・第七章では土佐の「風流踊」について、未紹介資料を中心にその踊歌を記録、紹介した。その中で、「四　椿山の太鼓踊」の「盆供養（亡者供養の盆の踊）」の演目「さんばれ」については、その歌唱法、すなわち掛け合い形式を特に注目すべき点として指摘した。かつて八月十四日（それ以前は旧暦七月十四日）の盆に限定して行われていた演目であり、その点で、「盆の踊」の特色をよく伝えているものと考えられる。そこでは時代性についてまでは言及していなかったが、私見では、その元々の実態は、中世末期から近世初頭における「盆の踊」であり、それに特化した踊歌と捉えている。とすると、近世中期以降に大量に展開する近世の「盆踊歌」の希少な先蹤―と捉えることができる。（なお近世の「盆踊歌」については、小著『土佐の盆踊りと盆踊り歌』平成21年・高知新聞社、参照）

そうした中でも「さんばれ」の歌詞に見える「大崎げんば殿」という人名は、特徴的な固有名詞として指摘できる。同時に紹介した踊歌では、「三　峯岩戸の太鼓踊」では「げんば踊」、「五　中大平の太鼓踊」では「玄蕃踊（げんばおどり）」として、演目全体を代表する名称にもなっていた。それらは類似の歌詞だけでなく同様の歌唱形態（掛け合い）をもうかがわせ、一連の同類の「盆の踊」であったとする可能性が出てくる。

上述の「中世に遡る盆の踊歌」および特徴的な固有名詞という視点で観た場合、新たに佐川町の「玄蕃踊」と津野町北川の「笹見踊」とが、類似芸能として考証の対象に浮かび上がってくる。本章では、この二つの踊を加えて検証することで、地域における中世の「盆の踊」に特有の踊歌の一形態、その実態・特質について、さらに確かなものとして明らかにして行きたい。それらは全国的に見ても、極めて貴重な資料になると思う。

なお「盆踊」という熟語は、近世、特にその中期以降において頻出する名称ではあるが、管見では、中世の史・資料で目にすることは稀である。従って、中世において用いる場合は、上述の如く「盆の踊」で統一することとする。

二　佐川町の玄蕃踊

起源・沿革を巡る諸説と謎の伝承

高岡郡佐川町に「玄蕃踊」と呼ばれる踊が伝承されている。まず起源・沿革について考えてみたいが、民俗芸能の通例として、この踊についても信を置くべき古記録と言えるものはほとんどない。『巷謡編』〈天保六年〈一八三五〉序〉に登載された【高岡郡左川郷玄蕃踊歌】の前書きの記事が、確実なものとしては最も古いものとして考えられる程度である。

毎歳六月十五日、左川村々ニテヲドル。扇子ヲヒラキ、拍子ニシテウタヒヲドル。横倉権現ヲ祭ルタメニヲドルトゾ。但シ横倉権現祭礼ハ九月八日・九日定日ニテ、其日行ハル、神事トハ別也。

『巷謡編』の著者・鹿持雅澄（一七九一〜一八五八）は、これに続き踊歌十四章を記録、その後には「右は左川士人岩村政直ガ書付テ贈レルマ、ヲ記シツ。」とし、情報源の佐川領主深尾家の家臣・岩村政直を示している。これらにより当時の状況「六月十五日、横倉権現（現高岡郡越知町）を祭るため、佐川の村々で、扇子を用いて踊った」こと、「神事とは別」の踊であったことは分かるが、起源・由来については全く言及がない。

その不足を補ってくれるものとして、『皆山集』（明治十一年〜同三十四年、松野尾章行集録）、『佐川町誌』（大正8年、佐川自治会刊）、『佐川讀本』（昭和8年、佐川尋常小学校刊）等がある。いずれも確実な史料に基づくものではなく、多分に在地の伝承を取り込んだものではあるが、時代性や経路等については一定の示唆を与えてくれる。

すなわち、天正年間に吾川郡大崎（現仁淀川町大崎）の地に亡命した武田勝頼が大崎玄蕃と名乗り氏神正八幡宮を建立し、その神意を慰めるために奉納した踊を起源として、これを寛永年間の悪疫流行に際し佐川の領主深尾重昌が継承し、横倉山の各神社への願解きの「願納踊」とした—という理解である。上述の内容は、三本とも大筋では一致しているので、ここには時代的に先行する『皆山集』の記述を掲出する。著者の松野尾章行（一八三六〜一九〇三）は、「由来記ともいふべき者」を得て載録したとしている。

抑天正十年壬午三月十一日、甲州の太守武田四郎勝頼、織田信長の為ニ討ち破られ、逃れて当国吾川郡大崎の里へ落着き、大崎玄蕃頭と名乗りけるが、同十四年氏神正八幡宮を建立し、六月十五日に之を祭る。其時諸民踊を踊りて神意を慰め奉る。玄蕃頭も自ら出で、諸民と打交り踊りけれバ、諸民ども玄蕃頭を嬲り半分戯言ども打くどき、大崎玄蕃殿ハ十七八をかたいだと謡ひ始めしより遂に玄蕃踊と名付たりとぞ。其後寛永十九年より廿年にかけ緒方に黒風といふ悪疫流行し、諸人死する者数を知らず、此時佐川の主深尾重昌君之を憂ひ、家臣五十名を従へ御嶽山の山守小田信白方へ登駕せられ、信白の邸に斎殿を仮設して七日七夜通夜せし上、悪疫領内に入らざる様祈願せられ、且つその願解として永く吾領内ニ於て踊を奉るべしと誓はれけれバ、是より三野村の内佛崎といへる所へ踊堂を建設し、御領内残らず同所に集り玄蕃踊をぞ初めける。然るに斯く数百千人遠く各所より集ひ來て空しく財粟を消費するに堪へずとて、遂ニ二ケ村三ケ村其最寄々々に打集ひて踊ること、定めたり。其毎歳六月十五日を限りて此踊を興行せしハ、蓋し大崎の正八幡宮の同月同日に祭り始めしに原づく者なりと云。

「玄蕃踊」という踊の名称の由来ともなったという大崎玄蕃を武田勝頼であるとする伝承は、正統の史実（勝頼は天正十年〈一五八二〉三月十一日、織田軍の攻撃により甲斐国山梨郡田野で一族と共に自害。これにより甲斐武田氏は滅亡、勝頼三十七歳。『国史大辞典』吉川弘文館）から見れば稗史・伝説の類と言わざるを得ない。しかしながら、土佐の地元には様々な伝承と共に、いくつかの遺物・遺跡と伝えられるものが残されている。踊の成立と直接、史実として関わってくることはないかもしれないが、これらの伝承を持ち伝えてきた人々が確実にいたわけで、少なくとも踊の性格付けに関しては興味が引かれる所である。たとえば、『佐川町誌』（西村龜太郎編）は「口碑伝説」として「武田勝頼ノ裔孫」の項を掲げ、次の様な記事を載せている。

天正十年二月、勝頼天目山に敗レ、上野国利根郡大谷ト云フ處へ逃レ入リ、名ヲ左内ト改メ、後土佐国吾川郡安井村樫山ニ籠リ、同十一年ノ春大崎村寺村ニ移リ、十二年二月八日、同村川井に住シ大崎玄蕃尉信貞ト云フ。勝頼ハ天文十五年丙午出生、慶長十四年巳酉八月二十五日、壽六十四歳ニテ没シ、大崎村川井ニ葬リ、法名成福院殿榮秋道勝大禅定門ト曰フ。其子孫佐川ニ移住シタルモノナルベク、本三野ナル山崎家ハ即其裔孫ナルガ如シ。其家ニ伝ハル系図並信玄ノ位牌ハ大ニ其真ヲ置クノ価値アリ。

どのような源からこのような詳細とも言える伝承が形成されてきたかは測りかねるが、旧吾川村大崎（現仁淀川町大崎）の地には武田勝頼＝大崎玄蕃頭を祭神とした鳴玉神社なる小祠もあり、墓所を祀ったものとも伝えられる。同書はさらに、佐川村に移住したという子孫山崎家の記録中にある記事として、次の様な記述も載せている。

勝頼公甲州ヲ退去シ諸国ヲ経巡シテ土佐国香曽我部ニ寄リ、立川峯際空石及植田村西屋敷門田屋敷ニ居リ、又大谷村ニ移リ楠目大法寺ニ移住ス。其砌俗家ノ娘ニ戯レ懐胎トナリ其由ヲ勝頼ニ告グ。勝頼申シケルハ薬ヲ以テ養生シ遣ハスベシト。母其赤子ヲ害センコトヲ憂ヒ承引セズ、後男子出生シケレバ、後証ノ為トテ金ノ茶碗ト金ノ笄トヲ與ヘ置ク由云々。

勝頼＝大崎玄蕃の女性関係を伝える逸話であるが、「玄蕃踊」の踊歌で、

大崎玄蕃殿は　十七八を　かたいだ……　（各地伝承歌、後述参照）

とうたわれる歌詞の内容ともどこかで脈絡を見出せる伝承かもしれない。（「かたぐ」は土佐方言で「略奪結婚をする」の意『高知県方言辞典』）

また、勝頼が天正十四年に建立したという氏神正八幡宮は、地区の産土神・川井神社（大崎八幡宮）として現在も大切に祭られている。『南路志』（文化十二年成）には「正体木像十二」と記されているが、この木像十二体は勝頼自身が携えてきた武田氏の祖先神と伝えられ、武田刑部三郎大神から武田信玄大神まで十二代の各木像の名前を記した文書も添えられ、大崎玄蕃大神は十三代とされている。同地区の人々もほとんど見たことがないという木像であったが、川井神社第二十五代神主・岡林照壽の厚意により拝見することができた。十〜十五センチ前後の小さなコケシ様の木偶で、手足は付けられていない。長い年月のためか目鼻立ちはほとんど確認できないが、中には烏帽子であろうか髷であろうか、頭部が盛り上がっている形のものもある。それぞれ衣装を着せ掛けられているので細部までは確認できないが、その素朴な形状からは、かなりの古態性を持った人形と思われる。これらの人形をもたらした人が武田勝頼ではないとしたら、一体どのような人々であったのであろうか。「玄蕃踊」との関わりも含めて興味は尽きない所であるが、現状では不明と言わざるを得ない。が、ともかくも氏神正八幡宮（川井神社）での当初の踊が、これら

十二体の人形＝祖先神の神意を慰めるためのものであり供養の踊であったという伝承、及びそれらが示唆する時代性（中世末・戦国期）については十分注意を払っておきたい。

このほか起源を示す異説としては、大崎玄蕃は横倉山に潜行した安徳天皇の世話をした大崎の城主であるとするもの（『皆山集』）、朝鮮出兵の折にもたらされた朝鮮の踊を元とするもの（『佐川町史』下巻、昭和56年刊）などがある。これらは他に全く拠り所もないので、まずは論外としても、もう一つだけ『高吾北文化史』（昭和38年刊）が記載する郷土史家・故結城有の説を紹介しておく。すなわち、大崎玄蕃を永正年間（一五〇四～一五二一）前後の武将・山崎重兵衛茂守とする考えである。

佐川付近が北津野庄と呼ばれて津野氏の領であった時代、佐川松尾城主佐川越中守の一族山崎重兵衛茂守は、越中守が永正十四年戸波江良沼の戦いで津野元実らと共に戦死したので、その後を奪って佐川領主となった中村越前守信義に仕えていたが、酒色の乱行のため大崎村に追放され、ここに大崎玄蕃を名乗ってこの地を開拓した

（以下略）

この説は「庄田古文書」（結城氏所蔵）に拠ったものというが、同文書は信憑性に問題があり、史家一般からは史料批判に堪えうるものではないとされている上、原本自体の所在も確認できないものであるので、ここでは参考程度にとどめておきたい。ただ「酒色の乱行」というあたりは「玄蕃踊歌」の歌詞と符号する点もあり、何らかの点で古伝承につながって行く可能性も残されているものと思われる。

以上は起源・沿革に関して諸書が記録し伝える所であるが、最初にも断った通り、いずれにしても確実な史料という点では、根拠として示し得るものは何一つない。ただし在地の伝承を中心として一致して指し示している起源の時代が、戦国期あるいはそれ以前であるということは、民衆の記憶・想像力の伝える所として、それなりに評価してよ

土佐にのこる武田勝頼伝承（仁淀川町大崎）

大崎玄蕃＝武田勝頼（？）が伝えた中世の盆の踊「玄蕃踊」
鹿持雅澄『巷謡編』〔高岡郡左川《さかわ》郷玄蕃踊歌〕の項には、
十四章の踊歌が記録され、中世の「踊堂」の伝承を伝えている。

「氏神正八幡宮」と伝える大崎八幡宮（川井神社）

「墓所」と伝える鳴玉神社

「木像十二体」　祖先神と伝える

文書類　武田勝頼の土佐伝来や「武田信玄大神十二代、大崎玄蕃大神十三代」などの記述が見える。

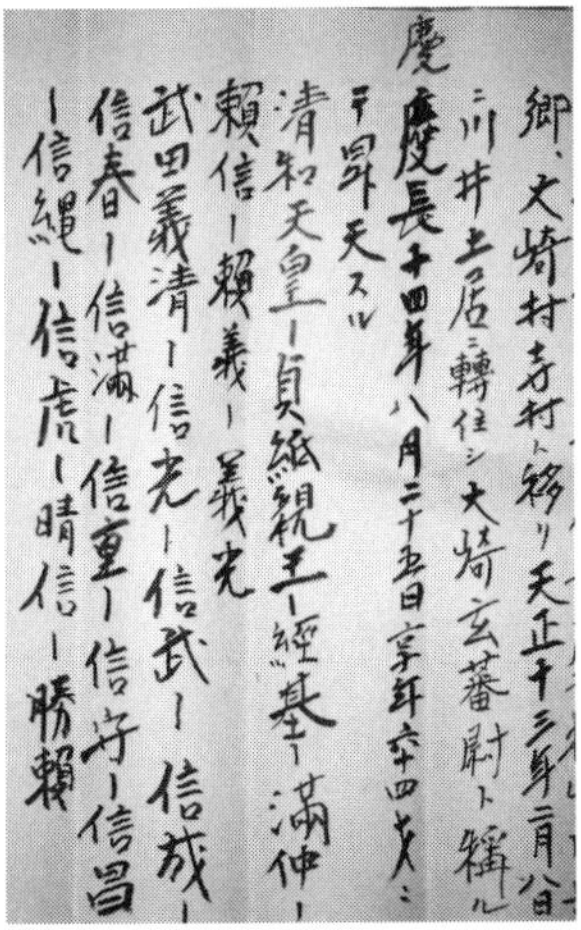

御、大崎村寺村ト移リ天正十三年二月八日
ニ川井土居ニ轉住シ大崎玄蕃尉ト稱ル
慶長十四年八月二十五日享年六十四大ニ
テ昇天スル
清和天皇－貞純親王－經基－満仲－
頼信－頼義－義光
武田義清－信光－信武－信成－
信春－信満－信重－信守－信昌
－信縄－信虎－晴信－勝頼

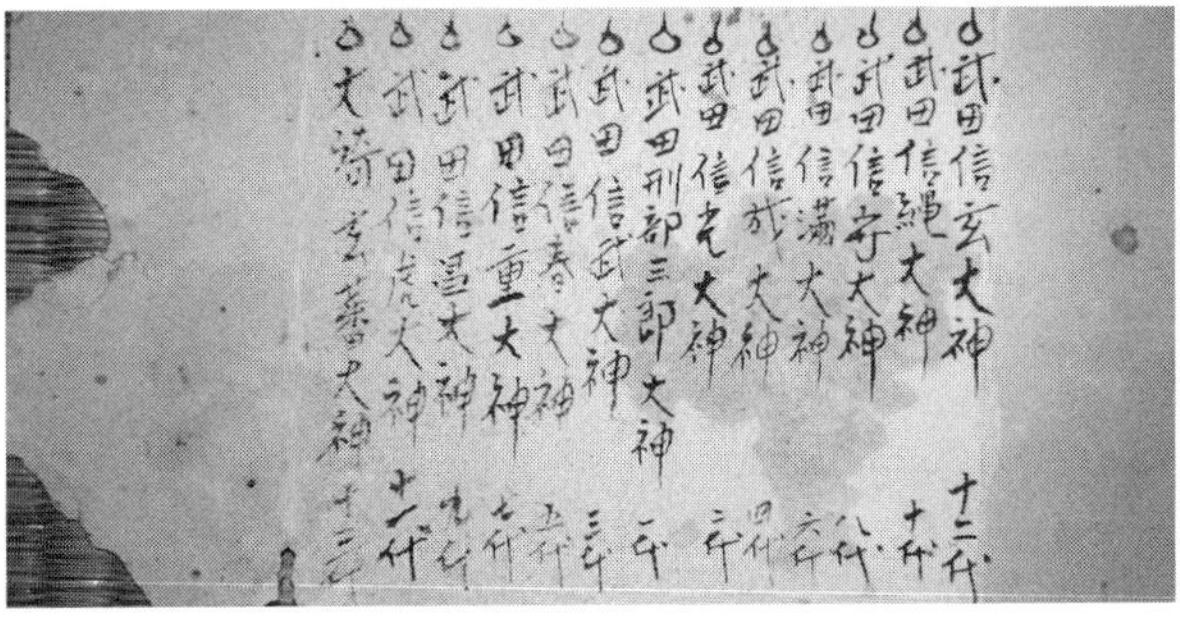

武田信玄大神　十二代
武田信縄大神　十代
武田信守大神　八代
武田信満大神　六代
武田信成大神　四代
武田信光大神　二代
武田刑部三郎大神　一代
武田信武大神　三代
武田信春大神　五代
武田信重大神　七代
武田信昌大神　九代
武田信虎大神　十一代
大崎玄蕃大神　十三代

いであろう。ここでは、さらにその民衆の記憶・想像力と史実との関わりを探るという意味で、この件に関しては唯一の確実な史料と考えられる『長宗我部地検帳』に検してみたい。

「踊堂」の常設（地検帳）と盆の踊

注目されるのは、「天正拾八年卯月朔日」付の『土佐国高岡郡佐川郷地検帳』に載る「踊堂」の記述である。ホノギ（小字）の名称の中に二箇所登場し、「仏崎大道二ツ踊堂懸而」「ミノ古市ノカシラ踊堂詰而」とある。ここに記載されているのは旧佐川郷三野島村のもので、「仏崎」と「古市」とは隣接しており、「踊堂」は同じものを指していると理解できる。「大道」は陸上交通の中心をなす主要街道で、「仏崎」はそれが合流する村の中心地。同じく「古市」も中世の定期市の開かれていた所で、「踊堂」は、こうした人々が多く集まる場所に天正十八年〈一五九〇〉以前から既に常設されていたことが分かる。このことからまず、前述の『皆山集』で、深尾氏が悪疫祈願・解願のため寛永年間「是より三野村の内佛崎といへる所へ踊堂を建設し」―としている記事は、修正しておく必要が生じる。すなわち、この「地検帳」の記事により、「踊堂」は土佐では近世以前、中世の存在が確認できることとなる。

さらに注目すべきことは、「玄蕃踊歌」の冒頭にこの「仏崎（踊堂）」が登場していることである。

・ここか　〳〵　仏崎は　ここか
　ここよ　〳〵　ほとけ崎は　ここよ　（『巷謡編』）

場所（踊場）を確認しわざわざ言挙げするこの歌詞から見れば、これに続く以下の「玄蕃踊歌」は、この「踊堂」で行われていたものであったと考えて間違いないであろう。とすれば、以上により踊歌の時代性は中世に遡ることがほぼ確定できる。

それでは、その踊とは一体いかなる踊であったであろうか。まず当時の時代状況および歌詞から見て、第一に「盆の踊」と考えるのが至当であろう。すなわち当時、土佐において七月の盆に盛んに踊が行われていたことは『長宗我部元親記』（寛永八年〈一六三一〉成）や『長元物語』（万治二年〈一六五九〉成）がよく伝える所である。いずれも長宗我部元親の家臣が後に著したものであり、その記事内容は個別には確実な一次資料とは言えないが、「盆の踊」の状況証拠としては用いることが可能であろう。内容は、天正三年〈一五七五〉七月の野根城（現安芸郡東洋町野根）の攻防において、「盆の踊」見物の油断に乗じて奇襲攻撃に成功したというものである。ここにはまず記事内容において詳しい『長元物語』の方を掲出する。

（惟宗国長は）安喜郡野根と言ふ所を知行に持ち、即ち野根殿と言ふ。（中略）この野根殿阿波国を味方にたのみ、元親公へ降参仕らざるにつきて、野根の居城に元親公より付城を成され、即ち番手御入れをき成さるなり。野根は土居構にて城に居《すゐ》らるるは番衆ばかりなり。七月の盆の踊、毎夜野根町に踊るをと、男女のこゑばかり聞えけり。同十六日の夜は、なを〳〵はげしく聞へければ、城番衆の内に、西内喜兵衛と云ふ若侍、其の時十八歳、心剛なるものなりしが、傍輩中へ申すやう、これほどに者をと高く、大勢踊る声の聞ゆるは、いかさま野根城番衆も歴々町へ出てをどるやらん。城へ入りて様子見るべきと言ふ。何もよも行くまじきと云ふ。又喜兵衛申す様、城に火をつけ、火の手あがらばのり入れよと申す。この喜兵衛軍《いくさ》の心懸有る者なれば、自然しのびて行く事もやと、歳まし成る者は踊見ずとも、是程の長番くたびれたれば休めよと云ふ。喜兵衛さらぬ躰にて敵の陣所へ行き見れば、案の事《ごと》く、顔を手巾にてつつみ、又は深編笠ひつかぶつて、長刀横たゑたるもの、いくらと云ふ数を知らず。扨《さ》て城へ上りて見れば、門も開けて有り。城は順番持四人計、敷いを枕とし伏ゐたり。折しもかがやきわたる月の夜なれば、いかでか見損ずべき。喜兵衛一人にて、四人ながら起しも立てず首切って、即ち城に火をかけたり。一人にて是の如きとは知らず、香宗我部の衆、大勢山合よりしのび入り、のり取りたると心得て、野根殿始め下々町人迄、残らず阿波の海部・穴食へ迯ぐ。（以下略）

一般の民衆の男女から武士たちまで打ち混じり、連夜、歌声や楽器の音も高く、盛んに踊っていた様子がうかがえる。「顔を手巾（手拭）にてつつみ、又は深編笠ひつかぶつて」というのは当時の踊子の姿態・常態を示すものであろう。

また『長宗我部元親記』は、「七月の事にて、野根の城主は、その夜麓にて躍ををどらせて見物して居り」と記し、同日の踊を城主＝惟宗衛門助国長の主催の如く記述している。

「踊堂」については、両書ともその存在について触れる所がないが、おそらく当時既に各地で踊行事の中心として、かなりの広場を形成していたものと理解してよいであろう。中央の記録に徴して見ると、奈良古市では、既に文明元年〈一四六九〉七月十六日、「面四五間」の仮屋の「踊堂」を建て、入場料（人別六銭）を取り、茶屋（二所）も用意している（『経覚私要鈔』）。また同じく南都のことであるが、『明應六年記』（春日権神主師淳記）に拠れば、明應六年〈一四九七〉七月十五日、

不空院辻ニ躍堂自昨日初建之。毎年盆ノ躍ハ、晝新薬師寺ニテ躍リ、夜不空院ノ辻ニテ躍之處、新薬師寺毎年ノ躍ニ堂ユルギテ瓦モヲチ、御佛達モ御損ジアル間、彼寺ニ難儀之由申立故、躍堂毎年用意ニ、當年構之云々。高畠ノ神人并地下人等令出銭、沙汰之歟。

とあり、神人・地下人たちが費用を出し合い、「不空院辻」（現奈良市高畑町）に初めて「躍堂」を建設している。「毎年用意ニ」とあるので、常設の施設を意図していたことがわかる。

さらに、はっきりした年次は不詳であるが、狂言歌謡（鷺保教伝書・小舞「七つに成る子」）には、

そも扨もわごりよは、踊堂《をどりだう》が見度《みた》いか。躍堂が見たくは、北嵯峨《さが》へをりやれの。北嵯峨の踊は、つゞら帽子をしやんと着て、踊（る）振（り）が面白い。（岩波・日本古典文学大系『中世近世歌謡集』「狂言歌謡」一一〇番）

とうたわれており、「踊堂」は都人にとって流行の名所となっていたことがわかる。志田延義の注は、踊堂に「部落の集会所で、飲食・踊など行事が行われた」と記している。おそらく常設された踊堂は、盆の踊以外にも村落の重要な寄り合いや、その他様々な民俗的儀礼にも広く利用されたものと思われる。

地検帳に見る史実と大崎玄蕃

次いで、伝承の上では様々な姿を伝えていた大崎玄蕃と『長宗我部地検帳』との関わりであるが、「天正拾八年庚寅、拾壱月三日」付の『土佐国吾川郡片岡地検帳』に、ゆかりの人物かと思われる記載がある。大崎名・西川井ノ村に二筆ある「玄蕃」という名請人がそれで、

　ヤナセ道ノ上下かけて　西川井　大崎名

一所壱反四拾代　切畑　片岡左衛門大夫給

　　　　　　　　　　　　　　　玄蕃作

　西川井ノ東　西川井　大崎名

一所壱反拾七代弐歩　下田　片岡左衛門大夫給

　　　　　　　　　　　　　　　玄蕃作

とある。二筆合わせても三反七代二分の登録人に過ぎず、このほかには居屋敷の記載もない。領主の片岡氏は、『佐川町史』上巻（昭和五十七年刊）に拠れば、永禄元年〈一五五八〉から文禄四年〈一五九五〉まで茂光・光綱・親光

と三代の存在を示す棟札が残されており、戦国盛期から長宗我部治下を通じ、高岡・吾川両郡に勢力を保っていたことを確認できる一族である。名請人の「玄蕃」が大崎玄蕃の縁の人物であるとしたら、大崎玄蕃はこの片岡氏により臣従させられた戦国期以前の領主と推測される。『土佐州郡誌』（宝永年間成）には「大崎村」の「古跡」として「古城跡　大崎長門所築テ以居ル」とあり、『南路志』（文化十二年成）にも「大崎村」に「古城　大崎長門居之」とあるが、これも同じ大崎氏に関わる伝承と思われる。

なお名請人「玄蕃」が見える同じ『土佐国吾川郡片岡地検帳』には、「大崎土居村」に「彦左衛門」なる人物が名請人の「神田八幡宮領」も記載されている。これを見ると八幡宮（川井神社）も武田勝頼創建の伝承を離れ、天正期を遡ることかなり以前から存在していた可能性がある。

踊歌の構成、その概要と特質

「玄蕃踊」の起源・沿革について、確実な史料により検証できることは以上であるが、伝承と合わせて考えてみる時、およそ中世末の戦国期、三野島村（現佐川町）仏崎の「踊堂」を中心として諸所で行われていた「盆の踊」を、その祖型と想定してほぼ誤りはないであろう。諸書に伝えられた歌謡は訛伝が多く、また後世の移入もあるので、どれが当初からのものであるのか見極めるのは難しいが、ここでその構成の概要と特質について考えてみたい。

その冒頭は、前にも見たように、

・ここか〳〵　仏崎は　ここか
　ここよ〳〵　ほとけ崎は　ここよ（『巷謡編』）

と踊の行われる場所をうたい、最後の仕舞いの踊は、

・踊《をど》り　くたびれて　どこで　宿《やど》とろぞ
　在家《ざいけ》の〳〵　京のざいけの　浜《はま》の町《まち》で　宿《やど》とろぞ　（『巷謡編』）

とおさめるのが一定の形式であったように思われる。（「京の在家」の歌詞には中央からの伝播、影響の片鱗を見るべきであろう）

また、名称の由来ともなった戦国期以前の領主・大崎玄蕃をうたった歌詞も根幹をなすものであり、次のようなものがある。

・大崎玄蕃殿は　十七八を　かたいだ
　そしんなよ　そしんな　弓に太刀をこそ　かたいだ
・玄蕃殿の　御太刀は　白太刀と　見える
　白太刀か　黒太刀か　鞘がないと　聞えた
・太刀は　備前太刀　鞘もなしの　太刀にそろ
　鞘のことは　いわれな　鞘はこちへ　構へた
・広太刀の　長太刀で　大太刀で　ござる
　鞘がないと　思やんな　鞘はあちらに　構へた
・玄蕃殿の　近づきは　朝倉にひとり　弘岡にひとり
　うづら坂　またに　はそうだ　（以上『佐川町史』下巻）
・大崎玄蕃殿《さきげんばどの》は　十七たちを　かたいだ
　弓《ゆみ》をこそ　かたげ　太刀《たち》をこそ　かたげ

・太刀《たち》は　備前太刀《びぜんだち》　鞘《さや》もなしの　太刀打《たちうち》
　鞘《さや》のことは　まあ言《い》ふな　鞘《さや》はこちに　構《かま》へた
・かげ浦の　しま殿《どの》　猪の尻《しり》で　うたれた
　玄蕃殿《げんばどの》の丶　きかれたら　やさら事は　行《いく》まい　（以上『巷謡編』）

は、民俗における近代の事例を次の様に詳しく説明している。

「かたぐ」とは、土佐方言で嫁かたぎ・女房かたぎ（略奪結婚）のことであるが、『佐川町史』下巻（昭和56年刊）

相思相愛の仲にあって、親や周囲の反対で結ばれぬ場合の、無理な略奪自由婚姻は大正年間までよく行われ、これを女房カタギ、嫁カタギなどと言った。娘の親がどおしてもくれぬとき、男は朋輩にたのんで、娘を五、六人がかりで夜中にこっそりとかつぎ出した。といっても男と女は話し合わせてあるので無理に引きずってくるわけではない。連れだした女は一先ず若衆頭の家に預けておいて、「ツケトドケ」と言って、青年の代表が女の家へ事の次第を報告する。そして部落長とか、仕事のできる世話人をやとって先方を説得して娘をくれるように交渉してもらう。その間に親が不承知で取り返しに来ても、女は深くかくして青年が警戒し、絶対に渡さない。一方で再三の交渉を重ねた結果、親もあきらめて十中八九まで成就するのが常であった。中には稀に女も不承知なのを、外出先から無理にかつぎ、腕力沙汰の無理行為もあったが、これとても世話人が仲に入って丸くおさまることもあった。どうしても親が承知せぬときは仕方なく、若い衆同志が立ち合って夫婦盃を交して勝手に夫婦になり、男の家に入ってからも実家との行き来はしなくても、子供ができて日も経つうちに、自然とこの睨み合いも解消していつしか元の親子となり婿ともなっていった。

踊歌に登場する「大崎玄蕃」の場合は、「腕力沙汰の無理行為」でもあったのであろうか。

『日本国語大辞典』（小学館）は、「かたぐ【担】」の用例として前述の『巷謡編』の詞章を採用している。従って、前掲の踊歌が最も古い用例の一つとなる可能性がある。なお、土居重俊『高知県方言辞典』（昭和60年刊）は、「言葉だけが残っていて、実質的には廃語になっている。」と説明している。

その対象は「十七八」とうたわれている。当時、最も魅力的とされた女性であるが、これは既に臼田甚五郎が「歌垣の行方」（『國學院雑誌』五九―一、昭和33年1月）で指摘したように、中世における歌垣的行事において広く流布した歌謡の一類型である。

また太刀と鞘とが象徴的にうたわれている。これは男性および女性の性器を暗示したもので、中世小歌の代表的歌集である『閑吟集』（永正十五年〈一五一八〉成）にも次のようにある。

・身は錆《さ》び太刀　さりとも一度　とげぞしようずらふ（155）

・奥山の朴木《ほうのき》よなう　一度は鞘に　成しまらしよ　〳〵（156）

以上のことを総合して見ると、右に掲出した根幹をなす歌は、性を肯定し盛んな結びつきをうながす教訓的要素を持った歌であり、「盆の踊」にとって最もふさわしい歌と考えることができる。中世、「踊堂」を中心に行われた踊の行事は、村落に生きる男にとっても女にとっても、「生と性」に関わる重要な民俗的機会であったのである。

前掲以外の踊歌は、最後にまとめて紹介することとするが、全般に全段・後段と対になった形が多く、掛け合いでうたう歌唱方式を基本としたもの考えられる。同様の歌詞を伝える吾川郡池川町椿山（現仁淀川町椿山）の太鼓踊の「さんばれ」という演目については、明確に「出し」と「付け」に分かれて歌う掛け合い形式であったことは、既に前章（第七章）で指摘している。さらに、結句に四音終止が多いのも特徴的で、中世歌謡の特色をよく示しているものと思われる。

疫病防除の「願解きの踊」への転用と現行

前に紹介した『皆山集』等の記事によれば、こうした「盆の踊」が、江戸時代初めの寛永年間、悪疫流行に際し、佐川の領主・深尾重昌により、疫病よけの「願解きの踊」として転用・継承されたことになる。『皆山集』は祭日を六月十五日としたことについて、武田勝頼の伝承と結びつけ、大崎の正八幡宮の祭日に基づくものと説明しているが、これはむしろ疫病の流行を疫神（怨霊）の所為と考える御霊信仰の面から考える方が妥当であろう。こうした要素は本来、「盆の踊」にも備わっていたものと考えられる。

伝承された玄蕃踊の歌詞を見ると、「盆の踊」から「願解きの踊」への移行に伴い、歌詞の構成にも工夫が加えられていることが分かる。すなわち、冒頭の仏崎（踊堂）の歌の前に、次の二章の歌を置いて結願の踊としての意味を明示している。

・揃ひなるか　始まるぞ　踊児は　揃ふたか
　揃ふ時は　みなづきぞ　結願しましよ
・結願の所へ　見にいこぢや　ないか
　帽子帷子も　染めかけて　あるが　（以上『皆山集』）

前の歌について、『佐川讀本』は「初うた」と記している。諸書によれば、この歌も含めて二十二番の踊歌で構成するのが一定の形式となっているが、内容は伝本により出入りがある。

最後の歌としては、

・神のめぐみに　世にたちさかえ　氏子繁盛《はんじょ》と　おさまる　（『佐川讀本』）

とあり、こうした神への感謝の歌で締め括りとしたものと思われる。

このような「玄蕃踊」は、佐川町各地区の民俗行事として現在まで受け継がれてきた。『佐川町史』下巻によれば、旧暦六月十五日を「お十五日」また「玄蕃さま」といって、農家は萩餅や、柴餅をつくって横倉様を祭り一日の業を休んで、慰労した。そして部落民は氏神に集って「玄蕃踊り」をおどり、各自持参、また当屋持ち（若干の出し前による）の酒肴を囲んで歓談し、無病息災と。悪疫の退散を祈った。

とある。ただし、この「玄蕃さま」の祭も昭和三十年代からはしだいに衰微し、踊は動きを失いほとんど絶えてしまっている。踊歌も歌詞は全て踏襲されているが、歌い手は故人となり、現行は録音テープで行われている。なお現在の玄蕃踊の様子は、令和二年八月に行った調査により、町内四地区の現状を『高知県の民俗芸能―高知県民俗芸能緊急調査報告書』（令和4年3月、高知県教育委員会刊）に記録している。詳細な報告となっているので参照願いたい。

記録に残る玄蕃踊歌の全歌詞

最後に、諸書に記録された佐川町の「玄蕃踊」の全歌詞を紹介することとする。諸書により出入りがあるほか、訛伝・異伝、表記の小異もあるので、一つの伝本に固定せず、すべての歌詞を五十音順に配列しなおし、原書の表記のまま示すこととする。採用した伝本と略称は次の通り。『巷謡編』（巷）、『皆山集』（皆）、『佐川讀本』（讀）、『佐川町史』下巻（町）、佐川町長竹地区の書留（長）

1・いこなら　やろぞ　八月に　やろぞ
　八月の　楽は　正月から　思やれ　（皆）
・いこなら　やろをぞ　八月に　やろをぞ
　八月の　たのしみは　正月より　おもふ　（讀）

現行の佐川町の「玄蕃踊」（平成3年、令和2年撮影）

室原地区の「玄蕃踊」
（当屋宅の庭、平成3年撮影）

御幣を付けた大榊を中心に、鉦・締め太鼓をたたいて左回りに周回する。団扇を手に、右に大きく体をひらく所作が特徴的であるが、踊の動作はそろわない。踊歌は既に録音テープになっている。

室原地区の「玄蕃踊」
（公民館前の広場、令和2年撮影）

団扇を手にして左回りに周回することは同じであるが、踊の動作は全く消滅している。伴奏の締め太鼓と鉦は残っている。
踊の輪の脇に立てた大竹には「奉解願　横倉山鎮座大神祭祀　流行病防除　組中安全守護攸」と書いた幟が取り付けてある。

岩井口・塚谷地区の「玄蕃踊」
（岩佐神社境内、令和2年撮影）

御神木と大榊を中心に右回りに締め太鼓の音頭で踊る。「ネブタ足を踏む」という伝承はあるが、足並みはそろわず、ほとんど踊らしい動作は見られない。団扇を持ったという伝承はあるが、今は持たない。採り物については、『巷謡編』（天保六年序）〔高岡郡左川《さかわ》郷玄蕃踊歌〕の項には「扇子」とする記録がある。

・いこうなら　やろぞ　八月に　やろうぞ
　八月の　頼めは　正月待つと　思やれ　（長）
・いこなら　やろぞ　八月に　やろぞ
　八月の　たのみなら　正月まつと　思やれ　（町）
・やろぞ　〳〵　八月に　やろぞ
　八月の　たのみは　正月のまつと　思やれ　（巻）
2・市ノ瀬の　中程で　踊るげな　見にいこ
　笠も帷子《かたびら》も　染めかけて　あるげな　（長・町）
3・今なり　かはらに　ふねまちる　これんで
　此ノ大《タイ》川で　引ふねが　よそろや　（巻）
・今成の　河原で　船を待つ　小女郎
　このような大川は　引き船が　よかろ　（長・町）
4・大さきげんばどのは　十七たちを　かたいだ
　ゆみをこそ　かたげ　たちをこそ　かたげ　（巻）
・大崎の玄蕃殿は　十七八を　かたいだ
　弓をこそ　かたげ　太刀をこそ　かたげ　（長）
・大崎玄蕃殿は　十七八を　かたいだ
　そしんなよ　そしんなよ　弓に太刀を　かたげ　（皆）

・大崎のげんば殿は　十七たちを　かたいだ
そしんなよ　そしんなよ　ゆみにたち　かたげ（讀）
・大崎玄蕃どのは　十七八を　かたいだ
そしんなよ　そしんな　弓に太刀をこそ　かたいだ（町）
5・大崎茶園まに　かき色の　かたびら
これよりさきは　べに入の　かたびら（巷）
・是から　ちややんばへ　白い帷子で
それからさきへは　べに摺りの　帷子（皆）
・これから　ちうえんばえ　白かたびらで
それからさきは　べにずりの　かたびら（讀）
6・おかたの　てには　なにを　もみつけた
こいくれなゐの　花もみつけた（巷）
・御方の手には　何を　もみしゆめた
こいくれなゐの　花を　揉みしゆめた（長）
・おかかの　手には　何を　もみ付た
こいくれないの　花を　もみ付た（町）
・おかたの　手には　何を　もみつけた
濃いくれなへを　もみつけた　お手よ（皆）

・おかたの　おてには　なにもみつけた　おてよ
　こいくれないを　もみつけた　おてよ（讀）
7・沖の　田中の　七辺　小麦
　うちうなだれて　ちんとでて　まねく（町）
・沖の　田中の　七へん　小麦
　うちうなだれも　しゃんと出て　招く（長）
8・をどり　くたびれて　どこで　やどとろぞ
　ざいけの　〱　京のざいけの　はまのまちで　やどとろぞ（巷）
・踊り　くたびれて　何《ド》の町で　宿とろ
　ざいけの　ざいけの　きよざいけの　浜の町で　宿とろう（皆）
・おどり　くたびれて　どこで　やどとろぞ
　ざいけの　〱　ございけの　はまの町で　やどとろお（讀）
・踊り　くたびれて　どこで（に）　宿をとろぞ
　在家の　在家の　小在家の　浜で　宿をとろぞ（町・長）
9・かげ浦の　しまどの　猪のしりで　うたれた
　げんばどのの　きかれたら　やさら事は　行まい（巷）
・影浦の　しま殿は　井の尻で　うたれた
　玄蕃殿に　きかれたら　やさなことは　いくまい（長）

・陰裏《カゲウラ》の　しま殿は　ゐのしりで　打たれた
　玄蕃殿ニ　聞かれたら　えらひことが　いきましよ（皆）
・かげうらの　しまどんのは　いのしりで　うたれた
　げんばどのに　きかれたら　えらいことが　いきましよ（讀）

10・神の恵みに　世も栄え　氏子繁昌　曰《いわ》くおさまる（皆）
・神のめぐみに　世にたちさかへ　氏子はんじよと　おさまる（讀）

11・川のわたしばで　船をいそぐ　小女郎
　向ひには　殿御が　待つと聞いて　いくぞ（皆）
・川のわたしばで　舟をいそぐ　小女郎
　むかへには　とのごが　まつときく（讀）

12・結願の所へ　見に行こぢや　ないか
　帽子帷子も　染めかけて　あるが（皆・町）
・けちがんどころえ　みにいこぢや　ないか
　ぬのかたびらも　そめかけて　あるぞ（讀）

13・玄蕃殿の　おん太刀は　白太刀と　ミつる
　白たちか　黒太刀か　鞘がないと　聞えた（皆）
・げんば殿の　御太刀は　白たちと　みえる
　しろたちか　くろたちか　さやがないと　きこえる（讀）

・玄蕃どのの　御太刀は　白太刀と　見える
　白太刀か　黒太刀か　鞘がないと　聞えた（町）
14・玄蕃殿の　近づきは　朝倉にひとり　弘岡にひとり
　うづら坂　またに　はそうだ（町）
・弘岡に一人　朝倉に一人
　うづら坂を　またに　あそうだよな　としような（長）
・あさくらに一人リ　弘岡に一人リ
　うづらさか　またに　はそうだ（巷）
15・来いこい　小女郎　髪ゆうて　とらしよ
　三日月なりに　しやんと　ゆうて　とらしよ（町・長）
・此処に　小女郎が　髪ゆうて　とらしよ
　三日月なりに　ちよいと　ゆうて　とうらしよ（皆）
・ここに　小女郎　かみをゆふて　とうらしよ
　みか月なりに　ちよと　ゆふて　とおらしよ（讀）
16・ここか　〳〵　仏崎は　ここか
　ここよ　〳〵　ほとけ崎は　ここよ（巷）
・此処《ここ》か　此《この》村か　仏崎は　こゝか
　此処《ここ》よ　此《この》村よ　仏崎は　ここよ（皆・讀）

・爰かや　ここかや　仏崎や　爰よ
　爰よ　ここよ　仏崎や　ここよ（町）

17・こちら向いては　をるが　いそぎでて　みやれ
　鳥は　やまに　くるくる（皆・讀）

18・さても　ぬふたり　もめんはかま
　さつまばりに　土佐糸　手もとよしの　ぬはれた（巷）

・さても　よふ縫うた　木綿の袴
　薩摩針に　土佐糸に　手もとよしの　お仕立（皆・讀）
さても　縫ふたり　木綿の袴
　薩摩ばりに　土佐糸の　手許よしの　乙ごぜ（長・町）

19・白たちの　ながたちで　おおたちで　ござる
　さやがないと　おもやんな　さやはこちに　かまへた（讀）

・ひろ太刀の　長太刀で　おほ太刀で　ござる
　さやがないと　思やんな　鞘はあちに　構へた（皆）

・広太刀の　長太刀で　大太刀で　ござる
　鞘がないと　思やんな　鞘はあちらに　構へた（町）

20・揃ひなるか　始まるぞ　踊児は　揃ふたか
　揃ふ時は　みなづきぞ　結願を　しましよ（皆・町）

・そろいなるかよ　はじまるぞ　をどちこちに
　そろふ時は　みな月ぞ　けちがんを　しましよふ（讀）

21・たちは　びぜんだち　さやもなしの　たちうち
　さやのことは　まあいふな　さやはこちに　かまへた（巷）
・太刀は　備前太刀の　鞘のなしの　太刀うち
　鞘の事は　よいわいな　鞘はここえ　構えた（長）
・太刀は　備前太刀　鞘もなしの　太刀にそろ
　鞘のことは　いわれな　鞘はこちへ　かまへた（町）

22・たのしま　お方は　今宵こちで　おとまり
　うれしめでたの　若松さまよ（皆）
・たのしま　をかたわ　こよいこちでの　おとまり
　うれしめでたの　若松さまよ（讀）
・田の嶋の　御方は　今宵ここえ　ござれた
　あら　嬉し目出度の　今宵ここえ　ござれた（長）
・よひのしまる福は　こよいここで　おとまり（巷）

23・成れなれ　茄子び　七つなれ　茄子び
　ならねば嫁の　なりをたつる　茄子び（長）
・なれなれ　茄子び　七つなれ　茄子び

ならねば嫁の　名の立つ　茄子び　（町）

24・三日月なりは　お天道の《（に）》　おそれ

山形なりに　しやんとゆうて　とらしよ　（長・町）

25・むかいなる　なしのきは　なにのなる　なしのき

よめをそしる　こじうとめを　しばりつける　なしの木　（巷・長・町）

・むかいなる　なしの木は　なにのなる　なしの木

ゆみをそしる　小女郎を　しばりつける　なしの木　（讀）

・向ひなる　なしの木は　何かなる　梨の木

ゆみをそしる　小女郎を　縛り付る　梨の木　（皆）

26・向ひ山の　三本木へ　鳥がつひて　はせる

何どり　見やるぞ　ごゐの鳥の　五羽むれ　（皆）

・むかい山の　三本木え　とりがついて　はおるが

なにどりと　みやるぞ　ごいの鳥の　五羽むれ　（讀）

27・山田の稲は　きのふがりか　今日刈りか

昨日刈は　い《（ゆ）》わへて　おきやるのは　けふがり　（皆・讀・町）

28・山田のいねの　豊稔《ほうねん》は　あぜに　よりかかる

たのしまみなとへ　船が　よりかかる　（皆・讀・町）

29・よいしよくの　ゆゑんなる　硯箱の　よりあひ

あれかく　しごんどのは　しがどのに　しましよ　（巻）
・よいしよくの　上にある　すずりばこの　よいふで
それでかいた　しぐわんどのは　わしがとのに　しましよ　（讀）
・よいしよくの　上にある　硯は此　よい筆で
それで書いた　しぐわんどのを　わしのとのに　しましよ　（皆）

三　津野町北川の笹見踊

前節・二で詳しく検証した「玄蕃踊」と本来同類と思われる芸能が、高岡郡津野町北川（旧東津野村北川）にも、「笹見踊」という名称で伝存している。踊歌の一部のほか、扇子を用いる芸態や、悪病除けを願う点においても共通性が見られるが、結論的には、やはり中世末期の「盆の踊」を伝えているものと考えられる。以下、具体的に紹介・検証を試みるが、現況においては玄蕃踊よりもさらに古態を保っていると思われる箇所もあるので、お互いを比較勘案することにより、明らかになる点も多かろうと思う。

笹見踊の沿革

笹見踊が行われるのは、旧暦の七月七日（現行は新暦八月十三日に固定）、洗慶堂と呼ばれるお堂のある広場である。この日を地区では「お洗慶様例祭」として、「お念仏」「笹見踊」「奉納相撲」などを行う。

地区民に「お洗慶様」としてあがめられ、お堂に祀られているのは、室町時代末期に津野氏の招きでこの地を拓いたと伝えられる北川源兵衛である。

・北川殿は　六尺男

　申楽姫は　脇にたつ　やさし

と笹見踊の歌詞にもうたわれ、その起源に深く関わる人物であるが、故上田茂敏の考証（『東津野村史』下巻、昭和40年刊）によれば、この人物の生没年については、次のように三つの資料が残されている。一つは、江戸末期のものという『北川三組中諸祭礼根居帳』（北川・西村岩太旧蔵）の伝える所で、「前北川太守泉溪常香禅文門」とあり、「天文八年廿三歳」で亡くなったことになっている。これで行くと源兵衛は永正十四年〈一五一七〉生まれとなる。次に葉山村下半山西谷（現津野町）の種玉庵にある位牌には、「前江州太守泉溪常香禅定門　天文十三年十月八日　北川源兵衛殿」とあるという。さらに、高野山上蔵院過去帳には、「前江州太守泉溪常香大居士　土州津野源兵衛尉為近江守殿　文明十三年十月八日」「宝聚常珍童子　土州津野近江守同子息　天文十三年九月二十一日」とあるという。この資料で源兵衛の没年の年号を文明とする点については、親子の年齢差がありすぎることや、後に述べるように疫病で亡くなったという伝承とを合わせてみると、子息と同じ天文を誤り伝えた可能性が高い。また、同じく笹見踊にうたわれている源兵衛の奥方（申楽姫）は、『北川三組中諸祭礼根居帳』および津野町高野（土居屋敷）にある「お方様の墓」（「宝鏡院殿水月妙円大姉」）の墓碑銘により、「天正十五年七十二歳」で亡くなったと伝えられている。これによれば奥方は永正十三年〈一五一六〉の生れとなる。

以上の資料によりおよそ一致する所を考えてみると、北川源兵衛は室町時代の末期、永正から天文頃にかけて生き、早世した人物と考えられる。伝承によれば死因は流行の悪疫（赤痢）とされ、死に臨んでは「長く領民を悪疫から守る」と遺言したという。これに因んで、祭りでは今でも「竹林院殿洗慶霊悪病消除攸」と書かれたお札のほか、お守り・絵像などが配られている。また「お方様の墓」も、その死因である出来物の熱が内にこもって亡くなったことに因んで、様々な吹き出物に利益があると信仰されている。

現行の祭り行事の進行

当日の行事としては、まず昼すぎから「お念仏」の唱和による念仏供養と、これと並行して洗慶堂での僧侶による仏事がある。

現在の洗慶堂は明治二十九年に再建されたものであるが、北川源兵衛とその子息の墓の前に建てられている。墓石は明和五年〈一七六八〉十一月二十二日に建てられたものであるが、前面には「竹林院殿青岩洗慶大居士」とあり、右側面には「七月八日　前北川領主」とある。この墓石の向かって右隣に「古岳永松信士」と刻まれた小さな墓石があり、右側面には「前北川殿子」とある。

「お念仏」は、洗慶堂横の大藤館で行われる。鉦と太鼓の伴奏により、二組に分かれて交互に唱和する態のもので、「エン、ナーモーミドーバイ。エン、ナーモーミドーバイ」「ア、ナムアミダンボ。ナムアミダンボ」など、念仏を様々に変化させ節付けして行う。いわゆる「大念仏」と同様のものであるが、各自が笹を手にしているのが特徴である。振りは、足を交互に踏みかえる程度の簡単なものである。一定の念仏の形式を七回繰り返して一日の分は終わりとなるが、この「お念仏」は、かつては旧暦七月七日、八日、十二日と合計三日かけ、二十一回唱えるのが決まりとなっていた。

念仏も終わり、日没近くなってから行われるのが「笹見踊」である。折しも七夕の祭りと重なり、庭には飾りつけをした天を突くような大きな青竹が立てられている。「笹見踊」の名称は、この青竹の笹に由来するものと思われる。

踊は、音頭の歌と、太鼓（締め太鼓）・鉦の伴奏によって進行する。歌は、かつては「出し」と「受け」の交互の掛け合いであったことが書留によって確認できるが、現在は前段・後段通しての斉唱に変わってしまっている。「出し」と「受け」という歌い方は「お念仏」と同様のものであり、直接的にはこれに由来すると考えられるが、さらに古くは、「歌垣」も含めて古代以来の日本歌謡の、集団における最も基本的な歌唱法である前後二段の掛け合い形式にのっとり、それを伝えるものと言える。踊子の多くは浴衣姿で、右手には日の丸模様の扇子を手にしている。扇子の親骨の端に人差し指の先を入れ、それを親指で軽く押さえて使うが、拍子に合わせてひらひらと翻し、前後左右に高く低く、優雅な動きを見せるのが印象的である。踊は右回りの輪踊で、音頭は輪の外に、太鼓・鉦は輪の中にあって踊子と共にはやして踊る。

笹見踊、踊歌の全歌詞

次に、その踊歌の歌詞を紹介する。北川地区には十二章の歌が伝えられているが、隣接する宮谷地区の故白石幹男が昭和三十五年に書いた『まつりのうた』と題する印刷物には、全部で二十章の歌が記載されているので、先ずそれにより順に記録し、これには漏れている北川地区の歌をその後に追加することとする。多少の異伝のある歌については、宮谷・北川両地区のものを並記する。なお、白石の書いたものは、昭和初年に宮谷の西原藤三郎という人が祭のすたれてゆくのを憂え、地区の人々に歌詞を印刷して配ったものが元になっているという。

（歌詞は、いずれも前の行が「出し」、後の行が「受け」。21番以降は北川地区の追加分である）

1・盆にこそ　踊れ　たゞの時　踊んな
踊るとも　叱らすな　遠国《えんごく》の　里まで　（宮谷）

現行の津野町北川の「笹見踊」（平成3年撮影）

室町末期の領主・北川源兵衛の墓所と洗慶堂

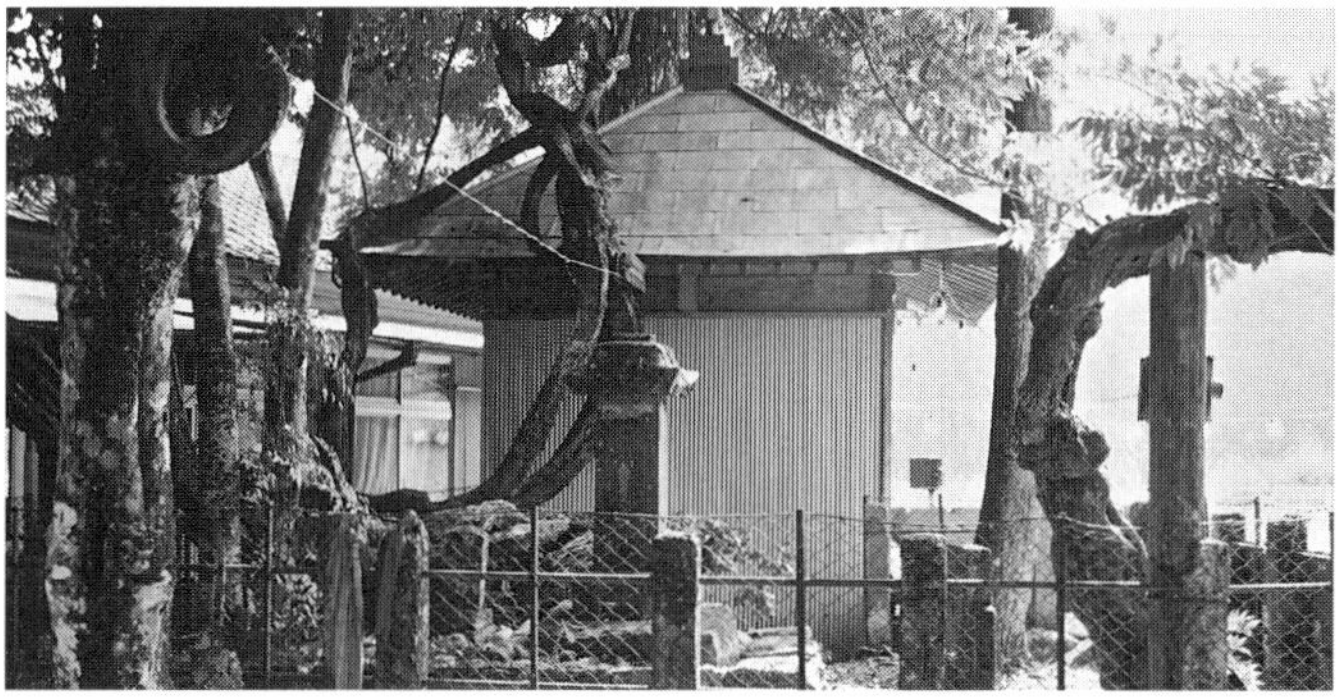

「竹林院殿青岩洗慶大居士」（北川源兵衛）と「古岳永松信士」（子息）の墓石が建てられている。奥に見えるのが洗慶堂。

「お洗慶様例祭」（8月13日）で配られる御札

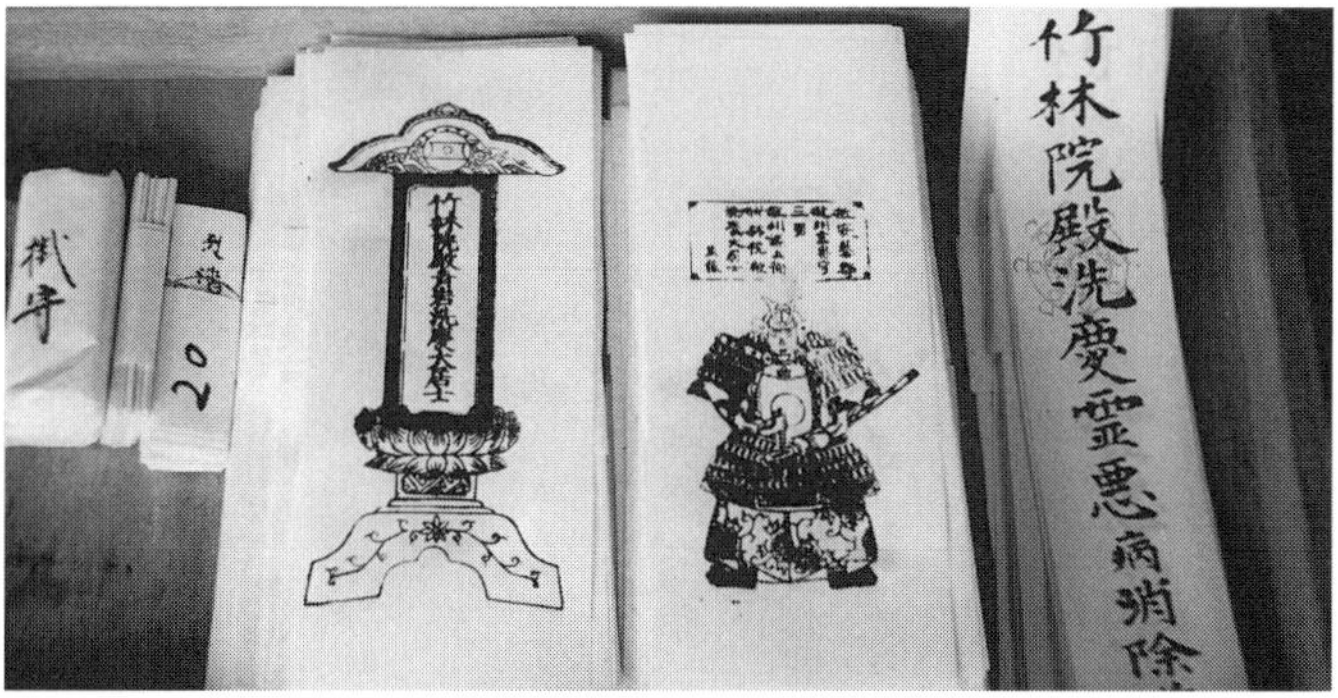

位牌を模した絵や北川源兵衛の絵像、「悪病消除」とある御札等から御霊信仰の対象となっていることが分かる。

洗慶堂の庭で踊られる「笹見踊」

採り物としては扇子を持ち、高く低く翻し、優雅な振りを見せる。踊歌の掛け合いは失われている。

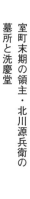

・盆こそ　踊れ　只時に　踊るな
　踊るとも　叱らんすな　遠国の　人まで（北川）
2・盆の七月に　踊らせぬ　親は
　七ツの池の　主と　ならしめ給へ（宮谷）
・盆七月に　踊らせぬ　親は
　七つの池の　主となれ　ならしよ（北川）
3・北川殿は　六尺男
　猿楽姫は　側《わき》に立つ　優《やさ》し（宮谷）
・北川殿は　六尺男
　中楽姫の　脇に立つ　やさし（北川）
4・猿楽姫の　くけたる　紐は
　結び目が　細《ほそ》て　なをいとしや　おいとし（宮谷）
・中楽姫の　くけたる　帯は
　結び目が　細うて　おいとしや　おいとし（北川）
5・伊勢州掃部《いせしゅうかもん》殿は　良い婿を　とられた
　水の波の　上下《かみしも》に　備前槍を　かたいで（宮谷）
6・のぼる〳〵　黒い雲が
　越知面《をちめん》殿へ　さしかけて　のぼる（宮谷）

7・向ひ奈路《なろ》の　梨の木へは　なぜに梨が　ならんや
　嫁をしよしる　小姑《こじうとめ》を　縛りあげる　梨の木　（宮谷）
8・向ひの山を　白犬が　下《を》りる
　白かたびらで　殿かと　思ふた　（宮谷）
・向うの山から　白犬が　下りる
　白かたびらの　殿かと　思うた　（北川）
9・向ひの奈路《なろ》の　樅《もみ》の木へ　恋の鳥が　とまる
　飛ばゞ飛べ　早く飛べ　見れば恋が　まさるぞ　（宮谷）
・向ひ奈路《なろ》の　三本松に　恋の鳥が　とまる
　飛ばゞ飛べ　早《はよ》にとべ　見るほど恋の　まさるに　（北川）
10・今年の盆は　盆かときや　思はん
　盆のかたびらに　ときやけの　ほどに　（宮谷）
11・向ひ奈路《なろ》の　辻見堂の鐘は　なぜに　鳴らんや
　鐘は稚児に　うち呉《く》れて　鐘は無し　手拍子　（宮谷）
12・よいしよくの　ふゑんなれば　硯箱に　折筆
　それを書く　稚児殿は　俺《おれ》が殿に　しばらしよ　（宮谷）
13・京から　おごけ　堺から　かけご
　うまずに　たまれ　月に　七おごけ　（宮谷）

・京から　緒桶　堺から　掛ご
　うまずと　貯まれ　月に　七緒桶　（北川）
14・山田の稲は　畦に　よりかかる
　十七八は　殿に　よりかかる　（宮谷、北川）
15・山田の稲は　昨日刈《きのうかり》か　今日刈か
　昨日刈を　ゆりあけて　たんだ今日刈〳〵と　（宮谷）
16・十七八を　前《さき》に立て、　踊れば
　それを見る〳〵《（見る）》　吾が振《ふり》は　合はん　（宮谷）
17・沖を漕ぐ　しそん舟は　俺を呼びに　来るげな
　しめがな　まろべがな　沖の殿は　しねがな　（宮谷）
18・吉原のちゃんまで　白いかたびらで
　これより先は　べに入りの　かたびらで　（宮谷）
・檮原の茶屋まで　白かたびらで
　それより先は　紅染の　浴衣　（北川）
19・殿様の前の　光る駒は　何や
　星かほたるか　刀のつばか　（宮谷）
20・昼は日和《ひより》　夜は夜雨　打ち降りて
　秋の夜の中が　萬夜《まんよ》のなかよ　（宮谷）

21・取立ちや　すまな　踊立ちや　すまな
取立親が　ござらねば　すまな　(これ以下三章分、北川地区)
22・若殿様は　二十の上を
八つ余りで　一期とは　おいとし
23・紺屋が　焼けて　型板が　焦げた
白かたびらが　黒かたびらよ

これらの歌のうち、7番・12番・14番・15番・18番は、前項で紹介した玄蕃踊と共通する歌詞を有する。また、全般に詞型の類似性も高く、大方はほぼ同時代の同様の芸能に由来する歌とみなしてよいであろう。特に結句に多く見られる四音終止の形式は、玄蕃踊歌と同様に中世歌謡の特色を示すものと考えられる。

中世という点では、先に考証した「北川殿・申楽姫」(3、4番)のほか、「伊勢州掃部殿《いせしゅうかもん》」(5番)も不確定ではあるが中世期の人物である可能性がある。すなわち天正十六年三月の『土佐国高岡郡津野船戸村地検帳』には、五十筆にわたり「戸田掃部(津野氏の家臣)なる名が見え、ゆかりの人物かと思われる。或いはまた、婿取婚の習俗をうたったものとすると、さらに古い時代につながる可能性もある。

また「越知面殿《をちめん》」(6番)は、慶長二年七月二十日、妖術を使うキリシタンとして越知面の村民により忌避、殺害されたという中越長左衛門正友(津野氏の家臣)の、さらに「若殿様」(22番)は慶長五年九月二十九日、二十八歳で自刃したという津野親忠(長宗我部元親の三男で津野家最後の当主)の可能性がある。この二人は高岡郡檮原町越知面に伝わる「二十日念仏」(現行八月二十日)と称する念仏踊で、供養の対象となっている人物であり、特に中越長左衛門は、悪疫の流行をその祟りのためと考えられていた人である。津野親忠もまた、その死後打ち続いた天災・凶作の原因と考えられ、旧津野山郷一帯では供養の祭がなされ、現在でも梼原町の吉祥寺では九月二十九日に法会・大念仏・花取踊・三番叟などが行われている。

中世に遡る「盆の踊」と踊歌の特徴

さて、以上の紹介・検証を通して、この「笹見踊」も、中世末から近世初頭の踊歌を伝えるものであり、その踊は、前項の「玄蕃踊」との関わりからも、また1・2・10番の歌詞などにも明確に示されているように、「盆の踊」であったと理解して間違いないものと思う。とすると、「玄蕃踊」（第七章の太鼓踊の中のものも含めて）と「笹見踊」の数少ない事例とはなるが、その共通性から、ひとまず中世末の地方における「盆の踊」の姿態を類推することは許されるものと思う。それらを要約してみると、

一、踊歌は短詩形で、その歌唱形態は「出し・受け（付け）」の掛け合い方式であること。

二、領主をはじめとして話題性の高い人物をうたい、一方でその霊を慰撫すると同時に悪疫からの加護を願うこと。

三、女性の魅力の盛り「十七八」をうたうなど、性愛への誘引歌をうたい、盆を民俗における性的解放の重要な機会としていたこと。

四、伴奏の楽器は、太鼓（玄蕃踊・笹見踊の場合は直径三十五センチ程度の締め太鼓）と、敲き鉦を主とすること。

五、扇子を手にし、親骨の端にいれた人差し指と親指の操作により、印象的な振りを作り出していること。（中世以来と思われる太鼓踊にもこの振りは用いられている）

六、服装は（格別な風流踊は別として）、多くの民衆が自由に参加できる踊は、本来、着流し程度の質素なものであっ

たと思われること。
七、輪踊であり、右回り・左回りと両用あること。
八、地域によっては、常設の「踊堂」の発達もみられたこと。
等々が挙げられよう。また、庭に大きな青竹を立て祈願の紙幟を付けるなど、幟を出す風習も、近・現代におけるヤグラ中心以前の在り方を示すものとして指摘することができると思う。

なお補足すれば、二の悪疫との関わりは、玄蕃踊においては『皆山集』等の資料は寛永以降のことと伝えているが、こうした要素は「盆の踊」としても本来備わっていたものと考えられる。また三の「十七八……」の歌は、第七章で紹介した峯岩戸の太鼓踊の「げんば踊」、椿山の太鼓踊の「さんばれ」にも含まれており、こうした盆の踊歌には必須の代表歌とみなしてよいであろう。なおまた、手巾（手ぬぐい）や編笠等で面体を隠すこともあった（前節『長元物語』参照）が、私見ではこれは本来、神仏など霊的な存在への隔ての意識、畏敬の念に発したものと考えている。

四　盆の踊歌の歴史的研究

都市の踊歌と、地方の踊歌研究の意義

盆の踊歌の歴史的研究については、早く高野辰之『改訂日本歌謡史』（大正15年）に、

応仁・文明の頃から、毎年盂蘭盆の頃に踊ることが起つて、永正の頃から漸く盛になつたが、此の時代の踊歌は傳つて居ない。（「第六編　邦楽大成期、後半時代　第一章　初期の歌謡　第四節　踊歌」）

とあり、応仁・文明〈一四六七～八七〉と永正〈一五〇四～二一〉の二つの画期を示しているが、当時の盆の踊歌に

ついてはその伝来を否定している。これを受けて森末義彰「盆踊の研究―特に中世を中心とする―」（『宗教研究』新第十巻第一号、昭和8年）は、さらに詳細な研究を展開、「踊り始められた時期に就いても俄かに断じ難いが、（中略）鎌倉時代の末か、南北朝時代の始頃から行はれ始めたと考えてよいのではあるまいか」とした上で、特にその名称については、

盆踊なる名稱に就いては、應仁以前の記録等には見る所なく、應仁・文明頃に至つて、漸く奈良の興福寺関係の記録に発見し得るのである。然してそれも近世に於ける如く、盆踊なる一つの稱呼のみが用ゐられたのではなく、其の外にも、念佛拍物、念佛風流、念佛躍、跳念佛、或は單に風流、踊若くは踊躍拍子、躍拍子など〻、種々雑多な名稱を以つて呼ばれて居る。

と、中世における名称の多様で未だ不確定であった在り方を指摘している。これは、本章の冒頭に略述した名称「盆の踊」についての私見の趣旨を補うものとして付記しておく。なお補足すれば、「盆踊」の名称は、興福寺の子院・大乗院の日記『大乗院寺社雑事記』文明十六年七月十七日の条に「盆踊事」とあるのが早い事例である。が、それ以降を過渡期と捉え、熟語として定着し、専ら通用するようになるのは近世以降に降る―と見るのが私見である。

こうした中で森末は、それまで題目のみ伝わり歌詞を見ることができなかった踊歌について、新たに天文年間〈一五三二〜五五〉の史料『御状引付』（内閣文庫蔵）の中に「盆のお□□《どり》」あるいは「盆踊」と表記された小資料（十首）を見出し、論考の最後に紹介している。（以下に歌詞の部分のみ森末の記述を生かし再録する）

たゞとのには人ころしておやり候

一、たちなぎなた《（太刀薙刀）》を、ふりかたげ、ふけてしのび《（忍）》の、夜あるきも、又つぢぎり《（辻斬）》か、人ごろし。

一、だき《（抱）》しめて、にほ《（匂）》ふ玉づさ《（章）》、ひきむすび、しのびやかにをくらる〻、さすが《（流石）》いやとも、いはれずや、もしあ

らはれば、人ごろし。
一、たうせい《当世》の、はやりもの《流行物》では、おやれども、ならいめされぬ、くすし《医者》にて、わかい《若》とのご《殿御》に、にあは《似合》ずや、これもひとつの、人ごろし。
一、いとま《暇》もくれず、めもかけず、うらみ《恨》のふかき、なみだ《涙》川、身をなげん、こゝろのつき候ぞ、人ごろし。
一、とし《年》月の、うき《憂》もつらさ《辛》も、いはせずや、まれ《稀》にあふ夜の、よもすがら、しめつかためつ、めさるれば、たゞ人ごろし。

〈以上当該資料の第一紙、以下第二紙〉

一、ていしゅ《亭主》〳〵の、るす《留守》なれば、となり《隣》あたりを、よび《呼》あつめ《集》、人ごと《事》いふ《言》て、大ちや《茶》のみ《飲》ての、大わらい《笑》、いけん《意見》さまふさうか御聞らうか
いけんさまふさうか。
一、よめ《嫁》やむすめ《娘》の、わかき《若》人、まいさるがく《舞猿楽》に、はづれねば、けんぶつごのみ《見物好》の、人ぞとて、たれもみしり《見知》て、れい《例》の物ぞと、ゆび《指》をさす、いけん。
一、この比は、まとの《魔殿カ》がおほく、あらはるゝ、必づきづかい《気遣》、めされいなふ、だいたん《大膽》なるが、わろく《悪》候、いけん。
一、いちど《一度》二どこそ、しのぶ《忍》なれ、たびかさなれ《度重》ば、ふかくこゝしや、てんばち《天罰》と、おしやるこそ、なによりもつて、せうし《笑止》なれ、いけん。
一、わかき《若》時、さのみけんしや《賢者》も、いや《嫌》で候、人のいひよる《言寄》、たより《便》なし、としがとりての、こうくわい《後悔》。

料紙は室町幕府・奉行人の文書「引付」を利用したもので、内容は、前半（五首）は「辻斬り」から恋の心理的な

「人ごろし」に及び、後半（五首）は「意見」すべき当世女性の目に余るふるまいなどを扱っている。使用の料紙のみならず、こうした技巧的かつ風刺の利いた歌詞内容・構成から見ても、都市の風俗に通じた相当の知識人の手になるものと判断できる。

前・後半の一行目「たゞとのには人ころしておやり候」「いけん《（意見）》さまふさうか御聞らうか」については、森末は、「題らしき文」、「最後にその歌題を示す如き囃子句がついて居る」「統一した形をもつ」踊歌―と説明している。これらの考察を敷衍すれば、冒頭部の詞章はそれぞれ、「題目」であると同時に、各首のおわりに付いて繰り返しうたう共通の「囃子句」であったと理解することができる。ただし、どのような掛け合い形式であったかなど具体的な歌唱方法については、さらに明確な指示のことばは無く、判然としない。

なおこの資料については、佐々木聖佳が後に原本により綿密な再読・考証を付し、さらなる理解の可能性に資する考察を示している（「『御状引付』書留盆踊歌考」『歌謡　雅と俗の世界』平成10年、和泉書院）。

中世という時代、「盆の踊」については、中央においても、このように行われていた当時の踊歌の記録が遺るのは稀有な例と言える。まして対照的な地方の民俗の事例として、本稿で扱った佐川町の「玄蕃踊」と津野町北川の「笹見踊」とは、第七章で扱った「椿山の太鼓踊」の「さんばれ」と並び、正に中世の「盆の踊」における民俗、民衆の生活と心を伝える希少な事例となる。

しかしながら、土佐の事例の現況は、既に変容著しく、共に寥々たる状態になっている。が、さらなる解明と、保存・継承に努めなければならないことは勿論である。

第九章　稲作と民俗芸能「歌と踊」の軌跡
—『巷謡編』に見る土佐の一年を主軸として—

一　はじめに

人間が生きて行く上で最も大切な生産という行為、歴史的にその中核に位置付くのが稲作であった。生を支えた農耕・稲作に関わる民俗芸能について、江戸時代の末期、土佐の国学者・鹿持雅澄（一七九一～一八五八）が編集した民俗歌謡の集成『巷謡編』（天保六年序、岩波・新日本古典文学大系62、所収）を中心的な史・資料として、土佐・高知の一年を綴りその軌跡をたどり、その歴史的意味を考察してみたい。

土佐はかつて「遠流」の地であり（『延喜式』）、また紀伊・熊野と並ぶ補陀落渡海の信仰の地（足摺岬・室戸岬等）でもあった。そのことに象徴されるように、歴史的には、都から最も南に離れた境界領域とされ、そうした地理的条件により、古風な心意や民俗がよく継承・保存されてきた。土佐の資料からは、かつての我が国、特に西日本における一つの典型が現れてくるものと思う。

なお、他の地域に見られる特徴的な事例については、その若干を補足する形で付け加えてみたいと思う。

二　漂泊の祝福芸

万葉集の「乞食者ノ詠二首」

『巷謡編』の冒頭には「総論」として巷謡史（民間の庶民歌謡史）が置かれている。その最も古い起源の一つとして示されたのが『万葉集』巻十六所収の「乞食者詠（ほかいびとのうた）二首」（三八八五・三八八六）であった。

万葉集十六ニ「乞食者ノ詠二首」トテ載《のせ》タリ。コレハ乞食者ノ作ルト云《いふ》ニハアラデ、乞食者ガ人ノ家ノ門ニ立《たち》テ、謡ヒテ物乞《ものごひ》アリク其ノ詠《ウタ》ト云《いふ》コトナリ。歌ノ字ヲ書《かか》ズシテ詠《ヨメ》トアルニ心ヲツクベシ。

「鹿、蟹の為に痛みを述べて作った」とそれぞれの左注に言うその歌詞の内容からは、儀礼として概ね次の三つの歴史的、段階的展開を窺うことができるものと思う。

①狩猟採集時代の呪術的儀礼の段階
②農耕時代における共同体の政治的儀礼の段階
③階級社会における民間芸能の段階

飛鳥・藤原朝の歌とされる万葉歌の「乞食者（ほかいびと）」は、三段階目の国家・共同体の枠からはじき出された民間を放浪する芸能者と理解することができるが、実に、我が国の民俗芸能を根底において支えたのは、皮肉なことに、こうした土地を持つことができず農村からは疎外され続けた人々であり、彼らによる漂泊の祝福芸であったのである。

鹿持雅澄は、当代の土佐の年始における「保米（ホメ）」を「乞食者」の遺風と位置付け、その名の由来を「寿ヒ賛ル（ほかひほむる）」意によると説明している。

今ノ世ニモ、田舎ニ年ノハジメニサル者アリテ、其ヲ保米《ホメ》ト云《いふ》ハ、即チ寿ヒ《ホカ》賛ル《ホム》謂《いひ》ノ称《な》ニテ、全《もはら》古ヘノ遺風ナリ。

土佐の藩政期から近代に係る資料（松野尾章行『皆山集』、寺石正路『土佐郷土民俗譚』）は、その周辺に「鳥追・餌取・萬歳・夷舞」等の被差別の芸能民を配し、その詞章をあげているが、傀儡・田楽・猿楽・修験山伏・念仏聖・放下・太神楽・座頭・春駒等、さらに様々な芸能者の展開を「乞食者」の末裔として記憶しておかなければならないであろう。

もちろん民俗芸能の中心的な担い手は、直接生産に携わる地域定住の人々、農民そのものであることは言うまでもない。しかし多くの歌謡の詞章やその芸態から浮かび上がってくるのは、こうした都市と地方とをつないだ漂泊の芸能者たちの姿である。年始、「神」として異境から訪れる芸能者の予祝の芸能は、我が国古来の言霊信仰に支えられたものではあるが、その祝福の言葉に裏にある「痛み」への理解は、古代以来続く「生活者」共通のものとして決して忘れてはならないものと思う。

古代に呼応する、近・現代の「啼く鹿の歌」

はるか八世紀以前の万葉時代の「乞食者」の鹿の嘆き（痛み）に呼応する歌が、昭和六十二年〈一九八七〉、坂本正夫により採集されているので、その貴重な報告「ヤッコさんと恵比寿舞わし」（『土佐史談』一九七号）を次に記載しておく。

土佐清水市益野の岡田要さん（明治四十四年生まれ）に聞いたヤッコさんと恵比寿舞わしのことを、岡田さんの語りで紹介する。話を聞いたのは昭和六十二年二月のことである。

◇　◇　◇

わしの青年時代まで正月から三月、四月ごろにかけて伊予からヤッコさんというものが来よりましたねえ。毎年同じ人が二人できよりましたがねえ。お爺さんがヤッコさんという高さ一尺二寸（約四十五センチ）ぐらいのデコ（人形）を踊らせて、お婆さんはその隣で三味線を弾きよりましたが、その唄の文句は次ぎのようなものでした。踊りを見た人はお米を少し皿へ入れてやりよりました。

鹿が啼く啼くこの山奥でなあ
寒くて啼くのか妻呼ぶか
寒くて啼かなや妻よばな
明日はこの山おシシ（鹿）狩り
トウ（十）と余人の狩人が
手にはツツ（鉄砲）持ち煙硝持ち
撃たるるこの身はいとわねど
腹のヤヤコ（子供）が闇となる
も一度助けて山の神、も一度助けてくれたなら
高いお山に金銀の祠を建ててお礼参りは親子連れ
エートコセーヨイヤナー、アリワイサッサコレワイサッサ

それから、恵比寿舞わしも年中来ましたねえ。一人で来ましたが、片手に鈴を持って鳴らし、もう一方の手で恵比寿を舞わしよりましたが、……（以下略す）

具体的にその間の脈絡をたどることはできないが、鹿の「痛み」を述べたこの歌の、時空を超えた重なりには驚かざるを得ない。特に、春のはじめの時期（農耕の始まる前）、「山の神」の信仰が里においてうたい伝えられていたという点には注目しておきたい。それを以って予祝の芸能とする精神は、近年まで脈々と息づいていたのである。この祝福芸の記憶が話者（明治四十四年〈一九一一〉生れ）の青年時代までという、その時期についても注意しておきたい。

デコダ・エボシダと田の神

なお、漂泊の芸能者と「田の神」との深い関わりを示す話としては、坂本正夫『日本の民俗　高知』（昭和47年）の「生産」の項に、次のような「祟り田」（耕作すると凶事が起るとして放置されている田）の伝承が記されている。

須崎市多ノ郷や吾桑にはデコダ（木偶田）という祟り田がある。これは昔、田植しているところへデコマワシ（木偶回し）がきたのに、機嫌よく遇しなかったので怒って、ここでデコを洗ったためだったといっている。高知平野や須崎市・幡多郡などにはエボシダという祟り田があるが、いずれも上田であることが共通している。エボシダは天正地検帳にもでてくる。

著者の坂本は「デコダやエボシダはもともと田の神を勧請した神聖な場所であったものが、信仰の零落によって逆に恐れられるようになったのであろう」と説明している。同氏によれば、「エボシダ」のエボシも萬歳の冠る立烏帽子による命名であることは間違いないという。

現代に伝わる四国の民俗芸能としては、徳島県国府町の「柴原えびす舞」を記憶しておきたい。「箱まわし」と呼ばれた人形による門付芸であるが、三番叟のほか、

米作ようて　藍作もようて　陸（おか）は萬作　沖は大漁

などとうたい恵比寿人形を舞わす。一九六〇年代の高度経済成長の頃、もはや呪術を必要とせぬ農業の機械化の進行と、「物もらい」とさげすむ厳しい差別の中で消滅したが、一九九五年に「復活する会」が結成され、一九九七年に上演が復活した。

三　予祝の神事芸能　田遊・田楽

新春の祝福芸に次いで、具体的に農作業に入る前に、神を招いてあらかじめ稲作の過程を模擬的に演じ、神の祝福・豊年の約束を期待する予祝の神事芸能、田遊（たあそび）・田楽が行われた。

田遊（たあそび）と田楽

「田遊（たあそび）」の定義については、『民俗芸能辞典』（昭和56年、東京堂出版）は全国的な見渡しの中で次のように説明している。

正月の頃、その年の豊作の予祝のため、稲作作業の次第を象徴的に演じる芸能的神事で、全国各地にこの行事が伝えられているが、御田・春田打・田植祭・田植神事などと呼ぶ土地もある。また田植の頃に行なうところもあるが、これは年の初めの行事の効果を繰り返すことでたしかめる形とみられる。「あそぶ」は鎮魂のための舞踊を意味し、ゆえに田遊とは田の鎮魂の意で、年の初めに来臨した神が、神の強力な霊魂を田に付着させる行動が田遊であったと考えられ、あるいは田の中に眠る穀霊の発動をうながし稲の稔りを豊かにさせるという意図を込めた行動とも思われる。稲作生活の日本人に極めて古くから伝わる信仰儀礼である。平安中末期に登場する田楽は、このタアソビの当て字が元かと思われるが、デンガクと音読されてからはむしろ田植時の祭に結びつき、さらに散楽や呪師の芸能と混淆して田楽の能にまで発展した。一方、タアソビは農村の新春予祝の歌舞として定着した。

『巷謡編』および現在の土佐・高知に残る事例では、正月の例はなく、田植時の五月、収穫後の八月と十一月（いずれも旧暦）の三例が『巷謡編』には記録されている。それぞれの土地で多様な時期をとらえ、繰り返し行われていた結果を示しているものと考えられる。

【安芸郡吉良川村八幡宮御田祭歌】

中でも、中世以来の古い祭式の形を比較的良く残していると思われるのが室戸市吉良川町の御田八幡宮で行われる「御田祭」である。『巷謡編』には【安芸郡吉良川村八幡宮御田祭歌】の記録があり、「三箇年ニ一度、五月三日祭礼執行アリ」と記している。現行は西暦奇数年、隔年の五月三日、神社の拝殿の舞台を田に見立てて行われている。

稲作神事に関わる主な内容は、①「練《ねり》六人」（ビンザサラを持った行道衆による清め祓い）、②「女猿楽二人」（女面をつけての舞、「苗取り」とも称す）、③「三番叟二人」（三番神と翁による踏み鎮め）、④「牛一人」（田の鋤き起こし）、⑤「田打二人」（鍬を振り、田を耕す）、⑥「エブリサシ一人」（エブリで田をならし、早乙女を呼び出す）、⑦「田植六人」（「早乙女てがい」の笹に打たれながら田植え）、⑧「酒絞一人」（酒絞りの所作の中、子産みの態をなす）、⑨「田刈二人」（鎌で稲を刈り込む）、⑩「穂拾ヒ十二人」（落穂を拾う役か、現行はなし）⑪「地堅一人」（五方の踏み鎮め）等の構成であるが、演目の多くに唱え言や歌謡が伴い、全体で稲作の順調な過程を示す演劇的な所作となっている。

こうした中で、現行を見ると、特に印象的なものは、翁等により繰り返し行われる力強い踏み鎮めの所作である。田遊の意味を「神の強力な霊魂を田に付着させる行動」、あるいは「田の中に眠る穀霊の発動をうながし稲の稔りを豊かにさせるという意図を込めた行動」と見る説も首肯される。また、人間の生殖をもって稲の生殖・稔りをうながそうとする表現（「酒絞」の子産み）も興味深い。地域によっては男根を苗束に差し込んだり（愛知県・鳳来寺田楽）、性交の動作をしたり（東京都・下赤塚田楽）、妊婦役が出産したり（愛知県・黒沢田楽、奈良県・保田御田植祭）など、その表現は様々であるが、土佐・吉良川の御田祭では、「酒絞り」で生まれた木偶人形を女性たちが奪い合い、この人形を抱くことにより子宝に恵まれる—という信仰まで派生している。

『巷謡編』にはこのほか、中土佐町・久礼八幡宮の御神穀《おみこく》祭の御田植式（旧暦八月十五日）の記録【高岡郡久礼村田植歌】と、須崎市・賀茂神社の霜月田植（旧暦十一月中の酉の日）の記録【高岡郡多野郷十一箇村総鎮守　賀茂大明神御神役歌囃子】とが記載されている。ここでも久礼八幡の御田植式の装束には「笑画張リ付ル、是先例にて御座候」（『天保七年　八幡宮指出』）とあったり、賀茂神社の霜月田植には「トーネンゴ」と称する当年中に孕み出産した男子を背負った女性が「お田植」役として登場するなど、人間の性と自然の性を同一視する考えが窺えて興味深い。（なお「笑画（わらいえ）」とは性交を描いたいわゆる春画のこと）

さらに、前述の吉良川の田植に登場する「早乙女てがい」の理解について、桂井和雄（一九〇七〜八九）の著述「吉良川老媼夜譚」（『仏トンボ去来』昭和五二年、高知新聞社）からその一部を紹介する。民俗芸能を支える背景ともなったかつての習俗が窺える貴重な資料である。昭和十九年〈一九四四〉六月二十三日、当時八十一歳の女性から採集した話である。

五月の月は「早乙女てがい」というて、これは若い衆にも若嫁にもうんと楽しいものでございました。

五月ひと月や　早乙女さまよ
五月すぎたら　ただ女子

と歌にもうとうたほどに、田を植えるのは五月に限っちょって、娘らが田を植え始めると、若い衆らが畔のふちへきて、てがい回る。すると娘らが、男を追わえてこれに泥を塗りつけたものです。昼間押さえられざったら、娘らで相談しちょいて、たご（両方に手のついた桶）などへ泥を入れちょいて、田をしもうてから、若い衆の家へはだしで飛び込んでいて、飯を食べようが仕事をしようが、押さえつけて頭から顔へ泥を塗りくって、きゃあきゃあ騒いだものでございます。

「てがう」は、「からかう」の意の土佐方言であるが、ここには早乙女を神と一体になった特別な存在とする信仰がよく窺える。「もしも、こんな早乙女たちの仕打ちで、娘をしでもしたら、おサバイさまの罰が当たって気がちがうというので、文句をいうものはありませざった」とも言うが、「しでる」は「いじめる」の意であり、「おサバイさま」（稲作の神）の罰を畏れて、決して文句も腕力による仕返しもなされなかったというのである。

こうした泥にまみれるひと月の興奮の期間を過ごすと、最後は「泥落とし」という田植仕舞いの祝宴で締めくくった。そうした行事も明治三十四、五年頃からすたれ、「今ではもう昔話になりました」という。

現在に遺る行事としては、前述の「早乙女てがい」の面影を残した高知市長浜・若宮八幡宮の「どろんこ祭」がある。男女が泥を塗ったり塗られたりすることは妙に体の奥に響くもの、性的な興奮を伴うものであることは私も取材を通して体験した。室戸市佐喜浜では「塗られた男は夫にならねばならぬと言われた」（前出『日本の民俗　高知』）――と言う伝承もある。

農耕・稲作の行為の根底にあるものは、人間の生の根源にあるものと同じであり、それは正に性的な心意そのものと言うべきであろう。

ただし、高知市長浜の泥塗り神事の解釈については、吉村淑甫「ひるめしもち」（『土佐の神ごと』平成元年、高知市民図書館）に、古代における早乙女の犠牲、「ひるまもち」の乙女が泥中に塗り込められるという古代伝承に端を発する中世行事―とする異説のあることを付記しておく。

四　囃し田の芸能と田植歌

具体的な田植の習俗については、既に前項で例に出したが、芸能を伴う最大の儀礼としては囃し田を挙げることができる。現在も中国山地の所々で演じられ、安芸・石見地方では花田植、出雲・備後地方では牛供養と呼び、囃し田をその総称とするとのことであるが、かつては土佐においても「囃子田」「大《太》鼓田」と呼ばれる華やかで大規模な田植行事が行われていた。『巷謡編』は、その中でも代表的な現四万十町窪川の事例を【高岡郡仁井田郷窪川村囃子田一名大鼓田歌】として記録している。前書きの説明には次の様にある。

【高岡郡仁井田郷窪川村囃子田一名大鼓田歌】

田植歌ナリ。ソノ業ハ、マヅクハシロトテ鍬ニテ代《しろ》ヲナラシ、次ニ牝馬数疋ヲ立ナラベテ、追立〳〵代ヲカク。其アトハ田行司笠ヲ着、杖ヲ持テ早乙女ヲ指揮ス。早乙女モ皆笠ヲ着、歌ウタヒテ植ウ。又大鼓打、大鼓ヲ首ニカケ両手ニ撥ヲ持、植オクレタル所ニユキ、身ブリシテ拍子ヲトル。

「牝馬・田行司（総指揮者）・早乙女・大鼓打」など、多数が参加して田植歌をうたいはやす、にぎやかな行事であったことが分かる。

友久武文「囃し田と『田植草紙』」（岩波・新日本古典文学大系62所収）は、広島県の資料から田植における二つの形態、仕事田（結いによる共同作業）と囃し田（結いを超えて組織される大掛かりな田植）を指摘し、囃し田を「長百姓・

親方百姓などの豪農主とか富裕な社寺といった経済力や権力のもとで、初めて成り立つ性質のものであり」「田の神（さんばい）を迎え、秋の豊作を予祝する呪的な儀礼」と規定している。また、その先蹤を中世の在地の領主的存在が経営する田植に見出し、およそ中世末に成立した『田植草紙』を、囃し田歌謡を記した数多い写本の中で最も優れた一本としている。

土佐における「囃子田・太鼓田」も全く同様の事情において展開してきたものと考えられる。桂井和雄（前出）の採集記録「太鼓田の昔」（『仏トンボ去来』前出）によれば、

これは特定の田植えに、太鼓の音もにぎやかに晴れのよそおいをしたソートメたちによって、一日で行事をすますもので、この地方（高岡郡窪川町仁井田地方）でも一町以上の地主でなければできるものではなかった。それは、当家に病人や災厄の続いたとき、田の神への結願のために行われたものであった。

としており、単なる娯楽行事ではない、共同体における呪的意義が強調されている。実際ここにおいては、男女の恋や性愛に関わる歌であっても、先ずは稲の豊穣や生活の幸せを祈願するものとして行われていたのである。

その芸能の実際は、スリザサラと太鼓による囃しを伴う田植歌を中心とし、『巷謡編』は、先述の前書きに続けて、後ろ襷に鉢巻、背には五色の短冊の付いた笹を立てた太鼓打ちの様子を、

拍子（はやし）ノ盛ナル時ハ、太鼓打ノ背、水ニヒタル許（ばかり）ニソル也。

と、その「風流」を印象的に描写している。ここには『七十一番職人歌合』（室町期成）に登場する芸能者、「放下（放下師）」の姿態を彷彿とさせるものがある。

田植歌は、早朝から晩方まで、一日を朝・昼・晩と分け、組織的に構成しているのが特徴で、室町小歌を中心に、古代から中世末、さらには近世に至る伝承諸歌謡が、稲作豊穣を願う田植の場面に巧みに取り込まれている。現在、

民俗芸能として行われているのは前述の中国山地の山間の村々のみであるが、その歌詞は、近畿の田遊に記録された歌との共通性から、かつては全国各地に広く分布し、源流は大和・山城を中心とした近畿地方にあったものと推測されている（新井恒易『農と田遊びの研究』上・下、昭和56年）。

土佐では、弘化二年〈一八四五〉の第十三代藩主山内豊熈の巡察の記録『西巡紀行』（高知城歴史博物館・山内文庫）「十月廿四日」の条に、仁井田郷柿木山の里正（村の長）の家で行われた「插秧之状」（田植の様子、内容は囃し田）に関する記事がある。また、前掲の桂井の採集記録の中にも、「娘のころは太鼓田のソートメだったという九十三歳の老婆」が登場するので、江戸末から明治期まで盛んに行われていたことは確実であるが、近代に入りしだいに姿を消していったようである。

田植歌と山歌

かつて田植歌には多くの歌詞がうたわれていた。『巷謡編』には、これまで見てきた「囃子田歌」と同じ地域の歌として【高岡郡田植歌】が記録されている。（編者の鹿持雅澄は、自身の採集ではなく、門人の南部厳男の資料に拠ったため「多ノ郷ノアタリニモハラウタフニヤ、重テ可尋。」と注記している）

こうした中で注目されるのは、雅澄が前書きに「山民常ニウタフ歌ナリ」として記録した【高岡郡仁井田郷窪川村山歌】である。これについては既に第二章の最後の節（五）で、中世あるいはそれ以前にさかのぼる歌掛け伝承を担う重要な資料となることを指摘し考察した。が、そこでも田植歌・田の草取り歌としてもうたわれていたことにふれた通り、「山歌」は田植歌とも共通して用いられる歌謡であった。桂井和雄の採集記録（前出「太鼓田の昔」）は、そのことについて「田植え歌には切り歌と山歌があった。（中略）山歌と呼ばれるものも数多くあった。いまではそれ

らも忘れ去られる時代になった」と指摘。その上で「窪川村山歌」と同一の歌二首、

あの山は親の立て山　見上げてみれば　なつかしい

追いつけよあとの子遍土　仁井田の五社で　待ちよる

を「山歌」の事例として挙げている。（例に出した歌の一首目にいう「たてやま」は、土佐方言で、木を伐らずに置いてある特別な山のこと。『高知県方言辞典』）

これらにより、土佐では「山歌」が田植歌の重要な一要素であったことがさらに確認できることとなる。既に「漂泊の祝福芸」の節（二）で、農耕と「山の神」信仰との深い関わりについては留意しておいたが、山民の歌が田植歌の大切な部分を担っていた事実についても、「山の神」と「田の神」信仰との密接なつながりを示すものとして改めて注目しておきたい。そこには、山が牛馬の餌となり田の肥料ともなる採草地であり、大切な水の供給源であったことなども深く関係していよう。山なくして農耕・稲作はあり得なかったのである。

五　虫供養（虫送り）と草取り歌

虫供養（虫送り）

田植えが済むと「さなぼり」（さなぶり・泥落としとも）と呼ばれた田植え終了の祝いが行われ休日ともなったが、同時に「虫供養」（虫送り）と言い、稲に付く害虫を供養し川に送り流すという行事も行われていた。土佐では旧暦五月二十日という事例が多い。

その芸能は、笹竹（依代）の先に「南無阿弥陀仏」と書いた紙幟や草鞋（片方）を付け、唱え言を大声でとなえな

がら鉦・太鼓・ほら貝等で囃したて、村内の田畑を巡り、最後は依代を焼き捨てたり、川へ流し捨てるというのが一般的である。笹竹を依代として害をなす虫を音で集め、念仏で供養するという形である。唱え言としては、

さいとこべっとこさねもり　いねの虫は西へ行け

など、害虫を「斉藤別当実盛」という、泥田の中で稲の株につまずいたり、草鞋片方を取られて討ち死にしたと伝えられる、中世の老武将（『平家物語』巻第七、能「実盛」）の怨霊になぞらえる内容が広く普及している。その基盤には御霊信仰や言霊信仰が考えられるが、これも戦後、農薬使用の普及浸透と共にしだいに姿を消して行った。（『高知県の民俗芸能―高知県民俗芸能緊急調査報告書』「虫送り」の項、参照）

現在、芸能的要素を濃く遺している事例として池川町椿山（現仁淀川町）の虫供養がある。ここでは「南無阿弥陀」と書いた木の刀を持って打ち鳴らし、大形の太鼓による念仏踊や太鼓踊（風流踊）を行なうのが特徴である。稲作のできなかった焼畑の村であるが、焼畑の習俗は消滅し、集落も消滅したが、虫供養だけは村外の協力もありかろうじて受け継がれ、今でも集落の氏仏堂を中心に定期的に行われている。なお当地の唱え言は、必然的に「稲の虫」ではなく焼畑の「五穀の虫」となる。

ナンマイダーブツ　ナンマイダ

サイトウベットウサネモリサン　五穀の虫をおーくるぞーい

また、風流踊は「念仏踊」だけでなく、谷川に流す時に必ず「忍びの踊」の演目を踊ることを決まりとしている。これは単に豊穣につながる恋の踊ということだけでなしに、その歌詞の冒頭に「おれにしのばば　細谷川にて　お待ちあれ」と、「細谷川」を言葉に出してうたっているからで、依代を流す「谷川」への挨拶の歌でもあると理会することができる。ここにも古風な言霊信仰が確実に伝承されてきたことが窺える。（前掲報告書「仁淀川町椿山の虫供養」

参照）

草取り歌【土佐郡じよや】

田植が終わって一週間から十日程たつと、かつては一番草を取り、それから穂を孕む約四十日間、数回にわたって除草するのが普通であった。家族総出で泥田の中を這い回り、手で取るという大変な作業であったが、熱心な家では五番草まで取り、それを「オサメグサ」と言ったという。それも大正期から除草機が入り、やがて農薬が使われるようになるとしだいに行われなくなった。

この草取りにも昔は「草取り歌」がうたわれていた。『巷謡編』には【土佐郡じよや】として、早くに失われた高知城下・土佐郡の三十一章の歌詞が記録されている。編者の鹿持雅澄は、採集事情を、「右ハ予若年ノホド、隣家ノ老農ニ聞テ書付タルヲ、又其ノ後南部厳男ガ或人ニ聞タリトテ、補ヒ記シタルママニ書ツ」とし、内容については前書きで次の様に考察している。

農民ノ田草ヲ取ルニウタヒシ歌ナリト云。宝暦ノ年間マデハ歌ヒシニヤ。ソノ故ハ、予若年ノ時隣家ニ老農アリ。ソノ老農ナド若年ノ程ハ専ラウタヒシトナリ。ソノ程ハウタフ者モ曾テナカリシカド、昔ウタヒシサマヲ尋ネシニ、ソノ歌ノ節ヲ二曲三曲ウタヒテキカセシコトアレバナリ。じよやト云ハ、或説ニ唱野ナリトイヘリ。又或説ニハ序破ナリトイヘリ。今ソノ歌曲ノ音ヲ思ヒ合《あは》スルニ、序破シカランカ。伝云、土佐郡滝本村ノ民はげ次郎ト云シモノアリテ、作リテウタヒ出《いだせ》シト云。又瀧本非由斎ガ作ナリトモ云リ。非由斎ガ詞ヲツクリテ、家人はげ次郎ト云者ニ歌ハセシヨリヒロマレルカ。

前半はうたわれていた時期の考証、後半は名称および作者についての考察であるが、その時期については、雅澄

（一七九一～一八五八）の若年の頃は、老人の記憶に遺る程度で既に廃れ、うたわれたのは宝暦年間（一七五一～六四）の頃までと推測している。

これは岡本信古（一七八〇～一八五六）の記述「草取り歌」（『皆山集』巻八所収）にも、類似の歌二十七章の記録があり、「高知城下江巡りノ在所」限定のものとしている。

酔筵昔話曰。草取歌は一ニじょやと名付、高知城下江巡りノ在所ニある事にて、御城下二三里放れてハ東西南北共になき事なり。昔滝本の毘沙門ハ伽藍ニて、其住持の作れる由云傳ふ。殊勝の文句多し。左に記す。

それらの歌詞をつぶさにみると、いずれも説明にいう個人の創作というよりは、伝承歌謡を編集した側面が強いと考えられる。（個別の歌詞の考察は、岩波・新日本古典文学大系62、所収『巷謡編』注釈参照）

こうした歌は、豊穣に関わる「歌争い」の要素もあったようで、歌詞の最後には次の様な記述も追記されている。

今や、古稀にあまれる翁の総角なりし時諷ひしとて、二ツ三ツハものするハあれど、全くしるものなし。ある人の話に、此ジョヤ歌は江廻りの村里、争ひ諷ひしに、諷ひまけたらんにハ、其村穀物ミのらずとて、草取おわりたりとも隣村に諷ふ声のやまぬきはみは、道草をとりつゝ、諷ひしといふ。移りゆくありさまおもふべし。

文化十五年　岡本信古記

（注＝冒頭の「総角……」は若者の意、最後の年記・文化十五年は一八〇七年に当たる。従って、うたわれていた時期は前述の鹿持雅澄の考察と重なる）

こうした終わりの文を見ると、「歌」をめぐる呪術的な機能の変化は、近世後期において早くも兆していたことが窺える。（なお同様の歌詞は、『皆山集』巻六七にも「城北耘謡三十首　秦泉隠士集録」として三十九章が記録されている。ここには解説文はない）

六　豊熟と収穫に寄与した風流踊

雨乞いの風流踊「こおどり」

旱天が続いて方策が尽きると雨乞いになる。隣県の香川県は特に水不足に悩まされた地域で、「滝宮念仏踊」(綾南町)や「綾子踊」(仲南町)など、風流系の雨乞い踊が今も伝承されているが、現在、土佐には雨乞いを目的として踊られる風流踊の伝承はない。

しかし、事情は同じであったわけで、室戸市室津郷の記録「忘れられた行事」(文化庁文化財保護部編『田植の習俗』5、昭和45年)には、明治時代までは行われていたという雨乞いの様子が記述されている。故久保田博の報告による。

旱天が続いて川の水がかれると、稲田に関係する者は総出で川を掘って水を求めた。それがつきて稲がヨレ始めると(しなびること)、雨乞いが始まる。室津郷総代から通知がくると、必ず一家から一人出なければならない。室津川の源となっている高山の上にある池山神社から始まり、諸方にある神社仏閣をめぐって雨乞いの行事、踊りが催される。まず神社に祈願したのち、音頭が雨乞いの歌を鉦や太鼓に調子を合わせて歌うと、参加者全員が扇子を持っておどった。特にこの付近最高の四十寺《しじゅうじ》山頂で枯れ木を集めて、一大火炎を天高く放ちながらおどった。明治時代が終わるといつのまにか消えてしまったようである。今日ではその歌を知るものも少ない。

己(おおれ)の舅(しゅっとう)べはきーぶいよ
今朝汲んだ水をずんぶりかえして
今日まだ嫁は水汲まん
なんぼ舅(しゅっとう)べはきぶいよう

おきいぶいよう
不思議なことに、このような歌をうたいながら二、三日おどっていると必ず思われるほど雨が降ったことである。

稲作において、山が水の供給源として重視されていたことは、既に「囃し田の芸能と田植歌」の項（四）でも述べたが、この雨乞い行事も終始拠点となるのは山であった。天に最も近いということもある。また、その踊歌が水に関わる歌詞であったことも、言霊信仰の一環を担うものとして留意しておきたい。

実は、この踊歌は『巷謡編』には「姑《しゅうとめ》」という演目名で四章が記録されている。（「きぶい」は土佐方言で「きつい、きびしい」の意で、姑の嫁いじめが主題の歌詞となる）。項目名としては【安芸郡土左をどり　又ハ山をどりトモ云】と記述されているが、ここで「山をどり（山踊）」と称された―その事情がこの室津郷の事例で判然とする。山で踊る雨乞いの為の「山踊」でもあったのである。（なおこの踊は、風流踊の内「こおどり」の範疇に属する）

室戸市の「雨乞い」については後日談がある。風流踊による雨乞いが、前述資料の明治期に止まらず、昭和に入ってからも行われていたのである。『室戸市史』下巻（平成元年）「雨乞い」の項はその様子を丁寧に記録しているので、長文とはなるが煩を厭わず転載したい。これだけ当事者の思いが如実に汲み取れる記事は、他にはないからである。「室津郷の田所政穂」の文として紹介している。

昭和十一年七月の中頃から八月にかけて旱魃《かんばつ》があって、其の時分は晩稲作で、稲はまだ小さく、又人家の井戸でも水がかれて、飲み水にも事を欠き山田の田は干しあがり、割れて大きなきれつが出来、川も干あがったが、雨の降りそうな気配もない。年寄り達が集まり、雨乞いをやったらと云いだした。郷の大総代は委員を集めて協議の結果、雨乞いをすることになり、字《あざ》々の委員は戸別にふれて廻った。雨乞いは三日間、所々の神社や寺に参拝して、鉦や太鼓をたたいて唄をうたって踊る。八月一日朝早く父の代りに皆なについて、腰に弁当をくくって川内の上の池山神社から参拝して踊るとて池山に上った。女《おな》ごしでも、子供でも必ず一戸に一人は出ないといけない。めったに上ったことのない池山の道はきつい。八月の山道は暑く、ようやくにして池の近くに上った時には汗でいっぱいだった。皆なと神社の祠に行き参拝をして池ほとりを歩いて木影に腰をおろした。だんだんと池のほとりは人でいっぱいになった。ひとしきりお参りがすんで、少し休むと鉦と太鼓が鳴り出した。然し、踊り手は少なく見物する者が多かった。私もその一人だった。それもそのはず、雨乞いは毎年あるものではないので、大概の者が踊りを知らない。静かな池山も鉦と太鼓にまじる笑い声で賑やかだ。唄も年寄りでないと知らない。休んでは踊り、休んでは踊りするざわめきの内に、日はさんさんと高く昇り、木の葉を照りつくしてキラキラ光っている。松蟬の鳴く声はよけいに暑さをつのらせる。やがて下山するという事で、元来た道を下界の景色を眺めつつ川内の三宝荒神様の境内に集まる。もう昼飯じゃとみんなが言い出すと、昼飯をすまして踊るという事になり、木陰の下で腰の弁当を開いて、みんなと食す。荒神の境内は大木が繁って木影の下はすずしい。食事が終わると、みんな池山への登り下りの道中にこたえたのか、横になって昼寝しだした。其の内に時間が過ぎて、鉦と太鼓が鳴り出した。年寄りにどなられてみんな起きてくる。踊りも年寄りに手振り身振りで習い始める。私達も其の組に加わり踊りを習う。単調な踊りであるのでみんな覚えて来た。踊りが踊れ出すと唄に合わせないといけないので、唄も口ずさみつつ踊り出す。おもに踊りに唄った唄を書いて見ると、題は「俺の主戸《しゅうと》べえ」が踊られ、唄も「しゅうとろべえ」が唄われた。

俺の主戸べえ

一、俺の主戸べえはきぶいな　今朝はいたる庭へ塵《ちり》まき　まだ今朝嫁は水くまん　なんぼ主戸べもきぶいよー

一、俺の主戸べえはきいぶいよ　今朝汲んだ水をづんぶり返して　まだ今朝嫁は水汲まん　なんぼ主戸べえもきぶいよー　きぶいよー

一、俺の主戸べえはきいぶいよ　空飛ぶ鳥の羽根をよめ　まごりよは天なる星をよめ　なんぼ主戸べえもきぶいよー　きぶいよーオサ

一、俺の主戸べえはきいぶいよ　岩をはかまにたあちぬえ　まごりよは　まなごを糸によろ　なんぼ主戸べえもきぶいよー　きぶいよー

一、俺の主戸べえはきいぶいよ　水ない島へ舟こげ　まごりよは　あたごの山をこげ　なんぼ主戸べえもきいぶいよーオサ　きぶいよー

太鼓たたき鉦たたきの年寄りは、唄も声が高くなる。荒神社の森の蝉もびっくりして、鳴き声をひそめた。休んでは踊り、又踊る。三時過ぎ迄踊って、大ノ川にさがり、牛山神社へ参拝、境内がせまいので少し踊って、川原に出て山影の所で五時迄踊って、今日の踊りは終わり。帰りに稲石の八坂神社に参拝する。明日は四十寺山へ上り、午後は室津神社（天ノ神様）に参拝するとの事。一夜明けて、母に弁当をもらい、皆と一緒に涼しい内にと四十寺山へあがる。四十寺山は中腹まで上ると、下界が開けてとても景色がよい。皆な昨日の池山にこたえた、と話しながら上がって行く。頂上へ着いて皆なと下界の景色を眺めていたら、ぼつぼつ人数も増して来た。集りがおそい。皆と観音様にお参りして裏へ廻り山々の景色を眺めていたら鐘に太鼓が鳴り出す。踊りが始まったようだ。友達といっしょに境内へ行って見ると、皆な踊っていた。踊りのはしに加わり、いっしょに踊る。今日は昨日とならし調子よく踊れる。唄もそこらあたり覚えた。休んでは踊り、入り交り立ち交り踊っている。腹の上へ太鼓をのせて、唄いながらたたく年寄りの所作（しょしゃ）が面白い。昼まで四十寺で踊って昼食をして、

室津神社（天ノ神）へ下って行く。日盛りの日は暑い。暑い暑いと言いながら天ノ神様の下の川原まで来た。鳥居をくぐって長い石段を上って皆なとお参りする。木影に入ってひと休みする。なかなか皆な揃わない。やっとして鉦と太鼓が鳴り出す。上の境内はせまいので、一手踊って下の川原へおりてくる。川原で四時近く迄踊って、下里の観音様で踊って今日の踊りを終った。明日は早く蔵戸のお宮へ集るとのこと。皆な空を眺めているが、いっこうに降りそうにない。晩は食事を終ってすぐ寝た。朝は母に起こされる。……（以下略）

三日間の雨乞い行事の内、二日目までの資料を表記の通り記述した。割愛した文の最後は「雨乞いを三日して、御天道様はようよう時雨でも降らしてくれた。」と、その思いを結んでいる。一日目は「池山」、二日目は「四十寺山」という、いずれも山を拠点とする行事で、村の人は一人一人力を合わせて各神社仏閣をめぐり、踊をおどって神仏の恵みを乞うたのである。『室戸市史』下巻によれば、こうした踊も「昭和二十二年九月十日」が最後となったようで、次のような高知新聞の記事を紹介している。

霊験あらたか、室戸町の雨乞祈願祭

十日午前九時から町民一千二百名近くが町から二里奥の池山神社で町内各神職と共に雨乞祈願祭を執行、終って各部落毎の奉納踊りを行なった。十一日早朝からの降雨で農作物も一ぺんに生気をとりもどす。

こうした奉納踊の代表が、前の資料にも見たように「こおどり」（小踊）と呼ばれた風流踊の内、「姑（しゅうとめ）踊」という「水」に関わる演目であったのである。「主戸べえ」が嫁をいじめる「しゅうとめ（姑）」の転訛であることは言うまでもない。長文引用の記事（『室戸市史』下巻）により、衰えてはいるが、昭和前期まで、なんとか「雨乞い」として機能していた風流踊の様子が、実感としてよく分かる。

豊作祈願としての盆の踊、「盆踊」

前述の虫害、旱害に止まらず、収穫に至るまでの稲作は大自然との戦いであった。全ての災害をこの世に思いを残した精霊の仕業と考えた昔の人々は、亡くなった人の霊魂の帰る盆の機会にも亡霊供養・豊作祈願の盆の踊、「盆踊」を行なっている。（多様な盆の踊を一般に「盆踊」という熟語で呼ぶようになるのは近世以降に下る。第八章参照）

その際、災いをなす怨霊・悪霊に対し、特に効果を発揮したのが「歌と踊」の呪的機能、鎮魂の作用であったと考えることができる。しかし、そうした盆の踊、「盆踊」の根底にあった元の意義も時代の推移と共に変容していった。その間の事情について、土佐の『大野見村史』（昭和三十一年）は「豊年迎え」という言葉を用い次のように捉えて説明している。

豊年迎えの盆踊や角力がよく行われた旧盆の頃は、丁度、稲の孕み期で虫害や天候の変りを恐れたし、月はよく清涼の風に夜を徹して村々で踊りを催したものであった。当夜踊に続いて行われた角力は豊年の一種の占いのためでもあったようであるが、これ等のことは見るに面白く実際自分がやってみると更に楽しいことから、次第に本来の意義はうしなわれても豊年迎えの名のもとに催されたものである。

「稲の孕み期」の旧暦七月は、盆（盂蘭盆）の月。満月の十五日を中心に置いて、盆の踊、「盆踊」はその前後に渡って繰り広げられた。既に序章の四においては、近世の法令に見る厳しい規制や、戯作等が示すその実態や変容を紹介し、また同章の七においては、老人の思い出話を通じて、男女交際をも加味したその「楽しみ」のいかに切なるものであったかを見ている。そうした娯楽としての踊は、豊熟祈願の「たのみ（田実）の祝い」八朔祭（旧暦八月一日）を越えて、豊作を祝う「豊年踊」という新たな名称をも生み出し、さらに一連の踊として展開している。踊としての変化は無いものの、用語としての「盆踊」と「豊年踊」との区別は、間に八朔祭（旧暦八月一日）を挟み、それを境にすると見たら良いであろう。（なお、八朔祭には「二百十日」など台風被害を防ぐ風祭〈かざまつり〉の意味もあった。）

広く盆の踊は、古代の春・秋の「歌垣」と並ぶ男女の「性的解放」の機会でもあった。各地の資料も含めた具体的な詳細は小著『土佐の盆踊りと盆踊り歌』（平成21年、高知新聞社）を参照願いたい。そこでは主として近世中期以降～現代の事例を収めている。なお「中世に遡る盆の踊」の踊歌については、前章の第八章で考察している。

収穫を祝う風流踊「花取踊」

ようやくにして無事収穫が終わると、「盆踊～豊年踊」に続き、風流踊による感謝の神事・神祭となった。土佐では「じんじ・じんさい」と呼んでいる。『巷謡編』には全部で三十二項目の民俗歌謡が収められているが、その三分の一に当たる十一項目を「花取踊」「こおどり」「伊勢踊」などの風流踊の歌詞（踊歌）で占めており、その勢力がいかに大きなものであったかを知ることができる。また、『巷謡編』は江戸末期の記録ではあるが、およそ百五十年経た今もその多くが何らかの形で伝承されており、中世以来の風流踊の生命力に驚かされる。しかし、それも今や最後の衰滅期に入ってしまった。（第七章および『高知県の民俗芸能―高知県民俗芸能緊急調査報告書』令和4年、参照）

「こおどり」「伊勢踊」は、西日本を中心に全国的に流行を見たものであるが、これに対し「花取踊」は土佐を中心として特異な分布・遺存状況を示し、その態様からより古いタイプの風流踊と考えられるものである。また、稲作に関わる民俗芸能としても重要な情報をもたらしてくれる。

その核心は名称ともなった「花取り」の習俗にある。踊歌にうたわれる花はツツジであり、花取りの基盤になったのは「春山入り」の民俗であった。およそ三月三日の節句前後から彼岸をはさんで四月八日頃まで、男女が山に登って飲食をして一日遊び、花を摘み取って帰り、諸神・諸仏・諸霊に供えるというものである。全国的には花は、ツツジのほかシャクナゲ・フジ・ヤマブキ・ウツギなど様々であるが、ツツジの事例が最も多い。行事の名称はヤマイソアソビ・ハナヲリハジメ・ヤマイサミ・ウヅキヨウカ・テンタウバナなど様々であるが、土佐では彼岸の墓参りをハナオリ（花折）といい、山から祖先の霊を迎えてくる行事であった。例えば坂本正夫『日本の民俗　高知』（昭和47年）「年中行事」の項は次の様に報告している。

高岡郡佐川町や土佐市・須崎市などの農村部では、彼岸に近くの山へ登る風があったが、これは祖霊を迎えるための行事であったと思われる。

また、三月節供にはツツジ・サクラ・ヤマブキなどを供え、前後の一日を休み、山遊びや磯遊びをした。こうした風習はかつては平野部・海岸部全域に見られたという（坂本正夫『図説日本民俗誌　高知』昭和63年）。このように山遊び・野遊び・磯遊び・花見というのもこれに重なる行事であり、その源は古代の山岳信仰や「歌垣・国見」にまでつながると考えることができる。

こうした行事について、坂本は「春の農作業開始にあたって、我が身についている災厄を祓い落す物忌みの行事だといわれている」（前掲書）と説明し、また、和歌森太郎「春山入り」（『日本民俗論』昭和22年）は、「古ぶりの山登りは（中略）土地の生産活動上やむにやまれぬ欲求に根ざした神祭であった」とその根源にある心意を指摘し、「春山入り、花祭りは、里人が山の神を送って田の神を迎え、以後の田始めの契機とすべき重要な折り目としての行事であったと解する」と結論付けている。山の神と祖霊とが重なり、ツツジはその霊魂の依代、象徴でもあったと理解してよいであろう。「花」はその呪力・活力により農耕を活性化する存在とも考えられていたのである。

ただ、残念ながら春のこうした機会に、「花取踊」を踊ったという具体的な記録は、文献上からは見出せない。しかし、その踊歌の伝承には次の様にある。

・花取りは　七日精進《せうじ》よ　七夜《ななよ》の注連《しめ》を　八夜《やよ》引く

（『巷謡編』【高岡郡半山郷姫野村三島大明神祭花鳥歌】）

・花取りは　七日精進《しょうじ》　地下を汚すな　村の若い衆

（黒潮町荷稲、伝承歌）

・あの山の　さんくみやま（三鈷御山）の　ツツジの枝が　二枝《ふたえだ》

一枝は　釈迦の土産　また一枝が　身のため

（室戸市椎名、伝承歌）

ここにうたわれているのは、村の若い衆が一週間の精進で身を清めて臨むツツジの花取り行事である。「三鈷御山《さんこみやま》・釈迦」とあるのは仏教思想の影響に拠るもので、基調にある「念仏踊」とも合わせて修験山伏の関与を強く示唆しているが、こうした事実を「踊」の根幹として見ると、修験道の行儀の中に取り込まれた「春山入り」の習俗が「花取踊」の形成の母胎になったものと考えることができる。

「花取踊」の江戸期の諸記録や『巷謡編』からは、盆あるいは秋祭りの機会に踊られたことが知られるのみであるが、元々の発生は、春の農耕始めの機会にあったとするのが、これまで縷縷重ねて説いてきた私見の趣旨である。こうした事象からは、春季の予祝祭の後退、秋の収穫祭の重視、すなわち祈願から感謝の行事への移行―という大きな時代・人心の変化が浮かび上がってくる。

（なお、風流踊としての「花取踊」成立の詳細については、第二章・六、第三章（「花取踊」とは何か）を、またその他の風流踊については、第六章等を参照願いたい）

「花取踊」が本来、山の神や農耕と密接に関わっていたことを窺わせる民俗事例としては、窪川町（現四万十町）川奥の「山の神祭り」の伝承がある。旧暦七月二十七日夜と翌二十八日の日中、山腹にある山の神の祠（大山祇神社）

旧窪川町（現四万十町）川奥の山の神祭（平成12年撮影）

山の神を祭る祠のあった山
祠は、山の中腹にあり、境内は近年まで女性が立ち入ることはできなかった。

山の神の祠
「花取踊」もこの庭で山の神（大山祇大神）のために奉納された。

山の神の祠の内部
豊穣を祈願し、「大山祇大神」に奉納された男根の作り物。

の前と麓の広場で行われた。その趣旨は田畑の豊穣祈願にあり、『ふるさとの文化財』（高知県教育委員会・昭和四十九年）は次のような起源伝承を紹介している。

古老の話では、今から400年前、この部落の田畑が獣物に荒らされて、大きな被害を受けたので、山神に伺うと、その怒りにふれているとのことがわかり、神の怒りを和げるために、毎年この踊りをすることになったという。

山の神の祀られている領域は、厳重な女人禁制の地であり、特に祭りには注連縄で結界が作られ、近年まで女性の参加は許されなかった。また祠の中には、繁殖を願ういくつもの男根の作り物が山の神に対するお供えとして奉納されていた。ただし近年、山の神の祠（大山祇神社）は、担い手の高齢化により集落の中心にある集会所横に移設され、その行事も少子化により演目も縮小、全体に略式で行われるなど変容が著しい。

こうした神事・神祭における民俗芸能の衰退現象は、これまでも度々説いてきたところであるが、かつて風流踊が担った農耕・稲作における役割の重さは、決して忘れてはならないものとなろう。

七　おわりに―呪的心性の変容と後退

民俗芸能の伝統の衰滅

以上、「漂泊の祝福芸」に始まり、「予祝の神事芸能　田遊・田楽」「囃し田の芸能と田植歌」「虫供養（虫送り）と草取り歌」「豊熟と収穫に寄与した風流踊」と、おおよそ六項目にわたり土佐の一年の稲作に関わる民俗芸能を見てきた。西日本における一地域の事例を中心としたものではあるが、これにより全国的な視野による鳥瞰は可能と思う。

触れることができなかったものとしては、東日本特有の事例として、福島・宮城・山形・岩手・青森等の各県に伝承されている「田植踊」と呼ばれる系統の芸能がある（青森は「エンブリ」）。小正月（旧暦正月十五日前後）に各家々を回って演じる予祝の門付芸・風流芸として、江戸期以降、東北地方に広く展開したものであるが、本来の門付の形態は失われ、その内容（稲作の作業過程を芸能化している）も簡略化しているのが現状という。成立については、本稿の冒頭にも取り上げた「漂泊の祝福芸」、特に「放下」との関係を考えるべきものと思うが、今は触れる余裕がない。民間の宗教者・芸能者との関わりは、風流踊や囃し田歌謡の成立とも重なる重要な問題としてさらに今後の課題とすべきであろう。

さて、稲作と民俗芸能という大きな課題について、土佐の視点（『巷謡編』）からその歴史と現状を概観してきたが、その諸相のいずれにも関わる問題は、呪的心性の変容・後退ということになろう。歴史の過程の中で徐々に進行してきたものではあるが、最も大きな変化の要因は、明治維新以降の近代化・機械化・工業化による社会構造の転換にあったと考えることができる。特に一九六〇年代の高度経済成長政策や一九六一年制定の農業基本法による近代化農業の推進は、農村の崩壊、特に土佐・高知では中山間地域の過疎・衰退をもたらした。

「限界集落」という象徴的な言葉は、大野晃が主に高知県の分析から一九八八年に生み出した学術用語である（当時私は、同じ高知大学の教員であった）。今やそれは取りも直さず民俗芸能の伝統の衰滅に直結している。たとえ形だけはかろうじて伝えてはいても、その根本にある心は大きく変化してしまっているのである。

私は平成二十年〈二〇〇八〉六月、韓国で「農者国之大本」と大書された旗の下、繰り広げられた迫力ある「農謡」の演技を見て感動した。日本ではその心が失われて久しい。我が国の民俗芸能「歌と踊」はいずれの地においても消滅の危機に瀕している。本当の意味においてその伝承が将来に向かって可能かは決して予断を許さない。

第十章　「性愛」の歌の意義
―呪的心性の変容と後退をめぐって―

一　はじめに

前章・第九章では、かつて農耕・稲作に関わって行われた一連の芸能において、その多くが人間の「生と性」に深くつながっていることを見た。それらは随所に、人間の生殖と稲の稔りとを同一視する考えをも顕著に示していたのであるが、時代は移り、そうした根源的な心意も大きく後退してしまった。

本書の冒頭「序のことばに代えて」に示した「紅は……」の歌の例もそうした資料の一つであるが、ここでは、あと少しだけ周辺の資料を追加・補足して、呪的心性の意味について考えを深めてみたい。見失われた「性愛」の歌の意義を、民俗の歴史において少しでも捉え直すことができればと思う。

二　「直江兼続四季農戒書」に見る農耕と「性愛」

我が国における近代化・機械化農業の推進は、一九六〇年代を境に、食に飢えた時代から飢える心配のない時代へと大きな転換をもたらした。これは文明の発展と進化、人間の幸せにとっては文句なしに評価すべきことではある。しかしその一方で、かつての生活における生きることに対する厳しさ、切実さの心持ちを喪失してしまったという負の側面は大きいと言わざるをえない。今、それを真に自覚することは、民俗の歌・農耕の歌を考えるに当たって大切な意味があると思うが、そうした認識の下、まず農耕生活における「性愛」の問題を、特に「田植歌」に注目して取り上げてみたい。

紹介したいのは戦国期から江戸初期の武将、直江兼続（一五六〇〜一六二〇）とその著作と目される資料である。兼続は山城守と称し、戦国大名上杉景勝の執政として手腕を振るった人物である。また、自らの兜の前立物に「愛」の文字を掲げた知将としても有名である。その兼続に「直江兼続四季農戒書」あるいは「地下人上下共身持之書」と称される作がある。同書は十七世紀末以降の著作であって、仮託とする説もあるが、ここではひとまず「直江山城守記之」という末尾の記述に従って見ることとする。

その内容は、正月から十二月までの一年、農耕に関わって農民がなすべき仕事、その心得を懇切に説いた生活指導書・教訓書となっている。特に注目すべきは五月の記事である。『大日本史料』第十二編第三十二巻所収の原文を、読みやすく口語訳にして次に記す。

五月に入ったら、吉日を選んで、田を植えなさい。男は苗代に降り立ち、めでたい「草歌」（田植歌）をうたいなさい。女房は顔の化粧をし、紅をつけ、衣装をあらため、笠をかぶり、尻をかかげ、色黒の身でも白い脚絆をして、田に降り立ち、早苗を植えなさい。歌には、いかにもしゃれた男女・夫婦の語らいの事を作ってうたいなさい。これはみな山々の神を祝い申す祝言である。

このほか、四月の田畑の耕しの折りには、「赤い衣装の女房を見て、男は心が元気になり、身労を忘れるであろう」「暮れて帰った男の足は、女房の腹の上に置いてなでさすりなさい」と示すほか、六月には、田の草取りと「まおとこ」(間男、女房が夫以外の男とひそかに通ずること)への注意、七月には、苧(麻)や綿の作柄を左右する女房のたしなみ・体(隠し所)の清潔の勧め、さらに十二月には、秘蔵の女房を年貢のかたに取られたり、若者に盗まれないようにとの戒めなどなど—その教えの特徴は、夫婦の情愛・和合を根本とした農耕生活の勧め・戒めにある。そうした記事からは、自然の男女の「性」の重要性はもちろん、呪的心性としての「性愛」を基とした前代の農耕・農民像が、濃密に立ち上がってくる。直江兼続の「愛」の前立物の本質は「性愛」に通じていたと理解することも可能であろう。

殊に注目すべきは、「男女・夫婦の語らいの事を作ってうたいなさい」(五月)と教える「草歌(田植歌)」である。ここには中世以来の囃し田歌謡、『田植草紙』の「朝歌壱番」や「晩歌四番」に重なる歌の世界が示されている。臼田甚五郎「近世春歌序説」(『日本藝能叙説』昭和46年)や、真鍋昌弘『田植草紙歌謡全校注』(昭和49年)は、そうした歌の周辺にさらに多くの歌詞を諸本から紹介している。中には生殖器や性交を直裁に表現したものもあるが、その根底にある心は、「田植歌由来書」(岩波『新日本古典文学大系62 田植草紙』友久武文「解説」所収)にある次の様な文言(適宜漢字を当てる)と一致する。

一、歌に朝の一番に、恋歌をつくり給ふは、陰陽和合したるなり。草木にとり候へば、地に種を下ろし申すところなり。人間も草木も同心也。(中略)

一、晩歌四番に、(中略)恋路と作り給ふわ、陰陽和合して、万事種の恵みあれとの心なり。

多くの「田植歌」の世界は、右に言う「陰陽和合」の「心」を様々に表現したものであり、すなわち呪的心性そのものの体現と理解すべきであろう。

三　性愛の歌を阻んだ近代

臼田の論考にある「春歌」の語は、添田知道（一九〇二～一九八〇）の『日本春歌考』（初版・昭和41年）の用例にならったもので、性愛の歌は、近世では「ばれ唄」（『浮れ草』文政五年、所収）などと呼ばれていた。そうした性感を刺激したり性愛の技術を表現したりする歌の扱いが、大きく変化したのが近代という時代である。添田は、「「春歌」次第書」（著作集5『日本春歌考』所収）の中で、大正三年・同四年刊の『俚謡集』『俚謡集拾遺』の編集方針を挙げ、その間の事情を考察している。

まず、文部省の出した『俚謡集』「緒言」には、次のようにある。

一、本篇は主として歌詞に特色あるものを採り、一般的なるものと猥褻なるものとは之を省きたり。

これを受けて出版された『俚謡集拾遺』は、高野班山・辰之（一八七六～一九四七）の手が加わっているもので、その「序言」で「この際、首を傾けたのは文部省の俚謡集に於いては省かれた一般的なもの及び男女間の愛情に渉る唄であった」と述べたあと、編集方針を次のように記している。

俚謡集には、たとひ純潔温雅なものでも苟も男女間の愛にふれているものは一切省く、又枕といふ語、つめりゃ紫といふ句でもあれば直に削除といふ方針としてある様に思はれる。成程これも一理あることで、官省の出版物としては極めて安全な間違ひの起らぬ仕方である。けれども此の棄てられるうちには、野趣横溢真情直露と評すべき偽り飾らぬ声が多いのである。その卑俗な、多少醜猥に近い唄が、草取・茶摘・臼挽の如き労作の場合に出ると、唄ふ者も聞く者も共に一笑して為に労苦を忘れて仕事に励むのである。古風のものよりも上品なものよりも人を動かすことが多く、随て価値も多いのである。よって肉慾挑発以外何等民俗誌としてみるべき値のないものは悉皆省略することとし、多少卑猥な事をうたって居ても、之を読む者に失笑させるだけで実感を刺激しない様なものは、必ずしも削らぬといふ方針としてある。

高野辰之は、『日本歌謡史』（大正15年）をはじめ多くの業績を遺した近代歌謡史研究の草分け的大家である。「猥褻なるものは省く」という文部省の方針に疑問をはさみ、それらに「人を動かす価値」を見出して、「必ずしも削らぬ方針」としたことは、まずは評価すべきことであろう。（この点は添田も前掲資料の中で一応の評価を与えている）

しかし、「肉慾挑発以外何等民俗誌としてみるべき値のないものは悉皆省略する」とした点は、現在の歌謡研究の地点から見る限り、その後の「官省の出版物」や、その他資料作成の方向を決定づけたものとして、極めて残念と言わざるをえない。近代という時代の制約、公的立場における限界を考慮すべきであろうが、私見としては、これまで説いてきた「性愛表現における呪的心性」の側面、その重さに十分な認識があったのか否かを問い糺してみたい。「民俗誌としてみるべき値のないもの（歌）」などありえない─というのが歌謡研究者としての私の基本認識である。たとえ「肉慾挑発」であったとしても、である。殊に「呪的心性」を前提として見ればなおさらということになる。

しかしながら、これ以後の実際の歌謡資料の記録作成は、現在に至るまで、概ね上記の高野の示した方向か、時にはさらに後退した文部省の編集方針の下で行われてきたというのが現実である。公教育の浸透によって醸成された、「性」を恥ずかしいもの、下品なものととらえる近代人の意識の作用も大きいのであろう。

身近な土佐・高知の事例を若干挙げておこう。文化庁が主導した「昭和六十二・六十三年度民謡緊急調査報告書」として作成された『高知県の民謡』（高知県教育委員会編）は、収集記録された歌詞の中に、差別に関わる表現や性的に露骨な内容を含むとの理由で、印刷製本完了の段階まで進みながら、一般への配布を差し止められた。現在、閲覧禁止とまではなっていないが、県内すべての図書館が同書を配架しているわけではない。

また、橋詰延寿（一九〇二〜一九八八）の『土佐の民謡　よさこい節』「増補改訂版にあたって」（昭和32年）は、その編集方針として次のような文言を書き遺している。

昭和二十八年九月、土佐の民謡よさこい全集を出版いたしました。これは、五百余を採集していましたが、その中、体臭のきついいわゆる肉体編百首余を割愛して三百三十余を収録しました。（中略）前回刊行の時、作家の田岡典夫さんはじめ数名の方から、「肉体編をのせろ」と激励がありました。今度はどうしようかと思いましたが、前回同様また割愛いたしました。この方はどうやら巷間の伝承にした方が奥ゆかしくていいようです。「奥ゆかしくていい」―こうした規制意識の為に、橋詰が採集した性愛をうたった「肉体編」百首余りは、この先、記録の機会もなく失われることとなってしまった。今や、それを知る縁《よすが》はもうほとんど無いのが現実である。

四　「首狩り」に見る農耕芸能の原点

呪的心性とそれに基づく農耕儀礼・芸能の持つ「重み」について、私が本当に気づくきっかけとなったのは、平成二十年（二〇〇八）八月、アジア民族文化学会ワ族文化調査旅行で出会った「首刈り」の習俗である。ワ族の居住地は、中国雲南省のミャンマー国境沿いにあり、一般の外国人の立ち入りは難しい地域である。ここでは「木鼓」（女性の生殖器を象ったといわれる）に穀物の豊作を祈る儀礼として、敵対する村人の首を刈って供え、歌い踊る習俗が一九六〇年代末まで行われていた（『アジア民族文化研究』4号参照）。「なぜ人間の首を必要とするのか」という質問に対しては、現地の研究者からは、最も成長するもの、頭に対する信仰であって、「成長力への崇拝です。食物が無かった時代の習俗で神様に五穀豊穣を願ったのです」（前掲書8号参照）との回答を得た。その血は、「草木の灰と混ぜて各家に配り、穀物の種に混ぜてから種まきをした」といい、その髪の毛は、「細かく切って各家に配って保存させ、その髪の毛で豊作を祈った」ともいわれている。

稔り・食を得るためには人間の首を、命をかけてまでして行った祭り。そこでは「歌」も「踊」も単なる娯楽としての芸能では無かったのである。飢餓が常に目の前にある状況にあっては当然のこととも思われるが、我々の祭りの芸能も、本来、根源はそこに通じていたと考えることができる。現代に生きる我々は、今更ながら、かつての「生」に対する厳しさ、切実さを思い知り、前代の民俗芸能の担っていた「重さ」について、認識を新たにすべきであろう。

五　薩南諸島・黒島の八朔踊における歌詞変更

最後の事例に、近・現代における呪的心性の薄れや性意識の変化から、肝心の歌の歌詞自体が大きく変えられてしまった例を報告しておきたい。鹿児島県の離島、三島村黒島大里で八朔（旧暦八月一日）に行われる「面踊り」である。（なおこの件については、既に小著『宮本常一と土佐源氏の真実』〈梟社、平成28年〉の最終章の末尾でも取り上げているが、できるだけ重複を避ける形で紹介したい）

八朔は、現地では「セチガワイ」（節替わり）と呼ばれ、新年元日と同じ大切な日とされている。下野敏見（『南西諸島の民俗』Ⅱ）によれば、「畑の収穫物である麦や粟がとれたあとであり、やがて里芋も収穫できるようになるという時期」で、「面踊り」の主体「八朔面」は、「畑作収穫儀礼に出現する来訪神」と位置付けることができる。その装束は、ビロウの葉やシュロの皮、ガジュマルのひげ根（気根）等で覆われており、森の中から出現した精霊の趣である。竹籠を利用して作られた異形の仮面を被ることから「メンドン」の愛称で呼ばれているが、近年は恐ろしい鬼の形に作られることが多い。

手にはしゃもじとすりこぎを持ち、それを互いに打ち合わせて踊った後には、それで見物人を突いて回る。腰にはヒョウタンを付けるが、中には男性の性器を象ったものを股間に下げている者もいる。こうした精霊による「面踊り」の道具とその所作の意味については、『三島村誌』（平成二年）の次のような説明から理解することができる。

面踊りは子孫繁栄と五穀の実り、生産を祈る踊りで、手に持つすりこ木としゃもじ、腰のひょうたんは共に生産と性器を意味している。

具体的には、しゃもじは女性器、すりこぎは男性器の象徴となる。これらにより性愛の原理、呪的心性に基づく豊作予祝の踊りであることは明確であるが、その際うたわれる現行の踊歌の歌詞は次のようなものである。平成十八年〈二〇〇六〉八月の現地調査による。

・そろたそろたよ　踊い子がそろた　稲の出穂よや　まだそろた　あ瑞《ずい》な〳〵
・うんどが（私の）踊いどま　踊いとは見るな　足は師匠で　腰をひく　あ瑞な〳〵
・地獄極楽　よそには無いが　五尺からだの　胸のうち　あ瑞な〳〵
・祝いなかばに　西から曇る　黄金まじりの　金がふる　あ瑞な〳〵
・今年やこの分　来年待ちゃれ　道の小草に　米がなる　あ瑞な〳〵

（注＝「あ瑞《ずい》な〳〵」は、「めでたいなー　めでたいなー」の意の囃しことば）

当地の農耕は畑作中心であり、昔から米はわずかしか穫れない土地である。また、この踊が畑作収穫儀礼と考えられることは前述の通りである。が、それにも関わらず稲作の歌をうたう。その不自然さは当地で太夫（神職）を長く

鹿児島県三島村黒島の「面踊」（平成18年撮影）

「八朔面」を被り、踊り回る「面踊」

装束は、ビロウの葉やシュロの皮等で覆われ、森から出現した精霊の趣である。手には「すりこぎ」と「しゃもじ」を持ち、振り回したり打ち合わせて踊る。

「面踊」に用いられる諸道具

頭に被る異形の面（メンドンの愛称で呼ばれる）と身に付ける男根の作り物（中央）。手前は、男性器を象徴する「すりこぎ」と女性器を象徴する「しゃもじ」。

勤めた日高政行（大正十三年〈一九二四〉生れ）への取材により氷解した。現行の歌詞は、昭和三十四年〈一九五九〉四月、皇太子様（現上皇様）のご成婚記念に、東京で踊った際に、本来の踊歌では具合が悪いとのことで、当時の大里小中学校の校長先生と相談して新たに定めたもののことである。ただし、その際選定した前述の歌詞は、日高政行が祖母（昭和三十五年〈一九六〇〉、百歳で没）から聞いてメモしていたものというから、用途は別でも古い伝承歌であることは確かではある。

しかしながらそれ以来、改訂したものが定着することになり、本来の歌詞はうたわれなくなってしまったという。

それでは、本来の踊歌とはどのようなものか。日高政行いわく「上品なものはうたわなかった」。私が聞き取った歌詞は全部で十三章あるが、それらはいずれも性愛に関わる歌であり、中には性器の俗称を用い、性行為を婉曲に、あるいは直接的にうたい込んだものもある。従って一般概念では決して「上品」なものではない。しかしながら、それこそが生産予祝を目的とした呪的歌謡の本領というべきであろう。一方で、現代の性意識で「ご成婚記念」の公開の場の踊歌としては「具合が悪い」と忌避された理由もよくわかる。

次に本来の歌詞、五章を選んで紹介する。（全体は前述の小著『宮本常一と土佐源氏の真実』で確認願いたい。なお、「瑞な（めでたいな）」という祝福の囃しことばが間に入ることは、前述の歌詞と同様である）

・ぼぼの牡丹餅《ぼたもち》　金玉《きんたま》のよごしなー　豆《まめ》にすられて　毛の膾《なます》なー

（注＝「ぼぼ」は女陰の異称・方言、また交合をいう。「牡丹餅」はもち米とうるち米を混ぜてたき、軽く搗いたもの。「よごし」は「和物《あえもの》」で、魚介・野菜などを、酢・みそ・ごまなどに混ぜ合わせて作った料理。「豆」は女陰また陰核。「膾《なます》」は生の魚介・野菜などを細かくきざんだ昔の食品名。—であるが、いずれの表現も「男女が交合する」という意を含み、それぞれ隠喩として表す）

・ちんぽどこ行く　青筋たててなー　生れ故郷に種をまくなー
・ぼぼはしてみた　なめてもみたがなー　なめちゃくさかった　しちゃよかったなー　しちゃよかったなー
・ぼぼのボンクラどんにゃ　斧《よき》の刃もたたぬなー　魔羅《まら》はえらいもんで　すべり込むなー　すべり込むなー
・山の小鳥も　思《おも》ん木にゃ乗《の》いめえなー　うんどま　おまん様　乗せはせぬなー　乗せはせぬなー

第一首目は、後の語注にも示した通り、表面は食品名で統一するなどよく工夫された表現である。裏の含意も合わせてみると、この種の歌の中でも代表歌としてよいであろう。以前からもあったはずのこうした歌の類が、記録されることなく消えていったというのが、文字に拠らない民俗の「歴史」になる。

本来のものと変更された歌詞と、双方を見比べることは、農耕歌謡における呪的心性の後退の問題を、実際に即して具体的に理解できるものとなろう。

なお、この件には後日談がある。日高重行区長（当時）の話に拠れば、御子様ご誕生前に、皇太子様（現天皇陛下）に御子が生まれない事を心配した宮内庁の関係者から「面踊り」の依頼・打診があったが、牛の飼育等の関係から、島外に出かけることは難しいとの理由で断ったというのである。こうした話に拠れば、「面踊り」の呪的生産効果は、一部宮内庁も高く評価していたということになる。このような芸能、「踊」に期待する心だけは、今でもなお、かろうじて生き残っていると言えるのかもしれない。

六　おわりに

なお残された問題は多いが、締め括りに二人のことばを掲げて、ひとまずのまとめと今後の展望としておきたい。

一つは添田知道のことば（前出「『春歌』次第書」、著作集5『日本春歌考』所収）である。

性は美である。断じて醜ではない。

彼はこの趣旨を繰り返し述べ、「いかに澄んだ流れにもどすのか」「人間が、人間をとりもどす畢生の事業なのである。」と結んでいる。

もう一つは吉本隆明のことば（『アフリカ的段階について』平成10年）である。吉本は、ヘーゲルの「絶対的な近代主義」（世界史を人類の文明の発展と進化の過程とみなす）に対し、「内在の精神史」を対置し、次のように述べる。

わたしたちは現在、内在の精神史としての人類の母型を、どこまで深層へ掘り下げられるかを問われている。それが世界史の未来を考察するのと同じ方法でありうるとき、はじめて歴史という概念が現在でも哲学として成り立ちうるといえる。

人間の「性」は、人類誕生以来の「生」の深淵である。その理解に真に到達できる日は来るのか。「畢生の事業」として人間の、民俗の「歴史」に向き合いたい。

第十一章　「よさこい節」の変遷
―民俗芸能の活用と保存をめぐって―

一　はじめに

土佐の民俗歌謡「よさこい節」については、前章（第十章）で、橋詰延寿の著作『土佐の民謡　よさこい節』について性愛の問題をふれ、また序章・五においては、大流行の発端となった「坊さんかんざしの歌」出現の経緯について、『真覚寺日記』の記事（僧侶の不行状）の一部を示し、その一端を紹介している。

この「よさこい節」は、昭和二十九年〈一九五四〉、新たに「よさこい鳴子踊」を生み出し、高知商工会議所「よさこい祭振興会」が中心になって土佐・高知を代表する「よさこい祭り」へと発展する。さらにそれは全国各地に「よさこい」系と呼ばれる都市型の祭りを増殖し、一つの社会現象とまでなった。

一方、民俗の中山間地域の「歌と踊」は、現在、いずれも極端な人口減少から衰滅の一歩手前にある。中には形だけの存続であって、伝統の本質の継承までは困難という所も少なくない。

「よさこい節」の変遷をたどることを通して、併せて民俗芸能の活用と保存の問題についても考えてみたい。

二　「よさこい節」の流行

発端となった艶聞事件の顛末

「よさこい節」は江戸時代末期以降、そのアレンジも含めて、土佐・高知を発信元として全国に流行した歌である。大流行のきっかけは、安政二年〈一八五五〉の艶聞事件にあった。

おかしなことよな　はりまや橋で　坊さんかんざし　買いよった

よさこい　よさこい

かんざしを贈られた娘は、五台山の山麓・長江の鋳掛屋大野新平の長女・馬で、天保十年〈一八三九〉十二月二十七日生まれ、当時数え年で十七歳。恋人の歓心を買うため、かんざしを買ったとうたい囃された坊さんは、五台山竹林寺の脇坊・南坊の住職・純信。文政二年〈一八一九〉十月十日生まれの三十七歳、お馬よりも二十歳も年長であった。

この話には裏があり、実際にかんざしを買ったのは純信のもとで修行をしていた慶全という若い僧で、三角関係の恋に敗れた腹いせに、はやり歌に乗じて言い触らしたとの説もある。（以下考証は、橋詰延寿『土佐の民謡　よさこい節』昭和三十二年、岩崎義郎『追跡　純信お馬』平成十七年、参照）

なお、娘お馬、十七歳が若すぎると感じるのは現代の感覚で、当時は女性の最も魅力的な年回りとして、伝承歌謡にも様々にうたわれた年齢である。

・十六七は　とだいとの稲よ　打たねど腰が　しなやかに　（『巷謡編』「安芸郡土左をどり・月とも」）

・十七八は　たいとうの藁で　打たねど腰が　しなやかに　（『山家鳥虫歌』「美作」）

（注＝「とだいと」「たいとう」は、大唐米、すなわち赤米の異称。西国で多く作られた）

純信とお馬の恋は、駆け落ち・関所やぶり・捕縛・追放―という形で破局を迎える。駆け落ち決行は五月十九日の夜と伝えられているが、高知城下近郊の宇佐村（現土佐市宇佐）真覚寺の住職・静照の『真覚寺日記』は、その間の事情について次の様に記録している。

此間、五台山脇寺の僧、或家の娘をつれ出奔致し、讃州へ越へ、金毘羅の莽ニ泊り居る所へ、当国役人参り、右両人并人足共、都合三人召捕来り、直ニ入牢、日々吟味場へ出候由、誠ニ諸宗一統の恥辱、末世の有様、是非もなき事也。右ニ付寺社方より、諸宗僧分へ厳誡の廻文来ル。（安政二年七月二日）

讃岐の金刀比羅宮の参道の旅館で捕えられた二人は、出奔・関所破りの罪で入牢四ヶ月の後、九月二十九日に判決を受け、「面縛」（後ろ手に縛り、筵にすわらせ、見せしめのため晒し者にする）三日の上、純信は他国へ追放、お馬は安喜川から東へ追放となる。諸寺へ「厳誡の廻文」も回った。しかし事件はこれだけでは収まらなかった。『真覚寺日記』はさらに次の展開を伝えている。

此間、五台山の南坊、他国より立帰り、彼娘の配所安喜浦へ来り乱妨する。直ニ召捕レ入牢。娘其日より吟味に逢ふ。甚迷惑の至りなりといふ。（安政三年三月七日）

翌年、純信は娘の配所に舞い戻り、連れ出しを図り捕縛されたというのであるが、その執心の程が推測される。結局、お馬は今度は仁淀川以西・須崎浦への追放となり、現在の須崎市池ノ内辺りに住むこととなる。一方、純信は再追放後、現在の愛媛県四国中央市（旧川之江市）辺りに落ち着き、岡本要と名乗り、寺子屋の師匠として生計をたてたとのことであるが、その執心の深さは、この年安政三年の秋八月十九日、川之江から知人の画家・河田小龍（一八二四～九八）に託したと伝えられる「恋文」となって残されている。（手紙自体は、先の大戦の戦火で消失）。

（前略）どうせそもじを連れ参り可申と存居候へども、中々国の話承り候に、六ヶ敷ゆえ、たとい何年かかりても連れ行き可申候ゆえ、左様御承知可被下、（中略）須崎よりくまの町へ参り候はば、よりより川ノ江へ二十里許ゆえ、是非是非参り可申、此方は今でもこちらにて相手は不持相待ゆゑ、どうでもして是非是非罷越可申、（以下略）

「たとい何年かかりても連れ行き可申候ゆえ」―このことばにこめた純信の思いは今でも胸を打つ。が、結局、この手紙は河田小龍の思惑からお馬に届けられることはなく、二人はその後紆余曲折の末、それぞれ別々の相手を得、子宝にも恵まれ、純信は愛媛県美川村東川で六十九歳（明治二十一年九月二十九日没）の生涯を閉じ、お馬は東京都北区豊島町で六十五歳（明治三十六年十二月十五日没）の生涯を終えたということである。

この一件が当時の人々の耳目をいかに集めたかは、同じく『真覚寺日記』の次の様な記事に如実に窺うことができる。

此頃坊さんかんざしの歌大流行ニ付、婦人をつれあるく事予の好まぬ所なれ共、頼まれしゆへ仕方なし。その歌ハ我レでハないといふ顔にて戻ル。（安政二年九月廿一日）

昨日横町にて後日怪談浮名簪といふ造り本を見ル。五台山お馬一件を浄瑠璃に作れるなり。（安政三年八月廿一日）

歌が大流行の結果、僧形で女性を連れ歩くのが憚られるだけでなく、市中には浄瑠璃「怪談浮名簪」という造り本まで出現したというのである。

藩政末期の逼迫・抑圧された時代状況の中、庶民の感情はこれらをいかに受け入れ、またいかに反応したであろうか。その発端を「誠ニ諸宗一統の恥辱、末世の有様、是非もなき事也」（前述、安政二年七月二日）と記していた静照は、十年後の慶応元年〈一八六五〉七月廿二日の日記に、同様の一連の「坊主の不行状」の結末を、先達而、雪蹊寺も住職召放され、寿命院も還俗し、吉祥寺も同断、能津の善住寺ハ首を括り、用石の妙福寺も還俗す。皆女ゆへの事と聞ゆ。浅ましき事也。

と記し、「浅ましき事也」と切り捨てている。しかし、こうした事柄に対する複雑な思い、すなわち、抑圧に対する人間的な真情への民衆の羨望と共感こそが、以後の「よさこい節」の大流行を、根底で支えて行ったと考えることができるのではないだろうか。「女ゆへ」、「首を括り」「還俗」し、「召放され」た僧たちの一齣は、藩制末期の時代を反映した人間の歴史として、「よさこい節」の基盤にある。

民謡「よさこい節」の考証

以上が大流行のきっかけとなった艶聞事件の詳細な顛末であるが、「よさこい節」そのものは、江戸時代末期の土佐・高知の酒盛り歌・座敷歌として広く巷間に歌われていたものである。

その音楽的な源は、俗説では、江戸時代初期の高知城築城の際の木遣音頭や、元禄年間〈一六八八～一七〇三〉以降流行の「えじま節」に求められていたが、町田佳聲「よさこい考」『日本民謡大観　四国編』（昭和48年）は、和歌山県串本町の「串本節」、富山県福野町の「夜高節」、石川県黒島村の「祇園囃子」など、類似の曲節を持つ祭礼歌・座敷歌の事例から、祭礼歌→座敷歌の変化を導き出し、

よさこい節もその例外であったとは思われない。この唄もかっては高知市内やその周辺で、祭礼の神輿かつぎか何かに謡われていたものが、いつか農民の酒盛り唄になったのだろうと推測される。

と考察している。ただし管見では、現在、祭礼の神輿歌として「よさこい節」あるいはその類似の歌をうたうという伝承はなく、確実なところは不明である。土佐では「えじま節」に続いて新たに流行した近世小唄調（七七七五調）

の歌謡としておくほかはないであろう。

なお、「えじま」（江島・絵島）は、盆踊歌として現在も行われているが、曲節的には「よさこい節」とは重ならない。また「よさこい節」もさほど古い曲節ではなく、「精々江戸時代も中期以降のもの」（前述「よさこい考」『日本民謡大観　四国編』）とのことである。

民謡の座敷歌としての伝承は今もあり、例えば昭和六十二・六十三年度に行われた民謡緊急調査『高知県の民謡』には、芸西村の「座敷歌」として次のように記録されている。

お客が先に歌う歌

ここなお家は　目出たいお家　鶴と亀とが　舞い遊ぶ
アリャ　ヨサコイ　ヨサコイ　（以下、囃しことば略）
ここなお家の　乾のすまで　黄金花咲く　ゆさゆさと
旦那さん大黒　奥さん恵比寿　生まれてくる子は　福の神

主人側の返歌

ここなお客さんよ　愛想はないが　歌って下され　賑やかに

互いに祝意を表した宴席冒頭の挨拶歌であるが、橋詰延寿『土佐の民謡　よさこい節』（昭和32年・増補改訂版）は、こうした祝賀の歌「祝賀編」のほか、「閨怨編」「艶情編」「恋慕編」「やちがない編」「風土編」「名勝編」などに分類、三百三十余首を収集記録している。（なお、いわゆる「春歌」（性愛・情交の歌）に当たる「肉体編」百余首の割愛の経緯については、前章・第十章で既述の通りである）

こうした中で、最も有名な歌詞が、冒頭に掲げた歌詞の変化した、

土佐の高知の　はりまや橋で　坊さんかんざし　買うを見た
よさこい　よさこい

という歌であった。変化の背景には、幕末から明治の中頃にかけて東京・京都・大阪の三都をはじめ各地に進出した土佐の志士や商人の活躍があり、高知を離れてうたわれる中で、地名や方言が分かりやすく変えられ、より説明的になったと考えることができる。

曲節にも、時代的には多少の変化が生じているようである。昭和六十二年〈一九八七〉の「民謡緊急調査」の際、明治三十三年〈一九〇〇〉生れの前田重之から私が聞き取ったところでは、現在ふつうに行われている節は、大正十四年〈一九二五〉頃に高知市の料亭・得月楼の芸者が歌い出したものが元になっているもので、もう一段古い節があったとのことである。前田によれば、歌の場も酒席だけにとどまらず、子供たちが普段の遊びの中で車座になってうたうこともあったという。

なお、「よさこい節」は盆踊歌・豊年踊歌としても用いられており、池川町狩山（現仁淀川町）や吾北村小川柳野（現いの町）などに伝承が見られたが、それはまた別の節であった。

囃しことば「よさこい」の由来

考証のついでに、特徴的な囃しことば「よさこい」についてもその由来を見ておく。

「よさこい」は「夜さ来い」の意であり、「夜さ」は「よひ（宵）さり」→「ようさり」→「よさり」→「よさ」と変化したもの。「さり」は時の変化・移動を示すことばで、「今夜、暗くなったらいらっしゃい」という恋心を伝えるものであったと考えることができる。

特に「よひ（宵）は、『岩波古語辞典』は、

ユフベ↓ヨヒ↓ヨナカ↓アカツキ↓アシタの第二の部分。日が暮れて暗くなってからをいう。妻問い婚の時代には、男が女の家にたずねて行く時刻にあたる。

と説明しており、女から男を誘う逢い引きのことばとして、古い心意を反映したものと理解することができる。

その用例としては、近松門左衛門（一六五三～一七二四）の浄瑠璃「五十年忌歌念仏」（宝永四年〈一七〇七〉七月以前初演）に、

よさこひといふ字を金しゃでぬはせ、すそに清十郎とねたところ

とあり、江戸時代には広く普及していたことばであったことが分かる。

土佐では、鹿持雅澄（一七九一～一八五八）の『巷謡編』（天保六年序）に、「風流踊」の踊歌など、その変化の過程を示す用例がいくつか見出せる。

・手苗をくれたは　別（べち）のこころざし　ようさりやござれとの　別（べち）のこころざし　（【幡多郡田歌】）

（注＝前述のように「ようさり」は「よひさり《（宵）》」の音便形、さらに「よさり《（夜）》↓よさ《（夜）》」に変わる。「ござれ」は「こい《（来）》」の丁寧語）

・真実《しんじつ》思ふてやりとる文は　夜《よ》さりは来《こ》いとのござれとの　まだも来《こ》いとの文がきた　（【安芸郡土左をどり】「真実《しんじつ》」）

・わしは酒屋の酒柄杓《さかびしゃく》　昼《ひる》は暇《ひま》ない　夜《よ》さござれ　（【安芸郡土左をどり】「槙《まき》が島」）

・わしは酒屋の一ツ桶《をけ》　昼《ひる》はひまない　夜《よ》さござれ　（【土佐郡神田《こうだ》村小踊歌】「ごとう」）

最初の例は「田植歌」であるが、平常の田植ではなく「風流の囃し田」に用いられた可能性がある歌謡である。後の語注にも見たように、最も古い形を残していると考えられるので挙げた。同じ【幡多郡田歌】には、類似の事例がもう二首みられる。

三 「よさこい鳴子踊」の誕生と「よさこい祭り」の発展

新「風流踊」、「よさこい鳴子踊」の誕生

巷間の伝承民謡「よさこい節」に、一大変化をもたらしたのは、昭和二十九年〈一九五四〉誕生の「よさこい鳴子踊」と「よさこい祭り」の展開である。

「よさこい節」は、それまでも高知らしさを売り込むため、昭和初期の新民謡運動と呼応して作家による歌詞の新作がなされたり、観光宣伝用に得月楼の芸者が駆り出されたり、第二次世界大戦後の経済復興のための全国的な博覧会ブームの中、「南国高知産業大博覧会」（一九五〇）のために新歌詞の公募や新しい踊の振り付けがなされるなど、活用の動きは切れ目なく続いていた。しかしながら、この度の動きは、それらとは波及効果の点で全くレベルが違っていた。

企画の中心になったのは高知商工会議所である。昭和二十五年〈一九五〇〉の「南国博」における「新しいよさこい踊」（振り付けは日本舞踊五流の師匠による）の成功と、隣県徳島の「阿波踊り」の経済効果に刺激を受け、商工業の振興と市民のための祭り「健康祈願祭」をねらったものであった（よさこい祭振興会『よさこい祭り40年』）。名称については、「市民生活に溶け込んでいるし高知にふさわしい〝よさこい〟を生かし、〝よさこい祭り〟とする」と決定

した。こうしたことばからも「よさこい節」がそれまでに高知という風土にいかに深く根付いていたかを窺うことができる。

企画の中で最も注目されるのが、武政英策（一九〇七〜八二）による「よさこい鳴子踊」という踊の歌詞と曲の制作であった。その制作事情と作品に込めた思いについて、本人の述べた文章があるので、少し長くはなるが次に引用してみよう。

昭和29年のこと。会議所観光部の浜口八郎さんがきて、「実は市民の健康祈願祭で踊りのようなものをやりたいが、民衆にヒットするようなものを考えてほしい」という。梅雨も明けた6月25日のことだった。しかも「祭りは8月10、11日に決まったので、7月1日から練習を始めんと間に合わん。ひとつ阿波踊りに負けんようなものを、歌詞も曲もいっさい、おまさんが考えておせ」という。

わずか5日間で作り上げろというまことにムチャな話であったが、その晩からさっそく制作にとりかかった。伝統ある阿波踊りに対抗するには素手ではダメだ。思いついたのは鳴子。年にお米が二度とれる土佐では、鳴子は圧巻だ。これならいける。（中略）

歌詞の着想は当時、研究を進めていた「土佐わらべ歌」に、「高知の城下へきてみたらじんまもばんばも、みな年寄り」という文句があった。また「郵便屋さん走りゃんせ」のなかに、「いだてん飛脚だ、ヨッチョレヨ」というのがある。私はこの、ヨッチョレヨの言葉が楽しくてたまらない。さらに、よさこい祭りというからには昔から伝わる「よさこい節」も入れた方がよいだろう。以前、私が作った歌に「ヨイヤサノサノ」というハヤシがある。これも使ったら──。

よさこい鳴子踊りの曲と歌詞は、このように、つまりデッチあげであって、作詞でも作曲でもない。第一回よさこい祭りが開かれたあとで、いろいろな人たちから「なんでこんな下品な歌を作ったのか」という批判が出た。わたしは、歌詞はどう変えてもらっても結構、と聞き流したことだった。

郷土芸能は、民衆の心の躍動である。どこの誰べえが作ったかわからないものが忘れられたり間違ったりしながら次第にカドが取れ、シンプル化していくものである。要は民衆の心に受け入れられるかどうかが問題で、よさこい鳴子踊りにしてもこれからどんなに変わっていっても構わないと思っている。（よさこい祭振興会『よさこい祭り二十年史』）

成り立ちのあわただしい状況をよく伝える肉声とも言えるものである。が、内容は「鳴子」や「よさこい節」の使用をはじめ、私が新たな「風流踊」の発生と捉える、その契機について、考えるべき重要な事柄を伝えている。そうした件については、この後で順次取り上げて考察することとし、次いで出来上がった歌詞を見る。

ヨッチョレヨ　ヨッチョレヨ
ヨッチョレ　ヨッチョレ　ヨッチョレヨ
ヨッチョレ　ヨッチョレ　ヨッチョレヨ
高知の城下へ　来てみいや
じんまも　ばんばも　よう踊る
鳴子両手に　よう踊る
土佐の（ヨイヤサノサノサノ）
高知の　はりまや橋で（ヨイヤサノサノサノ）
坊さん　かんざし　買うをみた（ソレ）

よさこい　よさこい（ホイ　ホイ）

作詞・作曲を依頼された武政英策は、主に作曲の分野で活躍し、わらべ歌や民謡の研究者として知られるが、基本的には「民俗学者」と言える人物である。前述の通り私は、「よさこい鳴子踊」を新たな「風流踊」の誕生と見ているのであるが、この際、武政の「民俗」に対する見識が、随所で存分に生かされたと評価できる。本人は急な頼みに応えた「デッチあげであって、作詞でも作曲でもない」、従来のわらべ歌や民謡の寄せ集めである―と説明するが、その方法こそが見事に功を奏した。ちなみに、「じんまも　ばんばも」の歌詞は、「土佐わらべ歌」だけでなく高知県全域の「地搗き歌」の歌詞や囃し詞としても定着していたものである。一例を挙げれば、三原村の「地搗き歌」には、

じんじに　ばんばは　こい《濃い》茶の話　娘若いしは　ほんとに　色ばなし

とある。「下品な歌」との批判には「郷土芸能は、民衆の心の躍動である。（中略）要は民衆の心に受け入れられるかどうかが問題」と受け流しているが、私が重視する性愛の面も含めて、正に民謡の生命力・伝承力の本質を真に理解した発言であり、民衆の伝統の底力を生かした〝創作〟であったと理解してよいであろう。

中でも特に、採り物としての「鳴子」採用のアイデアと、「よさこい節」を巧みに織り込んだのは、それらの見事な活用・再生として高く評価したい。とりわけ「鳴子」は、「南国博」（一九五〇）の時の日本舞踊五流の師匠が協力し、リズム楽器として生かした新鮮な「鳴子踊」を実現した。前掲の「よさこい節」を取り入れた歌詞と合わせて、それは「正調」として「よさこい鳴子踊」の中核に位置づけられている。

両手に採り物を持つというのは中世の「風流踊」の特質である。何も持たず手の振りの面白さで見せる近世流行の「手踊り」とは対照的な位置にある。「阿波踊りに負けんようなものを」という注文は、実にこの「鳴子」を手に持つ

工夫によって実現された。中世の「風流踊」を受け継ぐという私の評価も、この一点から可能になったとも言える。

ちなみに、「鳴子」は伝統的な鳥追いの道具であり、前出の『巷謡編』には、【安芸郡土左をどり】「月とも」において、

しなやかな腰へ　鳴子をかけて　をんどるたびに　がらがらと

とうたわれていた。「風流踊」の「こおどり」においては、既に、腰に鳴子を付けて踊る魅力的な意匠の女性が登場していたのである。ここにおいて鳴子はもちろん、豊作祈願の呪具としての意味も担っていた。その再生・活用である。

ともかくも「民衆にヒットするようなものを」という当初の願いは、こうして「阿波踊り」を意識した街頭を行進する「よさこい鳴子踊」として、実現への第一歩を切ったのである。なお言えば、街頭の行進も中世の祭礼、「風流踊」以来の伝統である。

「よさこい祭り」の成長と発展

踊り子隊を募集し祭りを中心になって運営している「よさこい祭振興会」は、「よさこい祭り」が成長する中で、参加のための守るべきルールとして、主に次のような三項目を設定している。

1、曲をアレンジしても良いが「よさこい鳴子踊」の曲を必ず入れること
2、鳴子を手に持って前進する踊りの振り付けを基本とすること
3、地方車を一チームにつき必ず一台用意すること

3、地方車は、昭和三十二年〈一九五七〉の第四回から登場しているが、踊の地となる伴奏音楽を受け持ち、踊り

子隊を先導する車のことである。伝統的には「風流」の祭礼における神霊の憑《よ》りつく「山」、「山車（だし）」に相当する。現在、その生演奏の大音量は「よさこい鳴子踊」を活気づけ、特徴付けている一つの要素でもある。

原曲「よさこい鳴子踊」を取り入れ、鳴子を手に持つ行進型の踊であれば、いかなる曲のアレンジも、衣装や振り付けの新奇な工夫も勝手しだい（前掲1・2）。歴史的にも特に「自由」を重んじてきた土佐・高知らしい発想と言えるが、伝統を基に生かしながらもこうした大いなる自由、個々の創意・工夫を許し認めて行く方式が、さらなる変化・進化を生み出して行く。正に武政英策の「これからどんなに変わっていっても構わない」ということば通り、「よさこい鳴子踊」「よさこい祭り」は、当初には予想もつかなかった大発展を遂げることとなる。なお後述のように、この「変わる」ということも「風流」の基本精神であった。

さらなる展開のきっかけは、平成四年〈一九九二〉、北海道・札幌に誕生した「ＹＯＳＡＫＯＩソーラン祭り」。前年、高知の「よさこい祭り」を見て感動した北海道大学の学生たちが中心になって立ち上げた。彼らが設定した主なルールは、土佐の民謡「よさこい節」に代わり北海道の民謡「ソーラン節」の一節を取り入れることと、「鳴子」を手に持つこと。高知を参考に、踊の音楽や振り付け、衣装は全く自由というゆるやかなものであった。

ちなみに、「ソーラン節」は、北海道に伝承される一連の鰊漁の作業歌の中でも、江戸時代の末から続く代表的なもの。網の中へ追い込んだ鰊を沖で船の中へすくい揚げる際の「沖揚げ音頭」であって、力を合わせるための掛け声「ヤーレン　ソーラン　ソーラン」から「ソーラン節」の名前が付いたという。歌詞はいずれも「七・七、七・五」の近世小唄調歌謡である。

これ以降、この「ＹＯＳＡＫＯＩソーラン祭り」の成功に刺激されて、地元の民謡などを曲に取り入れ、「鳴子」を手にして踊る「よさこい」系と呼ばれる祭りが全国各地に次々と誕生して行く。その正確な数は不明であるが、

『よさこい祭り50年』（よさこい祭振興会、平成16年）の「データよさこい」によると、〝本家〟の高知を別にして、全国43都道府県・二二二箇所にのぼる。その隆盛ぶりは、札幌の平成十九年・夏の祭りは二〇〇万人を越す観客を集め、高知も平成十九年は、参加一八九チーム・二万人、観光客は一二〇万人に及ぶ勢いであった。さらにその勢いは海外にも及び、フランス・スコットランド・アメリカ・ベトナム・台湾などで公演するだけでなく、高知市と縁のあるアフリカのガーナやインドネシアのスラバヤなどでは、現地の人達が踊っている。高知県も平成二十八年〈二〇一六〉度に「よさこいアンバサダー」制度を作るなど、海外への普及・発展を支援、観光客誘致の先頭に位置付けている。

矢島妙子「祝祭の受容と展開―『YOSAKOIソーラン祭り』―」（『祝祭の100年』平成12年）は、こうした祭りの特質、成功の要素について、

「よさこい」は年齢・性別に関係なく参加でき、集団となる契機の方法が多様で、身体表現の方法も多様、踊り自体も楽しみを追求したり技術を追求したりと、あらゆる面の許容範囲が広い。それらを個人で自由に設定して参加できる。祭りを主催する側も、どのような形の祭りにするか設定が自由である。従来の伝統的な祭りがさまざまな決まり事のもとで成立し、それを継承し保存することを大事としていたのに対して、「よさこい」は形式にとらわれずに祭りを創造していくことができる。また、何より地域性も強く出すことができる。多様なローカルアイデンティティの表出ができる。そのうえで、同じ「よさこい」というつながりももてる。つまり、差異化と統一化の両方の性質を持てるのである。

と、参加・選択の多様性や自由さ、形式にとらわれない創造性、地域性の表出などの諸点に求め、都市という「集団にとって必要な」「生まれるべくして生まれている」祭りと考察している。それは、これまでの伝統を保存し継承す

る地域伝来の祭りとは全く異なる、新しい都市型の祭りの出現ということになる。

新「風流踊」登場の歴史的・社会的意味

こうした「祭と踊」の最大の特徴は、いずれも一般の市民たちが、「見物」を意識した「見られる祭り」「見せる踊り」を、自らの創意工夫により毎年、更新・創造して行くという点に認めることができる。かつて柳田国男（一八七五～一九六二）は、祭の変遷を考察する中で、「見物と称する群れの発生」「信仰を共にせざる人々、言わばただ審美的の立場から、この行事を観望する者の現れたこと」を最大の変化の要因として挙げ、その結果生まれた特色を「祭礼」「風流」という言葉で捉え、特に「風流」については次のように説明している。

風流はすなわち思い付きということで、新しい意匠を競い、年々目先をかえて行くのが本意であった。我々のマツリはこれがあるがために、サイレイになったともいえるのである。（『日本の祭』「祭から祭礼へ」）

踊は、かつてこうした一大変化によって「風流踊」と呼ばれるものを生み出し、中世から近世初めにかけて全国を席巻した〝踊の時代〟を現出した。こうした歴史を返り見ると、「よさこい」系と呼ばれる踊は、これまでも見てきたように、数百年の時を隔て、新たに現代に再興した、新しい「風流踊」と考えることができるのである。

中でも注目すべきは、「風流」が衣装・音楽・振り付けなど「新しい意匠を競い、年々目先を変えていくのが本意」（柳田）の中にあって、現代の「風流踊＝よさこい」は「民謡」という核を持っているという点である。それは地域のアイデンティティーの創出や、都市における連帯感の確認に何よりも力を発揮したものと考えることができる。北海道の「ソーラン節」をはじめとして、岩手県盛岡市の「さんさ踊」（盆踊）、名古屋市の「名古屋甚句」（酒盛り歌）など、既存の民謡のある所はそれらを活用し、特にない場合は、新たに民謡を創作している例（神奈川県座間市の「座間音頭」など）も見られる。

振り返って見ると、こうした全ての都市の祭りの大本・源流の位置にあったのが土佐・高知の伝承民謡「よさこい節」であったということになる。中でも、私は「坊さんかんざし」の歌の魅力こそが最も根底にあって、それらの隆盛を支えたものと考えている。「坊さんかんざし」の歌詞こそは、人間存在の真実を「生」と「性」の物語として担い、軽妙にうたった傑作としてよいのではないだろうか。

「よさこい」系祭りの担い手は、多く都市の若者がその中心となっている。閉塞感に覆われた現代という時代状況の中、「歌や踊」が生み出す束の間の開放感・陶酔感は、若者をはじめ多くの都市に住む人々の心をとらえて放さない。実際、それは束の間の非日常に止まらず、今や日常の生活にまで影響を及ぼし、「よさこい」を踊るために高知に移住してきたという若者まで現れている。人気チーム（一般公募制を採用している）は踊る機会も多く、全国各地のイベントに招かれ、年間を通して活動している。

その始発の位置にあったのが「坊さんかんざし」の歌である。歴史が、また民謡「よさこい節」が、困難な人生、美と悲惨の両面を教えているとしても、現実にはそれが意識の端に登ることは少ない。しかし、たとえ無意識であるにせよ、力ある民謡は根底にそうした思いを潜めてうたい継がれて行くものであると思う。

なお「よさこい節」ゆかりの場所は、現在、観光地として多くの見物客を集めるほか、様々な土産品も作られ、経済的にも高知県に大きく貢献している。

はりまや橋は今でも高知市第一の観光名所であり、四国第三十一番札所・五台山竹林寺も四国遍路の修行者だけでなく大勢の人でにぎわいを見せている。純信の誕生池・土佐市市野々には「純信堂」が建てられ、また、お馬の住んだ須崎市池ノ内には「お馬神社」ができ、面白いことに「縁結び」「恋愛成就」の神様になっている。そのほか生地周辺には二人にちなんだ地名、ゆかりの場所の顕彰も多い。土産品では、二人を象った張り子の民芸品「坊さんかんざし人形」が人気を集め、「鳴子踊」に使用される「鳴子」は土産品店の店頭に並ぶヒット商品になっている。

ただ、その功罪は〝功〟だけには止まっていない。問題の一つは伝統的な「盆踊」への浸食現象である。土佐・高知では「よさこい祭り」の流行で、みんなの踊れる「鳴子踊」、面白い「よさこい踊」を優先し、「えじま」をはじめとした古風な「盆踊」の演目は、年輩の人たちのものとして廃れて行く傾向が顕著になっている。また、近年の様々なイベントで用いられるのは「よさこい踊」であって、かつて声が掛かった「太刀踊」等が登場することは皆無となってしまった。歴史的にも民衆の魅力、その支持あってこその「風流踊」ではあるが、こうした問題は、伝統的な民俗芸能の衰退と直結している。

四　民俗芸能の保存と活用を考える

上述の通り、民謡「よさこい節」は、その活用の最たるものであった。その流行・活用の一方で、中山間地域の民俗芸能は、極端な人口減少、少子高齢化の影響もあって消滅の危機にある。かつて栄えた「風流踊＝民俗芸能」と今や全盛の「風流踊＝よさこい」と、この二つは正に対照的な位置にあるというのが現代の構図である。これを受け、おわりに民俗芸能の保存と活用の問題についても考えを及ぼし、いくつかの問題点を指摘しておきたい。

民俗芸能の保存活用とその限界

令和元年〈二〇一九〉度から同三年度までの三ヶ年間、私は文化財保護審議会委員として、高知県の民俗芸能の現況調査に従事し、『高知県の民俗芸能―高知県民俗芸能緊急調査報告書』（令和4年3月、高知県教育委員会）を完成させた。

本書では、「風流」及びその代表の「風流踊」が、質・量ともに高知県を代表する民俗芸能であることを資料として確認できたが、第一に指摘しなければならないことは、それらの予想をはるかに超える衰退現象である。実際、私が調査に立ち会った数十箇所の中でも、担い手不足から存続不安の声が出なかったのはたった一箇所だけである。守るべき芸能は、既に地区の小学校は廃校になり、受け継ぐ子供たちがいないと訴える所がほとんどであった。中には、調査年度を最後に終了―という事例すらあったのである。

すなわち「風流踊」は、その内容を「花取踊（太刀踊）」「なもで踊」「こおどり・太鼓踊・団扇踊」「伊勢踊」「五つ鹿踊」「玄蕃踊・笹見踊」「盆踊（豊年踊）」と、大きく七項目に分類し、悉皆調査を実施したが、報告のあった全体の総数として四四六項目を確認できたものの、その内、「現行」とあるのはおよそ半数の二三八項目であった。要するにこれまでの歴史的経過の中で、その約半数が廃絶あるいは中絶になってしまっていたのである。たとえ「現行」とあっても、その当初から見ればいずれも変容は著しく、しかも目の前に消滅の危機が迫っていることは前述の通りである。高知県の「緊急調査」の実施は、全国でも最後尾になってしまったが、せめて十年前に調査ができなかったものかと悔やまれる。

結果を受け、私は「総説」の中で「国（文化庁）の目は高知県にしっかりと届いていない」「私たちにできることは、先ず行政の保護の道を取り付けることしかない」「県の文化財行政の見直し、テコ入れも必須となる」と書いた。しかし、その後の活動で痛感したことは、行政には、地域の人々に寄り添って共に地域の視点で考えるという姿勢が、決定的に欠けているという事実である。そもそも行政は、基本的にそうしたことができる体制にはなっていない。私の煩悶は深い。

国（文化庁）は、平成十三年〈二〇〇一〉度から、様々な問題を抱える中で「ふるさと文化再興事業」を実施した。次いで、一定の役割を終えたとして、文化審議会の答申を受け、平成三十一年〈二〇一九〉四月には「文化財保護法の改正」を行なった。その趣旨には「過疎化・少子高齢化などを背景に、文化財の滅失や散逸等の防止が緊急の課題であり、未指定を含めた文化財をまちづくりに活かしつつ、地域社会総がかりでその継承に取り組んでいくことが必要。このため、地域における文化財の計画的な保存・活用の促進や、地方文化財行政の推進力の強化を図る」とある。

県は、この趣旨に言う「緊急の課題」「地方文化財行政の推進力の強化」を受け、令和三年〈二〇二一〉三月「高知県文化財保存活用大綱」を作成し、目的に「保存」と「活用」の意義をうたっている。しかしその方法の実際はというと、一読の限りでは、「地域に点在する文化財を有機的に組み合わせ、一連のストーリー（物語）として一体的に活用する」「各地域に残る伝承（しきたり、信仰、風習、言い伝えなど）を盛り込んだ、地域の魅力的なストーリーの中で文化財を捉えていくことで（中略）効果的な保存と活用につなげる」―等々の文言が目に付く程度である。

これらの文言は、私には前述の「よさこい」の成功例を想起させる。しかし伝統的な民俗芸能において、こうしたことばの先に具体的な絵柄を描くとなると相当の困難が予想される。また、それだけで「保存・活用」の用が足りるとはとても思えない。特に「活用」とはあるが、「保護・保存・育成」には十分な打つ手は見えないというのが正直な印象である。

そもそも対処すべき問題の大本は「過疎化・少子高齢化」である。もはや地域における小手先の対応では済まない所まできている。かつての土佐・高知にあった「山や里の生活」を大切にする、そこに立ち返るしかないというのが実感であるが、国全体において、一体、その方途を見出すことは出来るのか。

消えゆく「花取踊」の踊歌

今、私の念頭を離れないのは、四十年来の調査研究の中で出会った地域の人たちの姿である。その筆頭に挙げたいのは、旧葉山村（現津野町）姫野々の三島神社の「花取踊」の担い手たちである。昭和四十九年〈一九七四〉当時は、戦前の七地区各年分担制から、四地区（白石・杉の川・姫野々・新土居）による各三年分担制に変わっていたが、それも平成二十二年〈二〇一〇〉には、担い手の子供の不足から杉の川が抜けて三地区になり、さらに令和三年〈二〇二一〉には、同じ理由で白石が以後の撤退を表明した。正に人口減少・少子化による衰退の過程を示す見本のような事例である。

こうした中で強調したいのは「踊歌」の消滅である。昭和六十二年〈一九八七〉に出会った杉の川の石川速水は、優れた歌い手・指導者であった。『巷謡編』（天保六年〈一八三五〉序）所載の【高岡郡半山《はやま》郷姫野村三島大明神祭花鳥歌】についてはこれまでも度々言及してきたが、その歌謡が杉の川において見事に伝承され、うたわれていたのである。大本は中世の「室町小歌」であるので、その時点から見れば、間に優に四、五百年の時間は見込むことができる。それが十年以上前、二〇一〇年に消滅してしまった。

次いで撤退を表明した白石にもすばらしい歌い手がいた。久岡嘉代子である。音頭としては珍しい女性ではあるが、昭和五十二年〈一九七七〉に目の不自由な師匠の補佐として参加して以来、四十数年以上にわたって複雑・多岐にわたる地区の「踊歌」を支えてきた。令和三年〈二〇二一〉、彼女は既に八十代の半ば過ぎになっていたが、私に対して、様々な思いを込めて「歌は自分の宝物」と打ち明けてくれた。

後に残った姫野々・新土居には、変容を重ねた一部の歌詞しか伝承されていない。我々には久岡の言う「宝物」を後世に伝える責務がある。が、思いだけでは如何ともし難い。「花取踊」の最も正統な「踊歌」は、今や目の前で途絶えようとしているのである。失われた中世以来の時間は取り返しがつかない。

守るべきものは何か

かつて地域の人々は、「踊歌」の世界に自らの「生活」を託し、年毎に神仏に感謝の念を捧げてうたい踊って来た。それが自らの務めであることを当然のこととして。今、その環境を取り戻す方法が問われているのである。「文化財保護法」にいう無形文化財の「民俗芸能」は、決して単なる技芸の伝承には留まらない。大切なのは「生活」とそれを支える心であり、その環境の確保である。もはや時代の趨勢に任せるしかないのか。

なお、「文化財保護法の改正」にいう「活用」の文言についても、その負のイメージについて一言付け加えておきたい。旧鏡村（現高知市）大利の「太刀踊」の事例である。ここにも多くの「踊歌」の詞章が伝承されていたが、戦後の高度経済成長期、観光客の歓迎行事に舞台で頻繁に「活用」される中で、ごく一部の演目に固定され、そのほかの「踊歌」および「踊」の伝承が途絶えるという事態が起こった。序章で述べた夏目漱石の見た「土佐っぽの馬鹿踊」（序章・二）の末路の姿である。杉本道彦保存会長は自らの反省の弁を述べるが、県観光課（当時）の舞台効果や時間的効率を優先する影響も決して見過ごすことはできない。

ここにおいて、本来「民俗芸能」が奉仕するのは、地域を守る神仏（祖先の霊）を祭る為であって、決して観光の為ではなかったことを、改めて肝に命じなければならない。

「金」にならない、「活用」の役に耐えられない「芸能」は、ただ消え去るしかないのか。「歴史的意味」一つを考えても、到底納得することはできない。大切なのは、歴史の中で事象の本質に届く眼であり、それに資する資料である。貴重な資料を恣意的な思いで消してはならない。昔の様々な「踊」があってこそ今の「ダンス」があるのだ。

（例に挙げた「津野町葉山地区の花取踊」「高知市鏡大利の太刀踊」等、現況の詳細は『高知県の民俗芸能—高知県民俗芸能緊急調査報告書』の各項の参照を乞う。歴史的・文化的価値の認識をはじめとして「活用」の基礎となるものである）

終章　失ったものは何か
―「土佐民俗」研究の歴史―

一　はじめに

認知されていない「野の学問」

記憶をたよりに書く。福田アジオを囲んでの座談会（柳田国男研究会例会、二〇一七・一一・一二）の印象である。同氏の著作『民俗学のこれまでとこれから』（平成26年、岩田書院）を主要参考テキストとするという案内であったので、民俗学史には不案内の私も、一応の理解の上で参加した。

福田の日本の民俗学の「学史」は、私なりの印象で要約すれば、江戸期の「国学」など「柳田学」以前の時代⇩「柳田学」（「野」の民俗学）が成立して展開、やがて行き詰った時代⇩「柳田学」を「民俗学」として継承し、大学が専門的に担った時代（通常「アカデミック民俗学」「学術的民俗学」と呼ぶようである）という、三つの区分によるものであった。

私の専門領域は「国文学」（日本歌謡史）であり、『閑吟集』（永正十五年〈一五一八〉序）や土佐の国学者鹿持雅澄（寛政三年〈一七九一〉～安政五年〈一八五八〉六十八歳没）の『巷謡編』（土佐の民俗歌謡の集成）などを中心に研究してきたので、「柳田学」以前の時代については一応理解しているつもりである。また「柳田学」の時代についても、自らの民俗歌謡研究の必要に応じ、研究会の友人の助けも得てそれなりの学びはしてきたつもりである。こうした中でどうしても理解が届かないのは、「柳田学」以後とする大学の「民俗学」（アカデミック民俗学）の時代である。

前述のように、文献と同時に土佐を主要な学びのフィールドとしてきた私（昭和五十九年〈一九八四〉高知赴任）は、土佐（高知）における仲間、「民俗学」を学ぶ人々の活動を日々目にし、また助けられても来た。しかしながら、前述の福田の「学史」にはそれら地方の研究者・学会の活動については、全く触れるところが無い。「アカデミック民俗学」（学術的民俗学）が全てという趣である。これでは柳田以後、地方には「民俗学」の学びが無かったことになってしまう。

右のような理解（印象）に基づいて、私は座談会において、なぜ地方の人々の活動についての言及が無いのかを繰り返し質問した。どうしてその価値を認めてくれないのかという思いからでもあった。これに対しての福田の最終的な答えは、「評価できるような業績は無いでしょう」という意味の一言であったと記憶している。これは私にとってあまりにも意表を突く言葉であり、反証となる具体的な論拠も用意していなかったので、それ以後、沈黙せざるを得なくなってしまった。

残念ながら、「土佐の学問」は中央の学会には十分認知されていないようである。以下は、当日は叶わなかった私の異議申し立てでもあるが、土佐における民俗研究の歴史を顧み、「柳田学」を受け継ぐ「民俗学」の実践として、その意義を明らかにしたい。「野の学問」（桂井和雄の言）として、柳田の死後も（「アカデミック民俗学」成立以後も）、そこには評価に値する業績が確かに存在し、活動も孜孜として積み重ねられて来たのである。煩瑣ではあっても事実をたどることで実証し、その価値をアピールしたい。

二　「土佐民俗」研究と桂井和雄

柳田国男（明治八年〈一八七五〉～昭和三七年〈一九六二〉八十七歳没）と関わる土佐における民俗研究の歴史は、寺石正路（明治元年〈一八六八〉～昭和二四年〈一九四九〉八十一歳没）に始まるが、[1]それ以後の展開は桂井和雄（明治四十年〈一九〇七〉～平成元年〈一九八九〉八十一歳没）に集約して語ることができる。その学問を追って生き方を見る中で具体的に考えて行きたい。

桂井和雄と「土佐民俗研究会」

まず昭和十一年〈一九三六〉、「土佐民俗研究会」結成に至る前後の動きを見る。

桂井和雄は、本格的に「民俗学」と取り組む以前は、小学校教員であると同時に詩人であった。そのあたり『高知県人名事典』（高知新聞社）「かつらいかずお」の項には次のようにある。

早稲田大学第二高等学院に進んだが中退。帰郷して小学校教員となり（中略）などに勤務。（中略）昭和初期には人生派の詩人として活躍、岡本弥太らとともに土佐詩壇の主流にいた。北原白秋に傾斜し、昭和7年ごろから伝承童謡の採集を始め民俗学への関心を示す。

また、吉村淑甫「桂井和雄と民俗学」（『仏トンボ去来』解説、高知新聞社）[2]では、次のように説明している。

若い頃はアテネ・フランセにも席を置いたようなダンデイズムの持主であり、詩作家でもあった。ただし詩はモダニズムを表貌するものではなく、いわゆる人生派に属する詩人として、昭和年代の初期から十年代にかけて、当時活躍の目立った岡本弥太等と共に、土佐の詩壇の主流にいた。

私は、桂井が「詩人」であったことすなわち「文学」との関わりは、総じて「民俗学」の基盤をなすものと認めているので、この問題についてはまた折りにふれ考えを進めていく。

具体的に中央の学者との交流が始まるのは昭和十一年八月のことである。渋沢敬三（明治二十九年〈一八九六〉～昭和三十八年〈一九六三〉六十七歳没）との面会が最初となるが、その間の事情を、自身の後の記述（『日本民俗学大系11　地方別調査研究』「四国　高知県」昭和33年、平凡社）では次のように説明している。

昭和一一年八月二七日、アチック・ミューゼアムの主宰者渋沢敬三氏が宮本磬太郎氏らを伴って来高され、土佐の漁業史料や民俗採訪に当られた。桂井和雄はこの渋沢氏一行の室戸行に随伴して激励を受け、以来民俗学に専念することになった。かくて昭和五、六年ころからつづけていた郷土童謡の採集は、そののち四年間に、八七八種五八三九篇、二〇〇〇枚の原稿に完成し、昭和一五年にアチック・ミューゼアムに持参したが、のちの採集記録『土佐沖ノ島民俗雑記』『土佐津呂組捕鯨聞書』『土佐山村民俗語彙』などとともに、東京の戦火で烏有に着してしまった。

右の記述を通して、渋沢との出会いと激励、その後の支援が「民俗学」に打ち込む大きな力となったことがうかがえる。この時の出会いと後の交流の様子については、自身の「渋沢敬三先生」という文章（『日本の民具』第二巻・付録、『生と死と雨だれ落ち』所収）の中でも、「研究費援助」の激励など、さらに詳しく説明している。

ここで浮かび上がってくるのが宮本常一（明治四十年〈一九〇七〉～昭和五十六年〈一九八一〉七十三歳没）の存在である。桂井とは全く同年生まれであり、小学校教員の履歴や「文学」との密接な関わり、渋沢のアチック・ミューゼアムによる支援においても重なってくる。上京した宮本に対して、桂井は終生土佐を離れることはなかったが、その初期の大切な業績を渋沢邸の焼失（昭和二十年の東京空襲）において無に帰したことも共通している。[3]今回の調査ではこうした研究環境だけでなく、桂井と宮本は、実際に深く交流していたことを示す「新資料」も出てきたので、それについてはまた後で述べる。

なお桂井が、北原白秋の影響で「伝承童謡」の採集を始めたのは前述の『高知県人名事典』の通りであるが、その時期については、自身は「郷土童謡」の採集を前記資料では「昭和五、六年ころから」と述べているので、こちらを是としておきたい。

同じ昭和十一年〈一九三六〉（月日は不明）、桂井は柳田国男とも面会し実際の交流を深めて行く。これも後の回想記であるが、自身の記述から引用する。柳田が亡くなった年、昭和三十七年に出された追悼記事「柳田国男先生の思い出」の内「晩年の一日」と題する一文（『土佐民俗』第二巻三号所収）による。内容は少々先の時点にまで及ぶが、併せて抜き出し紹介する。

　わたしが先生の学問に没入しはじめたのは、昭和十年頃のことであるので、すでに二十七年の昔のことになる。翌十一年から先生にお目にかかりはじめ、以後上京のたびに世田谷区成城町のお宅を訪ね、今までに数えられないほどお目にかかっている。時には三笠宮殿下のご来訪といっしょになって、おそばで殿下とのお話を聞いたこともあるし、先客であった石黒忠篤氏に紹介されお話しをうかがったこともある。また、先生のご執筆中の書斎にまでみちびかれ、お教えをいただいたこともある。こうした度毎に先生の新著をいただいたりした。時には、小包でご恵投いただいたものも幾冊かあって、秘蔵している。

　また、わたしの小さい新刊書を二十冊ほどご注文いただき、全国の同学にお廻しいただいたことなどもあり、度々のご批評やおはげましのお葉書が、今日でもなお十幾枚残っている。

冒頭の「没入」ということばからは、「先生の学問」（「柳田学」）に打ち込んだ熱意の程がうかがえる。また、引用を省略したこの文章の終わりの方では、柳田に対して「心から師父と仰げるような人」という敬愛のことばを書き留めている。その思いの全量はここに集約されていると見ることができるであろう。さらに、文中に見るお互いの著書や葉書のやりとりなどからも、二人の仲が学問をたよりとし、どれほど親密なものであったかが伝わってくる。

事のついでに、桂井の柳田邸出入りの具体的な消息が分かる記事を「柳田国男研究会」編集の「年譜」（『〈別冊〉柳田国男伝　年譜・書誌・索引』）からも引用しておく。（年齢は柳田のもの）

昭和二十四年（一九四九）七十五歳

二月十一日、土佐の桂井和雄、来訪。田の神、祭り、犬神などを夕刻まで話し合う（『民間伝承』昭和二四年三月）。

昭和二十五年（一九五〇）七十六歳

十一月六日、金沢の長岡博男、土佐の桂井和雄、来訪。民俗学研究所の大間知篤三、大藤時彦、直江広治らをまじえ、地方学会の在り方について討議する（『民間伝承』昭和二五年一二月）。

昭和二十九年（一九五四）八十歳

十一月十二日、土佐より桂井和雄、来訪。昼食後、学士院へ行く。（桂井「晩年の柳田先生」定本3月報）。

最後の記事の典拠（定本・月報3「晩年の柳田先生」）は、前に引用した『土佐民俗』第二巻三号の「晩年の一日」から、中程の部分を、桂井自身が抜き出し書き直したものである。そこには、昭和三十七年五月三日の「先生の米寿祝賀記念学会」に、近畿民俗学会の沢田四郎作とともに出席したこと、数年前の昭和二十九年十一月十二日、「学士院会館の例会」に柳田と同行し、金田一京助に「これはわたしの古い弟子で土佐の……」と紹介された思い出などが記されている。これらの記事も合わせて、柳田を中心にして、中央や各地の学者・研究者とも具体的な学びを展開していった様子がうかがえる。

検証の時点をもう一度、昭和十一年〈一九三六〉まで戻す。この年桂井は、橋詰延寿（明治三十五年〈一九〇二〉〜昭和六十三年〈一九八八〉八十五歳没）と共に「土佐民俗研究会」を結成するに至る（月日は不明）。二人だけの出発であった。前述のように、渋沢、柳田との直接面会を経て、さらに同学の友を得て、本格的に土佐民俗研究へ向かう機は熟したということになる。

橋詰も小学校教員であり、郷土史を中心とした研究者であった。『高知県人名事典』には「土佐の歴史や民俗、風土、地理など多方面にわたる研究をし、冊子を含めた編著書は百余冊。」とある。柳田との面会は桂井より早く、前年の昭和十年〈一九三六〉七月三十一日から八月六日まで日本青年館で開かれた日本民俗学講習会に出席している。自身の回想記（『土佐民俗』第二巻三号所収、追悼記事「柳田国男先生の思い出」の内「へソミカンのことなど」）には次のようにある。

今は佐川町にいられる作家の森下雨村氏の紹介で柳田先生の還暦祝賀の民俗学の会に出席した。昭和十年七月三十一日から八月六日まで一週間、日本民俗学の第一次の大会が日本青年館の講堂で開かれた。各地方から約百五十人の出席があった。四国路からわざわざ出席したのは私一人であったように思う。

題名の「へソミカン」については、ネーブルオレンジの呼称（別称）として柳田の提案が土佐で定着した経緯などを紹介している。また、座談会や休憩時間でのやりとりを受けて「寸暇を利用して地方採集家の言に耳を傾けられるその学的態度に頭が下がった」こと、「一人よがりの断定は大いにつつしむべきであると考えた」こと、「ことば一つでもそのことばの実際的な使い方、引例はできるだけ幅広く、多くもつこと」などを、その時覚えた教訓として書き留めている。ここにも柳田の具体的かつ強力な影響を認めてよいであろう。

宮本常一との交流と互いの学び

ところで、今回の調査にあたっては、桂井和雄の長女桂井雅葉から様々な資料を拝見させていただいた。遺品として残されていたカード・葉書・スクラップ帳・ノート・原稿などである。いずれも桂井の学びの様子が具体的にうかがえる貴重なものであった。

それらの持つ意義自体についてはまた後ほど述べることとして、まずは前に言及した「新資料」により、宮本常一と桂井和雄、双方の学問の在り方について考えておきたい。互いの親密な交流と学び合いの実態が浮かび上がってくることと思う。

桂井雅葉との当初の接触の目論見は、前述の柳田追悼記事に見えていた「度々のご批評やおはげましのお葉書」「十幾枚」にあり、そこからもっと明確な交流の実態を見たいというものであった。が、京都の古書店が買い取りに入ったとのこともあって、柳田寄贈の著書ともども見出すことはかなわなかった。ところが、私にとって思ってもみない大きな発見は、宮本常一からの手紙（便箋三枚にわたる）が出てきたことである。桂井だけでなく宮本の当時（初期）の学問の上でも大切な資料となるので、まず全文を次に掲出する。（改行・字間・用字等も含め体裁は原書のままとする）

拝啓

其後御健勝にて御つとめの事と存じます。扨先般はまことにありがたうございました。突然参りまして　まるで嵐の様にあらして行きましたが―。

扨あれほど入村を希望して居られた寺川について　及その他について、一人で行つてしまつた私として一応報告申す要のあるのを感じます。

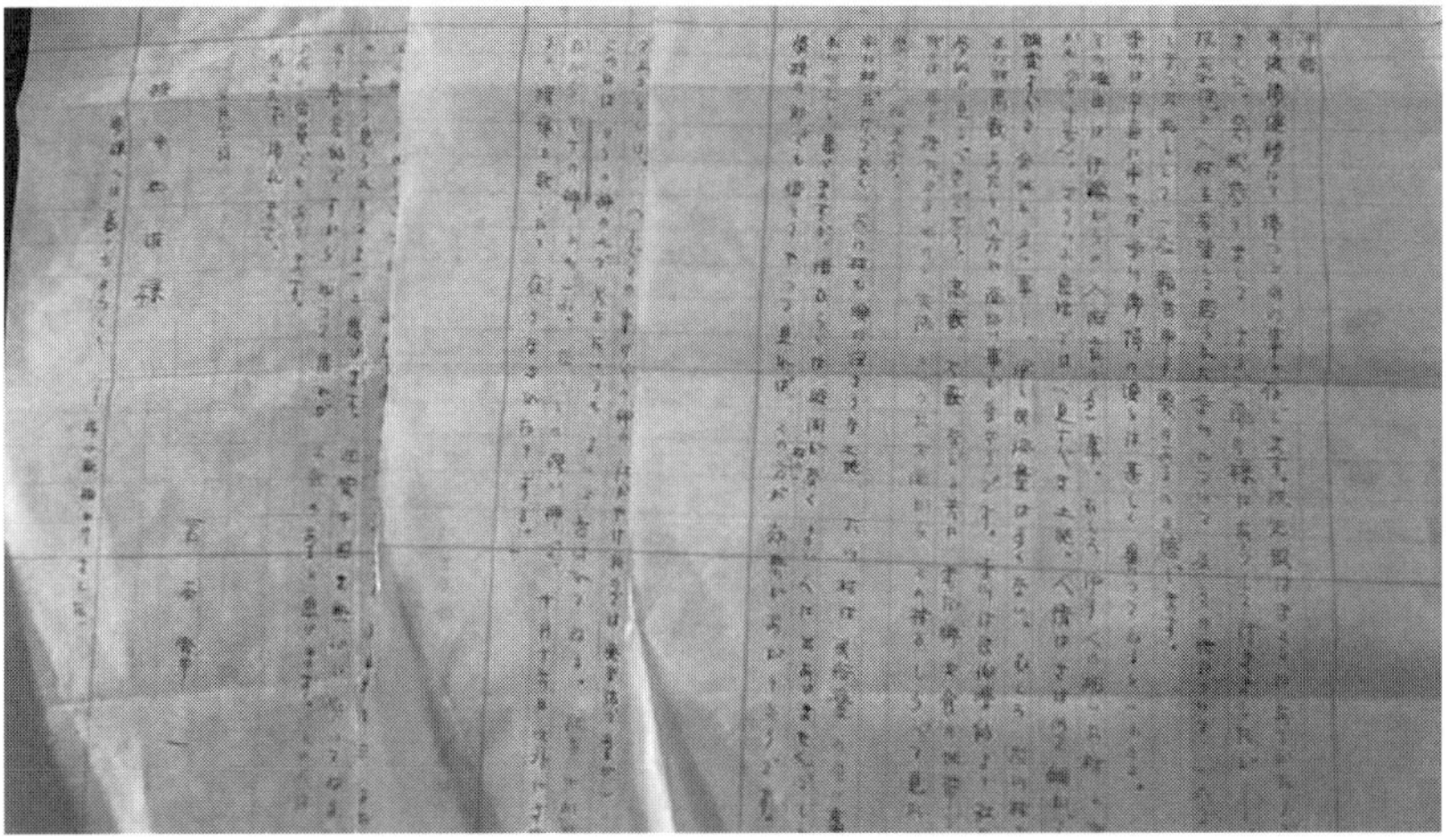

桂井和雄宛の宮本常一の便箋、三枚

手紙は桂井和雄のスクラップ帳の中から見付かった。民俗学を学び合う、学者としての二人の交流が如実にうかがえる貴重な新資料となる。

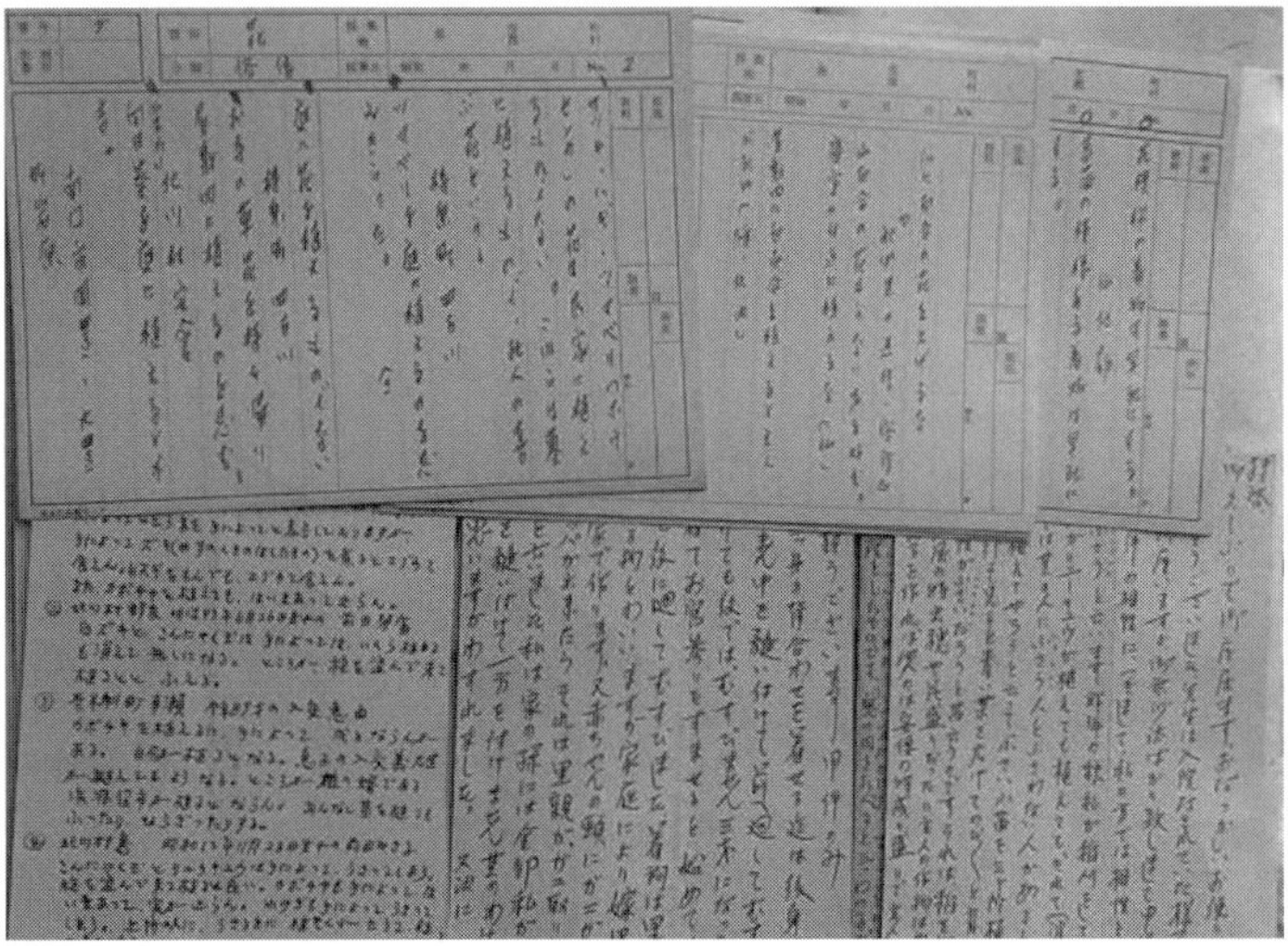

桂井和雄の資料カードと研究協力者のハガキ

これらのカードやハガキにより、現地の情報を大切にしていた桂井の学び・研究の姿勢が垣間見える。また中には、土佐の協力者だけでなく、大藤時彦・今野圓助・橋浦泰雄・堀一郎・宮良當壮など中央の研究者のハガキも見える。

寺川は卆直に申せば寺川郷談の頃とは甚しく異つてゐるといふこと。

其理由は伊豫からの入国者の多い事。むしろ伊予人の拓いた村と言へるかも分りません。さういふ意味では一見すべき土地。人情はきはめて細かであり調査すべき余地も多い事…。併し民俗量は多くない。むしろ　大川村大藪や本川村高藪あたりの方に面白い事が多さうです。寺川は民俗學的より社会経済學的に見るべきでせう。高藪、大藪などと共に　未だ稗主食の地帯です。我々は田をもたざるもの、生活といつた方面から　この村をしらべて見たいと思つてゐます。

本川村だけでなく　大川村も興の深さうな土地、大川村は民俗量の多い事は本川以上と思ひますが、惜むらくは時間がなく　よい人に出あひませんでした。學校の助でも借りてやつて見れば、この村の方が効果があがりさうです。（以上一枚目）

但し　私は寺川で再遊を約束してきました。この地の人々の人情にほだされてです。

扨それから　大杉に出、大田口から　西豊永の奥大田に入りました。

ここで桑名正仁といふ恐しく記憶のよい老人にあひまして、一晩話をき、ました。明治維新前後の生字引です。

この人にも驚きました。

次に、—オイゲ様の事についてご参考までに。

河内国高向村にての聞き書き。

「サイの神　川原などに丸い石があると、之をサイの神とて拾つて来る。さうして村のサイの神の所に持つて来ておく。サイの神は、三叉路になつた所の松の木の下にあつて　この丸い石がいくつもつみあげてある。別にサイの神は各戸の井戸のほとりにもまつつてある。又　田の畦にもまつる。サイの神には祠がない。之は十

月十六日に　火事で焼けたからであるといふ。（すべてのサイの神の社がやけたのでは変な話であるが）この日はサイの神の上で火をたいてもよいと言はれてゐる。社をやかれたからヤケの神ともいふ。たゝりの強い神で、十月十六日以外にさはると腹痛を起したり　夜うなされたりする。」（以上二枚目）

他でサイの神のことをきく時間を持たなかつたので　残念ですが　サイの神をヤケの神と言つた事は　イゲにも関係ありませう。

特に十月十六日を祭日とする事、東北に於ては　田の神が山の神になる日であり連関があると考へます。オイゲ様はどうも土佐一国だけの問題ではなくなりさうであり、大阪の連中の注意も促して見られるがよいでせう。大阪民俗談話会報あたりに質問を提出しておくと　よい資料が得られるか　とも考えます。田の神その他については、神戸市灘区赤坂通八ノ二二五　山田隆夫氏　あたりにもきいて見られるとよいと思ひます。近畿中国を熱心に歩いてゐる人であり　学究的ですから　知つて居れば　示教もあると思ひます。この人は　大阪の会員でもあります。

取あえず御礼まで。

三月十日　　宮本　常一

桂井　和雄　様

奥様へは暮々もよろしく、―御心配相かけました。

一読して、研究を通じての二人のつながりが相当に密であったことが分かるであろう。

まず確定しておかなければならないのは、「三月十日」とあるその年である。手掛かりはいくつかある。この手紙はスクラップ帳に貼り付けてあった。少し前の年月日が判明する葉書には「昭和拾五年拾月廿日」とあり、新聞記事には「昭一五・一二・八」のメモ書きがある。また直後のページに貼り付けられていたのは、「柳田国男　さしゑ初山滋」による「こども風土記（1）」の「昭和十六年四月一日」付けの新聞切り抜きであった。その間のものとすれば、これだけでも手紙の日付を「昭和十六年三月十日」とするには十分であろう。ところが、もう一つ確定的な資料を見出すことができた。前記宮本の手紙の内容がそのまま「土佐のお神母考（下）」という桂井の論文（『土佐史談』76号所収）に引用されていたのである。末尾には「昭和十六年五月十八日脱稿」とあり、この論文を書いた時点は明確である。引用部分は「オイゲ様の事についてご参考までに。河内国高向村にての聞き書き。」の辺りからで、

> アチックミューゼアムの宮本常一氏は、最近河内国高向村のサイの神に關する聞書を寄せられ、土佐のイゲがどうやらサイの神にも關係あるような示唆深い報告を齎された。即ち、

として、二枚目の終わりの箇所までをそのまま引用している。受け取った手紙の内容を当時執筆中の自身の論文に、早速活用したものと考えられる。論文内容もさりながら、これで宮本の手紙が「昭和十六年三月十日」のものであることは確定した。

　私が、この日付にこだわるのには重大な訳がある。この手紙の直前、昭和十六年二月の伊予・土佐の旅が、「土佐源氏」「土佐寺川夜話」（『忘れられた日本人』所収）を始めとした宮本の仕事に大きな役割を果たしているからである。宮本は実に几帳面に日記を書く人であったが、残念なことにこの間の日記は失われ、残っているのは自伝『民俗学の旅』（文藝春秋）の関連記事と『宮本常一　写真・日記集成　別巻』（毎日新聞社）の巻頭に収められている写真、それに帰京の途中の昭和十六年三月二日「大阪民俗談話会」で行った報告会の記録「雪の伊豫土佐採訪記」（『大阪民俗談話會々報』昭和十六年、四・五・六月所収）だけである。（小著『宮本常一と土佐源氏の真実』平成28年・梟社、参照）

　旅の模様について『民俗学の旅』には次の様にある。これは宮本七十一歳の時点で出された回想録（昭和53年12月

刊）である。

昭和十六年の一月を迎えると郷里へ帰った。そこで一月の末まで農具の調査をし、四国へ旅立った。郷里から船で愛媛県三津浜へ上陸すると八幡浜ゆきの汽車に乗ったが、その汽車の中で大洲の奥が大雪にみまわれたという話を聞いて、その雪の中を歩いてみようと思い、大洲で汽車をおり、肱川にそうて奥へ歩いていった。そして韮ガ峠をこえて高知県檮原村にはいった。そこからまた愛媛県にこえ、高知県にこえ、県境を縫うようにして宇和島へ出た。そこから船で西外海村を訪れ、再び船で宿毛に向かい、そこから月灘というサンゴのとれる村を訪れ、土佐清水から足摺岬を一周して土佐中村にいたった。中村から再び山中にはいり、さらに高知に出、高知からまた山中にはいって寺川を訪れ、吉野川にそうて豊永まで下り、そこから山をこえて祖谷山を歩き徳島県池田へ出て帰京した。

最初、この記事を読んだ時の私の印象は、正に〝超人的〟というものであった。大雪の降る真冬の二月、地理も不案内な中での一ヶ月にも及ぶ一人旅。それも山間から海辺まで、伊予から土佐の西部、さらに東部にわたる広範囲。交通手段も十分に無い中で〝歩く民俗学〟としての「宮本学」の実際は、ここに描き尽くされている―と感じたのである。

当時宮本は三十四歳、体力・気力ともに確かに充実していたのであろう。しかしそれにしても、なぜこのような過酷とも思える条件の中で異境の旅を実現し、また多くの成果を挙げることができたのであろうか。その疑問の一部は、私は先の手紙によって理解できるのではないかと思う。現地の支援者としての桂井和雄の存在である。

手紙の冒頭には「先般はまことにありがたうございました。突然参りまして　まるで嵐の様にあらして行きましたが―。」とあり、終わりには「奥様へは暮々もよろしく、―御心配相かけました。」とある。これはどう見ても高知市内にある桂井邸には寄宿したと読むのが自然であろう。「突然」「嵐の様に」とあるので、あわただしい来訪であったことは間違いないが。

『民俗学の旅』の対応部分には「中村から再び山中にはいり、さらに高知に出、高知からまた山中にはいって寺川を訪れ、……」とあり、「高知」は一瞬の通過点であり、まるで一気呵成の一人旅であった印象を受ける。しかしながら、手紙の冒頭部からは、「寺川」行きの前には、桂井とは一定、何らかの遣り取りがあったことだけは文面からもうかがえる。

本川村寺川（現いの町）は、交通不便な愛媛県境に位置する四国山地の村である。当地は、柳田も注目した近世民俗資料『寺川郷談』（宝暦二年〈一七五二〉記述）の地として、土佐でも校本の作成を始め、多くの研究が重ねられている。地元の桂井からも何らかの情報は入手しての調査行であったのであろう。そうであればこそ手紙前半の「報告」もなされたと認められる。

以上の経緯だけでなく、私は、ここに出てくる宮本の「私は寺川で再遊を約束してきました。この地の人々の人情にほだされてです。」という言葉に注目したい。この言葉にこそ「宮本学」の根源、本質のようなものを感じるからである。それは宮本が当地で残した写真からも如実に伝わってくる。映し出された人物の表情、特に子供達や老人の自然な笑顔には、学問としての「民俗学」を通して実現した人間同士の交流が見事に現れていると感じる。実際約束通り、宮本は同じ年の昭和十六年十二月、寺川の再訪を果たし、再会を実現している(4)。人とつながること、それを大切にしたこうした行動力には、ただただ頭が下がる。

前にも見た通り、二人の交流もまた「学者」として深いものがあった。宮本に助けられることとなった桂井の論文「土佐のお神母考（上）（中）（下）」（『土佐史談』74・75・76、昭和十六年四、五、六月）は、桂井の初期の業績として高く評価されている。たとえば、吉村淑甫「桂井和雄と民俗学」（『仏トンボ去来』解説、高知新聞社）は、柳田国男との深い関係性を見た上で、次のように評している。

昭和十年代におけるフィルド・ワークの中から選ばれた、土佐の表徴的課題として「神母」がある。彼が選んだこの時期における稲作農耕のシンボルのような信仰体であり、行儀であった。すでに柳田翁はこの問題に注目し、主として文献を通じての考えを示されていたが、その結論めいた見方はおおよそ「夕占」にかたむいていたようであったが、この論にはいささか翁の深読みがあるように思われる。桂井和雄はフィルド・ワーク者として、また郷土人としての克明な調査を元に、これはむしろ「稲気」や「池」と考える方向で立論している。土佐にあってこの二つを考える場合、やはり稲気―池をわれわれはとりたい。この違いにはおのづからフィルド・ワークの強みが出ているように思われる。

初期のこうした論考だけを見ても、桂井和雄が言うところの、単なる採集家でなかったことが知られる。実にこうした違いこそが、柳田国男が求めたものであり、同志として期待したところであった。桂井和雄自身はこの若い日の論を不満としているようであるが、土佐において初めて民俗学の方法による論考が生れた。これは、最初の記念すべき論文であった。

特に、吉村がこの「解説」によって指摘した、桂井が「単なる採集家でなかったこと」の観点は、民俗学者・桂井和雄の初期の評価として改めて銘記しておきたい。

宮本との関係では、しばらく後のこととはなるが、桂井は宮本編集の『日本残酷物語』1（昭和34年、平凡社）に「土佐山奥の村」「山民の盗伐」「土佐の浦の疫病」を執筆している（『土佐民俗学会誌第一号』あとがき）。前二項の内容は、前出の手紙で話題の「本川村寺川」に関わるものである。そのほか宮本の編著への協力はいくつかあったようである。また宮本は、昭和三十六年八月二十日「夏季大学」のために高知を訪れ、歓迎をうけている。（『土佐民俗学会誌第三号』あとがき、なお桂井は病欠のもよう）

『おあん物語』の消息と追考

ついでながら、同じ桂井遺品のスクラップ帳から、戦時中における『おあん物語』の消息を示す新聞記事が出てきたので、合わせて見ておきたい。小著『宮本常一と土佐源氏の真実』の中で、老人の口語りとして、宮本が『土佐源氏』を叙述する際、下敷きにしたと推定した作品である。切り抜きは二件あるが、一つは前に述べた橋詰延寿（「土佐民俗研究会」の同志）の筆になる。

まず昭和十八年六月八日付け「毎日新聞（高知版）」の記事から。見出しには「戦ひとれ戦事食」「〝おあん物語〟に綴る雑炊　郷土食に鍛えよう決戦土佐」「復活したい非常食〝菜飯〟　明治維新の常食を語る池上菊榮さん」とある。逼迫した戦時体制の中で『おあん物語』の文章を紹介しながら「郷土食を存續復活させ食料增産の一助とする」（前書き）という趣旨である。記事によれば「池上菊榮さん」は「慶応三年生まれ」「坂本龍馬の姪にあたる」七十七歳の女性で、「菜飯」の作り方についてはは具体的に述べたあと、「この菜飯は私達の中年のころまで大抵の家庭では食べてゐたものです、非常食用としてまた代用食としてぜひ復活利用してほしいものです」と結んでいる。総じて『おあん物語』後半部の倹素な食生活、特に「雑炊・菜飯」が、当時いかに注目されていたかが良く分かる記事である。

内容理解のため、ここには柳田国男編『国語　高等学校三年下』（東京書籍、昭和二十九年八月二十日　文部省検定済）「おあん物語」から、記事と対応する箇所を引用しておく。

また子ども、「彦根の話なされよ。」と言へば、「おれが親父は、知行三百石とりてをられたが、その時分はいくさが多くて、なにごとも不自由なことでおぢゃった。もちろん用意は、面々たくはへもあれども、多分、朝夕雑炊を食べておぢゃった。おれが兄様は、をりをり山へ鉄砲撃ちに参られた。その時に、朝菜飯をかしぎて、昼飯にも持たれた。その時に、われらも菜飯をもらうて食べておぢゃったゆゑ、兄様を再々勧めて、鉄砲撃ちに行くとあれば、うれしうてならなんだ。（中略）このやうに昔は、ものごと不自由なことでおぢゃった。また昼飯など食ふといふことは、夢にもないこと。夜に入り、夜食といふこともなかった。今時の若い衆は、衣類のもの好き、心を尽くし、こがねを費やし、食物にいろいろの好みごとめされる。さたの限りなこと。」とて、またしても、彦根のことを言うてしかりたまふゆゑ、後々には子ども、しこ名を彦根ばばといひし。今も老人の、昔のことを引いて当世に示すをば、彦根を言ふと俗説にいふは、この人より始まりしことなり。それゆゑ他国の者には通ぜず。御国郷談なり。

『おあん物語』自体は、慶長五年〈一六〇〇〉の関ヶ原合戦の頃、大垣・彦根で少女時代を過ごし、後年土佐で年老いた女性の回想を、聞き覚えていた人物がさらに後年まとめ直した作品である。生首にお歯黒化粧をする少女という衝撃的な前半の内容もさることながら、戦国期から江戸前期に及ぶ稀少な「生活誌」であり、当時の語り口を伝える口語資料としても高い評価がある。土佐の郷土史家寺石正路と柳田国男とが注目した経緯については、小稿「『おあん物語』の可能性」（柳田国男研究⑦『柳田国男の学問は変革の思想たりうるか』平成26年・梟社、所収）の中で既に検証し、さらに教材としての可能性についても縷々重ねて私見を述べている。

戦事教訓書として扱われた時代についても、その中で紹介しているが、そこでは①「土佐協会」による昭和十三年五月の刊行、②「彦根史談会」による昭和十六年十一月、同十七年二月、同七月と三度にわたる刊行、③昭和十八年五月の岩波文庫への所収（「雑兵物語・おきく物語」との併載）を示し、その意図が「戦時下の家庭生活はできるだけ簡素なものが要求される。何人も心して聊かの贅沢も慎まねばならぬ」（彦根史談会発行『おあん物語』「あとがき」）というところに集約されることを見た。ここに見る切り抜き記事も、それら一連の動向の中にさらに付け加えることができる資料となる。

切り抜きのもう一件は、橋詰延寿による「戦時俚諺（上）、（下）」と題する新聞記事である。それぞれ桂井の「19・1・15」「19・1・16」のメモ書きが付いている。昭和十九年一月の連載として良いであろう。内容は、「土佐の古い諺」として「菜飯を食はす」「彦根をいふ」の二つを挙げ、いずれも『おあん物語』にその由来を求めて説明し、戦時における教訓的意義を強調している。

俚諺「彦根をいふ」の意味は、前に引用した『おあん物語』の末尾にある通りであるが、「菜飯を食はす」については「これはうまいことを言つて人をだますことである、甘言で釣ることをいふ　當世の言葉では、謀略にかかることである」と説明。その上で、合わせて時局への教訓として「戦ひは銃後の台所と台所の苛烈な戦線に入つた、アメリカの台所が悲鳴をあげるまで、日本の台所は断じて頑張らねばならない、それには「菜飯」の美味を求めることは禁物である、まして謀略の「菜飯を食はされる」ことは更に更に禁物である」「大東亜建設には幾多の「おあん婆」の如き（中略）人物の指導が大事である、「彦根をいふ」と注意する人が必要である」「今様「彦根をいふ」おあん婆は居ないのか」と強調している。

牽強付会というのではなく、これら一連の新聞記事が、当時の世情・実感をそのまま反映したものであったことは認めざるをえない。

こうした状況を見てくると、前著『宮本常一と土佐源氏の真実』において考察した『おあん物語』の位置はさらに重要性を増す。私考では宮本と、この著作に執着した柳田との関係性に重きを置いて考察してきたが、このような新聞記事を加えて考えると、『おあん物語』は当時、立場を問はず広く民俗学者一般の関心の対象であった可能性が見えてくる。岩波文庫版の存在は、さらにその可能性を強くする。宮本が『土佐源氏』（『土佐乞食のいろざんげ』を含めて）の作品化を構想するにあたり、『おあん物語』を着想の重要な契機とした蓋然性はさらに高まったものと思う。

桂井の戦後の業績とその概要

少々私の関心事に寄り道したが本題へもどる。上述の時代に続く戦後の桂井和雄の学問の展開を、本人の記述から見る。『日本民俗学大系11　地方別調査研究』（昭和33年、平凡社）「高知県」の内、「4　戦後」には、自身の業績について次の様にまとめている。

昭和二二年、『柳田国男氏古稀記念論文集』の刊行があり、その第五集に桂井の「禁忌と呪術に表れたる一つの問題に就いて」が載った。桂井はその翌年八月に、戦前の稿『土佐昔話集』を出版する機会に恵まれたが、これが契機となって以後『土佐子守唄集』（昭23）、『土佐民俗記』（昭23）、『土佐郷土童謡物語』（昭24）、『吉良川老媼夜譚』（昭25）、『土佐の伝説』（第一巻）（昭26）、『土佐俚諺集』（昭27）、『土佐風物記』（昭27）、『笑話と奇談』（昭27）、『土佐方言小記』（昭28）、『耳たぶと伝承』（別題土佐民俗叢記）、『南海民俗風情』（昭29）、『土佐の伝説』（第二巻）、『土佐山民俗誌』（昭30）、『郷土の生活』（昭31）など大小一八冊の民俗関係単行本を刊行した。

十年程の間にこの積み重ねは、質量ともにめざましい。前引の吉村淑甫「桂井和雄と民俗学」（『仏トンボ去来』解説）は、戦後のこの時期の活動を「第二段階」と位置づけ、次のように高く評価している。

やがて桂井和雄の民俗学への本格的な取り組みが始まる。つまり採集し、そして考えるという作業は、戦後においてますます盛んになった。ようやく壮年期に入った第二段階の時期である。

昭和十年代から採集された記録物が、戦後の二十年代から三十年代にかけて次々と刊行される。中には小冊子も交っているが、価値の高い貴重な記録集である。

なお、桂井は前の文に続いては、同志橋詰延寿および大野勇についても次の様に紹介している。

橋詰延寿氏もまた郷土史と民俗資料を綴って『新土佐風土記』四巻、『土佐の民謡よさこい全集』（昭28）、改訂本『よさこい節』（昭32）、『土佐の文化財』（昭30）そのほか多数の郷土史物を発表している。なかでも『吉川類次翁』（昭26）は土佐二期作衣笠（きぬがさ）稲の恩人類次翁を描いた農民伝記として注目したい小品であり、これは前高知市長大野勇氏の『三椏の恩人』（昭27）とともに資料採集の一方法を示したものであった。大野氏にはほかにその郷里高岡郡仁淀村の別府、これに隣接する長者・名野川などの風物習慣に対する思い出の村誌『故山帖』（昭24）がある。

これら列挙された刊本のうち、桂井の『土佐子守唄集』、『土佐郷土童謡物語』、橋詰の改訂本『よさこい節』（『土佐の民謡よさこい節』）、大野勇の『故山帖』などは、民俗歌謡研究の参考資料として私も今に至るまで活用してきた諸本である。（なお桂井の記述では、このほか若干の人物と著作も紹介されているが割愛する）

「土佐民俗学会」と桂井和雄

こうした流れを受けて、昭和三十四年〈一九五九〉四月二十九日、桂井の下に人々が結集し、いよいよ「土佐民俗学会」が発足。二年後の昭和三十六年〈一九六一〉には学会誌『土佐民俗』を発行することとなる。ちなみにこの「土佐民俗学会」の結成時点は、福田アジオが『民俗学のこれまでとこれから』の中で「アカデミック民俗学」が成立したとする一九五八年の翌年に当たる。そのことの持つ意味を確認して行きたい。

結成の動向について「土佐民俗学会の動き」（『土佐民俗学会誌第一号』昭和三十六年二月十日）は次のように書き記している。

土佐の民俗学者、桂井和雄氏のお宅に、日頃から親しく出入りし桂井氏の教えを乞いつつ、民俗学や、土佐の民俗社会の話に花を咲かせていた者たちの間から、次第に土佐の民俗学研究を、桂井氏を中心に組織したらとの声が上がって来たのである。民俗学の宝庫といわれながらも、一日一日と消滅して行っている土佐の民俗資料に対する愛惜もあった。

会長桂井和雄、副会長橋詰延寿という船出であったが、初代の会誌編集者・吉村淑甫は、「何んといっても桂井和雄を中心の会であり雑誌であったわけで、氏がいなければ成立しなかったであろう。氏の魅力ある論文が次々に雑誌の冠頭をかざった。」（「『土佐民俗』創刊のころ」『土佐民俗』第三十号、昭和五十一年十二月）と述懐している。

創刊時の柳田国男からの葉書（礼状）が、前に引用した桂井の「柳田国男先生の思い出・晩年の一日」（『土佐民俗』第二巻三号所収）の中に、写真と共に記録されているので紹介する。昭和三十六年〈一九六一〉三月十四日付けのものである。

土佐民俗をお始めなされ此上もなくうれしく存候近頃古い頃からのものが段々少なくなり心細く存じ居り候折で殊にうれしく候古くからの会報も忘れた頃に出てまゐり候も自分が手にするのはよほど遅くなり申候最上氏を始め旧い同志たちも定めて大悦び致すことと存じ候。

大阪の沢田氏へは是非早く見せたく候此機会に諸処へ御紹介申度く存居候さしあたり成城大学の図書館へとどけ可申候

柳田國男

何か小篇でも寄稿いたし度又人々にも話し伝へ可申候

桂井はこのあとに、「先生が雑誌『土佐民俗』の発刊を、どんなに喜んでいたかが、これでわかると思う。」と書き継いでいる。その喜びは、寄稿を希望した〝晩年〟の柳田国男、柳田の期待を受け止めた〝壮年〟の桂井和雄ともに、正に実感であったと思う。

その後の学会と会誌の展開を、おもな出来事との関わりから見ておく。

会誌創刊の翌年、昭和三十七年〈一九六二〉八月八日、柳田が亡くなり、『土佐民俗』第二巻第二号（昭和三十七年八月一日付け発行）は、即座に巻頭に遺影「ありし日の柳田先生」と共に訃報を掲載する。

日本民俗学会の父柳田国男先生は、去る八月八日午後一時二〇分八十七才の高齢で忽然と世を去られた。われわれは先生の訃報とともに、ぽっかりとあいた暗い空洞を感受した。長い先生の学恩が今更のように深かったからである。土佐民俗学会は、いま謹んで先生のご逝去を悼み、そのご冥福をお祈り申上げる次第である。

また、桂井の巻頭論文「条件充足への忌避と呪術」には「故柳田国男先生の霊に捧ぐ」という副題が添えられる。さらに、同年十二月一日付けで『土佐民俗』第二巻第三号が追悼号として出され、桂井の巻頭論文「仏トンボ去来」には「故柳田国男先生の御霊は遠く」という副題が添えられる。この号に桂井和雄と橋詰延寿の二人が「柳田先生の思い出」を書いていることは前に見た通りである。

昭和三十九年〈一九六四〉三月一日付けで『土佐民俗』第七号が出され、巻頭に前年十月亡くなった渋沢敬三の訃報を載せ追悼号としている。「渋沢敬三先生逝く」という訃報には次の様にある。

魚の沈黙と常民生活の素朴をこよなく愛され、全国に散在する民俗学徒およびその他の人文科学を探究する多くのものにとって、つねに偉大な人であった渋沢敬三先生が、忽然六十七歳という御よわいで、昭和三十八年十月二十五日ご逝去された。謹んで哀悼のまことを捧げたい。

桂井・土佐民俗学会は、これで二人の精神的な大きな後ろ盾を失ったことになる。しかし、むしろここからの長い継続が独自の独り立ちした歩みと見たらよいであろう。

桂井が永眠したのは、学会結成から三十年後、平成元年〈一九八九〉八月九日、八十一歳であった。「桂井和雄先生追悼号」は、翌年の平成二年〈一九九〇〉三月一日付け、第五十四号として発行される。吉村淑甫の後を継いだ二代目編集者・高木啓夫は、追悼文「生き続ける桂井民俗学」の中で、「昭和に始まり昭和をもって終わった桂井民俗学であった。」「二千枚にのぼる土佐の童謡採集から始まった桂井民俗学は俗信の民俗の追求をもって終わった。」と記している。

ここには多くの追悼文の中から、まず小川真喜子の記事「深いご縁をいただいて」を紹介しておきたい。春野町根木谷（現高知市）の農家の一主婦として生涯を過ごされた方である。小学校で橋詰延寿から「其の自分の置かれた所で何か一つを見つけてみよ」と教えられ、桂井との交際「土佐民俗」の学びを経て、「やっと三十年たって「一つのこと」を桂井先生によって気付かせていただきました」と書いている。桂井は彼女に対し「春野だけでよい、いや根木谷だけでもよい」と指導したという。小川はその体験に基づき、平成十四年〈二〇〇二〉度、高知県立歴史民俗資料館の企画展「おばやんの知恵袋」を開催している。私はこうした小川真喜子の学びにこそ、「野の学問」の求める一つの形があると感じている。かつてその根木谷を小川さんに案内してもらったことは、私にとってもなつかし思い出である。人の生き方とつながる「民俗学」の大切さを思う。

さらに二三、私とも交流のあった人々の名前も引いておきたい。田辺寿男は、「桂井先生を慕う」と題する追悼文で、取材のバスの中での「民俗への愛情あふれる」話しぶり、「貴方の写真にふさわしい学問だ」と、入会を勧められた経緯などを書き留めている。田辺は、高知市内で自転車店を経営する傍ら、ひたすら民俗写真に打ち込んだ方である。ここにもまた「野の学問」のもう一つの姿を見ることができると思う。貴重な写真約五万点は、高知県立歴史民俗資料館に寄贈され、これまで生前二回（平成十一年度・十八年度）、没後二回（平成二十三年度・二十六年度）と、たびたび企画展が開催されている。その表題には「いのち」とか「たましい」とかいう言葉が見える。坂本正夫は、高校の先生を退職後、前記「歴民」の二代目館長を勤められた方である。追悼号では「桂井和雄著作目録」を作製している。私は坂本の多くの著作、例えば『明治生まれが語る　近代土佐庶民生活誌』（高知新聞企業）、『土佐の習俗婚姻と子育て』（高知市文化振興事業団）などを通しても数々のご教示をいただいた。坂本と田辺の共著には『図説日本民俗誌　高知』（岩崎美術社）がある。収められた写真は、今となっては得難い「生活」の重要資料である。（なお私は、昭和五十九年〈一九八四〉十月に高知へ赴任しているが、当時から桂井は病気入院がちで、直接言葉を交わし教えを受けた記憶は残っていない。）

ただ残念なことに、この「土佐民俗学会」はもう無い。平成二十八年〈二〇一六〉三月二十日、学会の創立（昭和三十四年〈一九五九〉四月二十九日）から数えて五十七年をもって閉じてしまった。桂井和雄の没後二十七年目に当たる。桂井の本学会における活動期間（三十年）は、会の全活動の半分以上を占めていたということになる。会誌『土佐民俗』は、通巻第一〇〇号に達していた。編集と共に代表理事を勤めた高木啓夫は、終刊の理由として会員の高齢化と原稿の減少を挙げている（終刊号「『土佐民俗学会』の歩みを記しおく」）。なお、高校教員であった高木にも『土佐の祭り』（高知市民図書館）、『土佐の芸能　高知県の民俗芸能』（高知市文化振興事業団）、『いざなぎ流御祈祷の研究』（高知県文化財団）ほか、自治体史の民俗編など多くの仕事がある。会員諸氏の論考・報告・資料については、終刊号（第一〇〇号）に「土佐民俗総目録」及び「分類項目別総索引」が作成されている。

以上、これまで略々見てきた「土佐民俗学会」の歴史は、半世紀を優に越える。その全てが「アカデミック民俗学」が成立した一九五八年以降の歩みということになる。

桂井和雄の達成

桂井和雄の仕事については、これまで戦後の昭和三十年代初めまでを見てきた。昭和三十年代の半ば、「土佐民俗学会」の発足（昭和三十四年〈一九五九〉）以降の業績をもって、その達成としてよいであろう。既に前出の高木啓夫の文中にもあったが、それは「俗信」の民俗の研究である。

毎号会誌『土佐民俗』の巻頭を飾った論文は、その後の「改稿加筆」を経て、その他の新稿や資料と共に、自らの手で以下の単行本としてまとめられた。

『俗信の民俗』（昭和四十八年〈一九七三〉十一月、岩崎美術社、民俗民芸双書79）
『仏トンボ去来』（昭和五十二年〈一九七七〉七月、高知新聞社）
『生と死と雨だれ落ち』（昭和五十四年〈一九七九〉七月、高知新聞社）
『土佐の海風』（昭和五十八年〈一九八三〉六月、高知新聞社）

後の三冊は一連の「桂井和雄　土佐民俗撰集」として刊行されたもので、桂井はこれにより、昭和五十九年〈一九八四〉、第23回柳田国男賞を受賞している。

それら「俗信」研究への思いについて、自身は、最後の著書となる『土佐の海風』「はじめに」の中で、柳田国男のことばを引いて次のように述べている。

考えてみると、著者のささやかな民俗学研究も、つづまるところ、俗信とその背後に潜む心情を追求することになった。今にして思い起こされるのは、『北安曇郡郷土誌』（第四輯）の巻頭論文「俚諺と俗信の関係」の中で、故柳田国男先生の記述されている次の一節である。

私は所謂俗信の調査の重要性を認め、是が完全に考察せられるのを以て、日本民俗学の成立の目標とさへして居る者であるが、尚現在の興味は先づコトワザの本質を理解する方に傾いて居る。

柳田先生のご生前、今日のような興味の持ち方で、ご示教を仰げなかったことが悔まれる。

引用文の中で柳田は、「俗信」の究明を以って「日本民俗学の成立の目標」とまで言っている。そのことの解明は、桂井の中でも、柳田から託された（継承した）最後の目標・課題として、重い自覚があったものと考えられる。桂井は、柳田の教えが得られなかったことを悔んでいるが、もし生きていたら、柳田はこれらの到達点を何と評したであろうか。

その意味について、吉村淑甫「桂井和雄と民俗学」（『仏トンボ去来』解説）は、晩年の柳田民俗学との関連から考察し、次のように説いている。

つまり桂井和雄の俗信へのアプローチは、師翁の「祖先」や「祖先霊」への信仰と観念にまつわる多種多様の具体例の蒐集と追求にあったのではなかった。

師翁の最晩年におけるその問題が、今ようやく彼をとらえ、「祖先」や「祖先霊」があふれ出した形で、さまざまの変様を見せる。すなわち、それこそが、「俗信」という一つの大きな群生する苗代の根のような生き物ではなかっただろうか、俗信に向かった桂井和雄の困難さは思いやられるが、もはやそれは逃れ切れない深遠な目標として存在しているのである。

桂井和雄が「俗信」に行きついたということは、柳田民俗学、ひいては内省の学としての日本学への大きな開眼であると見るべきものである。しかもそれらの原初や蒙昧や、経験は、個々には苦もなく祖先や祖先霊に結びついていけるという、恐ろしいほどのフォクロアであった。

吉村の言う「原初や蒙昧や、経験」の具体的な事例を、私も自らの研究課題との関わりから示しておきたい。それは「花」にまつわる俗信である。前掲の書物の中から関連する題目を拾えば、「赤色の呪力」「花と俗信」「花の方言圏」「生き花について」などである。それら論考の実際を紹介するため、ここには「花と俗信」(『仏トンボ去来』所収)の文章を、できるだけそのまま掻い摘んで抜き出してみる。

ここで問題にしようとする俗信は、今ではきわめて珍しい心意に属するものだが、それでも昔ぶりに生きた高齢の年寄りなどのいる農家の中には、まれにこの心意を記憶しているものがある。

その心意というのは、屋敷内の庭に草花を栽培するのを忌みきらうというもので、この俗信のために家に必要な草花は、わざわざ屋敷うらなどのささやかな家庭菜園を選んで咲かせたり、屋敷外の菜園の一角をさいて栽培したりする習慣があった。(中略)

さて、屋敷内の庭に草花を栽培するのを忌みきらう俗信の実例は、わずかに高知県で採集されるもので、まず高知市東北郊布師田の一農家では、庭いっぱいに草花を咲かせると、その栽培ぬしに進ぜられるようになるといって忌みきらったという。さらに幡多郡大正町上岡の農家でも、庭いっぱいに草花を咲かせると、死んだ人に供えるようになるというのである。(中略)

高岡郡の奥地檮原町四万川の面谷生まれの老婆も、この種の俗信を知っていたらしく庭の内に草花を栽培するのをかたくなにきらい、その生涯花を植えさせなかったという。余談だがこの老婆は庭の内にツマベリ(ホウセンカ)を咲かせるのを極端にきらったという。理由はこの草花がサツキ、ハギなどとともに墓地に植える花だと

いい、死人の喜ぶ花ともいったという。（中略）

高知県の西南端に近い太平洋の小浦、幡多郡大月町小才角という漁村では、花ともいうことのできないような幼子に花を持たすものでないと伝えている。きわめて珍しい資料でありながら類似例を採集することはできないが、無心の幼子が手に持つ花を媒体として、別の世界に誘い込まれるのを恐れたためではないかと想像している。（中略）

「花」と関わる「わずかに高知県で採集される」「今ではきわめて珍しい心意」―こうした県内各地のさまざまな形を換えた例証を積み重ねた末に、論考は次のような文章で結ばれる。

考えてみると、われわれが経験してきたわずかに六十余年の変化をみても、庶民がわが庭にくさぐさの草花を植えて楽しむようになったのは、そんなに古い時代からのことではなかったように思う。高知県長岡郡大豊町の永渕という部落では、農家での花作りを批判して、「貧々の花作り」といったという。この山村の農民たちが、花の栽培主をどのような目で見ていたかがわかる。

しかし、戦後生活の流儀は一変して、すべてが洋風を追い、花の栽培を専業とする農家が生まれ、草花の種類も飛躍的に増加し改良されるようになった。当然のように草花の用途がひろがり、病人見舞いに、はなやかな花束を贈り込んだり、結婚式やそのほかの行事に草花が使われるようになった。こうした世相の中でこそ、今はこの世から忘れ去られようとするかつての草花の心意を、代々祖霊の祭祀を守り続けた刀自たちの心づかいとともに記録しておきたいのである。

（私注＝文中の「貧々」は、ヒンビンと訓み「見るからに貧しいさま」の意。小学館『日本国語大辞典』は日葡辞書「Finbin（ヒンビン）」を用例に挙げている。右の事例により土佐では古くからの用語と認められる）

ここには、はるか昔から、私たちの「祖先」やそれを守る「刀自たち」（農家の主婦たち）が抱いてきた「花」に対する「心意」を、「今」という地点から見通す確かな眼がある。それによって捉えられた意外な事実がある。私たちにとって一体「花」とは何であったのか。その根本的な理解は、こうした論考、すなわち吉村淑甫の言う「桂井和雄の俗信へのアプローチ」（「「祖先」や「祖先霊」への信仰と観念にまつわる多種多様の具体例の蒐集と追求」）を措いては考えられないものとなる。

一方、私の抱えている大きな課題の一つは、土佐の神祭（じんさい）における「花取踊」と呼ばれる「風流踊」である。その踊歌では、山からツツジの花を取ってきて、ひと枝は釈迦のために、もうひと枝は我が身のために—と歌い踊る。この踊は室町期に至って現在見る形を成し、土佐を中心として分布している稀有な「風流踊」である。なぜ人は「山」に入り「花」を取るのか、なぜその「花」は「ツツジの花」でなければならないのか、そして、人はなぜ紅色の華美な衣装をまとって踊るのか。—「花」の存在から究明し理解すべき課題は多い。

これに限らず、「花」の呪術的な意味や「風流踊」の生成・伝播をめぐっては、これまで私も多くの論考を繰り返してきた。しかしながら、十分意を尽くしたと言える地点には到達していない。さらに充実した認識に至る努力を傾注しなければならないと考えている。桂井和雄の俗信研究の有様にも、もっと深く学ばなければならない。

三　失ったものは何か

ここからは、柳田国男の学問の在り方と合わせて、桂井和雄の学問の方法を考えることで、私たちが失ったものは何かを考えて行きたい。

「桂井学」の特徴と本質

前節の終わりでは、桂井和雄の論考の文章を一部そのまま引いた。そこからもうかがえる特徴は、まず高知県内の各地から採集した、広範かつ角度を換えた具体的な例証にあると思う。高木啓夫「実証の民俗学」（『生と死と雨だれ落ち』解説）は次のように言う。

著作を読まれて既にお気づきであろうが、先生の論文はまず発問の契機を述べられ、ついで県内の諸例をあげながら、数ある問題点を検討しつつ、その習俗伝承の共通点を導き出し、更に県外の諸例を引用しつつそれを補強し、結論を導くものである。これはすでに指摘されているように〝重出立証法〟の忠実な実践であり、それは柳田国男の民俗学に通じるものである。

〝重出立証法〟については、これまでもさまざまな議論がある。従って方法としては、決して新しいものを編み出したわけではないかもしれない。しかし見るべきは、自らによる思考の徹底、文献のみに拠らず「実地」を歩き尽くす方法と、さらに、その叙述の仕方にあると私は思う。坂本正夫「「倉床考」のことども」（『土佐の海風』解説）は、その〝実証性〟の本質について言う。

「民俗学は実証の学問だよ」と口ぐせのように言われる先生は、資料の扱いにはことのほか厳格である。他人の調査資料でなく、ご自分で確かめた資料でないと納得されない。何か問題を発見するとまず文献を漁り、ついでフィールドに出て歩きながら考え、考えてはまた歩く。納得するまで歩き、自分の目と耳と心で確かめた事実（資料）によって論証するのが桂井民俗学である。先生の書かれたものには調査地の風景やその日の天候、話者の態度や話し振り、あるいは感想といったことがこまかく描かれているが、これも事実をもって事実そのものを語らせるということのあらわれなのである。

特に後段の指摘、「調査地の風景・天候、話者の態度・話し振り、感想」等の細密な描写、「事実をもって事実そのものを語らせる」手法については、高木も「合間合間に風景や心象描写の多いことも大きな特徴」と捉え、〝実証の学〟における〝実証性〟の意味を、

このことはあの風景や心象描写がなければ、果したこれほどの説得力を持って私たちを魅了せしめたかどうかを思うてみることで知れるであろう。

と、「風景や心象描写」の重要性を説いている。坂本が言う自らの「心で確かめた事実」の重さであり、その訴える力である。こうした「心」（心情）を重んじる叙述の特徴は、やはり私は、桂井が本来「詩人」であったこと、ひいてはその「民俗学」自体が「文学」をその根本に持って出発したことと切り離せない事柄であると考えている。（「柳田学」の「文学」性、それ自体の在り方、またそれとの繋がりをどう考えるかについてはこの後でまた検証する）

「野の学問」の実際とその意義

ところで、前節でふれた桂井の長女・桂井雅葉提供の資料には、上述の「実証の民俗学」を裏付ける貴重な資料が残されていた。おびただしいカード・葉書の類である。テーマにより、それぞれの地元の民俗の情報を小さな文字で記録し、報告したたくさんの葉書であり、それを項目ごとに分類したカードであった。報告者は土佐の各地に及び、それも報告者自身の体験だけでなく、依頼に応じ周囲の老人たちに問い合わせをしたものも含まれている。桂井自身がたびたび現地に足を運び、歩いて直接取材したことは勿論であるが、テーマによっては、さらに広くデータを得るために報告者を確保し、普段からのやりとりで葉書を活用していたものと考えられる。「野の学問」を実践した「桂井学」の実際は、これらの資料によってても直接うかがうことができる。

「野の学問」といえば、私はこの言葉がいつどのようにして使われ始めたのかを知らない。しかし今回、桂井の記述からは一箇所だけ『仏トンボ去来』「はじめに」の中に見出すことができた。

地方の片すみで民俗学などという野の学問を志しているものにとって、……

とある。またこれに関連しては、『俗信の民俗』「あとがき」の中で、

その資料の多くを四国の辺陬高知県に求めたのは、現地採集としてもっとも手近かに類例を求めることのできる宝庫であったことと、他府県の類例報告を得る機会の少なかったためである。

とも述べている。これらが共に自著における謙辞であることは勿論であるが、私としては、その態度がことさらにへりくだったものに思えて気になっていた。ところが今回、桂井雅葉から生前の様子をうかがい、その心配は解消した。「野の学問」にふれた前の文章を見ていただいたところ、

「こんなことを書いていたんですね。意外な印象です。」「(父は)もっとプライドを持っていたし、自信もあった。」

と反応してくれたのである。私としては、〝我が意を得たり〟という思いであった。民俗学と向き合うにあたり、「地方の片すみ」とか「辺陬」(かたいなか)とか言わずに、あくまでもそこを学びの中心とするのが「野の学問」の本質であり、本来、桂井和雄が抱いていた本当のプライドであった—と私は理解・認識している。事実、前節で紹介した小川真喜子が記した追悼文には、桂井自身が彼女に対し「春野だけでよい、いや根木谷だけでもよい」と指導していた姿が描かれている。

なお、柳田国男の民俗学を「野の学問」とし、「野」については、「在野」の意、「官」に対する「民」と受け取る向きもあるようであるが、この意の適用についても私は反対である。どうしてもそこには官尊民卑の上下の意識が生

じて来るからである。

この問題に関連しては、前述の保存された葉書の中に気になるものが混じっていた。大方の葉書は、それぞれ報告者が体験した事実を書き留めた「資料」であるが、その中に二枚だけ、手書きの文字が一字も無い活字だけのものがあった。当時、研究費の配分も握っていた「日本学術会議・全国区・第一部（文学）会員候補者」としての推薦依頼文と、その当選に対する礼状であった。差出人の名前は、私も面識のある学会の有力者のものである。桂井もまた時には、否応無くこうした中央の学会との付き合いに巻き込まれていたものと考えられる。前述の「はじめに」や「あとがき」の言葉は、そうした中で生まれた（本来無用の）意識が、やむをえず紛れ込んだものと私には感じられる。「学会」なるものの弊害である。

継承した「柳田学」の本質・本領

結局、「野の学問」としての桂井民俗学の実践は、方法も含めて、柳田国男の学問の本質と本領を受け継いだもの──とするのが私の理解である。それでは、「柳田学」の本質・本領とは何か。私なりにまとめてみたい。

私は、「柳田学」には大きく三つの領域があると考えている。「文学」「政治」「郷土」である。その経歴を反映したものでもあり、通常は「文学」を捨て、官僚としての「政治」を経て、学問としての「郷土」へ向かったと理解されている。しかし、私の理解はそうではない。柳田は「文学」を離れ、「政治」を辞したかもしれないが、最後までその領域における「心と志（こころとこころざし）」を忘れず、「郷土」の学においてもそれを生かした「心と志」を持ったのである。もう少し具体的に、桂井とのつながりも合わせて見ておこう。

「文学」は、「人間理解」に資するものであり、すべての学問の土台にあるもの、捨てるとか捨てないとかいう次元にあるものではない—とするのが私の認識である。その本質は「感性」あるいは「情緒・情念」と捉えたらよいであろうか。牛尾三千夫（明治四〇年〈一九〇七〉～昭和六一年〈一九八六〉七十九歳没）は「詠嘆」という言葉を用いているが、正に至言である。同氏による「柳田先生の詠嘆」（定本・月報24）は、「野辺のゆき、」から「石神問答」「遠野物語」「山島民譚集」「清光館哀史」「広遠野譚」を経て、さらに「俳諧評釈」に至った展開を示し、その生涯を「詠嘆」という言葉で捉え直している。柳田は生涯〝詩人〟であり、桂井もまたそうであったと思う。その「感性」は、当然のことながら、互いの民俗学のそこここに生きている。

「政治」的思考の本質にある「心（こころ）」とは、柳田の言葉をもってすれば、社会や生活の矛盾と対峙する「改良」という意志が当たる。世の中の幸せを願う「心」である。受け止め方によっては「改革」「変革」の「志（こころざし）」ということにもなって行く。キリスト教の信仰にもひかれていた桂井の場合、長年、社会福祉・児童福祉の仕事に関係したことにも、その繋がりを見出すことができる。

「郷土」の学びの本質は「自省」「内省」である。柳田はその対象を一般常民と設定した。すなわち、ふつうの人々の歴史・生活を思いやる「心（こころ）」を、「郷土」の学びの本質としたのである。桂井はそれを受け止め、その最後は「俗信の民俗」の追求をもって終わった。「野の学問」として、「祖先」と自らの「心」の内をつなぐものを求めたのである。

桂井が継承したのは、それぞれの領域にある本質の「心」であり、「志」であったと思う。

学問は誰のため何のためにするか

一方、「アカデミック民俗学」の始発に立ち会い、それを担った和歌森太郎（大正四年〈一九一五〉～昭和五二年〈一九七七〉六十一歳没）は、追悼文「柳田先生に学んだもの」（定本・月報5）の中で次のように言っている。

自分は先生から何をつかんだと、はっきりいえるのだろうか。その点はなはだたよりない。しっかり自分のうちに吸収しきったものは、或いはないのかもしれない。

訃報に接した錯乱の中とことわった上で、それでも「最も強烈な感銘をもって学んだところ」として以下の言辞を連ねている（冒頭の一文のみ掲出）。

先生は、よく学問は誰のため何のためにするかを語られた。別に孔子のいいぐさを借りることなどなしに、日本の同胞、一般常民のためにするのだという心に徹していられた。何でもないことのようだが、かえりみれば、この世の中には、自分の野心のためか、学会に声をかける気持ちでしか学問をしていないのではないかと怪しまれるようなものがいかにも多い。だから学者にだけしか通用しないことばを乱発して、ペダンテイックにその学をひけらかしているのかと思われる文章で論をなすことをいましめられた。私などの見るところでも、学会では、ことに民衆のための学問研究を標榜する人たちのあいだに、その傾向が少くない。先生のばあいは、民衆の知見をひろめ深める目的をもつ学問であるかぎり、表現もやさしいことばをもってせねばならぬというわけであった。自分など、やはりアカデミズムの訓練をうけて育ったものだけに、この先生の主張にはまったく痛い思いがする。……（昭三七・八）

「学問は誰のため何のためにするか」―このことばに託された柳田の思いは、私自身にとっても極めて重い。没後以来六十年に余る。ここに見る和歌森の「痛い思い」は、一体どこへ行ったのであろうか。私も自らの実践に当たっては、このことばの意味を何度でも問い返さなければならないと思う。

「土佐民俗学会」が消滅した現在、残された遺産、「野の学問」としてフィールドワークに徹した桂井和雄の実践、その周辺に結集してきた「土佐の学問」、ふつうの人々とつながる民俗学に学ぶべき事柄は、決して少なくない。

注

（1）寺石正路と柳田国男、それに南方熊楠を交えての交流については、野本　亮「〔調査報告〕寺石正路資料調査報告1―南方熊楠らとの交流を中心にして―下」（高知県立歴史民俗資料館「研究紀要」第8号）などに詳しい。なお私も「おあん物語の可能性―柳田国語教育論の消長を考える」（柳田国男研究⑦『柳田国男の学問は変革の思想たりうるか』所収）において、『おあん物語』を介しての考察を行っている。

（2）解説執筆の吉村淑甫は、「土佐民俗学会」の会誌『土佐民俗』の初代編集者として桂井和雄を支えた人物である。『土佐の神ごと』（高知市民図書館）をはじめ著書も多い。また後年には、高知県立歴史民俗資料館の初代館長も勤めた。

（3）宮本常一は昭和十四年十月にアチック・ミューゼアムに入り、渋沢邸に寄宿して活動を展開していった。なお宮本常一の初期の経歴と「文学」「民俗学」の歩み、その他については、小著『宮本常一と土佐源氏の真実』（梟社）の参照を乞う。桂井和雄との対比において、今後、見えてくる事柄も多いのではないかと考えている。

（4）寺川の写真については、『宮本常一　写真・日記集成　別巻』（毎日新聞社）巻頭所収の写真とメモ書き参照。なお二度目の訪問については、「土佐寺川夜話」（『忘れられた日本人』未来社、昭和三十五年七月二十日初版）は、次のように説明している。

もう十年もまえのことです。ちょうど戦争が始まったばかりの十二月九日のことでした。私は伊予の小松から土佐寺川という所へこえました。

その年の一月にやはり寺川へ行ったのですが、その時「旅の人はまた来るというけれど二度来た人はない」と言われたので、「私だけはもう一度必ず来ます」と言ってしまったのです。その責任上どうしても行かねばならず、出かけて行ったのです。

ここでは再訪を自身の「責任」と言い換えている。なお「戦争」とあるのは、昭和十六年十二月八日開戦の太平洋戦争のこと。また「その年の一月にやはり寺川へ行った」としているが、これは本文で縷々見た通り「昭和十六年二月」が正しい。

追記　本文成稿後に、行方不明になっていた桂井和雄宛の書簡が、高知市立市民図書館の未整理資料の中から見つかった。付箋がつけられており、「ハガキ58通、封書17通、1992、4、3」とある。この日付から見ると、同図書館の調査室に勤務していたこともある吉村淑甫（大正九年〈一九二〇〉～平成二七年〈二〇一五〉九十四歳没）の手により、桂井の没後、遺族の元から移管されていたものと考えられる。

本稿の主旨に関わるものとしては、柳田国男のハガキ15通、同妻・孝の封書2通、宮本常一のハガキ3通、澁沢敬三のハガキ1通が認められる。その他も含めていずれも重要な新出資料となるが、ここには特に宮本のハガキ3通を、写真および若干の解説と共に紹介する。なお、本文（五二三頁）に紹介した柳田の昭和三十六年〈一九六一〉三月十四日付けのハガキ＝「土佐民俗」創刊時の謝礼文＝も前記資料の中に含まれていたので、併せてその写真も掲載する。

宮本常一の文面（住所は一部略す。その他は句読点も含めて用字のまま）

①消印不明　表書「同胞援護会頒布所　桂井和雄様、日本常民文化研究所　宮本常一」

此の間は本当に失礼いたしました。もう一度お目にかゝりたく思つていましたのに、とうとう間がなくて全く残念でした。高知に居る間に丹吉ばりの本店もたづねたく思つていましたが、かえる日、日報に兄の訪問記が出ていてなつかしく思いました。この次はまたゆつくりまいりたいと思います。六日に東京へかえりました。之から研究所再建したいと思つています。澁沢先生はお元気です。奥様によろしく。

八月八日

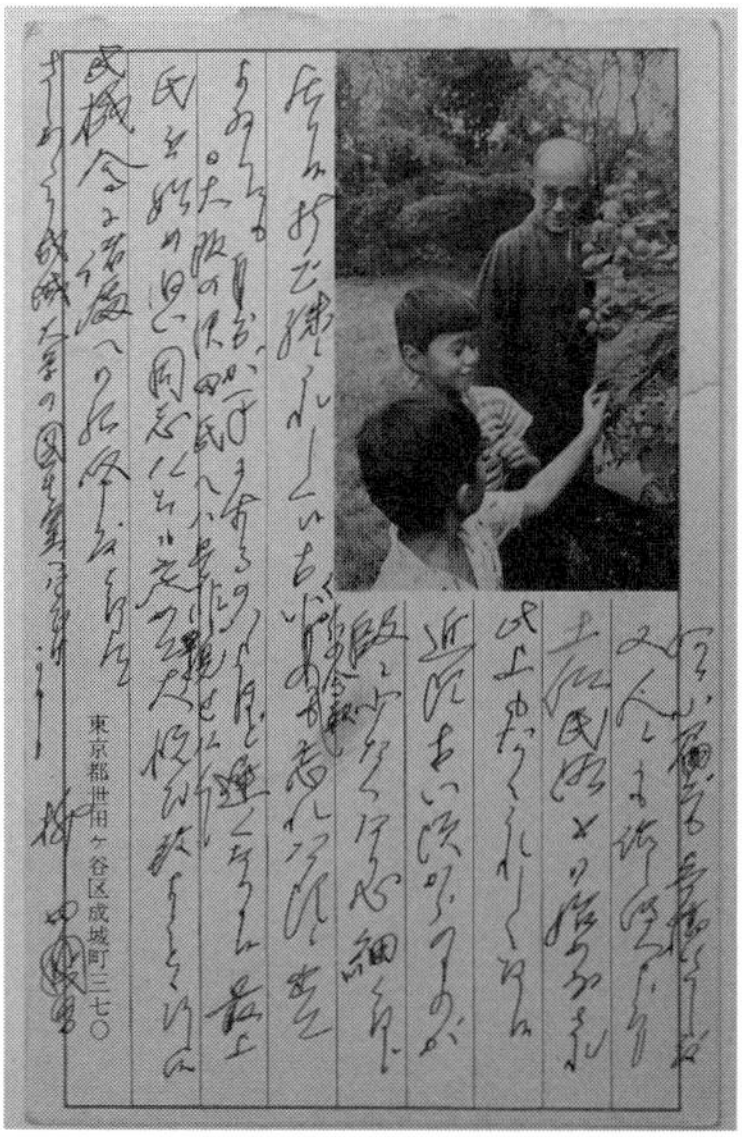

柳田国男のハガキ
（消印：昭和36年３月14日）

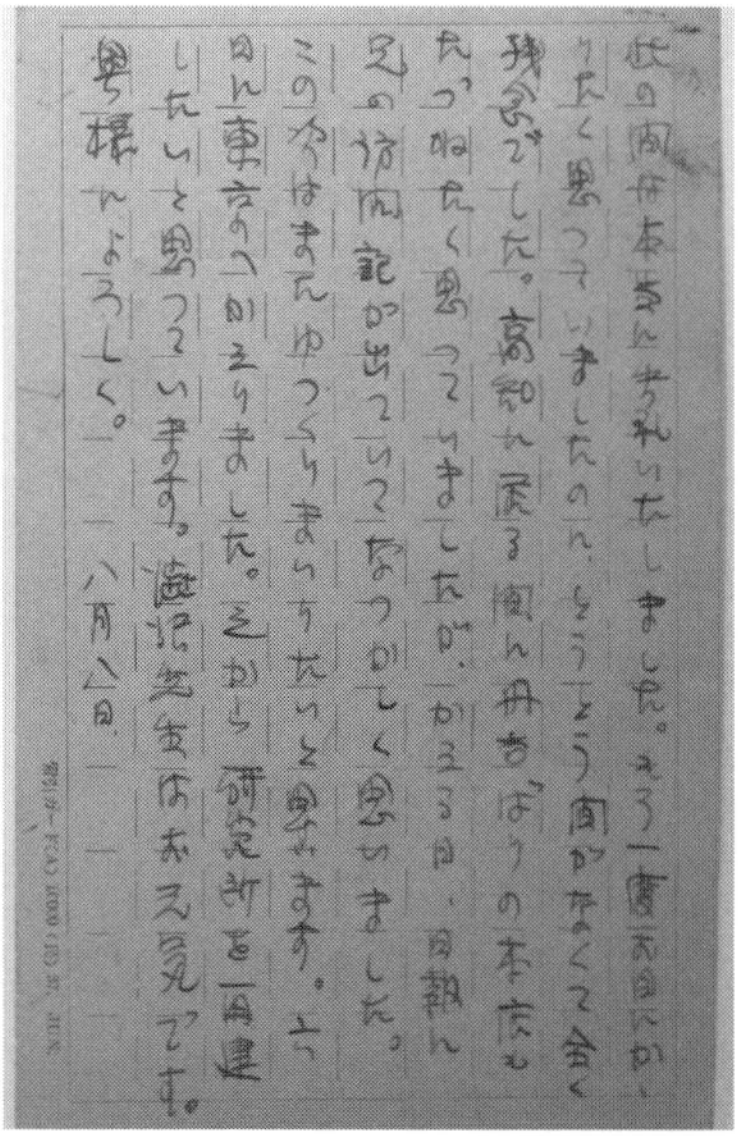

此の間丹本君にお礼いたしました。もう一度お目にかかりたく思っていましたのに、とうとう閑がなくて全く残念でした。高知に戻る間に丹吉ぱうの本家もたずねたく思っていましたが、かえる日、日報に足の訪問記が出ていてなつかしく思いました。この冬はまたゆっくりまわりたいと思います。六ねん東京へ引上りました。これから研究所を再建したいと思っています。渋沢先生はお元気です。皆様によろしく。

八月八日

①宮本常一のハガキ
（消印不明「八月八日」付け）

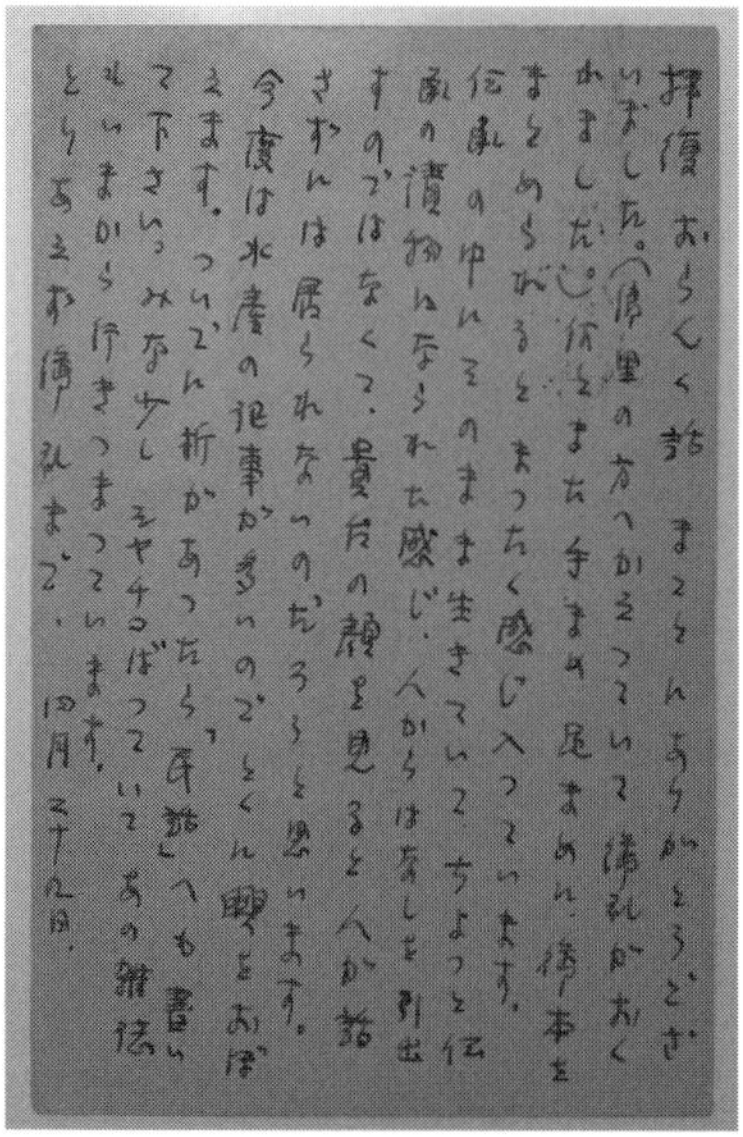

拝復 おらくく話 まことにありがとうございました。里の方へかえっていて返事がおくれました。何ともまとまらぬ手まわし足まわし。御本をまとめらるるをまったく感じ入っています。伝承の中にそのまま生きていて、ちょっと伝承の資料にならない感じ。人からはなしを引出すのではなくて、貴方の顔を見ると人が話さずにはおられないのだろうと思います。今度は水産の記事が多いのでとくに興をおぼえます。ついでに折があったら「民話」へも書いて下さい。みな少しずつやっぱっていて、あの雑誌もいまから行きつまっています。とりあえず御礼まで。

四月二十九日。

②宮本常一のハガキ
（消印：昭和34年４月29日）

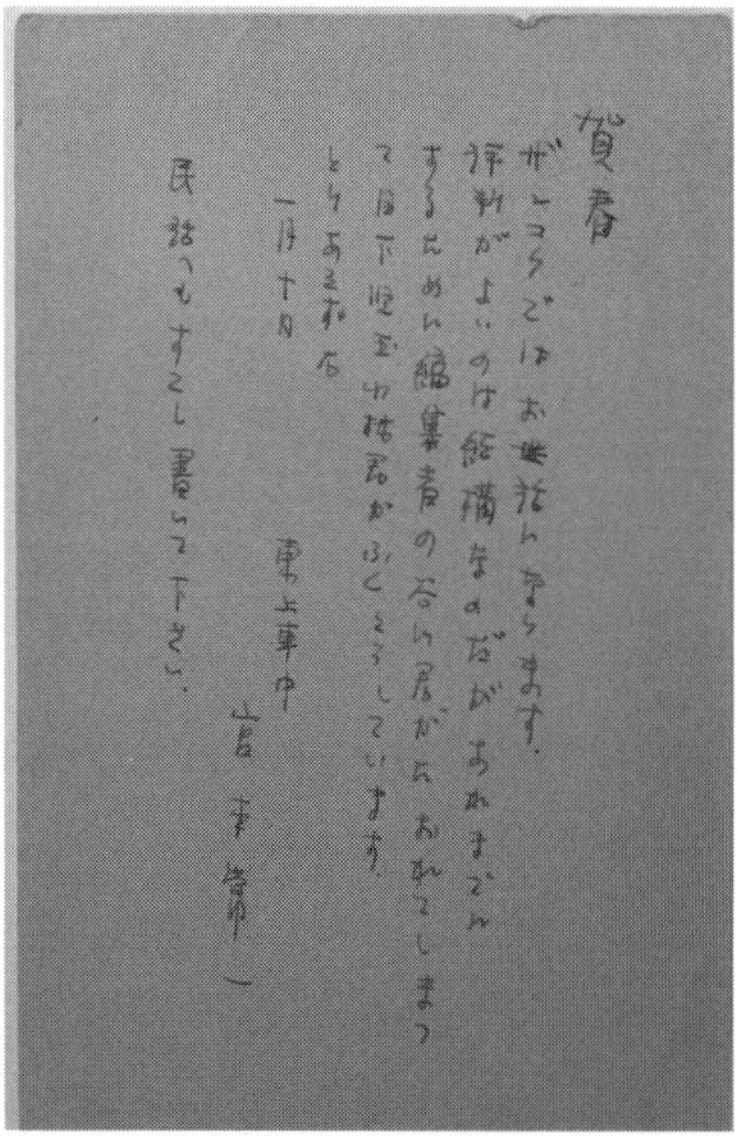

賀春

ザンコクではお世話に相なります。評判がよいのは結構なのだがあれまでにするために編集者の谷川君がたおれてしまって目下[illegible]しています。

とりあえず右

一月十日

東上車中

宮本常一

民話へもすこし書いて下さい。

③宮本常一のハガキ
（消印：昭和35年１月11日）

②消印「34・4・29」（昭和三十四年四月二十九日）　表書「桂井和雄様、日本常民文化研究所　宮本常一」

拝復　おらんく話　まことにありがとうございました。（郷里の方へかえつていて御礼がおくれました。）何とまた手まめ　足まめに御本をまとめられると　まつたく感じ入つています。伝承の中にそのまま生きていて　ちよつと伝承の漬物にならられた感じ。人からはなしを引出すのではなくて、貴台の顔を見ると人が話さずには居られないのだろうと思います。今度は水産の記事が多いのでとくに興をおぼえます。ついでに折があつたら「民話」へも書いて下さい。みな少し　シヤチコばつていて　あの雑誌もいまから行きつまつています。とりあえず御礼まで。

四月二十九日

③消印「35・1・11」（昭和三十五年一月十一日）　表書「桂井和雄様」

賀春

ザンコクでは　お世話になります

評判がよいのは結構なのだが　あれまでにするために編集者の谷川君が　たおれてしまつて目下児玉　小林君がふんとうしています。とりあえず右

一月十日　　東上車中　　宮本常一

民話へもすこし書いて下さい

①について。表書宛先の「同胞援護会頒布所」とあるのは、昭和二十一年三月発足の「恩賜財団同胞援護会高知支部」の関連施設と思われる。戦後、困窮者向けの福祉施策を担っていた。また「研究所再建」とあるのは、本文でもふれた昭和二十年の東京空襲による渋沢邸・日本常民文化研究所の罹災を指しているものと考えられる。従って、このハガキの時点は、昭和二十一年八月八日と推測することが妥当か。

「丹吉ばり」とあるのは、廣瀬丹吉が江戸中・後期に土佐菜園場町（高知市）で創始した優れた鋼鉄針で、現在の釣り針の基になったもの。今も菜園場町にゆかりの店舗が受け継がれている。師・渋沢敬三と同様、漁具・民具への深い

関心が伺える。

②について。「おらんく話」は、桂井の著書で昭和三十四年・高知新聞社の発行。「民話」とあるのは、木下順二らと結成した「民話の会」が昭和三十三年十月に創刊した雑誌。宮本の代表作となる「土佐源氏」も当初、「土佐源氏―年よりたち五―」として、昭和三十四年八月刊の「民話」第十一号に発表された（小著『宮本常一と土佐源氏の真実』）。「あの雑誌もいまから行きつまつています」とあるが、③のハガキにも見られるように、しきりに寄稿を依頼している。

③について。「ザンコク」とあるのは、昭和三十四年十一月に刊行された『日本残酷物語　第一部　貧しき人々のむれ』のこと。桂井も寄稿し協力していることは本文でもふれた。谷川健一が倒れ、編集作業がいかに困難であったかを伝えている。

①～③の全体を通し、いずれの文面も〝ふつうの人々の生活と歴史〟に学び考える民俗学、今では失われた民俗学の手ざわりを如実に伝えていて印象的である。宮本の「伝承の漬物」（②）のたとえは絶妙であるが、一方、我々はどこで道を外れたのか、としみじみ思う。

人名索引

本書の論旨、民俗文化に関わる人物名に絞って「人名索引」を作成した。併せて、それに関連する文献等のさらなる参照を願う。

【あ行】

【か行】

【さ行】

【た行】

あとがき

本書は表題にある通り、土佐の民俗の歌と踊、すなわち「風流踊」と様々な「民俗歌謡」とを代表とし、資料を記録して歴史的に考察、その意味・意義について論じたものである。土佐の「民俗芸能」とその周辺について、初の本格的な史的論考になるものと思う。「土佐」とはしたが、扱った課題はいずれも土佐には収まらない問題であり、常に日本全体、特には西日本を意識し、先ずはそれを土佐の視点から考え、究明するという姿勢を貫いた。最初に、何よりも本書の様々なテーマは、決して「土佐」だけの問題ではないということをアピールしておきたい。その際、常に強く意識したことは、文献資料に対する民俗の歴史的・資料的価値である。

土佐の民俗資料には実に優れたものが多い。かつて民俗学を創始した柳田国男は「土佐は学問の宝庫だよ」と言った。それを証する実例を挙げれば、先ず「花取踊」の存在がある。一連の章節の中でも、特に第五章と終章等で扱った「花」の民俗については、柳田の遺志を継いだ桂井和雄は、こうした「(花の)俗信は、今ではきわめて珍しい心意に属するもの」「俗信の実例は、わずかに高知県で採集されるもの」と言っている。結果として明らかになった「花」をめぐる本意は、現代人の常識を超える驚くべき事実であると思う。

さらに鹿持雅澄の『巷謡編』は、「民俗歌謡」の歴史的資料の代表となる。本書でも中心的な資料として折にふれて活用した。その内容が土佐に限らず、日本全体に通じる問題の拠り所となると確信してのことである。まとめられたのは近世末期になるが、中世以前の古い文化の層をも掘り起こす手がかりになる。かつて、日本歌謡史研究の先駆者となった高野辰之も、「日本六十余州の各に雅澄の如き輯集家があったら、我等の歌謡研究は迂路を経ないで標的に近接し得るであろう」（『日本歌謡集成』巻七解説）と高く評価している。

私は若い頃『巷謡編』と出会い、岩波「新　日本古典文学大系　62巻」の一部として、自筆本を翻刻し詳しい注釈を施すことができた。が、残念なことは、研究資料としての〝埋没現象〟である。十分に周知・活用されているとは言い難い現実がある。そうした負の現象を払拭するためにも、『巷謡編』に拠る本書の民俗資料や考察が、日本全体に通じるものとして活用され、ひいては本書が『巷謡編』を受け継ぐ基本資料となることを願っている。

歴史における物事の真相は、細部からしか分からないと信じている。まして本書の課題は、これまで文献による歴史の眼が十分に届かなかった民俗、ふつうの人々の事跡である。日本全体を見ようとしても深部まで到達することは難しい。方法としては、全国的な視野の中で、一見小さな事柄であっても、たとえ煩瑣な作業であっても、地域の事例を積み上げて行くしかないと考えている。幸い私には、土佐という優れた民俗の風土があり、そこでこの上ない貴重な資料に出会えた。四十年来の研究生活を送れたことは、正に僥倖であったと感謝している。

本書の資料と論考は、折にふれて収集し書き溜めてきたものである。それに更に補充・修正を加え、一書としてまとめ直した。そうした作業の中で割愛したものも多いが、特に「土佐のギョウジなばれ—その現状と考察—（上・下）」（『土佐民俗』第84・87所収）についてはここに論文名を挙げておきたい。共著である上、同類の資料は『高知県の民俗芸能—高知県民俗芸能緊急調査』（令和4年、高知県教育委員会）に収めたので、これらを合わせて参照願いたい。「ギョウジ」は憑座《よりまし》・憑代《よりしろ》としてかつて柳田国男も『巫女考』（「託宣と祭、夷下し・稲荷下し」）の中で注目した存在である。現在では一般的になった「神社信仰」以前を示す「当屋行事」の中心となる。土佐には今も独特な「神歌」を伴う事象としてわずかに遺存している。

右に挙げた『高知県の民俗芸能』は、現況を示す資料集として、本書とセットをなす存在となる。そこでも確認されたことであるが、本書の課題、総じて「民俗芸能」と呼ばれるものは、今や近代化という歴史の大きな波に呑み込まれようとしている。要因となる少子高齢化、過疎化に及ぶ人口減少は、昨今の政治課題である。しかし、それが民俗文化全体にまで及ぶ危機であることは共有されていない。消滅を食い止めるには今が最後の時期になるであろう。どのような形になるかは決して予断を許さない。本書が〝記念碑〟に終わることなく、調査報告書『高知県の民俗芸能』と共に、その先につながる一つの〝礎〟となることを願っている。（なお『高知県の民俗芸能』は、高知県歴史文化財課のホームページに公開されている）

終わりにもう一冊、本書と対をなす個人的な書を挙げておきたい。最初の研究書『中世歌謡の史的研究　室町小歌の時代』（三弥井書店・平成7年、令和6年新装改訂版）である。文献学的方法を根幹とした著作であるが、その「あとがき」の中で、「文献だけからでは歌は読めない」「歌謡は当座のものである」と書いた。形骸化した文献資料に対し、土佐の民俗で出会った、生きた「民俗歌謡」「風流踊歌」の感動、魅力を強く意識してのことである。今、ようやくその〝始発の思い〟に応える地点に立ち至った。未熟の感は拭い得ないが、文献と民俗の視点と、その両方を合わせ持つ本書が、自身の結節の書として、たとえわずかでも「歌」の本質、真髄に届いている所があれば本望である。

今回も三弥井書店のお世話になった。出版をめぐる厳しい市況の中、編集の責任者として実現にあたって戴いた吉田智恵氏には、心から感謝を捧げたい。

令和六年十月　　井出　幸男

井《い》出《で》幸《ゆき》男《お》

昭和20年（1945）８月、長野県生まれ。博士（文学）、日本歌謡史、民俗歌謡研究。

現在、高知大学名誉教授。高知県文化財保護審議会委員。高知県文化財専門委員。

略歴

昭和43年（1968）３月、金沢大学法文学部法学科卒業。

　　　　同　　　　信濃毎日新聞社入社。編集局記者。

　　　　　　　　　（諏訪支社を経て長野本社勤務。昭和48年１月まで）

昭和50年（1975）３月、早稲田大学第二文学部（日本文学専攻）卒業。

　　　　同　　　　以降、攻玉社学園・麻布学園　非常勤講師、早稲田大学副手、
　　　　　　　　　横浜市立大学文理学部　兼任講師、歴任。

昭和59年（1984）３月、早稲田大学大学院文学研究科博士課程（日本文学専攻）修了。

　　　　同　　10月、高知大学教育学部助教授（国文学）。

平成10年（1998）４月、　　　同　　　教授。

平成21年（2009）３月、　　　同　　　定年退官。

　　　　同　　４月、同志社大学・奈良教育大学　非常勤講師（平成24年３月まで）

主要著書・表彰歴

『中世歌謡の史的研究　室町小歌の時代』（平成７年１月、三弥井書店）
〈同書により、平成７年５月、日本歌謡学会より第12回志田延義賞を受賞。
所収の論文により、平成８年11月、早稲田大学より博士（文学）の学位を取得〉
『新　日本古典文学大系62巻　巷謡編』（平成９年12月、岩波書店）
『土佐日記を歩く―土佐日記地理辨全訳注』（平成15年11月、高知新聞社）共著
〈同書により、平成16年２月、高知県文教協会より第48回高知県出版文化賞を受賞〉
『土佐の盆踊りと盆踊り歌』（平成21年８月、高知新聞社）共著
〈同書により、平成22年３月、高知市文化振興事業団より第20回高知出版学術賞を受賞。
同年11月、民俗芸能学会より平成22年度本田安次賞を受賞〉
『宮本常一と土佐源氏の真実』（平成28年３月、梟社）
〈同書により、平成29年３月、高知市文化振興事業団より第27回高知出版学術賞を受賞〉
『高知県の民俗芸能―高知県民俗芸能緊急調査報告書』（令和４年３月、高知県教育委員会）共著
令和４年11月、高知県知事より、多年の無形民俗文化財保護への貢献により、「高知県文化環境功労者」として表彰。

紅は濡れて色増す　土佐　風流踊と歌謡の歴史―消滅する呪的心性

令和６年12月13日　初版発行

定価はカバーに表示してあります。

著　　者　　井　出　幸　男
発 行 者　　吉　田　敬　弥
発 行 所　　株式会社　**三弥井書店**

〒108-0073　東京都港区三田３-２-39
電話 03-3452-8069

製版・印刷　亜細亜印刷㈱
ISBN978-4-8382-3423-3　C3395　¥10000